JN115835

地域企業のポートレイト

遠景近景の国際ビジネス

大東和 武司 ［著］

文眞堂

目　次

プロローグ

　タイトルそのものに，読み手によって，さまざまなイメージを思い起こされるかもしれない。「ポートレイト」は，絵や写真などによって特定の人物を表現する肖像画や肖像写真を意味する。人物を際立たせて表現するために，背景をぼかしたり，光の位置関係を工夫したり，上半身だけに絞ったりすることなども多い。ポートレイトは風貌描写であるが，描き手，写し手によって，その写実性がきわめて高く，あるいは抽象性が高いがゆえに，その人物の内面・性格・個性・本質にまでしっかりと接近しているなと思わせるものもある。ただ，描き手，写し手それぞれの表現による違いは少なからずある。

　本書は，「地域企業」に焦点をあてている。地域企業がどのような経緯を経て存続してきたのか，存続につながる要因として何をあげることができるのか，などについて，インタビュー，ヒアリング，また関連資料にもとづいて，取り上げた地域企業のありのままをできるだけ写そうとしている。また，先行研究などにもとづいて，その事実の抽象的な議論も試みている。

　われわれが生活をするにあたって，それぞれに特定の生活空間をもっている。しかし，置かれている政治体制，その人の職業の違いなどによって，生活空間の範囲や内容は異なっている。近隣のごく狭い範囲だったり，地球の裏側にまで飛び回ったりと，人によって違う。実際の行動範囲でなく，普段に使用しているもので考えれば，その範囲はさらに広がる。食卓から世界が覗ける。移動しなくても，世界が集まっている。例えば，コーヒーを飲む（消費する）となると，そのコーヒー豆に生産国や農園，品種，精製方法などが明示されていれば，生産者の顔や場所の雰囲気を浮かばせ，消費者は「コト」でのニーズも満たされる。もちろん，そのコーヒー豆は，地理的に移動し，単に場所が移るだけでなく，そこには貨幣を通じた交換が介在している。国境を越えれば，外国為替市場における異なる通貨間の交換がともなう。交換によって経済空間は克服され，それによってひとつの経済秩序がもたらされる。企業や個人が生産した製品が，「交換」を行う場所である市場空間を経て，個人ないし企業に

送られ，消費するわれわれの手元に届く。分業また協業のなかで行われる生産
→流通→消費の過程である。「互酬」や「再配分」を忘れるわけにはいかない
が，それらは，内部として認めたい他者を含めて，内部関係が強いだろう。し
かし，交換では，外部的な他者，内部とは同定できない人との間で行われるこ
とが多いだろうし，空間的広がりも増す。言語などが異なる外部的な他者との
交換となると，信頼の欠如ないし安全の問題が生じ，沈黙交易にみられたよう
に，交換における中間的な場所を介在させざるをえない。そうでなければ，平
和的とは言えない争いや略奪が起こる可能性が大である。

　われわれが世界の食べ物を味わったり，衣服をまとったりできるのは，多く
は企業のおかげである。ただ，企業それぞれの居場所によって，それぞれの範
囲は異なる。原材料や部材の調達範囲，生産した製品の販売先の範囲，いわば
部材，完成品，またサービスの移動によって生じる空間形成の現れ方が異な
る。さらに，企業の生産拠点の移動，複数生産拠点の設置が加わると，その企
業構造自体が変化し，それにともなってその企業の空間形成に影響が生れる。
グローバルサプライチェーン（GSC）あるいはグローバルバリューチェーン
（GVC）といわれるものもその現れのひとつである。サービスも含め製品のみ
が国境を越えるのであれば貿易にもとづくものであるが，国境を越えた生産拠
点の設置となると，資本移動，直接投資による空間形成がなされる。

　企業においても，どこが拠点なのか，どこから調達し，どこへ生産したもの
を動かすのかなど，「場所」を頭に入れておくことは有用である。企業の成り
立ちにおいて「場所」は影響をもたらし，その「場所」を起点として，その
拡がりは，周辺の狭い範囲から地球規模という広い範囲までと異なる。企業
は，存続，継続，永続のために，さまざまな環境変化に対応しながら，自らの
存在と位置を確認し続けている。創業，起業は，ある場所（点）で行われる。
しかし，企業は，何らかの生産（製品・サービス）を行うのであるから，調
達，顧客に至るまでの流通過程においては，その場所（点）を越えて，他の場
所（点）とのつながりをもつ。空間的な広がりのなかに企業はある。それは，
ある場所＝地域と，別のある場所＝地域をつなぐことでもある。この重層的で
多層的な側面をふまえて「地域」に象徴させ，本書では「地域企業」を対象と
する。

　人類文化は，移動と定住との相克によって，創られ，変化する，という議論がある[1]。異なる「場所」，異なるテリトリーの部族が，単なる偶然なのか，一方の人口が増加してテリトリーを拡大し，さらなる食料や水などの富を調達せざるをえなかったためなのか，あるいは冒険心ないし野望をもった人間がいたからなのか，ともかく接触し，衝突し，それまでの範囲を越えて，新たな世界を生んできた。定住の囲い地は，古代の都市国家に，中世の閉鎖的な内陸の定住形態としての都市へと展開した。しかし，近代になると，逆説的ではあるが，思考のうえでは移動を次第に外に追い出していった。

　近代社会に国民国家が生まれ，政治への国民参画がひらかれ，自由と平等，国民主権，法の支配，議会制民主主義，また資本主義経済の発展などへと連なっていった。帆船，鉄道，自動車などの移動手段，また電信網などの情報伝達手段は著しく発展し，人びとの移動そのものはきわめて増加していったけれども，自由であるはずの個人は国民としての個人に閉じ込められ，それは思考としての移動が忘れられていく過程でもあった。戦争[2]さえなければ生存そのものの危機は薄れ，また囲い地（国境）の内の安全と外の危険という境界線への認知構造にも変化を生じさせた。それは，宇宙の秩序への理解可能性ないしその空間秩序への既知感であった。農業から工業へ，自然の周期と財の動きという循環の違いはあるにしても，いずれも定住型社会である。これらの定住型社会において，大航海によって地球そのものが，また地動説によって宇宙のなかの地球が既知となり，その結果，個人レベルでは，物理的な移動先を到達点とするのではなく，移動したとしても定住場所に戻り，他方で産業革命に代表されるように空想を展開させた発明・発見，つまりイノベーションを進め，いわば認知レベルのなかに移動を見出すようになった。

　移動そのものの意味づけは低下してきていたはずであった。しかしながら，個人・企業レベルでなく，国家レベルでは，トレランス（寛容）にもとづきウェストファリア条約（1648年締結）によって宗教戦争を終結させたものの，その後においても，また第一次，第二次大戦後においてもいくつかの紛争・戦争を起こしている。2022年にはロシアによるウクライナ侵攻が生じた。個人・企業レベルと，自然人と法人で構成される国家レベル，それぞれにおける定住と移動の交錯についてさらなる深い検討は必要である。ただ，企業は，もちろ

ん複数国に法人を置いている多国籍企業は，一人ひとりの個人が自由に選択するニーズやウォンツを満たすことはできるのではないか。さらにいえば，ビジネスは自由から生じ，企業，とくに多国籍企業は自由のなかで多国籍化してきた。そうした企業は国策に沿うばかりで利益を得るのではなく，個人の幸せ，長期的持続的な社会につながるようなイノベーションを起こし，利益を得ていくことができるのではないか。本書の「地域企業」の視点では，個々人の自由な選択にいかに応えるかという意味合いをふまえ，そのためにイノベーションを起こしている企業を主な対象としている。

　タイトルに入れた「地域」について補足しておくと，ひとつには次の理由がある。それぞれの企業の背景には，地理的条件やその地域で育まれてきた資産など，地域のさまざまな要素が表であったり裏であったりしながら係わっている。つまり，地域の要素が，企業の成立・存続に少なからず影響をしていることを考慮している。その企業が誕生した地域の文化的な背景が創業者またその後の後継者に何らかの影響を与えているだろうし，その後の企業活動の活動範囲の拡がりのなかで係わった地域によって受けた影響もあるだろう。また，経営者がそのポジションに就くまでに育った，また学んだ場所も影響をもたらすだろう。奥村昭博（2015）のいう「地域社会資本[3]」といってもいいのかもしれない。OECD報告書（邦訳：2014）[4]では，文化の役割を，地域のプレイヤーに与える影響，地域の発展に貢献する役割，製品の創造に貢献する役割，これらの3つにまとめている。「地域」を重層的で多層的にとらえることで，文化，それぞれの地域文化が地域企業にもたらす影響も幅広い視点のなかでとらえることができると思っている。

　サブタイトルの「遠景近景の国際ビジネス」であるが，これは，筆者の視点と視対象としての企業の関係について，「国際ビジネス」という要素にもとづく見え方，あるいは見え方の違いを示している。単純な距離的なものではなく，「遠景」には，国際ビジネスという要素が，企業の動きのなかに際立って見える状況ではないとしても，事業活動の背景として通奏低音的に奏でられ，音楽でいえば和音であるが，その企業なりの要素を補足して，それぞれの事業活動にどのような影響を与えているのかを見ることに通ずる意味合いがある。国際ビジネスの要素は，ときに，他との違いをはっきりさせるコントラストと

して現れていたりする。他方で，「近景」は，国際ビジネスそのものが企業の動きにはっきりと，いわば目に見えて確認できる事象となっている状況である。遠景あるいは近景であるにしても，国際ビジネスの要素は，視対象としての企業の理念，戦略・組織，経営管理など，企業の構成要素に少なからず影響を与え，それが景観としてはっきり捉えられるだろうし，ひいては企業としての存続問題に波及していく側面をもっている。

　「国際」について補足しておこう。国際ビジネスと言えば，このごろではグローバル企業によるビジネスと言った方がイメージしやすいのかもしれない。グローバル企業は，意図しているか否かは別として，グローバルに展開・活躍している企業，一国だけではなく，世界中で経営している企業を指していることが多い。しかしながら，繰り返しになるが，国際ビジネスには貿易が含まれる。国際ビジネスに係わっている企業には，一国を拠点として貿易のみで外国と係わっている企業もあれば，いわゆる対外直接投資を行い，子会社を設立して，子会社経営も行い，また親会社（本社）と子会社と合わせたグループ経営を行っている企業もある。そうした企業は，法人設立となると，複数国が係わってくる。つまり，国際ビジネスに係わる企業には，単国籍企業もあれば，多国籍企業もある。このように考えると，企業を捉える場合に，単に「グローバル」ということではなく，国という場所，また国と国が係わる「国際」という視点で捉えておくことは有用である。しかも国のなかにも多様な側面がある。そうであれば，企業が生まれた場所であり，その企業の活動範囲における「地域」を押さえつつ，「国際」的要素を加味し，企業を分析・考察する必要があると考える。「地域」のもつ重層的で多層的な側面を充分に描き切れるかどうかは不安であるが，そうした視点は大切であると考えている[5]。

　加えて，国際ビジネス研究においても，企業形態，企業活動を俯瞰的に観ているようで，ややもすると活動の中心的な企業，概して大企業，華やかな企業のみに焦点をあてる傾向は否めない。いわば「片隅」の企業への関心が行き届かない危うさを感じるときがある。俯瞰的であるということは，それらの両方に目が行き届いてこそであろう。折々には重心がどちらかに傾いたとしても，子ども時代に遊動円木[6]で平衡感覚を養ってきたように，双方を忘れない視点が大切なのであろうと考える[7]。

「地域企業のポートレイト―遠景近景の国際ビジネス―」，要約すれば，国際ビジネスを遠景近景として描きながら，少なからず地域文化を背景にしている企業，地域企業について，その外観だけでなく，内面にまで接近したいという気持ちを示している。「地域企業の」としたことで，地域に新しく起業した企業，地域に長く根づいて活動している企業，あるいはその地域企業を引っ張ってきた経営者の顔など，さまざまな対象を思い浮かべることができる。それほどに，ポートレイトの切り口は広く，また奥行きも深いものであろう。ただ，書き手としては，「ポートレイト」とすることで，「地域企業」を身近な存在として，その魅力に触れ，感じた温もり，あるいは厳しさなどを，素直に描写し，読み手に伝えたいという思いがある。しかしながら，このことは，地域企業と対峙することであり，自分自身の研究姿勢を映し出すことにもほかならない。地域企業の個性と魅力にたいして理解力・分析力・表現力をもって接近しようとすれば，書き手の切り口が大切になってくる。また，書き手の観察力が重要になってくる。観察力は，己の目と心を開いていくことから始まるといっていい。それを粘り強く，積み木ひとつひとつ積み上げていくように，継続的に行っていくことで，創造的になり，説得力も明確に響くようになっていくものと考えている。しかしながら，十分なものに至るのはなかなかであることは十二分に承知している。

財務的要素と非財務的要素の相互依存・相互補完

双方を忘れない視点といえば，企業そのものの財務的側面と非財務側面についてもいえるであろう。経済的要素と非経済的要素のふたつの視点と置き換えることもできるだろう。社会的費用の内部化，CSR（企業の社会的責任）の議論，またESG（環境・社会・企業統治）投資に係わる流れなどと，しばらく前まではブームと見られていた側面もあったが，社会においても，また投資家が企業分析にするにあたっても，当然のことのように捉えられてきたように感じる。例えば，企業分析においては，財務情報（EPS：一株当たり利益，ROE：自己資本利益率など）と非財務情報（温暖化ガス排出量，人権保護問題への取り組みなど）を同じように取り扱って，投資評価の重みづけを行う傾

向がみられる。こうした企業経営を統合的，総合的に捉える動きは，企業経営において，財務的要素と非財務的要素は互いに離れられないものであり，相互依存（inter-dependence）関係にあるということを如実に表している。

　財務的要素と非財務的要素，互いに切り離せないということは，企業の存在意義，目的そのものにおいて，いわば損得勘定にもとづく財務的な採算も大事であるし，他方で社会のあるべき構成員としての非財務的な側面も忘れてはいけないということである。事業効率だけに偏るのではなく，企業活動の地域社会，市民生活，環境・安全・災害など外部経済としてとらえられている部分への波及的な影響，いわば短期性だけでなく，中長期性への目配り，考慮が必要であることを示している。財務と非財務とは，その相違性から互いに相容れない部分はあるが，それを認識し，相互に補完しあう関係にあることが望ましい。それは，それぞれの役割を認識せず，他方にしがみついて，足を引っ張りあうような共依存関係でなく，協力しあうような相互依存関係であり，不足している部分を補う相互補完関係である。全体として，企業としての「不足がない」状態[8]につながるような関係であるのだろう。

長期的志向と短期的志向＝公と私のバランス

　相互依存かつ相互補完という関係となれば，短期的にだけに見るのではなく，中・長期的に見ることが有用となる。わたしたちは「よき祖先」（The Good Ancestor）になれるかといったのは，クルツナリック（2020）である[9]。持続可能な開発，SDGs など，資源，環境問題の顕在化によって，長期思考が求められている。しかしながら，短期志向，短期主義にもとづいた意思決定からなかなか抜け出せないところがある。経営者が極端にいえば株価のみに着目して，その株価を上げることのみに汲々とする。株価を上げることが成果であり，目的になってしまう経営者も多く見られる。いわば「株主だけ」に目が向いている場合である。

　しかしながら，企業に求められている側面は幅広い。顧客，従業員，地域社会などなどのステイクホルダーズにも配慮し，還元することが求められている。もちろん，株主にも報いる必要はある。そうなると，経営者の意思決定に

おいて，状況によって短期的対応が求められることはもちろんあるだろうが，それのみに陥ることなく，長期的な視点も踏まえた深い思考が求められることになる。言うは易し，行うは難しであるが，財務状態の健全性を担保するために，無理はせずに身の丈の事業展開を行いつつ，幅広いステイクホルダーズに目配りすることを忘れず，その企業に応じた，いわば「私」だけでなく，「公」の側面を持つことが求められているといっていいだろう。

時間と空間

　地域企業について，事例をあげながら検討するのであるが，その際に，起業・創業からの「時間」と，活動範囲に係わる「空間」を考慮する。企業には，伝統という企業活動において長い「時間」を持ったものもあるし，起業して間のない「時間」の短いものもある。また，その企業活動範囲においても，その企業のある限られた地域内で活動している企業もあるだろうし，国内外を越えた範囲で活動している企業もあるだろう。企業活動期間に係わる「時間」，企業活動範囲に係わる「空間」，そしてそれらの総合的把握からの接近によって示唆を導き出そうとしている。

　「時間」は，地域企業を時間の流れのなかで把握することが，その企業活動の展開・推移の鍵であったり，きっかけであったりする企業活動の核ないし本質に係わる接近に有用であることに起因している。とくに，地域の伝統的な産業に属する企業あるいはまた創業後の時間が長い伝統企業に対しては，その時間の流れのなかでの内面的変化に接近することができると考えている。つまり，有形である「地域企業」の実践にもとづく活動のなかで生み出される，とくにイノベーションの積み重ね，そのベースとしてのパッション（熱意）と理念，異化と同化，イノベーションの活用としての製品の展開・推移，国際性と多様性，また地域との関連性の推移・意味などを見出すことができると考えている。

　「空間」に関して，活動範囲に係わる経済空間の検討は，チューネン（Thuenen, Heinrich von）の『孤立国』（1826）[10] において示された同心円の拡張（チューネン圏）が議論の始まりであるといっていい。その流れをふまえ，

アイザード（Isard, W., 1956）は，地域の発展過程の分析に，さらに産業の集積（Agglomeration），産業地域の形成へ，これを生産地域と換言するならば，その背後の需要構造としての市場地域形成の議論へと進んでいった。供給側の生産者空間と需要側の消費者空間は，市場での交換によって結ばれていくが，生産者が消費者の欲望を喚起したのか，あるいはまた情報通信技術の革新，輸送手段の発達によって，国内の特定地域内にとどまらず，国境を越え，両者の場所的懸隔，つまりその間の距離は広がってきた。この過程は，立地論においては，農業地帯構造から工業化の近代的地域構造，そして現代大都市圏構造に係わる議論であり，それはチューネン（チューネン圏：チューネンリング），レッシュ（Loesch, A.）からA.ウェーバーの工業立地論へ，そしてクリスタラーの中心地論，プレッドの都市システム論へと連なる議論で，地域構造の歴史的発展を説明することで立地論の統合が試みられてきた。

　ただ，ウェーバーなどの純粋理論展開においては，国境問題は外に置かれている。そこで，プレデールは，まず空間と距離概念を導入し，一般的立地論を展開した。それは，農業立地論と工業立地論との綜合であり，経済空間と国家空間の峻別である。経済空間を立地秩序によってできあがった経済過程として捉え，国境とは独立したものであるとしている。他方で，国家空間とつながる国民経済は，政治的概念であり，国家の領域内での当該国家の目的とする方向づけにおける経済過程のすべてと捉えられている。経済の地域的秩序は，国家空間とは切り離されているので，経済空間と国家空間が同時に作用する政治経済空間の本質は貿易政策であり，今日的には貿易に対内外直接投資が加わってきている。

　経済空間と国家空間のそれぞれの及ぶ範囲は異なる。その両者のバランスと緊張が常に課題になる。バランスが崩れると戦争に至ることは事実として経験している。第二次大戦後の欧州統合過程は，その緊張を緩和，できれば解消していく道筋であったことは周知のことである。19世紀に生まれたフリースタンデイング・カンパニィについての議論は，経済空間（プレデールでは世界経済）の圧縮過程，また国家空間の伸長過程についての議論を深めた。

　日本において，1980年代には「国際化」，90年前後には「ボーダレス化」，そしてその後「グローバル化」が流行りのように広まった（間宮陽

介 2000）。この流れは，経済空間の圧縮過程は生じてきたものの，それが国境（国家空間）の伸長過程に重なっているのではとの懸念に通じている。国際化（internationalization）においては，ある程度担保されていた異質性が，ボーダレス化（borderlessness）ではまさに国境がなくなり，グローバル化（globalization）では地域間，国家間をはじめとしたさまざまな異質性を薄くしていく過程，同質性が意識されている。

　「時間」を重ねている「地域企業」，「空間」的には中心・中核というよりは概して周縁にある「地域企業」を事例として，その時間的流れのなかで経営活動，またその時間軸における活動範囲の変化，空間の圧縮過程に接近することで，既存研究のキイワードの確認あるいは新たなベクトルの提示ができればと考えている。

多様性とファミリー企業

　日本の企業の 99％以上が中小企業であるので，地域企業は，多くは中堅・中小企業であり，また多くはファミリー企業[11] である。日本のファミリー企業は，96.3％（2018 年度）を占め，とくに資本金 1 億円以下の中小企業では90％を超え，大企業でも約半数である[12]。ファミリー企業は，画一的集団とみられることが多い。しかし，画一性は，一般的に，企業の永続性に対して，また変化や適応に対して，マイナスとなることが多いと見られている。そこで，多様性と地域企業，なかでもファミリー企業との係わりについて若干ふれておこう。

　画一的集団の問題点としては，ひとつに人材の偏りをまず挙げることができる。いわゆる「同類性選好」である。例えば，国家の安全のためには「能力」，400m リレーであれば「速さ」，ファミリー企業であれば「家族的情実」などと，それぞれの目的・目標の達成に対して，多様性の視点から必要とされ求められるものよりも，ひとつの側面を突出させたものが最優先される場合があるという指摘である。短期的で，あまり複雑でない場合には，それで対応しても問題がないだろう。しかしながら，複雑な状況，重要な場合には，多様性の視点を担保した人材の育成・登用・配置などが重要になるだろう。企業であれ

ば，その目的・目標において永続性，事業承継や事業創造，ガバナンスなどが
ポイントであるとすれば，家族的情実を越えた多様性，例えば，意見が異なる
人との議論や対話の担保は不可欠であろう。あるいは，ファミリーがこれまで
に守ってきたビジョンや目標と今日的な合理性のもとづく経営手法ないし計画
との対話といってもいいかもしれない。それは，非財務（非経済）的要素と財
務（経済）的要素との対話ということになるかもしれない。

　「能力」「速さ」は個人に帰属するものであるが，そこに焦点がいくと，個人
の集まりである全体をおろそかにする可能性がある。アリストテレスのいう
「全体は部分の総和に勝る」状況や，あるいは，アリは仲間同士で協力して餌
を見つけ，洗練された住処で高度な社会を形成しているが，そのような個々の
単純な和にとどまらない組織の創発システムの実現させることができないこと
にもなりかねない[13]。

　ファミリー企業の永続性の研究のなかで，代表的なもののひとつにハーバー
ド・ビジネススクールの4Cモデルがある[14]。Continuity（継続性，夢の追求），
Community（同族集団のまとめ上げ），Connection（良き隣人であること），
Command（自由な行動と適応）の4Cである。第1のCの実現のためには長
期的視点での投資，自社へのスチュアードシップがあり，第2のCの実現の
ために厚遇によって忠誠心と主体性を導き出すという。第3のCは世間との
良好な関係，ステイクホルダーズとの互恵的な関係性の有用さをいい，第4の
Cは通常の企業とは異なる株主からの独立性，また変革への適応的行動をい
う。これらの4つのCのバランスが大切で，どれかに偏らないことが永続性
につながっているという。

　永続性となると，事業承継，業績，コーポレートガバナンスなどが問題と
なってくる。これらについては，多くの事実発見の実証研究[15]があるし，理論
的には資源ベース理論，エージェンシー理論，また社会情緒的資産（Socio-
emotional Wealth：SEW）などが関連している。資源ベース理論には，行動
基準としての家訓，社会関係資本（ソーシャル・キャピタル）にも連なる地域
社会との関係，人的ネットワーク，あるいはそれらにもとづいたファミリー企
業経営者という企業特殊的経営資源などが係わるだろうし，エージェンシー理
論では，「所有と経営の分離」に由来するコーポレートガバナンスの問題，例

えば，所有者・株主（プリンシパル）と委託経営者（エージェント）の間の利害の不一致によるモラルハザード問題の観点からファミリー企業の利点について説明するだろうし，ファミリー企業特有の番頭の存在や，ソーシャル・ネットワークによるインフォーマルなコントロールのガバナンス効果にも援用できるであろう。社会情緒的資産の視点からは，ファミリー企業の特徴は「非財務的な効用（non-financial utility）の優先的追求」にあるという。ファミリーと会社の一体化（アイデンティティ），その永続（ミッション），またファミリー内での利他主義（家族的結束）が主たる非財務的効用の追求であるといわれる[16]が，SEW は単に企業内に向けられたものだけでなく，企業外，社会関係の視点でいえば，地域社会にも向けられ，その視点がファミリー企業の長期的な成長に係わり，いわば経済的なリターンないし長期的な利潤を漏らす側面もあるように思われる。こうした視点が事例で見いだせれば，SEW の視点による分析の新たな可能性を発掘することになるだろう。それは，単に地域のさまざまなステイクホルダーズとの濃密な社会関係によってファミリー企業にもたらされた蓄積資産というだけでなく，ファミリー企業が地域に作用した側面も含めた双方向の作用について，検討されるべきものと思われる。

　あらためて，画一性と多様性であるが，「画一性の利益」が資本に依拠する部分が多いとすると，「多様性の利益」の根幹は，イノベーションといってもいいかもしれない。イノベーションには創造性が必要であり，知的要素に係わる部分が多い[17]。資本は，大量生産・大量販売の規模の経済のもたらす生産の効率性，経済的合理性であり，創造性は，消費者の多様なニーズに対応するための製品群を生み出すための根幹であると換言できる。しかしながら，どのような企業であっても，生産そのものの効率性は求められるし，その意味では「画一性の利益」の探求は必要である。また，定められた理念などは画一性の利益そのものであるといっていい。他方で，顧客から求められている製品，サービス，あるいはその実行のためのポリシーにおいては，創造性を基にした革新が必要であろう。革新，イノベーションのためには「多様性の利益」である創造性が求められる。

　つまり，地域企業，とりわけファミリー企業における多様性の有用さは，理念や家訓など基本的に守るべきものではなく，また生産における効率性でもな

く，製品，サービス，あるいはポリシーの採用[18]そのものの意思決定の際に効いてくる。とりわけ，新しい環境への適応ないし対応のための意思決定が必要なときに，創造性，「多様性の利益」を発揮したそれができるかどうかである。いわば，意思決定をした事柄のプロセスではなく，そのプロセスへの道筋をつくった意思決定のために創造性が求められるのである。ファミリー企業であれば，所有また経営に係わるファミリーのなかに「多様性の利益」を生み出す仕組みをいかに取り込んでいるのか，という点が重要になるのだろう。

　以上，本書の意図・目的について，暗示的になった側面もあるかもしれないが，プロローグとしておく。

［注］

1　平野秀秋（1980）『移動人間論』紀伊国屋書店を参照されたい。

2　戦争に係わって補足すれば，戦いによって空間的な領土を拡大するという，いわゆる征服が今日的には無意味になっているはずであった。それは，貿易による結びつき，企業の多国籍化，また情報化社会の深化などが大いに関係しているネットワーク化によって，モノだけでなく，サービス，知識・技術などにおいて，また企業組織間において，人びとのつながりにおいても，深まりを見せてきたはずであった。戦争は，このネットワークを破壊することである。それは，相手を滅ぼすことが，自らにすぐに跳ね返ってくることにほかならないと思われていた。今日において，戦争を起こすという行動の結末は，既知であり，想像力の範囲であると思われていた。しかしながら，2022年2月24日，これは既知でなく，そうした想像力も知識さえもわれわれは持っていないことを思い知らされた。

3　奥村昭博（2015）「ファミリービジネスの理論　昨日，今日，そしてこれから」『一橋ビジネスレビュー』第63巻第2号，p.19.

4　経済協力開発機構（OECD）編著，寺尾仁訳（2014）『創造的地域づくりと文化　経済成長と社会的結束のための文化活動』明石書店.

5　空間的な広がりは，貿易であれば，モノが国境を越えて移動する国際的な移動である。もちろん，贈与は別として，モノの反対給付としてのカネの国際移動はある。しかし，いうまでもなく，直接投資を行って，子会社を設立するとなると，受入国に法人を設立して，子会社経営に係わるヒトを少なからず派遣する。企業内の技術移転も起こる。子会社は，受入国のある場所（点）に拠点を置き，そこで調達，販売など他の場所（点）とのつながりをもっている。もちろん，親会社も含め，貿易に係わることも多い。親会社，他の子会社との貿易であれば，企業内取引である。多国籍企業は，ある国に親会社（本社）を置き，まずは放射状に子会社をひとつからふたつへと設置していく。親会社の空間的拡がりとともに子会社の空間的拡がりがあり，そのうえに企業内取引（企業内貿易）が重なり，親会社と子会社間，また子会社同士の間の空間的拡がりが重なることになる。製造多国籍企業は，一般的にこうした説明ができる。

　他方で，サービス貿易の場合は，生産者と消費者の場所（点）と場所（点）がいささか厄介になる。WTO（World Trade Organization：世界貿易機関）GATS（General Agreement on Trade in Services：サービスの貿易に関する一般協定）におけるサービス貿易の4態様として，サービス事業者が自国に居ながら異なる国にいる顧客にサービスを提供する，ともに自国に居る第1モード（越境取引），顧客がサービス事業者の国に行き，観光であれば，訪問国でのホテル，レストランな

どのサービス，船舶や飛行機などであれば修理国での修理サービスといったサービス提供が行われる第2モード（国外消費），サービス事業者が顧客の国に支店や現地法人など拠点を設置して金融や流通などのサービスを提供する第3モード（現地拠点でのサービス提供），サービス事業者自らあるいは社員等を顧客の国に派遣して，顧客の国で，歌や演奏などのサービスを提供する第4モード（人の移動）と，4つのモードに分けている。

　サービス貿易のなかで製造多国籍企業に近いのは第3モードであるが，サービスの無形性，不可逆性，非貯蔵性などといったサービスの特徴，つまり生産者と消費者の場所（点）の一致を必要とする場合が多い。ただ，ICT（Information and Communication Technology：情報通信革命）の発展によって，第1モードのように，ネットを通じ，生産者と消費者がそれぞれの国に居ることでの取引を可能とさせ，GAFAに代表されるようなメガ・サービス多国籍企業の誕生している。また，IoT（Internet of Things），モノ（デバイス）にセンサーが付け，感知したデータを通信手段（ネットワーク）によって情報端末に送り，アプリケーションによって非構造化データも含めデータの抽出・整理・解析・最適化などの処理，情報化がなされ，さらに知識につなげるための可視化が行われるなど，製造業のなかの空間を越えた新たなサービス化が行われている。

　DX（Digital Transformation）は，エリック・ストルターマン（Erik Stolterman）が2004年に提唱したといわれる「ITの浸透がひとびとの生活をあらゆる面でより良い方向に変化させる」という仮説から議論が始まったようであるが，もちろんDXの進展によって，その企業の目指すべき価値につながる理念・ビジョン，経営戦略の提示，トップのコミットメント，組織内のマインドセット，人材育成，基盤整備など，企業経営のあり方そのものへの影響は大きい。

　DXによって，生産者の場所（点）と消費者の場所（点）が空間を越えて一致したかのような思いも強くなるだろう。しかしながら，その恩恵を受けるのは，ICTで可能な取引過程における受注・発注や決済などのサービス，またコンサル業務などのサービス財の提供である。第一次産業や第二次産業の有形性のある財そのものを生産している製造企業においては，生産している場所（点）と消費される場所（点）の理解が企業の現在，また生成・発展を検討し，将来への展望を描くうえでも重要であるし，B2BやB2Cでサービス提供に係わっているサービス企業においても，対象企業や対象顧客はどこかの場所（点）にいるのであるから，背景としてでも場所（点）を理解しておくことは，有用であると思われる。企業は，ある場所（点）で生まれるのであるが，その企業は，他の地域との係わりがある。それは，文化・政治・法律・経済などがほぼ同じ地域であるかもしれないし，まったくと言っていいほど異なる地域同士かもしれない。「地域」という視点で考えておくことは，そうした相違を考察の基礎に置くためにも必要ではないかと思われる。

6　遊動円木は，太い丸太の両端を鎖で固定し，地面から持ち上げて，前後の揺れのなか端から端まで歩いて遊ぶ道具である。明治以降，全国の多くの小学校などに設置された。この遊動円木から派生的に思い出すのが，「無用の用」である。老子は，器のなかの空間をとらえて無用の用と言い，荘子は，無用と見えるものが人生において役に立つのだと言った。一見役に立たないような大木も，遊動円木となれば，「大用」となる。厄介もので，どうしたものかと苦しめる存在であったかもしれない大木をまさに遊び道具に，さらに舟などへの転用を考えれば，運搬道具という次なる「大用」となる。そのためには，心持ちを自在にすることが大切で，それによって大木もわれわれも活きるというのである。

7　大企業があれば，中小・中堅企業がある。中心があれば，周辺がある。「言葉はそもそもデジタルで，つまり細かく分けていくもの」（加島祥造（2006）『老子と暮らす』知恵の森文庫，光文社，p.115）と言われるが，国際ビジネス研究の視座から何とか企業経営の総合的な状態を捉えたいと考えている。大企業と中小・中堅企業，中心と周辺，それらは互いに究極的には離れられないものであり，inter-dependence（相互依存）関係にある。国際ビジネスが異部族間等の交換に始まり，沈黙交易のように言葉が通じなくても成り立ったとすれば，われわれが分析する前をも捉えつつ，

その後に分けられていった言葉で何とか説明しようとすることになるのかもしれない（参照：加島，前掲書，pp.114-115）。

8　『礼記』四十九篇の第十八學記の一節「學然後知不足 教然後知困」（學びて然後足らざるを知り，教えて然後困しむを知る）に結びつければ，一般的に，事業活動をはじめてしばらくは事業効率に重きを置くかもしれないが，事業活動が順調に進展していくなかで，その波及的影響に思いを馳せることが強くなることにつなげることができるだろう。事業開始前から事業効率と同じく，波及的影響に強い気持ちがあれば，それに越したことはないが，概して後者は後回しになりがちであろう。事業を行っているなかで，事業の公け性を開示すればするにつれて，それへの責任にしばられていく側面もあり，自らのもたらす波及的影響への思いの足りなさを知ることになるだろう。事業の浮き沈みとも関連するだろうが，事業効率を私，波及的影響を公とすれば，公と私あるいは中長期と短期の両立，両者へのバランスへの苦しみ，いわば企業のあり方についてのさらに深い学修が必要になってくること意味しているともいえる。（参照：『礼記』の成立など詳細については，中高時代の恩師のひとりである下見隆雄（1973）『礼記』（中国古典新書）明徳出版社，237p に詳しい。）

9　ローマン・クルツナリック，松本紹圭（訳）（2021）『グット・アンセスター　わたしたちは「よき祖先」になれるか』あすなろ書房

10　『孤立国』第 1 巻は 1826 年に刊行された。

11　ここでは，同族企業と同義として，ファミリー企業を定義する。入山・山野井（2014）では，先行研究をふまえて，同族企業を「創業者，あるいはその一族（創業家）が経営に関与する企業」と定義している。関与の方法は，所有と経営のふたつである。つまり，同族所有と同族経営である。入山章栄・山野井順一（2014）「世界の同族企業研究の潮流」『組織科学』Vol.48 No.1，p.26.

12　国税庁会社標本調査（2018 年度）。毎日新聞社『エコノミスト』（2019 年 4 月 16 日号）参照。

13　マシュー・サイド（2021）『多様性の科学』ディスカヴァー・トゥエンティワン，pp.25-27.

14　奥村昭博（2015）前掲論文，pp.6-19.

15　日本における実証研究の流れについては，例えば浅羽（2015）に詳しい。浅羽茂（2015）「日本のファミリービジネス研究」『一橋ビジネスレビュー』第 63 巻第 2 号，pp.20-30.

16　入山章栄・山野井順一（2014）前掲論文，pp.25-37.

17　長島俊男（1986）「"多様性の利益"と経営診断」『日本経営診断学会年報』18，pp.21-34.

18　加護野忠男（1985）においては，革新をその組織にとって新しくかつ有用な製品，サービス，ポリシーの採用と定義している。そして，創造的革新となると，その組織だけでなく競合組織をも含めて「新奇性」があることと，その産物の背後にある考え方がありきたりでないことが必要な追加条件であるという。（加護野忠男（1985）「創造的組織の條件」『組織科学』Vol.19 N0.1，pp.11-19.）

「人間」について想う

　1963年8月，当時の池田勇人内閣で「人づくり懇談会」が発足した。1960年7月から1964年11月までであった同内閣では，「所得倍増計画」に代表される経済政策がまず思い起こされるが，その後半は「人づくり」政策に重心を置こうとしていた。その背景には，経済的繁栄の後遺症への対応，とくに「精神的退嬰」への対策のみならず，「精神の独立」，「自我の確立」を考慮していたといわれる。

　ところで，この「人づくり」が「人間づくり」でなかったことで，当時，誰かが「間が抜けた人間をつくる」と言っていたことをかすかに記憶している。

　しかし今日では，「人間」から「間」がなくなっただけでなく，カタカナ表記になり，いわばモノとなってしまった感がある。例えば，文部科学省のライフサイエンスの広場における生命倫理・安全に関する取り組みをみると，「ヒトゲノム研究」，「ヒトES細胞研究」など，「人」を超えて「ヒト」という表記になっている。

　山折哲雄は，2006年の日本学術会議第148回総会で，「学問の行方」（『学術の動向』2006.7）というタイトルで講演を行い，人文学の去就と科学について述べている。

　「哲史文」という言葉がかつてはあったが，80年代後半以降，人文学は死文化したのではないか，背景として，「人間を知るためには猿の社会を知ることだ」という類人猿学の隆昌，ロボット工学研究の肥大化，さらには生命科学研究の進展が追い打ちをかけているのではないか，と指摘している。「人間」に対する認識の変化についての示唆である。

　また同時に山折は，「20世紀は戦争と物理学の世紀」，「『破壊』のほかに，物理学がやったことは『機械的操作』」，「そもそも物理学や自然科学は『創造』なるものをひとつもやっていない」，との岡潔の言葉を引用している。つまり，「破壊」は原爆や水爆であり，「機械的操作」の事例がロボット工学や生命科学の分野である。

　「間」が抜けるということは，時間的間隔，空間的間隔がないということである。余裕がなく，周りの人間あるいは状態が見えないことにもつながるだろう。誰か（相方）と一緒に呼吸をするということができない状態かもしれない。頃合いも分からないのかもしれない。自他を一体化する，同一視するということにも

なるのかもしれない。「自我の確立」とは自己中心的ということでもないだろう。人は他の人とともにあってこそ人間であろう。

　ところで，さきの山折の講演記録では，「全体」についてもふれている。「1」の発見について，赤ちゃんが生後18か月で全身運動を行うことに着目し，そのときに人間は「1」を発見したのでは，との岡潔の「仮説」にふれ，山折自身はそれを知ったとき，「1」と同時に「全体」も発見したのではないかと考えたという。そして，「直感」とことわりながら，ヘレン・ケラーが三重苦を克服できたのも，その原因となる熱病を患ったのが生後19か月後で，18か月を超え「1」を発見し「全体」も発見していたからこそだ，といっている。

　人間は本来，1歳半ごろには「全体」を見る力が備わっているのだろう。人間が生まれて，親，家族，学校，そして社会と係わる人間が増えるにつれて，人間から「間」が抜け，ひいては「全体」を見る力が相対的に劣化しているなら，またそのことをもって「精神の独立」，「自我の確立」であるとするなら，何ともやるせないことである。人間の成長とは何であるのだろうか。

　成長に「全体」を見る力がついていかず，人間と人間との相互作用による化学反応，良い方向での化学反応が増えないとしたら，由由しきことであろうし，新しい研究課題になるのだろう。山折の言葉を借りれば，「人間の学問についての真剣な対話」が必要なのだろう。

　今日の社会はいうまでもなくグローバル化している。良いことばかりでなく紛争も多くなっている。われわれが見るべき「全体」も拡がっている。係わる人間もネット上も含めると膨大な数にのぼる。目の前の人間と真摯に深くつきあうだけでなく，まだ見ぬ多くの人間にも想いを豊かにしなければならなくなっている。例えば，ビジネス社会においては，もちろんあらゆる企業がすべての市場を最終対象とするわけではないが，既存の市場だけでなく，新興あるいは未成熟な市場までを含めた，いわば地球の隅々まで俯瞰をし，新たなあるいは伝統的なニーズやウォンツに目配り気配りをし，生態系への影響などについても想像力を働かせ思慮した経営が求められているようだ。まさに地球の外からの鳥瞰的な経営視野をふまえた意思決定が必要となっている。しかも，係わる相手は，顧客であれ，ともに働く従業員であれ，「ヒト」ではなく，「人間」なのである。

Web コラム『世界経済評論 IMPACT』（2012.09.17）初出

セイタカアワダチソウと薄（すすき）

1970年代初めだったであろうか，ラジオ「秋山ちえ子の談話室」での「セイタカアワダチソウと薄（すすき）」の話が，なぜか記憶に残っている。外来種と在来種がそれぞれの勢力範囲を競って，せめぎ合いをしている。薄がその生息範囲を次第に狭めてきた。日本古来の風景が消えてきた，といった話であったように思う。

セイタカアワダチソウ（背高泡立草）は，北米原産で明治末期に園芸用に日本に持ち込まれたが，全国に拡まった大きな要因は，第二次大戦後，米軍の輸入物資に付着した種子だと言われている。秋になると，薄などでおおわれていた空き地や野原が，あるいはまた休耕田が，次第に，しかし急速に，派手な黄色に染まっていった印象がある。セイタカアワダチソウのアレロパシー（他感作用），いわば毒素的化学物質の放出によって，すでに繁殖している植物に阻害作用を与え，それが薄などの駆逐の一因となった。

2012年11月初め学生たちと，島根県邑智郡美郷町比之宮地区に，休耕田を利用して淡水魚ホンモロコの養殖を始める準備段階での手伝いに行った。高齢化率も50％に近く，最近の言葉でいえば，限界集落一歩手前の準限界集落となるのだろう。元気なく，休耕田も多く，荒れた田畑の多い，などといった先入観を持っていた。しかし，その先入観は，比之宮の田畑の畔，法面を見た瞬間に一掃された。きれいなのだ。手入れが行き届いていたのだ。「心が洗われる」という言葉がふさわしい景色だった。誤解を恐れずいえば，これだけでも観光資源になる。道中の市町，とくにそれらの中心部と比べても差は歴然としていた。2011年の3.11東日本大震災の直後，世界銀行や国際通貨基金のスタッフの間から言われはじめ，やがて世界中に広がった「日本に学ぶ10のこと」があるが，そのなかの「冷静さ」，「品格」，「思いやり」，「秩序」，「犠牲的精神」，「やさしさ」，「しつけ」，「良心」などの言葉が浮かんできた。ホンモロコの初収穫は1年後の2013年11月ごろの予定だ。

比之宮にも薄が似合うが，この薄は，1990年代半ばより，盛り返し傾向がみられるそうだ。セイタカアワダチソウが他の植物を追いやり，土壌の養分を吸収してしまうと，自らが排出する物質によって自らに害が及ぶようになった。他への攻撃性が自らに向けられるようになった。いわば，排他的であったがゆえに衰退していった。薄が復活・再生し，淡い中間色の秋の風景が戻ってきている。

　2011 年の主要品目の国内シェアをみると（『日経産業新聞』2012 年 7 月 30 日付），ベスト 3 に入っている外資系は，生保などはこの調査の対象外であったが，洗剤，シャンプー・リンス，映画などまだまだ限られている。しかし，世界シェアでみると，造船，粗鋼，洗濯機，冷蔵庫などはベスト 5 に日本勢はなく，デジタル関連も苦戦し，中国勢が躍進し，韓国勢も依然として強さを見せている。欧米企業などの強い分野も多い。日本勢は復活するのだろうか。逆に，国内でも次第に苦戦を強いられるようになるのだろうか。

　群生に時間のかかる薄は，植生の過程で土地を育て，地力をつける。土地ができれば，アカマツなどが生えてくる。かなりの年月を要するだろうが，稲科の薄一面から樹木群へと変わっていく。動物などがそのなかで育てば，多様性が広がり，生態系として深まりをみせる。薄が群生し土をつくり，土地に樹木が，さらに動物などが集まるという展開は，明らかにセイタカアワダチソウとは異なる変移だ。薄も第二次大戦後，北米に種子が渡り，勢力を広げたようである。薄の北米での遷移はどのようであったのだろうか。興味深い。

　古くからある在来種が淘汰の危機に直面しながら復活・再生した。復活・再生には DNA が残っていることが大切だ。DNA などと難しいことは言わなくても，人間社会の場合であれば，「信用」「信頼」だろう。いかなる場所，局面であっても，人間と人間とが，互いに素直に対峙をすることが「信用」「信頼」につながり，それを積み重ねていくこと必要だ。企業の存続でも同様であろう。「信用」「信頼」の維持，あるいは何らかで失ったそれらを再び得るには，例えば，さきの「日本に学ぶ 10 のこと」（「技術力」も含めて）を日々日常的に行っているのか，ルーチン化できているのかということなのだ。それは高齢者，先達からの学びであり，歴史からの学習であり，それを今日に実践する覚悟なのかもしれない。また，それができれば，今後生じる大きな課題，あるいは危機への想像力と行動力へと連ねることもできるだろう。

Web コラム『世界経済評論 IMPACT』（2012.12.24.）初出

国際化の移ろいと国際性

　いまさらながらのところもあるが,「国際化」の議論は,常に古くて新しい。ただ,Covid-19のなか,また米中摩擦の深まりのなかで,これまでのいくつかの論考に依拠しながら,あらためて考えてみることも有用だと考える。

　例えば,江夏健一（1970）は,1960年代末当時をとらえ,「国際化時代」の集約的で象徴的な事象として,資本取引の自由化を背景として加速化的に著増した直接投資,またその担い手である多国籍企業の進展,およびそれにともなう諸問題の表出をあげている。「国際化」は歴史的概念であり,米国的自由貿易政策＝「自由化」と連続体をなす現象としての把握である。さらに要約すれば,直接投資は,貿易のようにフローではなく,投資ストックの累積的効果で,受入国に雇用および経済発展,ひいては経済的厚生をもたらす,いわば資源の世界的規模での最適配分を促すという議論を「タテマエ」とすれば,多国籍企業とは何か,また保護貿易主義の論理などに通ずる議論が「ホンネ」の部分である,となる。シャルル・ジードが,自由貿易主義政策は帝国主義的,保護貿易主義政策は国家主義的といった議論にもつながる。これらをふまえれば,自由化→参入障壁の撤廃→完全競争の実現となれば,「国際化」の概念は終わることになるが,いまだ終わっていない。江夏（1970）のいうように,誰がための国際化であるのかという価値基準が,対応策が必要となったときに問いただされ,論理が再構築されることになる。

　矢野暢（1986）は,「国際化」論は,国家論と結びつけないかぎり,それ自体意味がない,という。それは,国益の恣意的な延長としての国際化と,世界の望ましい調和化と秩序化への筋書きとしての国際化の議論の可能性を問い,国際化を国家のあるべき姿を求める努力ととらえる。その意味で国家論と結びつく。矢野は,国家を閉鎖系から開放系に変えていく努力と結びつけ,国家あるいは国家主義を国際化によって中和化されなければならないという。個人・企業・国などそれぞれの国際化を考えれば,当然のことながら,その受入側に,度合いの違いはあれ,少なからずの影響を与えることは間違いない。相互作用のゆえである。中和化の議論は,70年代80年代の,ややもすると日本のなかでの傲慢とも言われかねない国際化への論調に対する懸念が基底にあったのだろう。そこで,摩擦の少ないかたちで国際的に定位させるための努力＝国際化,という国際的定位の議論につなげた。

　粉川哲夫（1991）は，80年代から90年代に至る当時の，21世紀の「地球の中心」は東京だという論調に，その根底に，東京が「国際化」度合いを加速させているという思い込み，また新種のナショナリズムの萌芽を感じ取っていた。粉川は，「国際化」を日本企業の海外進出とセットにあったとするが，「インターナショナリゼーション」に含まれる「領土などを国際管理におく」という意味はもとより，日本の物理的・身体的・情報的スペースを外に向かって開放するものではなかった，という。つまり，人的・情報的・物的通路が自由通路となっておらず，国境による閉鎖性のなかにある。したがって，当時のそれは，表層的な国際化で，深層的には国際化でなかった。

　ブランド品・希少品などの輸入の「高度化」が進んだ状況であったが，それは国際性の度合いの低下をもたらしかねない。高度化と国際性の反比例状況，表層的な高度化は，かえって海外文化に対する閉鎖的な態度さえも生み，場所性の希薄ないし喪失となりうる。「国際性」が異なる文化をもつ人びととの多様な交流，コミュニケーション概念であるとすれば，異なる文化との多元性また共存が求められる。しかしながら，単に物品のみを輸入することだけでは，深層的な国際性をもつとは言えない，というのである。

　太田浩（2011）は，Knight（2008）にもとづいて，高等教育の国際化を「高等教育機関と，システムの目標，教育（学習），研究，サービス提供など大学の中核的機能に，国際的，異文化的，そしてグローバルな特質や局面を統合する多面的かつ多角的なプロセスである」としている。国際化は，ゴールではなく，「プロセス」であり，「進化的かつ発展的な特質の外延」である。1990年代半ば以降，ICT（通信情報技術）革命によって，ヒト・モノ・カネ・情報などの地球規模での展開が顕著となったとはよく言われる。この動きが一般的にグローバル化（グローバリゼーション）の進展である。そうしたなかで，学術ネットワークも地球規模での構築が進み，教育研究の国際的な協働と競争が一段と進んだ。これに係わり，Knight（2008）は，グローバル化と国際化を峻別し，グローバル化は高等教育・大学それぞれの国際化の触媒であり，高等教育・大学の国際化はグローバル化の反応装置であった，といったのだ。

　以上，1970年代以降の「国際化」に係わる議論のいくつかをランダムにみた。江夏（1970）の議論は色あせていない。1990年年代半ばまでの日米間の摩擦が「自由化」論の連続体のなかでとらえられるとすれば，昨今の米中間の摩擦以上ともみられる動きは，根幹的な価値基準において，強者の論理的に，いわば帝国主義的に「特色ある社会主義体制」の構築を進める中国と，すべての人の権利尊重など根本的な信念の違いにもとづく米国の国家主義的な対応策とのぶつかり合いともいえよう。

　国際化が国境を越えることであるとすると，究極的には国レベルでは国と国との国境を無意味な状態にしていくことである。しかし，国家の性格を変えなければ，それは難しい。アクターとしての企業ないし個人レベルで考えれば，国際化の進展は，ある意味でがんじがらめの国を越え，ある国のある場所（都市など）に，精神的を含めて，越境できる可能性を高めていくことになる。そこで，「国際性」が問われることになる。国際性がコミュニケーション概念，また心の問題と考えれば，今日の文字だけでも声だけでもなく映像・翻訳機能なども含め，他とのコミュニケーションの容易性が高まっている状況を踏まえれば，人と人との接触・交流が表層的ではなく，深層的にしていく要素は多い。ただ，こうした状況のなかでの懸念は，アイデンティの近い人などとのつながり「のみ」となることである。そうなると，国際性がかえって低下することにもなりかえない。となると，これまで以上に「異なる」ことへの柔軟性・柔らかさ，ひいては寛容さが求められることになるのだろう。

Web コラム『世界経済評論 IMPACT』（2021.03.29.）初出

第1章

地域企業と国際性

はじめに

　地域企業には，中堅・中小企業が概して多い。大企業に比すると，多くは経営資源（人材・資金・技術等）の制約などから，その成長のみならず，存続，あるいは持続的な成長に苦慮する場合が多いとみられている。

　グローバル環境を，プラスにせよ，マイナスにせよ，意識せざるを得ない今日，その地域企業に「国際性」がどのように係わっているのか，また係わってきたのかについて検討することは有用である。また，「国際性」は，「多様性」にも通じるところがある。国際性と多様性が，存続ないし持続的な成長にどのように係わってきたのかについても併せて検討する。

　なお，研究において，構成要素を分解し，その本質や本性を究め，そこから現象を理解しようとする分析主義ないし還元主義に大事な部分はある。しかしながら，それだけではなく，また二項対立的でなく，構成要素が相互に関係を持ちながら全体が作り上げられていることを理解していく姿勢も大切である。こうした観点で議論を進めていきたい。

1. 地域企業

(1) 地域

　地域企業について述べる前に，「地域」について，まず定義しておこう。い

うまでもなく，中央に対して使われる言葉である「地方」と，「地域」とは異なる。「地域」は，例えば，ある辞典では，「① 区切られた範囲の土地。② 政治・経済・文化の上で，一定の特徴をもった空間の領域。全体社会の一部を構成。③ 国際関係において一定の独立した地位を持つ存在」[1]と説明している。また，別の事典では，「他から区別される特性をもった地表の部分。共通の一体性をもつ場合を等質地域，中心で相互に結びついて一体性をもつ場合を機能地域，または統一（結節）地域という」[2]と定義をしている[3]。

　これらに従えば，「地域」は，「政治・経済・文化における，ある一定の特徴，特性をもった他と区別される特定の空間」を指していることになる。しかしながら，その政治空間，経済空間，文化空間はまったく重なるわけではない。政治空間は国家空間と重なる場合が多いが，経済空間は国家空間と同一ではないし，文化空間も重なる部分と重ならない部分がある。そこで，「等質性」・「同質性」，また地域間の相互依存関係に着目した「結節性」という概念が生まれる。経済的側面では「結節性」要素が強く作用する[4]。「等質性」は，法的側面，政治的側面で国民国家から求められることが多いだろう。文化的側面は，「等質性」要素が基盤としても「結節性」も係わる。

　「地域」は，社会全体の一部であるので，地球社会のなかの日本，日本社会における広島などということができる。もちろん，広島は地球社会のなかの広島でもある。全体社会の範囲の捉え方によって変わってくる。「地域」としての自律ないし自立は，その地域に閉じているだけでは成り立たない。つまり，他の地域あるいは全体社会があるがゆえの自律ないし自立であるので，他の地域に対して開かれていることが前提となる。そのうえで，地域が地域であるためには，等質性と結節性との均衡を絶妙にとることが肝要である。「地域」は多層性があるとともに多面性を持っている。

　都市化あるいはグローバリゼーションの進展のなかで，地域文化の等質性ないし結束性が失われつつある。しかし，地域空間を再構築しようと思えば，文化的側面を抜きにしては語ることはできない。「風景というのは文化そのもの」[5]という言葉がある。同じ風景のなかでの生活，同じ地域の人間と人間とのつながりによって形成された物心両面の成果が文化である。例えば，2011年3月11日の東日本大震災で，大きな被害を受けた岩手県大槌町では「復興

のエンジン」を「町民」に据えた[6]。住民が考え，決め，自分たちの町づくり
という意識を共有して動かなければ，町が持続性をもつ高い未来はないとし
て，復興のプロセスにおいて住民の主体性が重要だと考えた[7]。

　経済空間のグローバリゼーションのなかで，合理性や計算可能性，あるいは
そうした秩序への途としての単一原理化が進んでいる。しかしながら，われわ
れの生活のなかには，贈与や計算外，あるいは無意識な要素が多々含まれてい
る。そうしたさまざまなもの，善きものも悪しきものも種々雑多なものを包含
した，完全ではなく不完全ななかで生活をしている。この不完全さがあるから
こそ，新陳代謝を生み，それが持続可能性につながっている。

　換言すれば，不完全さを克服するエネルギーを持ち続け，その力を発揮して
いくことがイノベーションであり，「地域」の持続可能性にも連なっている。
そのプロセスの差異によって，「地域」ごとの違いが生まれる。それが「地域」
の個性であり，多様性となるし，自律ないし自立も成り立つ。地域ごとの差異
がそれぞれの地域の魅力となる。自分たちの地域を魅力あるものにしていくこ
とは，地域の人びとの目標にもなる。

(2) 地域企業

　「地域企業」は，広義では，ある国の限られた範囲の地域に拠点をおいて経
営活動を行っている企業である。狭義でいえば，その地域に本社を設置して
いる企業と定義できるだろう。また，よく地場企業といわれるが，地場企業
は，ある地域で長い時間のなかで形成されてきた地場産業を構成している企業
であり，多くは中小企業で，地域企業の範疇に入る。自然的条件，文化，歴史
などによって「地域」が規定され，その地域の企業である中小企業が地場産
業を形成していく。そのなかで，それぞれの主体性や個性を浮かび上がらせ
てきた。しかし，国民国家が経済発展を基調におくと，国民国家が主導的に
産業の空間的配置が行われるようになる。となると，「地域」は，概して受動
的にそのなかでの役割を果たさざるを得なくなる。例えば，地域企業は，日
本でいえば，新産業都市，工業整備特別地域，テクノポリス等々の産業集積
地の政策的な形成のなかの企業となる。そして，国民国家のなかの空間シス

テムの拡がりは，さらに1989年7月発足のAPEC（Asia-Pacific Economic Cooperation：アジア太平洋協力），2016年2月署名のTPP（Trans-Pacific Partnership Agreement：環太平洋パートナーシップ協定），2022年1月発効のRCEP（Regional Comprehensive Economic Partnership Agreement：地域的な包括的経済連携）などと国際社会のなかの空間システムへと拡がり，伝統性，中小零細資本の集団性，社会的分業体制，特産品的商品特性などがキイワード[8]の「地域企業」も，その広域性は変化している。ただ，多くの地域企業は，大企業に比して経営資源的制約[9]が大きいのは確かだ。

「地域企業」について，さらに述べると，一定空間を他空間から浮き立たせる現象である「空間的差異」・「地域的個性」・「地域性」が見られる地域，とりわけ経済との係わりで言えば「経済現象の地理的差異」，「地域の経済的個性」が見られる地域に存在する企業と定義できるだろう。もちろん，地域は，時間的流れのなかでの「時間的差異」・「時代的個性」・「時代相」という時間概念と併せて省みて考察する必要がある。しかも，地域企業の活動範囲は，限られた一定空間にのみではなく，懸隔を越えて，空間相互の係わりのなかで企業活動を行う。

なお，地域企業に関する議論に関して，グローバルトップニッチ（GTN）企業についての議論があるが，2020年版の定義では，大企業では特定商品・サービスの世界市場規模100～1,000億円程度であって過去3年以内に1年でも概ね20％以上の世界シェア確保，中堅・中小企業ではシェアで概ね10％以上確保の企業を対象とし，収益性，戦略性，競争優位性，国際性の視点から定量評価でのスクリーニング，また定性評価を経て応募249社から113社を選定している。2013年版では同様の基準で応募281社のうち100社を選定した。連続選定は13社である。GNT企業選定においては，2013年版でシェアの持続性が考慮されている側面があるが，いずれも定時的評価であり，企業の存続にあたっての変容過程への特段の留意はない。

また，経済地理の視座からの地域企業への接近では例えば経済地理学における位置づけについては矢田俊文（2003），中小企業を包摂し地場産業にも通じる地域中核企業の議論については塩次喜代明（1995），また地域経済活性化への経営史からの視座は橘川武郎（2008）などが地域企業に係わる研究として挙

げられる。

　なお，地域企業のひとつの定義として，京都の中小企業のリーダーによって集約された「京都・地域企業宣言」（2018年9月）がある。「規模を基準とする中小企業ではなく，人と自然と地域を大切に，地域に根ざし，地域と繋がり，地域と共に継承・発展する」企業がそれだ[10]。

(3) 地域企業と同族性

　地域企業は概ね中小企業であることは既述したが，日本の企業総数のなかにおいて99.7％が中小企業である[11]。もちろん，従業員数では，中小企業は68.8％で，大企業が31.2％，付加価値額では，中小企業が52.9％で，大企業は47.1％と，大企業の比率があがり，中小企業のそれらは下がっている。

　また，国税庁の令和元年度（2019年度）会社標本調査結果によれば，日本の会社（単体法人）274万3,716社のうち96.5％は，同族企業（ファミリー企業）で，その数は264万6,512社となっている[12]。資本金1億円以下の中小企業でみれば，273万7,483社のうち96.5％（264万2,508社），1億円超の企業6,233社でも約3分の2の64.2％（4,004社）は同族企業となっている。

　なお，図1-1は，1980年から2009年に創設された企業の創設後経過年数ごとの生存率の平均値を示したものであるが，5年後に約2割，10年後に約3割，15年後に約4割，そして20年後には約5割の企業が退出している。新規企業は，絶えず市場に参入するとしても，創設後の淘汰もまた厳しい[13]。

　となれば，後継経営者および事業承継の問題も考える必要がある。企業の存続のためには，顧客の変化，社会様式の変化など時代の様相の変化などに応じて，これまでの製品ないし事業の見直しをしなければならない。経営資源を承継しながら，それを革新していくという，相反する要請が生じる場合が多い。

　例えば，神谷宜泰（2018）は，同族性については特段の明記はしていないが，中小企業の事業承継と経営革新における議論について，①「先代の役割」，②「後継経営者の能力形成プロセス」，③「世代間の関係」，④「資源的な制約」，⑤「組織のマネジメント」という5つの視点からまとめている[14]。

　「先代の役割」には，時代の流れを考えれば，先代の貢献に係わるプラスの

図1-1　企業の生存率

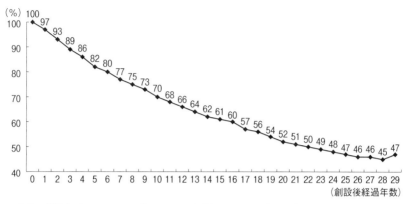

資料：(株)帝国データバンク「COSMOS2 企業概要ファイル」再編加工

（注）1. 創設時からデータベースに企業情報が収録されている企業のみで集計。
　　　2. 1980〜2009 年に創設した企業の経過年数別生存率の平均値を取った。
　　　3. 起業後、企業情報がファイルに収録されるまでに一定の時間を要し、創設後ファイル
　　　　 に収録されるまでに退出した企業が存在するため、実際の生存率よりも高めに算出され
　　　　 ている可能性がある。

出所：『中小企業白書』（2011 年版）　https://www.chusho.meti.go.jp/pamflet/hakusyo/h23/
　　　h23/html/k311200.html

面とマイナスの面があるが，その意味では「先代の役割の変化」，いわば先代
と後継経営者との相互関係の変化にフォーカスすることの有用性が浮かび上
がってくる。「後継経営者の能力形成プロセス」は，もちろん時間がかかる部
分であるが，経営革新という点でみると，当該企業外での学習が必要であろう
し，どのような学習をしたかが問われるところである。この意味では，先代に
よる後継経営者育成には少なからず限界があり，「外部学習と新たな知識の導
入方法」が課題となる。「世代間の関係性」においては，ふたつの論点がある。
ひとつは，先代と後継経営者との関係性であり，いまひとつは，先代・古参従
業員がもっているこれまでの知識等と，革新に必要な知識等との関係である。
前者は，正当性等の認知，早期教育，資産移譲の容易さなどであり，他方で先
代と後継者あるいは後継者間での対立を生む要素にもなる点である。後者は，
新旧の知識や技能の関係性であり，「旧い知識や技能の継承状況」の明確化が
課題となる。「資源的な制約」においては，資源的な制約によって引き起こさ

れる新旧の経営資源の長期並存の問題であり，「従前の経営資源の置き換えプロセス」が課題であるということになる。「組織のマネジメント」においては，承継する際におけるコンフリクトの問題が生じることがある。承継そのものに際しても少なからずコンフリクトはあるだろうし，加えて革新の際には組織的コンフリクトが発生することもある。いかに「組織内のコンフリクトへの対応」を行うかが課題となる。

　ファミリー企業に関して，例えばカソン（1999）は，ファミリー企業研究がどこまで学問的に独自のテーマを構成しているのかを検討し，ファミリー所有（family ownership）それ自体は，ファミリー企業に関する特別な理論の開発を必要としないことを主張している。そして，ファミリー企業のユニークさは，王朝のような家系の永続への強さにあるという。この動機は，家族メンバー間の信頼を強める一方で，非家族メンバーの採用を抑制し，その結果，会社の成長を阻害することが示唆されているという。また，家系の永続への強さは，会社によって異なるとも述べている。

　ところで，同族企業（ファミリー企業）の特徴は，バロンシェリーほか（2016），ゼーラほか（2018）などを参照にすると，次のようになる。

　① 同族企業は，非同族企業と比べ，リスク性向が低く，起業家的志向も低い。逆に，非同族の，とりわけ若手抜擢人事であると，抜擢された者は何かをしたがる傾向がある。

　② 同族企業は，経営陣の地位を家族に留めておきたい傾向があり，かつ小規模な経営陣の傾向がある。このことは，国際化にマイナスの影響（Graves and Thomas 2006 など）となる。つまり，国際化に必要なスキルをもったマネジャーを社業に惹きつけたり，社内に保持していくことが難しいということとなる。

　③ 同族企業は，概して財務的資源が相対的に不足している。このことは，距離（心理的距離，制度的距離，地理的距離）が遠い国への参入を困難にさせている可能性を想起させる。つまり，距離が遠い国への投資には，経営資源への高コミットメントや高リスク関与が必要となるが，同族企業は，経営資源コミットメントが低くて，低リスクですむ国際化を探る傾向と連動している。

　④ 同族企業は，次世代に事業を保持したいために，長期ビジョン・長期プ

ランを重視する傾向がある。

　⑤同族企業は，非同族企業よりも，企業特殊的な資産を有する（Gedajlovic and Carney 2010）。ひとつには，同質グループ内の閉じた結束，つまり信頼であり，暗黙のうちに了解されているやり方・生き方（暗黙の行動規範：ノーム）であり，あるいは相互監視や制裁によるつながりである。これらは，ボンディング社会資本（Bonding Social Capital）ともいわれる。いまひとつは，企業外・集団外の異質な人・グループの開かれたつながりであり，社会的承認価値とも係わる名声的な資産，あるいはそれらを通じた暗黙知である。これらは，ブリッジング社会資本（Bridging Social Capital）である。これらの企業特殊的資産の強みは，粘着的で，移転にコストがかかる。この意味で，同族企業の資産は，同族企業特殊的であり，移転が難しい側面がある。

　コンティネンほか（2012）は，興味深い点として，家族の所有権と経営への家族の関与，そして相互経済的価値と非経済的価値の組み合わせの側面を取り上げている。つまり，ファミリー（家族）の世代間協働，また承継などへの影響の側面であり，所有者問題である。また，兄弟姉妹のパートナーシップなどへの影響の側面，さらに，ビジネス過程においてスタートアップに次ぐ拡張ないし形式化をどのようにしているのか，さらに成熟度の影響はどうなっているのかという側面である。

　さらに，かれらは，同族企業（ファミリー企業）の特徴を次の3つに集約している。

　①家族性。家族性は「ファミリー・メンバーとビジネスの間のシステム相互作用のために，その企業が持っている資源のユニークな束」と換言できるし，これは重複しにくい能力への可能性（Habbershon and Williams 1999）を生むこととともなる。

　②スチュワードシップ。スチュワードシップは，組織へのコミットメントと献身であり，組織への強い義務感を感じ，組織のパフォーマンス向上において，個人の幸せより集団的幸せに高い有用性を付与する傾向である（Miller and Le Breton-Miller 2006）。敢えていえば，スチュワードシップは，同族企業の地域志向および国際志向によってもたらされるパフォーマンスの大切さや必要性を，同族および非同族経営者層に気づかせることにもつながる

（Banalieva and Eddleston 2011）。

　③ しかしながら，同族企業は，一般的にはリスク回避的で，行動が遅いとの認識から，国際化への壁があると考えられる。それは，経営資源の限定性ないし制約性，つまり限られた成長目標，限られた金融資本，限られた管理能力からもたらされるだろうし，外部専門知識導入への消極性ないし架橋的ネットワークの欠如（Graves and Thomas 2004）に起因する。

　こうした点をふまえれば，同族企業（ファミリー企業）の国際化経路に係わる6つの側面の検討があがってくる。① 所有権構造。つまり，所有権構造の変更・家族の関与によって会社の方向性に相違があるのではないか。この点から所有権構造（所有・経営・パーセンテージ）に係わる承継問題の研究が必要となる（Hennart *et al.* 2019）。② スチュワードシップ態度。この強弱あるいは程度の問題の影響度はどのようになっているのか。③ 国際的機会認識（IOR: International Opportunity Recognition）。国際化の機会をどの程度捉えているのか。その際に，既存知識蓄積，自発的起業家的探索，受動的探索などによって国際化の早期性とその要因ないし国際的起業家志向・パッションが企業行動に表出されるだろう。④ 国際性・外国性。つまり，精神的・心理的・制度的・地理的距離に対する態度の影響を検討することとなる。⑤ ネットワークの展開。つまり，どのようなネットワーク構築をしているのか。この点については，ボンディング社会資本，ブリッジング社会資本，あるいはまたその相互作用を検討することが求められる。⑥ その企業の製品特性。どのような製品にたずさわっているのか。その製品は，伝統的高品質製品，顧客ニーズの多様化にともなう革新製品，顧客志向の製品開発などのどの分野にあてはまるのか，さらにそれにその企業の企業特殊的資産の影響はどの程度であり，これらの強みは，粘着的で，移転にコストがかかり，移転が難しいのか，などの視点からの検討によって，国際化への検討が深まることとなる。

（4） 地域企業の起業

　地域経済の成長要因や帰結について，マッカン（2008）[15] は，① 「企業の立地行動が資本の流入や雇用の増加などを通して地域経済を成長させる」，②

「企業の立地や再立地が地域の経済集積の発展に寄与する」「集積の経済効果が生まれる」，③「成長は立地点に固有のものであり，都市規模分布にも示唆をもたらす」，④「地域成長の特定の地域へのインパクトは，成長の源となった産業に依存し，またそれは産業間の取引関係にも依存する」という点をあげている。

　地域活性化ための政策について，尾崎雅彦ほか（2011）[16] などによれば，①域外需要増によっての成長・発展，②技術進歩によっての成長・発展，③移出（基盤）産業によっての成長・発展，④産業集積・学習によっての成長・発展（産業集積とイノベーション，例えば，伝統産地における学習や地域イノベーション・システム），⑤地域資源の活用によっての成長・発展（6次産業化，観光ほか）の5つにまとめられ，アクターは，①地方行政，②住民・NPO，③企業（地場企業　中堅・中小企業　大企業　外資系企業，市民の起業）などである。また，そのほかには，産業集積論における「柔軟な専門化」[17] 概念における集積内企業間メカニズムの検討，また必要不可欠な条件としてのキイプレイヤーの存在やキイプレイヤーが形成するネットワークの有効な機能，外部市場からの需要の呼び込みの必要性などの議論[18] がある。

　ここでは地域の成長，地域活性化のアクターとしての市民の起業，とりわけ第2章と係わりのある，地域資源を活用した農村地域における起業，それも女性起業について，概略することとしよう。

　日本の人口は，2008年をピークに全体的に減少傾向にある。とりわけ，農村人口は1970年代以降，都市（人口集中地域）と異なり，減少傾向のままであり，都市人口との差は拡大を続けている（図1-2参照）。高齢化の進行は変わりないとしても，特に農村は人口が減少し高齢化率が高くなれば，農地等の資源やコミュニティの維持そのものが困難となることが懸念される[19]。

　農業の担い手は，新規自営農業就農者もみられるが，多くは自給的な兼業農家であり，平均年齢は65歳を超え，3分の2程度は高齢者であり，約半分は女性である[20]。この農村女性による起業については，1980年から増加し，単なる農業生産ではなく，高付加価値化を意図した加工・販売活動，レストラン経営などと展開している場合が多い。「農村女性起業」[21] と呼ばれ，これまでの農協を通じた購買，出荷というフレームワークを超える活動である。それには，

図1-2　農村における人口・高齢化の推移と見通し

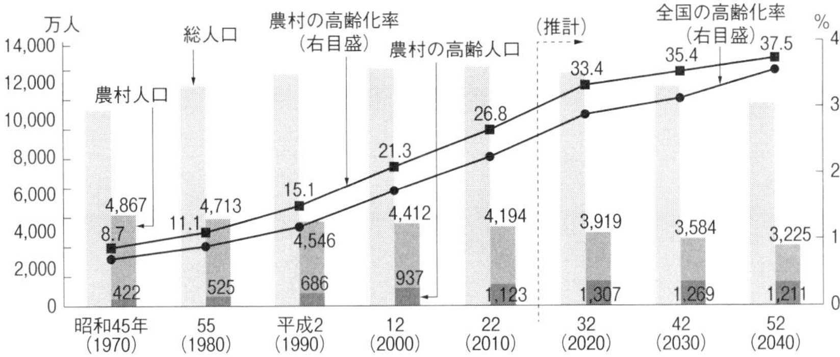

資料：総務省「国勢調査」，国立社会保障・人口問題研究所「日本の地域別将来推計人口（平成25
　　　（2013）年3月推計）」を基に農林水産省で推計

注：1）国勢調査における人口集中地区を都市，それ以外を農村とした。
　　2）高齢化率とは，人口に占める65歳以上の高齢者の割合

出所：農林水産省WEBサイト（2019年9月10日アクセス）http://www.maff.go.jp/j/wpaper/w_
　　　maff/h26/h26_h/trend/part1/chap0/c0_1_01.html

中心として女性が従事するほうが地域の軋轢を生みにくい側面もあったし，女
性自ら，それまで役割が概して評価されず，見えない存在から脱却しようとす
る意思もあり，その反映としての有機農業，地域活性化をはじめとする社会活
動への自発的動きの一環としてみることができる。

　農村女性起業の多くは，地域産物活用の特産加工品づくり，それらの直売所
販売，農家レストラン経営，農家民宿などで，地域社会・地域経済の活性化に
おいて大きな役割を果たした。農村女性のエンパワーメント，潜在的な能力を
沸き立たせる過程という視点で見ることもできる。多くはお互いに事業意欲を
もって出資し，対等な関係で運営する事業体であり，農村女性起業は，とりわ
け中心となった中高年女性の無償労働を有償労働化させた。それまでは家族向
けであった労働に，食材や特産品の生産・販売，民宿などサービス提供による
労働報酬の獲得が加わった。さらに，地域には，地域産物の新しい価値創出を
もたらした。地産地消する仕組みとしての農家レストランや農家民宿，発展形
としてのグリーンツーリズム，地域産味噌・醤油・豆腐向け大豆生産のための
休耕田・耕作放棄地の活用，それまでは地域内で消費していた地域資源の再発

見や無活用資源の有効活用化[22]など成果の拡がりをもたらした[23]。

　農村起業，それも農村女性起業は，このように地域の産物に新たな価値を生み出し，また地域資源の再発見や再活用をもたらすことに寄与した。しかしながら，農村起業においては，多くが農村部に限定されているし，地域資源の活用・展開においても限定されている場合が多くみられる。

　第2章で取り上げる事例は，その枠をはみ出している。起業ののちに，いわば変形能力の作用（積極的な逸脱）[24]を繰り返しながら事業展開している。農村で育った記憶や培われた想いが根にあり，その想いをしっかりとした思いとして根を張らせ，念い，信念をもって具体化させ幹とし，さらにさまざまな人を巻き込みながら枝を張っている。ひとつの木が枝を拡げ，大きくなるにつれて，次なる木を育んでいく。そうした過程を繰り返している事例である。そこには時間（歴史）があるとともに，空間も地域から国内（地方から中心）へ，さらに国外へと広がり，国際的な空間俯瞰における物語りとして事業を展開している。

2. 国際性

(1) 国際研究

　国際ビジネスも「国際研究」領域のひとつであるが，国際研究は，学問分野も多岐にわたり，分析方法においても定性，定量，また事例研究などとさまざまである。多くの国際学部，国際学研究科では，幅広い専門分野の研究者によって構成され，各々がそれぞれの分析方法で研究を進めている。研究者は，ややもすると，研究の深化，専門化だとして，タコ壺化し，それぞれの研究分野，分析方法に固執してしまうことがある。しかしながら，「ことば」において，話者は十全の意味をそのなかに含んでいると思っていても，聴き手には十全の意味が伝わっていないことは多い。ましてや，方言であれば，それが育まれた土壌の波動など，微妙なところは伝わらない。研究者も同じ分野でも，捉え方，表し方がそれぞれ異なる。専門分野が異なれば，方言以上にことばが異

なる場合がある。国際研究だと，さらに拡大するだろう。

　例えば，定量研究への集約化がみられる米国のビジネス研究分野では，条件設定等の難しさから，国際研究に取り組む研究者は減少しているようだ。おそらく，国際研究というのは，唯一無二の学問分野・分析方法への収斂を考えてはいけないのだろう。国際研究の要諦は，多岐にわたる学問分野の，またさまざまな分析方法でなされた成果を各々がまずは認め，自らの専門分野での成果との違いないし共通点を見い出し，違うのであれば，それがもたらされた要因をはっきりさせ，そのうえで自らの専門分野を自らの分析方法で発展させていく，このことに尽きるのではないだろうか。繰り返しになるが，要素を分解し，その本質や本性を究め，そこから現象を理解しようとする分析主義ないし還元主義には大事な部分があるとしても，それだけではなく，要素の相互関係のなかで全体が作り上げられていることを理解していく態度が大事である，と考えるのである。

　科学では普遍性を求め，それが産業，経済を通じて標準として広まってきた。普遍性は，首尾一貫的であり，単一性，画一性となり，その過程では不満，妬み，恨み，怨念，ひいてはマグマともなる。表面的には「隠れたもの」となっていても，格差，排除などにつながれば，お互いの理解や共感も進まず，内向きになり，ひいては外向きに爆発し，紛争にまで至るかもしれない。

　となれば，懸念を和らげ，できればなくすことが求められる。分野，ジャンルを超え，さまざまな「際」を行ったり来たり，混交させる柔軟性を持つことが必要だろう。そして，「際」の内外の近傍に変化をもたらす現象がひそんでいるかもしれない。それは，一方でどこか「に」表れていることから種々の原因・経緯・結果を探りつつ，もう一方で，飛行中のエアポケットの前にかすかに上昇する気配を感じることなど，どこか「で」気づく些細とも思われることにも目配り，気配りしながら，それぞれの場で仕事を行うことでもあろう。それは，時空を超えた「遠くへのまなざし」をもつことでもあるだろう。

　さまざまな製造現場，創作現場の一人ひとりがそれぞれ極めへの探究をしつつ，つまり科学的にも普遍性を追求しながら，他の「何か」にも想いをよせることでもある。例えば，ウィスキーのベテラン・ブレンダーが，そのできばえを自らの探究の結果としてのみでなく，その製造にたずさわったすべての人び

と，また樽などをはじめとした自然の反映の結果であるとする境地に行きつくことであるのかもしれない。それぞれの場は，いわば地域だったり，コミュニティであったりであり，単なるグローバルな世界ではない。自在な越境，越「際」をできるようになることが今日ますます求められているように思われる。こうした心境，行動がさまざまな場で連なれば，世のなかに多様性への理解とその複雑さへの緩和が少しでも進むように思われる。

(2) 国際性

　「国際性」とは，限られた地域や国だけの視点でいろいろなことを考えたり，行動するのではなく，違う価値観をもつ地域や国の文化・政治・経済などに対して深い理解をもって考え行動することであろう。したがって，国際性を身につけるということは，こうした見方や考え方を自然に行っていることであろう[25]。そうした態度や能力構築について，例えば，国際理解教育の視点から全国海外子女教育研究協議会では，生き方・人間力（態度），思考力・判断力・表現力等（技能），知識の3つの観点からとらえている[26]。

　生き方・人間力（態度）の観点では，自己（個人）と社会（集団）との係わりの縦軸と，自己と他者との共生に関する横軸でみている。自己（個人）への係わりと自己との共生では，自尊心あるいは自己肯定感が関係するし，自己（個人）への係わりと他者との共生であれば，他者の受容・尊重が関係する。社会（集団）との係わりと自己（個人）との共生は，家族愛，愛国心などの誇りにつながるし，社会（集団）への係わりと他者との共生であれば，異文化理解ないし受容につながる。それらは，人権意識を基盤として，寛容・共感あるいはエポケー（感情を一時停止する態度），協力・協調，誇り・自尊心，社会・地域への参加・参画，グローバル意識（歴史の流れのなかの一部としての「いま」の理解）などに置き換えることができる。

　思考力・判断力・表現力等（技能）の観点であるが，これは，国際性に係わる知識や態度を身につけ，いざ実際の行動をする際に求められるスキルといっていい。ただそれらは，さまざまな経験・体験のなかで身についていくものであろう。それらとして，自分や他人の考えや見方を一方的に正しいとみるので

はなく，常に実証的だったり，理論的だったり，総合的に見て，正しい判断つなげていく省察的思考力があるし，予見ないし予断をもって解決していくことが難しくなっている VUCA[27] 時代における課題解決能力がある。そして，見えないもの遠くになるものへの感受性をもった想像力を鍛えあげる必要性もある。最後に，コミュニケーション力である。メラビアン（1971）の法則と言われるようにコミュニケーションの際に受け取る情報の93％は非言語情報（視覚情報・聴覚情報）であるとの見方があるが，文字情報だけのインターネット，あるいは Zoom などのオンラインでの会話などであっても，ある程度の信頼関係が構築されていることがなければ，声・動作（身振り・手振り）・顔の表情・身だしなみなどの非言語情報は制限され，相手の気持ちや状況等を理解することは難しい。となれば，母語だけでなく，母語以外の言語を通じた他者とのコミュニケーション力は大事になる。省察的思考力，課題解決能力，想像力，コミュニケーション力の4つが必要となる。

　知識の観点としては，国際協調・平和，文化的多様性と共通性（Diversity），相互依存，正義・公共性，共生，持続可能性などがあげられている。これらは，平和や正義にコミットメントしていこうとする意思，連帯感や共感などの感情，さらに生命に対する畏敬や環境保護などの自然への意識につながるものであり，またそれらが相互に係わりあっているものでもある。さらに換言すれば，異文化理解にあっては，「遠くにあるもの」「遠くで生起していること」「遠くで消えていくもの」「遠くの人びと」を知ることであり，相互依存や環境問題であっては，「遠くにあるもの」との見えない関係・つながりを知ることである。さらに，平等・人権・平和・持続可能な開発・公正さなどは，「現前しないもの」や「それとの係わり」に内在する社会的な理念・共通の理想を知ることである。

　1990 年代以降の ICT（情報通信技術）の革命ともいわれる進展によって，さまざまな情報や知識がインターネットを通じて国境を容易に越えるようになり，ビジネスや政治，文化などさまざまな局面での外国とのつながりはいままで以上に容易となった。一見，遠くだったものが身近なものとなった側面がある。しかしながら，情報の移動は容易になっても，リアルなモノの移動には，やはり船舶や航空機あるいはトラックなどによる輸送・運送に依存しなければ

ならない。さらに，ゆきちがいやぶつかり合いなど，近くなったがゆえの摩擦が起こり，それが紛争レベルまでになれば，リアルな交流にも障害となる。かえって，分断ともいわれる状況が生まれることともなる。そうなると，一段上のさらなる「国際性」が求められることになるだろう。

(3) 多様性

　多様性と国際性は相通ずるところがあるが，多様性とは，「いろいろな種類や傾向のものがあること，変化に富むこと」と言われている[28]。ラテン語を語源とする「異なる別々の方向を向いたこと」[29]という意味の英語の Diversity の日本語訳である。多様性は，生物多様性，文化の多様性，地域の多様性，あるいは価値観の多様性，さらにはダイバーシティ経営などと，さまざまな局面で用いられる。

　1992年6月に163か国が署名し，1993年12月に発効した生物多様性条約は，3,000万種ともいわれる生きものひとつひとつの個性がすべて直接的あるいは間接的に支えあい，それが人類の生存を支え，さまざまな恵みをもたらしているとの視点で，EU・パレスチナを含む196か国・地域（2021年9月現在）が締結し，生態系全体の保全と持続可能な利用を決意している。多様性を失っていき次第に画一化していけば，最後には環境変移に適応できるかできないかの二者択一となってしまう。そうした危惧・憂慮は，1970年ごろから問題視され，1975年のラムサール条約やワシントン条約の発効につながったのであるが，さらに現実近くのこととなってきて，それらの条約の補完とともに地球規模での保全対応が求められたのであった。

　しかしながら，生物多様性条約を米国は批准していない。これは，「遺伝資源の利用から生ずる利益の公平かつ衡平な配分」という第1条の目的への懸念であった。例えば，途上国から遺伝情報を受けたバイオテクノロジー企業は，その利益を当該国に還元しなければならないが，それは知的所有権への配慮が充分ではないのではないかとの理由である。

　文化の多様性に関しては[30]，2001年11月2日のユネスコ（国連教育科学文化機関）総会で満場一致で採択された「文化の多様性に関する世界宣言」（以

下，「世界宣言」）がある。この総会は，「多様性のなかの共生」が大きなテーマであったが，希しくも，9.11 の約 2 か月後である。服部英二（2016）は，ユネスコにおける文化概念の深化について，6 段階に分けて考察している。6 段階を「世界宣言」と重ねわせると，6 段階のそれぞれが活かされている。まず 1945 年の採択のユネスコ憲章では，「豊かな多様性を確保する」と記されている。当初からユネスコは多様性が豊かさの源泉であるとうたっていた（「世界宣言」前文）。次いで，初代事務局長ハクスレーは，1947 年，「文化は多様にして内発的な進展を可能に」するが「科学は単一性を求める」として，その調和「多様性のなかの統一（Unity in the Diversity）」を提唱した（「世界宣言」前文）。その後，1960〜70 年代の「人類の共有遺産」概念が生まれ（「世界宣言」第 1 条），それは「世界遺産条約」につながり，「内発的発展」と「地域文化」概念も生まれ（「世界宣言」第 3 条），文化多元主義に連なった（「世界宣言」第 2 条）。1982 年以降には普遍と特殊を内包した「世界公民」概念が打ち出され（「世界宣言」第 4 条・第 5 条・第 6 条），さらに，1991 年の湾岸戦争勃発以降には事務局長マイョールにより「文明間の対話」のみならず「文化間の対話」という「平和の文化」提唱された（「世界宣言」前文・第 10 条・第 11 条）。また，1996 年以降，ボスニア・ヘルツェゴヴィナなど多民族，多文化，多宗教社会での紛争続発のなかで，違いへの恐怖，他者の拒否に対して，国連事務総長を務めたデクエヤルは「わが創造的多様性」を訴えた（「世界宣言」第 2 条・第 7 条・第 8 条・第 9 条）。そして，1997 年の「未来世代に対する現存世代の責任宣言」を経て，これまでの議論をふまえ，2001 年の「文化の多様性に関する世界宣言」に至った。

　その後 2007 年に発効したのが「文化多様性条約」である。この条約は，文化的表現の多様性を保護・促進が目的で，2020 年現在，149 か国が批准している。ただ，日本は，2005 年の文化多様性条約採択には賛成しながら，文化的例外措置が自由貿易に悪影響を及ぼすとの懸念を主な理由として，現在まで批准していない。米国は，イスラエルとともに，2005 年，WTO ルールの抜け道の懸念などから反対した。

　生物多様性においては種，文化多様性においては国ないし地域などにおける異なる群の存在が前提になっている。幅広く性質の異なる群の存在である。そ

の多様性が人類の共通の関心事であり，現在および将来の世代においても，その必要性・有用性がうたわれているのであるが，国レベルでの思惑や利害などによって，最初の段階の各国での批准というレベルでも矛盾，対立，不一致が生じている。相違，多様などの意味への重みづけの努力はされているが，それを乗り越えるのは容易ではない。

　企業経営においても，多様性（ダイバーシティ）は，多様な人材を活かして，その能力を最大限に発揮できる機会を提供することによって，イノベーションが生まれ，それによって新たな価値を創造することとなり，成長・発展のために有用であると言われている。人材における多様性は，性別，年齢，人種・国籍，障がいの有無，宗教，価値観などとともに，キャリアや経験，学歴，働き方などが係わるし，それぞれが持っている潜在能力や特性なども含まれるであろう。その組み合わせは，まさに多様で，そのうえでイノベーションを生む組み合わせとなるとその発見は容易ではないであろう。しかしながら，イノベーションが自由な発想のなかで生まれるとなると，その発見に企業は尽力する必要があるだろう。それによって，新事業・新製品の開発であり，生産性の向上であり，ひいては企業の競争力の強化，成長・発展・存続につながるのであれば，そうせざるを得ないだろう。

　それぞれの企業のおかれている状況は異なるので，その解決策をひとくくりには言えない。そこで，経済産業省は，「新・ダイバーシティ経営企業100選」などとして，ベストプラクティスともいえる先進事例をあげ，推進している。また，ダイバーシティ経営診断シートを提示し，それをサポートしようとしている。経営診断シートの項目は，経営方針と企業プロフィールを確認したうえで，経営者の取り組み（経営姿勢・経営理念，経営戦略，人材戦略），人事管理制度の整備，現場管理職の取り組み，組織風土，成果をチェックしている。

　多能な人材が活躍できるようになっているかが課題であるが，そのための経営理念における位置づけ，組織内での浸透，明確さ，全社的理解，制度整備，把握・評価，環境づくりなどがポイントとなっている。いわば，「人材や就業環境の多様化」を行うプロセスが求められるのである。

　ダイバーシティ経営という言い方に加えて，ダイバーシティ＆インクルージョン（Diversity and Inclusion）を打ち出している企業も多い。ダイバーシ

ティが多様性を活かして価値創造を生み，成果につなげていくプロセスといえば，インクルージョンは包括，受容であり，お互いを認めながら企業組織として一体化につなげていくプロセスということができるだろう。「多様性のなかの一体化」「多様性を受け入れ，相互作用している状態」への途でもあるかもしれない。

　ところで，多様性がなぜ重要なのかについて，藤田昌久（2020）は，次のように言っている[31]。複数者間の知識は，シンプルに考えれば，それぞれの知識の総体を固有知識と共通知識に分けることができる。両者の共通知識は，初期においてはそれぞれの固有知識に比して，共通知識は概して少ないだろう。しかしながら，係わるものが対話や議論を重ねるにつれて，全体の共通知識は増えていくだろう。図1-3と図1-4は，それを図示したものである。共通知識は増えて，ほぼ同じとなれば，意思疎通が早くなるなどのメリットもあるが，ある臨界点を超えると，新たな発見とかは難しくなるだろう。あるいは，共通意見を持った者が多くなれば，同調圧力が強まっていく側面もあるだろう。そうなれば，少数意見が暗黙的に排斥される可能性も高くなるだろう。そうであれば，それぞれが知識の総体また固有知識を増やしつつ，同調的になりすぎない切磋琢磨できる環境をいかに担保できるかが企業経営において大切になる。こうした努力を重ねながら，多様性が重要なのである。

　もう少しいえば，ユネスコ初代事務局長だったハクスレーは1947年に「多様性のなかの統一（Unity in the Diversity）」を提唱したが，インドネシア建国の初代大統領スカルノは，さまざまな言語・地域にもとづく300を超える民族をまとめた独立を目指し，1945年6月1日に建国五原則（パンシャシラ）を演説した。その後独立宣言を経て，8月に制定された1945年憲法の前文にも書かれているが，この建国五原則をふまえて，国章ではジャワ語で「Bhinneka Tunggal lka（多様性のなかの統一）」と記され，国是とされている。なお，14世紀の宮廷詩人タントゥラルの古ジャワ語の詩スタソマにも，ヒンズー教のシヴァ派と仏教徒に対した「多様性のなかの統一」という同じ文言があるようだ。また，米国の1782年に採用された国璽の表面（国章）にはラテン語で「E PLURIBUS UNUM（多数からひとつへ）」と記されている。

　しかしながら，この「多様性のなかの統一」は，組織体が大きくなるにつれ

図1-3　固有知識と共通知識（初期）

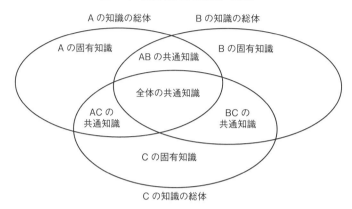

参照：藤田昌久（2020）p.125.

図1-4　固有知識と共通知識（中・長期）

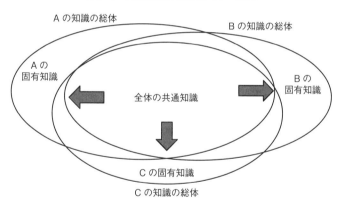

参照：藤田昌久（2020）p.127.

　て，難しさは増す。その難しさを克服するために，企業であれば，例えば
KAIZEN を標語にチームで効率化のための，生産性をあげるための課題解決
に取り組む。それによって一体化を図ろうとする。さらに，生産現場だけでな
く，それを TQC と称して，他の部門まで広げようとする。あるいは，理念の
設定ないし社是の再確認をする企業もあるだろう。国であれば，独立を旗印に

する際には容易であっても，その後の進展のなかでは経済発展の恩恵は一様で
はないし，民主化の振興のなかでの対立も生じるだろう。そうなると，国是の
再認識という過程も必要となる。例えば，インドネシアでは，2017 年から 6
月 1 日が「パンチャシラ」を記念した新たな祝日として制定された。これは，
原住民系インドネシア人（主にイスラム教）と中華系インドネシア人（主にプ
ロテスタントないしカトリック系）の新たな対立の表出，また IS 信奉者によ
る海外と国内との同調の動き（2016 年 1 月および 2017 年 5 月のテロ）に対す
るジョコウィドド大統領による国是の再提唱とみることができる[32]。

　「多様性」の重要性は個々では理解できても，その統一は案外と難しい。統
一のためには常に上位概念ないし旗印などの設定が必要となってくる。それが
企業レベルでは，理念や社是だろう。企業の成長や多国籍化するに従って，社
会的影響の度合いや範囲が国内・国外で拡大し，さらなる CSR あるいは
SDGs などが問われるようになる。また，国連のグローバルコンパクトに賛同
することで，人権，労働，環境，腐敗防止の 4 分野 10 原則への自発的な取り
組みを行い，社会的成果の内部化も拡がることとなる。その意味では，「多様
性のなかの統一」は，企業レベル，国家レベル，国際社会レベルなど，それぞ
れで次なる「多様性のなかの一体化」ないし「多様性のなかの結束化」が求め
られ，常にそれに向かっていくプロセス（「化」）であると位置づけることがで
きるだろう。そのように考えれば，Unity には，統一のほか，単一性，完全性，
統制，合一といった意味合いが強く出る可能性があるので，凝縮性ないし凝縮
力の意味合いがある Cohesion を用いて，Cohesion in diversity などと，結束
につながる意味合いを打ち出すほうが適しているのかもしれない。あるいは，
ライプニッツの「多様性のなかの調和」[33]における Harmony にさかのぼって
もいいのかもしれない。

3. 事例研究：ケーススタディの意味

　本章では，章ごとにワンケース（単一事例）を取り上げている。ケースの意
味，事例研究（ケーススタディ）の方法論などについてまとめておこう。

　研究方法には，大別すると定量的研究（Quantitative Research）と定性的研究（Qualitative Research）がある。定量的研究は現象や事象を数値化して分析する方法であり，定性的研究は現象や事象をインタビュー，文書，記録などの質的データを得て文字や文章によって分析する方法である。現象や事象を分析するために，どちらの方法を選択するかは，分析結果の有効性，妥当性，信頼性などが担保できるかどうかに起因するだろう。どちらによって分析結果の意味が十分に伝わるのかといっていいのかもしれない。サーベイ，アンケートにもとづく数値データは定量的研究にそっているし，フィールドワーク，アーカイブ分析などは定性的研究に係わり，ケーススタディは定性的研究のひとつである。

　ケースによる定性的研究方法について，ラルソン＆レーヴェンダール（1996）をふまえれば，ケーススタディ研究の正当化を図るための文献として，グレイザー＆ストラウス（1967），イン（1984），アイゼンハルト（1989a）の3つの文献が主に引用されている（横澤公道ほか 2013）。しかし，それぞれの研究パラダイム，研究志向，調査の手順などで異なっている部分があるにも係わらず，その相違点をあまり理解していない研究者が少なくない，と横澤ほかは指摘している。表1-1は，3つの文献の類似点また相違点をまとめたものである。なお，横澤は，研究戦略としてのケーススタディについてさらに検討を深めている[34]。

　グレイザー＆ストラウス（1967）では，理論的感受性の観点から，まず関心領域から比較集団（ケース）の選択をすることが大切であるという。その分析を行い，理論構築の糸口が見いだせれば，次の選択は理論的サンプリング（Theoretical Sampling），つまり理論的な目的との関連性から比較集団を選択することになる。その分析をデータにもとづいて反復的に続けることで理論構築が可能となり，理論の適用範囲もわかるし，また一般性が高まる。他方で，インでは理論の検証のためにケースを選択することになる。追試また再現性の観点からの理論的サンプリングではあるが，インではすでに理論が準備されているので，理論の実証を強化するのに関連性が深いケースの選択が望ましいことになる[35]。

　ところで，ケースについて，インは「現実社会の現象」といい，マイルズほ

表1-1　ケーススタディ研究の主要アプローチの比較

	グレイザー＆ストラウス (1967)	イン (1984)	アイゼンハルト (1989a)
研究パラダイム	構成主義	定性的実証主義	定性的実証主義
研究志向	理論産出	理論構築的側面もあるが議論の重点は理論検証に	理論産出
データ収集前の文献調査と先行理論の必要性	・理論的感受性に影響を与えるため，関連文献は読まない方がいい。 ・研究問題・命題。仮説等は実地調査の最中にデータを集め継続的に分析することから出現する。これらはデータ収集の前に一切設定するべきではない。	・既存文献調査から理論をもってデータ収集を開始。そのため綿密な関連文献調査が必要。 ・データ収集前には研究設計（研究問題，命題，分析単位，データを命題に結び付ける論理，そして発見物の解釈基準）を用意しておく。	・構成概念の特定のための関連文献の調査を。 ・研究課題と構成概念のリストを作成するが，概念同士の関係を考えるのは，避けるべきだ。
ケース選択	カテゴリーまたは，カテゴリー属性を可能な限り多く，広範囲にわたって産出するようにケースを選ぶ。	データ収集前に設定した理論を支持するか否かの結果を得られるようにケース選ぶ（追試の論理）。	前のケースを再現するために，またデータから現出しつつある理論を延長させるように選ぶ。 あるいは，理論的カテゴリーを埋めるために対極にある例になるように選ぶ。
データ収集と分析	継続的比較分析法	・データ収集と分析は分離 ・複数の情報源の利用 ・調査の過程において，不測な事象が起こった場合に，手続きや事前に作った計画を変更しても構わない。しかし，計画を変更した場合，すでに分析を終わらせたケースを再度立証しなくてはいけない。	・継続的比較分析法 ・フィールドノートの活用 ・実地調査中にデータ収集方法やインタビュープロトコルを変えたりすることは可能。 ・複数の情報源の利用・定性・定量データの併用 ・複数の研究メンバーの利用
調査を終える時期	理論的飽和を達成するまで継続的比較法を続ける。	6～10ケースが適当。ケースの数はデータ収集前に先立ち調査設計で決める。	4～10ケースが適当な数だがケースの数はデータ収集前に定めず基本的には，理論の飽和状態に至るまで続ける。
研究の判断基準	適合性，有効性，関連性，修正可能性，節約性	構成概念妥当性，内的妥当性，外的妥当性，信頼性	構成概念妥当性，内的妥当性，外的妥当性，新規性，検証可能性，節約性，適合性

出所：横澤公道・辺成祐・向井悠一朗（2013）「ケース・スタディ方法論：どのアプローチを選ぶか――経営学輪講 Glaser and Strauss (1967), Yin (1984), Eisenhardt (1989a) の比較分析――」『赤門マネジメント・レビュー』12巻1号，p.63。なお，筆者が一部要約等は行った。

か（2013）は「境界づけられたコンテクスト（文脈）のなかで起こった何らかの現象」として当該ケースが影響を受ける法律，文化などの環境要因などを含んだ文脈を考慮に入れている。インは，厳密な準備と研究設計を行なったうえで調査・分析を行うべきとしているがゆえなのか，ケースを取り巻く側面を定義に含めていない。しかしながら，ケース（当該企業）が意思決定また行動する場合にコンテクストの要素が及ぼす影響は大きい。どこまでケースにコンテクストを含むかは難しいが，定義的にはマイルズほかの定義が望ましいと思われる[36]。

　単一ケースと複数ケースの問題について，単一だと他のケースに当てはまらない，一般性に欠けるという批判が生じる。イン（2018）は，単一ケースの正当化の条件について，①重要な意味を持つ会心的なケース（Critical Case），②極端なケース，または珍しいケース（Extreme or Unusual Case），③日常的な状態を捉えたケース（Common Case），④目からウロコが落ちるようなケース（Revelatory Case），⑤一定期間にわたる縦断的研究のケース（Longitudinal Case）をあげている。いずれにしても，定説とか既存理論の大幅な修正ないし延長につながることが前提になっている。複数ケースは，当然のことながら単一ケースと比較して説得力が増すことになる。しかしながら，多くの時間や労力また資源を要することは否めない[37]。

　アイゼンハルト（1989a）は，グレイザー＆ストラウスとインをふまえて，研究方法を展開した。それは，演繹的証明が必要でない自明的な構成概念の特定，複数の研究者による単一ケースあるいは複数ケースの分析，また三角測量法，さらに既存理論の役割の拡張であった。これらによって，これまでの方法論が改善できるとした。なお，アイゼンハルトは理論構築型ではあるが，ひとつのケーススタディの結果はあくまで将来より大きなサンプルでさらに試験されるべきである命題もしくは仮説であるとしている[38]。

　ところで，グーバ＆リコルン（1994）は，社会科学における研究パラダイムについて，実証主義，ポスト実証主義（批判的実証主義），批判的理論，構成主義の4つが主なものであるという。それをまとめたものが，表1-2である。

　実証主義（positivism）は，事実を根拠とし，実際に観察したり，実験で証明されることによって，真実が見いだされるという考え方である。近代科学に

表1-2　いくつかの研究パラダイムの基本的な考え方（形而上学）

項目	実証主義 （Positivism）	ポスト実証主義 （Postpositivism）	批判的理論 （Critical Theory *et al.*)	構成主義 （Constructivism）
存在論	ナイーブ・リアリズム —「リアル」に存在, 理解できる	批判的リアリズム —「リアル」に存在だ が,不完全で確率的に しか理解できない	歴史的リアリズム —社会的,政治的,文 化的,経済的,民族 的,ジェンダー的な価 値観によって形成され た仮想的な現実；時間 をかけて結晶化したも の（歴史的現実）	リアリズム その対象において具体 的に構築された現実
認識論	二元論者／客観主義者 ；真実の発見	修正二元論者／客観主 義者； 批判的伝統／コミュニ ティ； おそらく真実であろう 知見	相互関係にある複数の 処理をひとつに矛盾な く処理する／ 主観主義 ；価値観にもとづく知 見	相互関係にある複数の 処理をひとつに矛盾な く処理する／ 主観主義 ；つくられた知見
方法論	実験／操作； 仮説検証； 主に定量的方法	修正された実験／操 作； 批判的多重主義； 仮説検証；定性的方法 を含む 場合がある	対話型／弁証法的	解釈学的／弁証法的

出所：Guba and Lincoln（1994）p.109.

おける中心的なパラダイムであり，二元論的な認識のもとに，演繹的に導出さ
れた仮説を定量的方法で検証することで真実の発見を行う。

　ただ，事実にもとづくといっても，その背景には対象を峻別する一人ひとり
の意識がある。それぞれの意識に相違があれば，事実は異なってくる。相対的
なものになる。また，対象とする存在を確認し，それを了解した事実認識のも
とに命題による仮説が立て，検証に入って，検証結果が統計的に有意であった
としても，妥当性を見いだせない個別ケースが多々ある。

　こうした流れから生まれたのが，ひとつはポスト実証主義である。二元論な
どの実証主義の基本的流れは踏んでいるものの，方法論に定性的方法を含むな
どの修正を試みている。いまひとつの批判的理論は，ネオ・マルキシズム，
フェミニズムなどの研究を包括[39]させている。認識論的には主観主義で，それ
ぞれの価値観が調査対象に影響を与える。このことから逃れることはできない

とする。したがって，方法論的には，相互作用ゆえに対話型また弁証法的に堅牢なものにしようとしている。さらに，構成主義は，存在論的には相対主義的で，その対象において具体的に構築された現実であるとする。そして，その対象について相互作用をふまえ主観主義的に認識し，解釈学的また弁証法的な方法で探究する。また，構成主義において，感情は社会的役割であるので，個人と社会との関係で，喜びや哀しみ，また怒りなどが思い込まれていく，構成されていくとされる。よく日本は高コンテクスト文化であるといわれる。そうであるならば，低コンテクスト文化の国・地域と比べて，文脈依存度は高くなるだろう。社会的文脈を取り入れることが多いともいえる。となると，ケースの分析において，文脈による説明を多く取り入れることの有効性が高まるといえるだろう。

　ウェルチほか（2011）は，ケーススタディによる理論化について，帰納的な理論構築のみが適しているとの考え方が一般的となっているが，因果関係の説明またコンテクスト（文脈）の組み込み次第によっては，その拡張は可能であるという。そこで，国際ビジネス研究に係わる主要ジャーナル3誌に掲載されたケーススタディ199論文を[40]，因果関係の説明と文脈づけのふたつの軸によって，4つに類型化したのが，図1-5である。

　第1象限の帰納的理論構築では，因果関係の説明と文脈の説明の両方が充分ではないとし，第2象限の自然実験では，因果関係や内的妥当性のある説明を生み出すケーススタディの役割においては貢献があるが，文脈を側面においては充分ではない。第3象限の解釈的意味づけは，豊かな物語り（厚い記述）を強みとしているが，因果関係の説明には弱い。このようにそれぞれに不足部分がある。国際ビジネス研究は，とりわけ多様な文化に敏感に反応・対応しなけ

図1-5　ケーススタディによる理論化の類型

高	3　解釈的意味づけ（センスメイキング）	4　文脈を考慮した説明
文脈重視		
低	1　帰納的理論構築	2　自然実験
	弱	因果関係の説明重視	強

出所：Welch *et al*, 2011, p.750.

ればならない分野である。つまり，その理論構築にあたっては，コンテクスト
に配慮する必要がある。しかし，多くの研究者は，堅牢な説明の追求とコンテ
クストへの考慮のバランスないしトレードオフに苦慮してきた。そこで，ウェ
ルチほか（2011）は，4類型における第4象限「文脈を考慮した説明」がその
解決策につながると提示している。「文脈（context）」は，ある因果関係のメ
カニズムと組み合わさって結果を生み出す偶発的な条件とし，「説明
（explanation）」は，対象や存在がその世界に変化をもたらす能力について主
張するものとしている。さらに「理論（theory）」は，ある現象に対して首尾
一貫した，検討された概念化を提供する説明の形式，を意味する[41]。

　「文脈を考慮した説明」の哲学的基盤は，説明（erklären）と理解（verstehen）
の両立を図ろうとするバスカール（1998ほか）などの方法論にある。バスカー
ルは，感覚的な観察が説明の唯一の根拠であるというのではなく，観察不可能
な因果メカニズムを参照することによってのみ因果関係が理解できるという。
その背景には，社会という開放系においては，因果メカニズムとその効果との
関係は，必然的・内面的な関係ではなく，偶発的・外面的なものだという認識
がある。つまり，セイヤー（2000）がいうように，同じ因果メカニズムで異な
る結果を生むこともあれば，異なる因果メカニズムで同じ結果を生むことがあ
る。したがって，説明においては，因果メカニズムが作用する時空間的な文脈
を説明しなければならない。理論化は，発見ということではなく，概念化のプ
ロセスであり，因果関係の説明を展開して，その生成メカニズムを浮かび上が
らせるということになる[42]。

　文脈を考慮した説明は，事象がなぜ，どのように生み出されたかを説明する
ことに関心がある。その際に，歴史的アプローチが係わってくるが，単純に，
特殊／歴史的なもの，一般／理論的なものと峻別するのではなく，既存理論や
一般性あるいは既知のパターンを参照しながら意味を理解し，説明的な物語り
に個別のステップをつないでいくことが必要となっていく。また，それが生じ
る場所や時間を位置づけることが必要であるとなれば，歴史から逃れることは
できない。このように考えてくると，ラギン（2000）やリホー＆ラギン（2009）
が提唱した「多重接続的」な見方が有用となる。つまり，因果関係は一様では
なく，変数それぞれは，ケースのなかで組み合わされる変数の構成によって異

なる効果を持つので，ケースを条件の組み合わせとして全体的に分析しなけれ
ばならない。確率論的ではなく，集合論にもとづく質的比較分析である。「接
続性」の視点で因果関係を考慮に入れなければならないし，また同時に，同じ
結果が異なる因果経路によって生じる可能性があるので「多重性」の側面があ
ることになる[43]。

　あらためて，図1−5を見てみよう。

　第1象限の帰納的理論構築のケーススタディは，いずれも実証主義を前提と
し，探索的な理論貢献であり，96論文と全体の半分近くを占めている。アイ
ゼンハルト（1989）が言うように，文脈の記述はケース研究の必要な最初のス
テップであるが，それだけでは一般化できる理論にはつながらない。理論化に
は，個々のケースの細部から逃れて，ほぼすべてのケースで再現される関係に
よって結論を導かなければならない。しかしながら，「帰納的」という用語を
多くは大雑把に使用しており，理論構築へのプロセスを明示的かつ透明化させ
ているのはわずかであったという[44]。

　第2象限は自然実験であるが，27論文と全体の14％程度であった。ここで
は，実証主義的な仮定を支持しているが，理論の検証，確立した理論の適用な
いし反論に貢献を見出している。イン（2009）は，ケーススタディを探索的で
はなく，説明的な目的のために使うことができるとした。ただ，内的妥当性の
ためには，実験手法の応用のような丁寧な手順を踏まなければならない。そう
すれば，広い文脈から因果関係を分離し，その因果関係を収束させ，他のケー
スで検証することで，実験の論理のように理論を洗練させ検証できるとする。
この象限では，文脈の影響を全体的に捉えるのではなく，因果関係の説明を重
視している[45]。

　第3象限は解釈的意味づけであるが，52論文と全体の26％ほどである。こ
の考え方は，世界について一般化して理解し，法則的説明を生み出すノモー
ティブな（nomothetic）接近法ではなく，狭い範囲の研究対象について多くの
詳細な情報を明らかにする，いわば特殊なものを理解しようとするイディオグ
ラフィックな（idiographic）接近法をとる。つまり，ここでは，行動を外因性
の原因因子に帰することによって説明する（erklären）のではなく，行動を行
為者の主観的経験を通じて理解する（verstehen）ことに重きが置かれている。

実証主義的に一般性，因果性，客観性を求めるのではなく，社会的文脈が人間の行動にいかに意味を与えているかを理解することが大切であるとする。ステイク（1995）は，特殊化，ケースのユニークさを全体として理解することが重要だという[46]。

　第4象限が文脈を考慮した説明で，24論文ほど，全体の12％と一番少ない。また，因果関係を重視した論文（第2象限と第4象限）は，合計で51論文と，全体の4分の1ほどで少なかった。そのなかで，第4象限は，因果を複雑でダイナミックな相互作用の集合として捉え，それを総合的に扱おうとしている。そうなると，文脈は豊かな説明を構築するうえで必要なものとなる。また，歴史とプロセスが因果関係の説明を展開するうえで不可欠となる[47]。

　ケーススタディの方法論について，イン（1984など）に依拠すれば，「探索的」，「記述的」，「説明的」の3つのアプローチに類型できる。

　探索的研究は，対象への知識が漠然にはあるかもしれないが，ほぼなく，文献研究，観察，インタビューなどの柔軟な調査によって，ある程度焦点の絞られた研究目的やリサーチクエッションまた理論のアイデアを生み出す。記述的研究は，対象への知識が部分的で，明確な研究目的やリサーチクエッションまた仮説のもとに，文献研究，観察，インタビュー，ケーススタディなどの厳密に行い，しっかり整理された記述によって，対象の特徴とか類型また構成概念同士の相関関係を見いだす。説明的研究は，対象への知識は明確で，はっきりした研究目的やリサーチクエッションまた仮説のもとに，サーベイ，実験，あるいはケーススタディなどをきわめて厳密に行い，大規模な定量データあるいは豊富な定性データによって，因果関係が実証ないし説明される[48]。

　澁谷覚（2009）は，さらに，インまたその後の先行研究をふまえて，「探索的・記述的」，「探索的・説明的」，「検証的・説明的」の3つに分類した。「探索的・記述的」は適切な仮説と命題を，「探索的・説明的」は理論構築を，「検証的・説明的」は理論検証を目指すものであるという。また，「代表的事例」と「逸脱的事例」について，沼上（1995），ペティグリュー（1990）をふまえ，逸脱的現象での仮説の発見可能性についてもふれている。

　ウェルチほか（2011）の類型化は，ケーススタディが探索的で理論構築の段階のみにあるのではなく，因果関係のメカニズムや関連性の提示，また既存理

論の検証にも大きな意味また役割を持っていることをあらためて明らかにした。また，国際ビジネス研究において，イン（2009）が探索的役割を正当化するために主に用いられ，説明的役割の側面を見落としているという点にもとづいて，文脈づけ説明の手法を提示した。社会の複雑さ，因果関係の範囲と偶発性，複数の相互作用効果の同時作用，これらを認識することの重要さの指摘でもある。とりわけ，国際ビジネスは，国家，文化，制度など，多様な文脈のなかで現象を説明する必要がある。そのためにも，こうした認識と手法は有効になると思われる[49]。

　経営とは，顧客に向きあい，顧客が必要とするもの，欲求あるいは想いを汲みとり，製品あるいはサービスを生産し，それを顧客に提供するための行為である。それをふまえれば，多くの企業を取り上げ，その経営を分析することは，平均に陥りやすく，外れ値を評価しにくくする。他方，ワンケースは，外れ値も取り上げられるし，平均への道も開くことができる。外れ値を探すことは，ちょっと違う企業を見出すことであり，経営の多様性にもつながる。競争が激しい今日，平均を見出すことは淘汰にもつながりかねない。

　本書でのいくつかの事例は，澁谷覚（2009）に沿えば，「探索的・記述的」事例研究であり，適切な仮説ないし命題を見いだそうとするものである。それぞれにワンケースであり，生き残る企業の「代表的事例」とはまだいえないかもしれないが，少なくとも経営の多様性のなかのひとつの「逸脱的事例」であるとはいえよう。理論構築，理論検証への前段階の位置づけである。

4.　スイス系地域企業の国際性：国際化の理解[50]

　1996 年初夏に，スイスの中堅地域企業[51]を訪問したときの話である。この企業は産業用機械を製造し，その製品の 94％を世界 51 か国に販売し，従業員240 人（当時）ほどの規模の会社である。インタビューを試みた目的のひとつには，当時，空洞化が顕在化してきた日本の地域企業，中小企業が念頭にあった。日本の地域企業，中小企業が事業を続けていく上で進むべき方向のひとつである「国際化」に関して何らかのヒントが得られるのではないか，というこ

とがあった。だが，このインタビューから筆者が得たものは「経営の基本に忠実であれ」ということがあった。

　インタビューのなかで気づいたことは，「国際化」という言葉に対するお互いの認識と理解がどうも深層において違いがあるということだった。当時の筆者の「国際化」についての認識を要約すると次の通りであった。企業が市場に参入する場合，当該企業は，輸出，ライセンシングあるいは対外直接投資といった参入方法を選択する。そうした市場参入にあたっては，単に国境を乗り越えるだけでなくそれ以上に乗り越えなければならない壁，すなわち文化的な障壁がある。その障壁は，現地生産を行い，地球的規模に拡がった多くの拠点を効率的に連結しマネージする多国籍化段階に入ると，輸出局面以上に大きな意味をもってくると考えていた。つまり国際化には多くの障壁があるが，とりわけ文化的な障壁が立ちはだかっているというのが筆者の国際化に対する理解であった。

　話のズレに気がついた女性経営者の発した質問は，「国際化とは何か」というものであった。このスイス系地域企業の場合，現時点では製品自体が比較的特殊なもので，その市場も小さいこともあるが，製品が優位性を持つ限り，世界中に販売できて当然だし，そう努力すべきだと考えていた。グローバルな生産拠点の配置を慎重に考慮するとしても，「国際化」は彼女にとって，ビジネスを国際的に展開する上ではすでにおりこみ済みの，当たり前のこととして捉えられていた。筆者が日本の企業，とくに九州ベース企業などの地域企業にインタビューをした際，「国際化」を当然のこととして捉えている企業が一部にはあったが，ほとんどの企業はそうではなかった。このスイス系地域企業は輸出中心の中堅企業だが，「当然のこととして捉えている」というスタンスには日本企業とは異なる微妙な違いを感じたものである。

　このスイス系地域企業の経営者にとって，経営のコンセプトは，「技術基盤をもった製品（当時で約30種類）を戦略的に活かす」ことによって，「メイクマネー」することであった。つまり，その根底にあるものは平易なマネジメントであり，収益をあげ，利益を確保するということであった。1996年末に竣工予定であった第二工場建設に際しても，ロジスティック上，同じカントン[52]（Kanton）内に設置するため面倒な手続きをする必要がないこと，さらに補助

金などカントンからの優遇措置も得られることなどに加えて，近距離なので経営者の目が行き届きやすくマネジメントが容易である点が，新工場立地場所を決めるときの大きな判断基準であった。経営者にとって平易なマネジメントこそが収益をもたらす根本だと考えている。収益をあげ，利益を確保することが必須であり，従業員への給与支払いと納税などを通じて，企業活動の成果をあげるなかで，まずはステイクホルダーズへの経済的貢献を果たし，そのうえで利益の一部を社会に還元するなどの自発的社会貢献を果たすと，きわめて単純明快に考えている。経営者は，長期的視点はもちろんのこと，飽くまで「メイクマネー」の追求を通して社会に貢献することが使命であると考えていた。言語上の問題が多国籍化しない要因のひとつであるが，他にもスイスがEUに加盟していないこともあって，あくまでもスイス内の立地地域での経営にこだわっていた。

　いまひとつのポイントは，「メインな製品をつくらない」ことであった。取扱製品を少数に絞ることにこだわらず，応用に努め派生製品の展開に力を入れていた。顧客のニーズに沿った開発を行いながら，片寄った生産をせず大量生産にも走らない。技術・ノウハウを内部化しながら開発し，自社でできないものは別として，部品・加工をできるだけアウトソーシングせず高い内製化比率を保ちながら，ディストリビューター・サブ＝ディストリビューターという販売ネットワークをグローバルに展開し，競争に立ち向かっている。おもな取引業者は，世界各地の60ないし80社である。製造に集中し，販売は外部資源を活用する。たまたま訪問時に，取引相手である日本の中堅商社の担当者2名が来ていたが，年に2〜3週間にわたり，製品知識を深めるために，彼らは製造元での研修を定期的に受けている。経営者自身販売網構築のために，世界中を飛び回っているが，主要な取引先とは本社工場での研修業務を通じて取引相手との関係をさらに深め，取引相手社員に自社の専任販売員的な役割を担ってもらえるよう努力し，その数を増やすことに専念している。

　各国あるいは産業別といった各細分市場で基準あるいは電圧などの条件の相違を考えれば，それは多品種少量製品の生産になるし，差別化もはかれる。コアの技術は共通としながらも，それぞれの市場に対応しようとすれば，部分的な改良・応用による派生製品が増えてくる。高賃金地域であったとしても，機

械化やロボット化するよりも手作業の方が効率的でコスト削減につながる部分
も出てくる。したがって，この技術志向の中堅企業の場合，経営資源の配分と
いった点からも生産部門を集中した方がマネジメントを容易にするし，販売部
門については各細分市場の担い手としてふさわしい企業と契約し販売を委ねる
という輸出方式による市場参入の方が効率的な対応となる。

　このスイス系地域企業の場合，技術を基盤にした製品をつくることがベース
になっている。その技術を応用した製品は多岐にわたる可能性をもっている。
しかし，それぞれの製品市場自体は，世界的規模でみても，それほど大きなも
のではない。だからその生産に関しては，損益という視点からみて一国ないし
一地域に集約的に立地する方が望ましい。他方，販売は世界的に広がる可能性
をもっているし，またその可能性を追求すべきであり，各国市場あるいは各産
業向け市場ごとの差異をむしろ活用すべきである。ただ，その参入・浸透にあ
たっては，それらの市場に熟知した企業に販売先開拓業務を委託，すなわち外
部化することがとりわけ中堅企業にとって有効である，ということになる。文
化的障壁も十分承知した上でどのようにビジネスに取り組み，どのようにマ
ネージすればいいかというポイントを把握した見事な経営だと思われるのであ
る。反面，当時の日本企業の場合といえるかもしれないが，文化的な障壁，言
語上の課題を過度に意識しすぎているせいか，国際展開にあたって乗り越えな
ければならない壁が大きく見える。大きな壁を意識しすぎてビジネスやマネジ
メントの核心とか本質を見失っているといっても過言ではあるまい。

　インタビューしたスイス系地域企業の場合のように，経営をオーソドックス
に考えれば，「国際化」は行き着く自然な結果である。それは，何も特殊なも
のでもなく，一般的なことである。ただ，経営者が市場の異同をどう理解し，
それをどうビジネス・チャンスに結びつけるのか，それによって企業の対応に
相違が生まれる。つまり，経営者が「国際化」を自然の流れだと認識できれ
ば，経営者は自ら国際社会の一員となって溶け込めることになり，国民国家レ
ベルでのいわゆる国際社会の相違もまた受け入れられるようになる。柔軟な思
考を持つ個人ならば受け入れは容易であろう。だが，国民国家レベルの国際社
会での差異を受け入れるには，何らかのシステムないし装置が必要なのかもし
れない。われわれは，大別して個人レベルと国民国家レベルで社会生活をして

いる。はっきりとは見えないが，その社会生活は国際的なのである。前者では，一人ひとりがそれまでの生活で積み重ねてきた，例えば偏見などを修正する努力，すなわち同化（生物が外界から摂取した物質を自分の成分に変えること：anabolism）が国際化の過程で必要であろう。ここでは同化は，他から得た知識などを十分に自分のものにするという意味になろう。他方，反対語に異化（catabolism：物質代謝の過程で，生物が体内で物質をより単純な物質に分解し，それによって生活に必要なエネルギーを取り出す過程）がある。後者の国民国家レベルでは，この異化をまずともなう。国民国家レベルが個人レベルの集成であるから，個人レベルの同化以上に異化のエネルギーが必要になる。生物のエネルギー代謝がそうであるように，異化のエネルギーが同化へと向かう。個の確立，個の主体性，およびマイノリティの尊重があれば単なる同化ではなく，少なからず大きな異化がともなうのである。ただ単に同化だけでなく，異化から同化に向かう人間的な幅の広がりをもつことが大切となる。

　概して，われわれが「国際化」というときには，ときに異質なものを自らのなかに葛藤があっても，良きもの正しきものとして，取り入れていこうとする状況が暗に含まれているようである。われわれが使っている「国際化」には，工業化や西欧化という言葉と同義的なところもある。従来の固有のやり方とそうでない新しいやり方，旧来の考え方と斬新な考え方というように，暗黙のうちに，二者択一的に二分し，しかも彼我に分けながらも，彼方であったものを吸収して自分のものにしていこうとする姿である。しかしながら，「国際化」のポイントは，単なる同化ではなく，異化にある。われわれ日本人の場合，異化のエネルギーが少ないのかもしれない。異化のエネルギーが少ないという意味では，それは「自然に」とはとても言えないのかもしれない。

　異質性を自然なものとして認識し理解することが，これからの国際ビジネスに求められている。また，日本人には「自然に」という点で欠けている。この前提のもとで日本企業の展開を歴史的に踏まえながら，今後の課題を析出することは，これからの方向を探るうえで意味のある作業であろう。日常生活のなかで，「自然に」，異質性を認識し理解することができればこれにこしたことはない。それができないから第二次大戦後，国際ビジネスを通じて大きな摩擦がいくつも生じたし，いわば「一人勝ちの構造化」を変革しないわけにはいかな

くなった。しかしながら，その後は，「失われた20年」ともいわれたが，変革の成果は生まれず，「失われた30年」の状況ともいえる。その意味では，変革の成果は生まれていない。変容に至る異化のエネルギーの必要性を，訪問から30年過ぎようとしている現時点でもあらためて感じるのである。

[注]

1　『大辞林』第三版，三省堂

2　『ブリタニカ国際大百科事典』小項目事典の解説による。また，同事典では，「それらの特性の究明が，地理学，特に地誌の基本的な研究対象をなしている。地域の追求には地域区分が重要な過程であり，その手段として地図，分布図の作成や読図，さらに野外調査がある。等質地域は，地域を構成する自然，人文諸要素のうち，なにか1つを取出し，それを規準として地表を区分したもので，それには自然諸地域と人文諸地域とがある。これに対し，統一地域では，いろいろな要素の複合，地域の階層秩序などが問題とされる。人間が地域的に集団をなしている以上，その社会・経済生活の発展は地域のいかんによって異なる。したがって地域的特性を科学的に究明することが，地理学研究の大きな課題である」としている。（出所：https://kotobank.jp/word/%E5%9C%B0%E5%9F%9F-95581　2019年11月12日アクセス）

3　英語で言えば，Regionとなり，それを「この地域に雨が降る」などと，少し狭いイメージでとらえれば，Areaが使われるだろう。なお，RegionとLocalの違いは，前者が名詞で，後者は形容詞であり，前者がやや広い地域を指しているのに対して，後者はLocal Areaのように特定の地域，地元というように狭い地域を指している。また，中央（Central）に対して，地方（Local）という言い方もある。

4　川島哲郎（1956）「経済地域について―経済地理学の方法論的反省との関係において―」『経済地理学年報』pp.1-17では，「地域」について次のように定義している。「地域とは，これを字義どおりにいえば，一定の位置とひろがりとをそなえた地表の空間を指すものでもあろうが，地理学上地域を問題にする場合には，もちろんこのような物理学的，数学的な，単なる地表の一定空間をとりあげているわけではない。この空間のうえに展開される諸々の現象の場所的差異，あるいはこれらの現象の場所的差異が単独または複合して形成する地域的個性，すなわち地域性との関連において，地域という概念がとりあげられている。」

　「地域」は，一定空間を他空間から浮き立たせる現象の「空間的差異」，「地域的個性」，「地域性」との関連がある。「地域」は，無限の多様性を含んでいる。また加えて，「地域」概念の考察には，時間的流れのなかでの「時間的差異」，「時代的個性」，「時代相」という「時代」概念を併せて省みることも必要である。

5　長田弘（2013）『なつかしい時間』岩波新書，pp.6-7。長田は，同書のなかで次のように述べている。「風景を深く見つめる姿勢」が芸術をささえ，「日常の風景」が「わたしたちの生活の目印」になっている。経験の持ち方，清濁の持ち方，清濁の感覚などは，暮らし（日々の生活）のなかにある。

6　『毎日新聞』2015年7月5日付「時代の嵐」。この素地には「結い」の文化があり，地域の自然や無形文化財などを重んじる価値観の共有があった。それをさらに深めるために，「大槌陣屋」で，例えば里山などの見落とされていた自然の財産，郷土史，食文化，伝承などなどを住民同士が教えあい，学びあう環境の醸成をしていく取り組みもなされた。行政は，終始事務方に徹して，住民が和合して現していく主体性こそが迅速な施行と高い成果を生み出す鍵であると考えた。いわば「他人事」「人ごと」から脱却した「急がば回れ」，「ボトムアップ戦略」での地域復興であり，地域文化形成の主体は住民一人ひとりであることの再認識であり，それに基づく実践であった。

7 碇川豊（2013）『希望の大槌 逆境から発想する町』明石書店。地域文化形成には立場をもった人材を得る必要もある。大槌町の事例においては，2011 年 3 月 11 日大震災時に町役場職員で，8 月より町長に就任した，当時 60 歳の碇川豊に強い想いがあった。

8 野間重光（2000）『グローバル時代の地域戦略』ミネルヴァ書房，pp.1-7 参照。

9 資源制約に関して，制約の下でのイノベーションあるいは問題解決プロセスに言及したものとして，「寄せ集めてやりくりする」というブリコラージ理論がある（Baker and Nelson 2005）。ブリコラージュ理論については，グェン・チ・ギア（2019）（「資源制約への対応：ブリコラージュ理論の再検討と修正」『組織科学』Vol.53 No.1，pp.37-52）に詳しい。同論文は，ブリコラージュ理論を修正し，従来は資源制約と認識される状況が競争優位の源泉になりうる場合があることを示そうとしている。

10 参照：「京都・地域企業宣言」（アクセス日：2022 年 4 月 15 日）https://www.city.kyoto.lg.jp/sankan/page/0000241891.html

11 「平成 30 年（2016）経済センサス活動調査」（総務省・経済産業省）のデータにもとづく中小企業庁の集計結果によれば，2016 年の中小企業・小規模事業者は 357.8 万者（99.7％），大企業 1 万 1157 者（0.3％）となっている。なお，中小企業基本法にもとづく「中小企業」の定義は，① 製造業その他では，資本金の額又は出資の総額が 3 億円以下の会社，または常時使用する従業員の数が 300 人以下の会社及び個人，② 卸売業：資本金の額又は出資の総額が 1 億円以下の会社，または常時使用する従業員の数が 100 人以下の会社及び個人，③ 小売業：資本金の額又は出資の総額が 5 千万円以下の会社，または常時使用する従業員の数が 50 人以下の会社及び個人，④ サービス業：資本金の額又は出資の総額が 5 千万円以下の会社，または常時使用する従業員の数が 100 人以下の会社及び個人となっている。

12 厳密には，同族会社 264 万 2,660 社（96.3％），特定同族会社 3,852 社（0.1％），非同族会社 97,204 社（3.5％）となっている。なお，同族会社とは，株主等の 3 人以下とこれらの株主等と特殊の関係にある個人及び法人上位がその会社の株式の総数，または出資金額の合計額の 50％超を保有している会社であり，特定同族会社とは，会社の株主等の 1 人が有する株式数又は出資の金額が，その会社の発行済株式の総数または出資の総額の 50％超である法人で，判定の基礎となった株主又は社員のうちに被支配会社でない法人がある場合には，その法人を判定の基礎となる株主又は社員から除外して判定した場合においても被支配会社となるものである。

13 ただ，起業後 5 年後の生存率の国際比較（『中小企業白書』2017）によれば，日本の 81.7％に対して，米国 48.9％，フランス 44.5％，英国 42.3％，ドイツ 40.2％と，欧米との間には大きな差がある。

14 神谷宜泰（2018）「事業継承を契機とした経営革新の理論的分析：中小企業特有の課題と組織変革プロセスの視点から」博士論文（名古屋市立大学），p.63.

15 フィリップ・マッカン，黒田達朗・徳永澄憲・中村良平訳（2008）『都市・地域の経済学』日本評論社，p.227.

16 尾崎雅彦・中西穂高（2011）「地域経済活性化要因の研究」経済産業研究所ポリシー・ディスカッション・ペーパー参照。

17 ピオリ＆セーブル，山之内靖ほか訳（1993）『第二の産業分水嶺（THE SECOND INDUSTRIAL DIVIDE）』筑摩書房。

18 橘川武郎（2008）「地域経済活性化への経営史学の貢献」『経営史学』第 42 巻第 4 号（2008 年 3 月）pp.58-67.
　そのほか，既存の産業集積論や産業クラスター論が第二次産業に中心軸があるので，第三次産業への有用性の開拓が求められるし，既存のまちづくり論，コンパクトシティ論では外部需要の呼び込みという視点ではまだ議論が限られているという指摘もある。

19 農林水産省 WEB サイト参照（2019 年 9 月 10 日アクセス）http://www.maff.go.jp/j/wpaper/w_

maff/h26/h26_h/trend/part1/chap0/c0_1_01.html

20　参照：農林水産省「農業就業人口及び基幹的農業従事者数」（2019 年 9 月 10 日アクセス）http://
www.maff.go.jp/j/tokei/sihyo/data/08.html

21　「新しい農山漁村の女性：農山漁村の女性に関する中長期ビジョン懇談会報告書」（農林水産省農
蚕園芸局婦人・生活課女性に関するビジョン研究会，創造書房，1992 年）において，「農村女性起
業」という用語が使われている。

22　「つまもの」，日本料理を彩る季節の葉や花，山菜などを 300 種類以上栽培・出荷・販売する
「葉っぱビジネス」で注目された徳島県上勝町の農業ビジネスが代表例のひとつであろう。同町は
木材や温州ミカンなどが主な産物であったが，輸入自由化・産地間競争さらには 1981 年の異常寒
波によってみかん売上が半減するなどの影響を受けた。そこで，軽量野菜栽培中心へと農業再編成
（1981 年 8 品目，82 年 14 品目，83 年 24 品目）し，とくに椎茸は現在では年間売上約 5 億円となっ
ている。「葉っぱビジネス」は，1986 年に農協職員だった横石知二が「彩」と名付けて始まった。
現在は「株式会社いろどり」として年商 2 億 6,000 万円，年商 1,000 万円超の高齢女性も誕生して
いる。同社の「上勝情報ネットワーク」活用によって，生産者自らが家庭でもどこでも市場情報の
収集・分析ができ，収穫・栽培産品を出荷できる仕組みを構築し，生産者のモチベーションを上げ
ている。高齢者や女性の有償労働化は，町全体にも元気と明るさをもたらし，町営老人ホームも不
要となり，閉鎖された。さらに，同社は派生ビジネスとして，移住・交流人口の増加事業にも取り
組み，同町での体験，集落行事やイベントへの参加，農業体験などできるインターン事業も行い，
これまでに 600 名以上が参加し，約 30 名が移住し，同町で起業する人材も誕生しているし，彩農
業の後継者育成にも取り組み，持続可能な産業・まちづくりに向けて好循環をもたらしている。
（株式会社いろどり WEB サイト参照：https://www.irodori.co.jp/own/index.asp，2019 年 10 月 5
日アクセス）

23　大塚善樹「食糧問題と環境」参照（2019 年 9 月 9 日アクセス）　http://www.comm.tcu.ac.jp/
otsukalab/fe/fe12.html

24　「変わる」ためには何らかの力ないしそれを実現させていく能力が必要となるだろう。それを本
章では「変形能力（Transformability）」とする。現状に「順応」している状態から，変化を促す
圧力また現状へのジレンマへの対応の結果，現状から「逸脱」しようとするときに働くものであ
る。順応状態は，現状を単に受容するのではなく，より良い状態にしようとの一貫した思いを持ち
続け，それに向かっている状態である。ルーイン（1951）は，次なる安定を求める移行プロセス
を，「解凍（unfreeze the existing situation）」から「移行（Change or Movement）」，「移行」から
「再凍結（Refreezing）」として提示している。しかし，山岡徹（2006）にしたがえば，組織は，常
に葛藤状態に置かれている。絶えずアンバランスな状況にさらされているならば，それを乗り越え
るためには不断の努力，つまり不断の学習が必要になる。ただ，いまの順応している状態から次の
状態へと逸脱していくことは，未知のことであり，不安が生ずる。シャイン（1999）は，新しいこ
とを学習することへの不安と生き残りへの不安の 2 つに概念化している。新しいことを学習するに
あたっては，これまでの価値観などをアンラーニング（学習棄却）する必要も生じてくることも考
えられる。ルーイン（1951）は，「解凍」，「移行」，「再凍結」はひとつの継続した事業を想定して
いると考えられるし，それは安定状態あるいは安定的な推移ないし成長を想定していることにもつ
ながる。山岡徹（2006）のように「変わる」ことを前提とすれば，「葛藤」が生じるし，シャイン
（1999）における「不安」も生じる。ただ，葛藤ないし不安をもちながら変わっていくなかで，
シャインのいうアンラーニング（学習棄却）するものばかりでなく，「伝統」を勘案すれば，棄却
しないものもあると思われる。本章では，棄却しないものを「一貫性」，また「変わる」ことを
「順応」プロセスからの「逸脱」とし，それを促すあるいは支える力を「変形能力」として議論を
していく。つまり，順応から逸脱へと向かわせるのが「変形能力」である。アンバランスな状態で

あれば，不安を越え，新しく学習することへの誘因が高いだろう。ましてや，組織の生き残りに対する不安は，外部環境への適応あるいは次への移行決断を促すだろう。事例では，内部／外部要因から「順応」状態におけるもがきが臨界に達し，「逸脱（Deviation）」となった。変形能力の作用である。積極的に「逸脱」することで，新たな事業あるいは新たな段階へと変わっていった。

25　嘉手納町教育委員会では，17世紀はじめごろに活躍した野國總管の甘藷導入の例をあげながら，国際性について説明している。当時，欧州は大航海時代，琉球王国もひとつの国家を形成し，大交易時代を経験していた。沖縄は中継貿易拠点として，中国にも，また日本にも東南アジアにも門戸をひらいた社会を形成していた。そうしたなかで，生地の貧しさに心を痛めた野國總管が，学問をする機会を得て，中国に進貢船の總管職にようやく就き，甘藷導入に至った事例である。夜の航海の道しるべが，北極星（にぬふぁ星）のように，である。（参照：town.kadena.okinawa.jp）

26　参照・引用：全海外子女教育協議会 International Target 20212021（2021年10月9日アクセス）http://www.zenkaiken.jp/httpd/html/kenkyu/kaigai/kokusaisei.html

27　VUCAは，Volatility（変移性），Uncertainty（不確実性），Complexity（複雑性），Ambiguity（曖昧性・不明確性）のことであるが，予測が難しく，常識が非常識となるような，予測困難で，想定外のことが起こる状況が通底している世の中であるという意味で用いられる。もともとは，軍事分野で1990年代には用いられ始めたが，2010年代から経営などにおいても用いられるようになった。

28　参照：『デジタル大辞泉』小学館（2021年10月現在）

29　参照：『語源英和辞典』（https://giogen-ejd.info）

30　文化の多様性の概念の進展については，服部英二（2016）（「文化の多様性に関する世界宣言と未来世代の権利—コミュニティとの関連において—」『総合人間学』第10号，pp.86-92）に詳しい。

31　出所：藤田昌久（2020）「グローバル化の下での多様性の促進—アジアの視点から—」『文明と国際経済の地平』東洋経済新報社，pp.113-153.

32　小嶋宏一郎「インドネシアの『多様性のなかの統一』」『日本貿易会月報オンライン』2017年11月号

33　ライプニッツ（1714）『モナドロジー』に係わって，谷川多佳子（2013）「ライプニッツ—力・表象・生命」『人文12号』pp.41-60および松田毅（2017）「ライプニッツの生物哲学：『進化する自然機械』」『神戸大学文学部紀要』44，pp.1-48を参照した。

34　横澤公道は，「経営レクチャーシリーズ　研究戦略としてのケース・スタディ」として，『横浜経営研究』において，第1回「—ケース・スタディとは何か—」（第40巻第1号，2019a），第2回「—実地調査前に理論は必要か—」（同第2号，2019b），第3回「—ケース・スタディプロトコルとはどのようなものか—」（同第3・4号，2020a），第4回「—ケースをどのように選ぶか Yin（1984）の場合—」（第41巻第1号，2020b），第5回「—ケースをどのように選ぶか Glaser and Strauss（1967）の場合—」（同第2・3・4号，2021a），第6回「—どのデータをいつ収集するか—」（第42巻第2号，2021b）として，方法論について，さらなる詳細な検討を行っている。また，第7回以降でも「データの分析について」などの考察を進めるとしている。

35　横澤（2020b）および横澤（2021a）を参照した

36　Yin（2018），Miles et al.（2013）および横澤（2020b）を参照した。

37　Yin（2018）および横澤（2020b）を参照した。

38　横澤ほか（2013）pp.55-60, pp.62-63ほかを参照した。

39　横澤ほか（2013）p.52.

40　Journal of International Business Studies, Academy of Management Journal, そして Journal of Management Studies の3誌である。

41　Welch et al.（2018）p.741 および p.750.

42　Welch *et al.*(2018) pp.747-749.

43　Welch *et al.*(2018) pp.749-750.

44　Welch *et al.*(2018) pp.745-746, p.751.

45　Welch *et al.*(2018) pp.746-747, p.752.

46　Welch *et al.*(2018) p.747, p.753.

47　Welch *et al.*(2018) pp753-755.

48　横澤（2019a）pp.86-88.

49　Welch *et al.*(2018) pp755-757 を参照。

50　本節は，大東和武司（1999）『国際マネジメント』第3章3-1「欧州企業経営者の『国際化』理解」を加筆・修正した。

51　訪問先の Firma Leister（現在の Leister AG）は，スイス中部オブヴァルデン州ケギスヴィル（Kanton Obwalden, Kägiswil）に本社を置いている。1996年6月28日〜30日にジュネーブ近郊のお城で開催された同社の記念パーティに出席ののち，7月1日に本社を訪問した。経営者のChristiane Leister (Böhnke)（クリスティアーネ・ライスター）とは，筆者が1977年〜78年にドイツ・キール大学世界経済研究所に留学研修した際に得た友人のひとりで，その縁で訪問の機会を得た。本社訪問の7月1日に公式にまた集中的に話したが，他の3日間にも折々に話をする機会を持った。

　同社は，1949年ドイツ・ゾーリンゲンに Karl Leister が設立した個人事業 Karl Leister Elektro-Gerätebau に始まり，Leister ブランドで，手持ち掃除機から可塑性プラスチックの溶接用熱風工具へと事業を展開し，1963年にはスイスに支店開設，その後工場を設け，事業もエアヒーター，送風機などへと事業を拡大した。1977年ゾーリンゲンを撤退し，すべての事業活動をスイスに移転し，スイス企業となった。

　Christiane Leister は，1989年から同社の経営に参画し，1993年から創業者を継いでオーナーとなった。1998年にはスイス系マイクロテクノロジー企業（Lemantecch SA）の買収，ガスセンサー技術とマイクロオプティクス系の Axetris AG 設立，プラスチック溶接用レーザーシステム事業へと進出し，2000年には米国イリノイ州イタスカに子会社設立，2004年には中国・上海市に子会社設立（WELDY ブランドの熱風機の中国への生産移管），2009年には横浜にライスター・テクノロジーズ株式会社を設立した。こうした製品事業の多角化（ポートフォリオ化），また国際展開の拡がりのなかで，2011年に組織再編し，Leister AG をグループの持株会社とした。その後も2012年インド・チェンナイに子会社設立，2013年オランダ・ホーテンとベルギー・ヘレンスアウト拠点のベネルクス子会社設立，イタリア・ミラノに子会社を設立し，2014年には米国 Seamtek LLC の買収によって定置式溶接機へと事業拡大，2016年ドイツ代理店の子会社化し，2018年には IoT 製品の拡張につながる my Leister アプリへの LQS（ライスター品質システム）自動記録機能の統合，Krelus AG 買収による強力赤外線ヒーター事業獲得による製品ポートフォリオの拡大，さらに2019年にはシンガポールに子会社設立，2022年物流会社 Leister International AG の設立と展開している。

　Leister ブランドを主として，プラスティックス溶接と工業プロセス加熱で70年以上にわたって国際市場に展開してきたが，同社の開発・製造また梱包・発送は今日でもほぼスイスに集中化されている。海外子会社は主に販売とロジスティックスを担い，輸出比率は98％である。ただ，WELDY ブランド製品は，2004年から中国子会社で，Leister の社内基準にもとづく品質と機能に従って生産されている。

　グループ全体は10か国13社から構成されており，Leister AG が持株会社で，100％プライベート・カンパニー（Privately owned Company）である。1949年の創業当初から輸出のために欧州・豪州に販売代理店などの流通ネットワークを構築していたが，1960年代には欧州6か国に加え，

米国，カナダ，南アフリカ，イスラエル，日本（1967年）でも販売網を拡大し，1980年代には欧州，アジア，中南米の17か国となり，1992年には41か国に販売・サービスセンターを展開し，2000年代以降，子会社設立，買収を積極的に展開するとともに，持株会社に組織再編を行った。現在，Leister, Weldy, Axetris の3つのブランドを持ち，欧米アジアの8つの海外販売子会社，また世界130の販売代理店とともに100カ国以上の顧客に販売とサービスを提供している。従業員はスイス650名以上，世界全体で960名である。

　手持ち掃除機からスタートした個人企業は，当初から国際市場を意識し，プラスチック溶接と工業プロセス加熱の技術を核としながら製品ポートフォリオを拡げ，かつ国際市場の範囲を拡大してきた。ライスターグループの標語は「We are local. Worldwide.」である。創業62年目には持株会社化したが，この過程で1993年から38歳で2代目オーナー兼取締役会長となった創業者のパートナーの力は大きい。中興の祖といってもいい。グローバリゼーションおよびIoTの流れを的確につかみながら，製品の多角化を進めるとともに，中国進出には別ブランドで展開することでLeisterブランドの棄損を防ぎつつ，本国スイスからの輸出の軸を変えなかった。Leister Technoligies AG では従業員の15％，Axetris AG では同25％が研究開発に従事しているように，スイスでの技術基盤が重要であると考えてきた。このことが，Christiane Leister の2017年スイス連邦（チューリッヒ）工科大学理事会理事就任につながり，大学との連携をさらに深めた。また，ライスター財団によって，芸術，文化，教育，科学の支援をし，とくに教育・科学でのスイスの若者の技術的な関心と訓練の促進を優先している。これはスイス中部にあることの誇りから生まれ，地域や文化イベント・プロジェクトへの支援にも通じている。

52　カントンは，イタリア語の端とか隅を意味する「Cantone」がドイツ語化して「Kanton」となった。ところで，現在のスイスの連邦制度は1848年に確立したが，16世紀のスイス連邦は13の自治州からなっていた。この自治州がカントン（Kanton）と呼ばれ，それぞれに軍や通貨を持った主権国家であり，独自の憲法，議会，政府，裁判所を持っていた。これには，アイトゲノッセン（Eidgenossen：盟約同志），そしてアイトゲノッセンシャフト（盟約同盟：Eidgenossenschaft）が生まれた1291年8月1日（推定）当時を理解したほうが容易い。ハプスブルグ家が現在の北部スイス，チューリッヒ (Zürich)，アールガウ（Aargau），トゥールガウ（Torgau）などに伯爵権などを得ることで影響力を拡げ，1273年にハプスブルグ家から神聖ローマ帝国の君主が選出された。その「ルドルフ1世」は，1278年にはオーストリア公国を支配下におさめるなど領域を拡げていった。このハプスブルグ家に対抗するため，スイス中部の一部住民は，リュトリ（Rütli）と呼ばれる野原で集まり，話し合いを進めた。これが，ハプスブルグ家の支配にゆだねるのではなく，互いの協力によって独立性を守ることへの誓い（リュトリ盟約：Rütlischwur）へと発展した。いまのスイスの原型である。原3州は，ウリ（Uri），シュヴィッツ（Schwyz），ウンターヴァルデン（Unterwalden）の3地域であった。原3州は，Drei "Waldstätten"（3つの「森の場所」）とも呼ばれ，沃地でもあった。3地域による盟約同盟は，武力支配をしていくハプスブルグ家と繰り返し対立し，まもなくルツェルン（Luzern），チューリッヒ，ツーク（Zug）なども参加し，次第に存在感を高めた。盟約同盟に加盟する地域はますます増えた。結果，ハプスブルグ家のスイスでの影響力は次第に縮小していった。

　Leister AG 本社のあるオブヴァルデン（Obwalden）は当時ウンターヴァルデンに含まれていた。ウンターヴァルデンは，その後オブヴァルデンとニトヴァルデン（Nidwalden）のふたつに分かれたので，ふたつは準州（Halbkanton）的位置づけであったが，1999年の憲法改正で，準州もカントンと呼ばれることになった。現在，カントンは26である。

　なお，8月1日はスイスの独立記念日であり，盟約である「お互いに協力し合うこと」「自由で平和な暮らしを守ること」は，スイスの根源的価値観である。スイスは，この志と価値観を共有する盟約同盟ゆえに，ドイツ語圏だけでなく，フランス語圏，イタリア語圏，ロマンシュ語圏からの

加盟を含む多言語・多文化の国である。公用語も4言語である。1919年には，実現には至らなかったが，オーストリアのVorarlberg州が盟約同盟への加盟の意思を表明し，住民投票でも80%以上が賛成した。近年でもイタリアのLombardia州などいくつかの地域で加盟を求める住民の声があるほどである。ちなみに，スイス連邦と一般的には言われるが，フランス語ほかではスイス連邦（Confédération Suisse）であるが，ドイツ語ではSchweizerische Eidgenossenschaftと，直訳すればいまだにスイス盟約同盟である。

参照：
　　市嶋聡之「スイスにおける連邦制と少数派統合に関する研究：カントンの自治を中心に」『金沢大学大学院人間社会環境研究科博士論文要旨』金沢大学，2006年，pp.85-91.
　　関根照彦「スイスのカントンにおける直接民主制（1）」『東洋法学』29.1，1986年，pp.29-52.
　　世利洋介「スイスにおける連邦政府とカントンの間の新たな協働・財源形態：NFA改革にみる政府水準間の垂直的連携」『経済社会研究』58（3-4），2018年，pp.1-32.
　　ティーメ，ハンス，吉田道也訳「神聖ローマ帝国における首長と構成メンバー：連邦主義の問題によせて」『法政研究』（九州大学法政学会），1971年，pp.1-32.
　　トランスユーロ株式会社（transeuro academy：2022年9月10日アクセス）https://www.trans-euro.jp/

考えなければならない時代

　「考えなければならない時代」。吉本隆明（2011）の言葉である。いまの時代は，どのような経済体制の国であっても代わり映えがなく，かつて論争があった思想や政治システムよりも人間性や人間の本質が生み出すもの，いわば人間性そのものが問われる時代になっているのではないか。こうまで問題の多い時代においては，ただ，いい悪いではなく，考え方の筋道を深く追わなければ問題の本質が見えないし，考え方の微細な筋道をたどっていかなければ解決の糸口を見失ってしまう。ともかく，考えなければどうしようもないところまで人間がきてしまった，というのである。

　理系学部の同僚の話では，サイエンスは「議論」が，エンジニアリングは「失敗が許されない」が中心軸になっているのではないかという。人は移動手段として自らの足から馬などの利用，舟の建造，蒸気機関の発明，そして自動車，航空機，宇宙船を発明し，活動空間を拡げた。それらは認識や視点に影響を与えたことだろう。また，科学技術の発展につれて道具や装置も進歩し，それらも認識や視点を変えただろう。サイエンスにもとづいたエンジニアリングがさまざまな道具や装置を生み出し，それらに囲まれた生活をわれわれは送るようになった。だが，そのことで，「失敗が許されない」の延長線にもなるが，われわれはややもすると，いい悪いという二者択一的な思考，二元論に陥っていったかもしれない。少なくとも，道具や装置が生み出された過程や背景を考えることなく，ただ，いい悪い，便利などを選択の判断基準とする人が増えたことは間違いない。

　芸術系学部の同僚の話では，石彫や木彫などにおいては素材のなかに創造したいものがあるわけであるが，「奥行き」で捉えることが上手でない人が増えてきているという。「奥行き」で捉えておかなければ，ノミを入れ，素材を彫る，削ぎ取る，切り取る際に，例えば，前の手と奥の顔とのバランスを保つ形で，うまく彫ることはできない。もっともな話である。これはテレビ，ネットなどの平面の映像に慣れ過ぎた結果なのかもしれない。

　20世紀から21世紀にかけて，のんびりしたリズムではなく，音速と言っていいほどの早いスピードで世界は進み，極微の世界を創造してきた。極微に近づけば近づくほど，世界は逆に極大に向かって拡がった。これがグローバリゼーションなのだろう。

　これまでのすぐれたものをすべて呑みこんで社会が進化・発展していけばいいのだろうが，置き忘れられるものもある。それは心，精神の部分に多くみられる。世代間の認識や視点の分裂によって，社会が崩壊状態になっている側面もある。社会をまとめるにはどうしたらいいのか。考えなければならない。

　某焼酎メーカーの昨年2012年12月の広告コピーではないが，「光は影もつくる」。一般に光が強ければ影は濃い。光は強くても影を薄くすることはできないのか。考えなければならない。

　地球規模になったといっても問題は一様ではない。江崎保男（2012）によれば，大気の問題は地球をひとつの生態系とみたグローバルな地球環境問題であり，陸域生物の問題はローカルな地域生態系の環境問題であるという。つまり，それは，陸域生物はそれぞれの地域の進化の歴史のなかで地域独自の存在であり，大気は地球上どこであっても同じものであるという本質的な違いに起因している。

　人間の活動空間は地球規模になってきているが，個々をみれば，渡り鳥の繁殖地と越冬地のように比較的狭い地域に活動は限定されている。まだまだ多くの人びととはそれぞれの地域で生活をしている陸域生物である。それぞれの地域の文化・慣習などの歴史にそって生活している。そうであれば，例えばBOPビジネスにおいて，多国籍企業は，これまでの経験則にとらわれることなく，構想力と技術力を駆使したイノベーションが求められるし，それをビジネスとして成り立たせ当該地域にそって実践し，その社会の問題の解決や寄与につなげていくことが求められる。復興がなかなか進まない被災地においては，大規模に長期的に展開していければいいが，そうでなくても，小規模でも雇用を生むビジネスを連ねていく人びと・企業を増やしていくことも有用であろう。二元論でなく，多様な視点から考え，それぞれが大事だと思うことをしっかりと行っていくことがいい結果をもたらすのかもしれない。

　大学時代の恩師（森本憲夫）は次のように言った。「過去は過去である。過去は現代ではない。過去は本来であり，本来は未来である。本来はまた創造でもある。」

　難しい時代になったが，それゆえに，視野は広く，思考停止することなく，また思考不全に陥ることなく，考えなければならない。考えなければならない時代である。

Webコラム『世界経済評論IMPACT』（2013.04.08.）初出

異化のエネルギーを活用する経営姿勢

　今夏も例年どおり8月終わりから9月初めにかけてアジア研修旅行を行った。今年2013年は，8大学10ゼミ合同で，ベトナムとタイへの旅である。日本も含め3か国の三点測量的国際ビジネス環境の理解，子会社経営実態の観察，そして現地も含め異大学間の学生交流が主な目的である。

　外国に出たことで，現地工場の現場を見学したことで，駐在・派遣および現地の役員・社員の方々と質疑応答をしたことで，あるいはまた現地学生を含め他大学の学生と親しくなったことで等々，学生だけでなくわれわれもさまざまな刺激と触発を受け，切磋琢磨の機会となっている。

　思うに，われわれの生活は，作用・反作用がさまざまなレベルで続く相互連鎖のなかにある。となれば，作用・反作用をどのように活かしていくかが課題になる（大東和 1999）。相手に共感し，認識することは同化への動きであり，コミュニケーションの第一歩である。意思疎通による相互理解の始まりである。しかし，同化ばかりが続いていくのも問題だろう。お互いが交わることによる触発とはならない。受け入れ続けるだけでは階層が固定化されてしまうだろうし，授与者の驕りとか啓発の摩擦とかという意味でも双方にとって好ましくないだろう。

　異化作用が必要である。触発によって予期しないエネルギーが誘発され，内在していた意思が急に動き始める。それはイノベーションの源でもあるだろう。ただ，触発を受けた相手への直接の異化作用は，単なる反発と捉えられるかもしれない。摩擦を生む事態が生ずるかもしれない。単なる拒絶では孤立につながる可能性も高いだろう。異化のエネルギーをどこで発散するのか。企業でいえば，改善，新製品開発，新市場開拓など，さまざまな場が浮かんでくる。それはまた新たな触発を他に与えるだろう。

　作用・反作用，相互作用を通じて同化作用と異化作用が進行する。例えば，技術の模倣などは同化への動きである。そこから異化のエネルギーが生まれ，改良なり技術革新が生ずれば，異化作用である。異化を受け入れ，他が同化への動きをすれば，それは社会化する過程と言っていいのだろう。

　相互作用により，同化から異化へ，異化から同化へ，そして次なる同化から異化へと続いていく。こうした相互の連鎖が成長であり，発展であり，進化である。いままで繰り返しなされてきた慣行，しきたり，ならわし，習慣も微妙に変化するかもしれない。しかしそれは，洗練化でもあるだろう。こうした連鎖が保

たれていることが多様性への途である。この連鎖がある限り，われわれの生活は常に活力にあふれたものとなっていくのだろう。

　企業の海外進出に際して，その基礎には，国内環境，受入国のビジネス環境，国際社会構造，そして自社の経営資源があるが，実際に進出するとなると，過去の経験や企業構造による硬直的対応，コミュニケーションの質の問題，そして個人的感応度などが相互作用をもたらし，圧力になったり，リスクを知覚させる。そうなると，時間的制約，製品上の制約，機能・職能上の制約，地理的制約，進出形態（構造）的制約，財務的制約，そしてライバル企業の動向などが作用し，こうした諸条件をふまえた上での利益獲得のために最も効果的な戦略を選択しようとする。しかしいずれにしても戦略的選択をすれば，企業のいままでのやり方に対する反作用としてフィードバック・ループを描く（ロビンソン　1984）。つまり，これまでの運営になにがしかの影響を与え，変更を求められることがあるだろう。多国籍企業化による異化のエネルギーがもたらす効果である。

　国際ビジネスのポイントを要約すれば，異化作用を活用する経営姿勢をもっているかどうかである。国内ビジネスでも異化作用はあるが，国際展開に際しての方が異化作用は大きく，その異化のエネルギーを企業の存続や成長に利用しない手はない。

　ルート（1988）は，国際経営とは国境を越えた企業内外の相互作用に光を当てることであるといっている。政治・経済・文化といった国際ビジネス環境と企業間の相互作用，そして行動・機能・管理面での企業内の相互作用とが絡みあっているが，それらが示す作用・反作用のプロセスをどう活かし，同化から異化へ，異化から同化へという流れを繰り返しながら学習を不断に実行していく仕組みを築くことができれば，その企業の活力は増す。それを方向づけるのは経営者であろう。異化のエネルギーを活用する経営管理に育てていけば，企業は成長し，長く存続することが可能になるだろう。

　南米では，年の取り方について，「老いる者と，若さを重ねる者がいる」と表わすそうだ（記録映画「伝説のマエストロたち」『編集手帳』読売新聞 2013 年 9 月 24 日付）。異化のエネルギーは若さに連なるだろう。異化のエネルギーがあれば老化しない。老化するのは異化のエネルギーがないからだ。

Web コラム『世界経済評論 IMPACT』（2013.10.14.）初出

海外研修旅行余滴

　1970年3月に始まっているので，もう40年以上となる研修旅行に，例年通り2014年も8月下旬から約10日間の日程で参加した。2014年は，8大学10ゼミ，学位取得後に母国で教壇に立っている現地参加の教員を入れれば，9大学総勢80名（学生69名教員11名）の大所帯であった。

　この研修旅行は，主に日系海外子会社を中心として，その事業の現場を訪問することによって，机上プラス実際で，学生たちの国際ビジネスに関する問題意識を醸成し，学生たちの将来に資することを大きな目的としている。今年の場合，タイで日系企業3社，タイ企業1社，日本語学校1校，マレーシアで日系企業4社，1大学を訪問した。

　訪問企業等には，大人数の受け入れに，いつも心から感謝している。

　研修旅行の長い連続のなかで，日系企業の放射状型から網状型多国籍企業への展開推移，概して海外の歴史が浅い放射状型の子会社経営にとりわけ有効と思える日本留学生の活用（採用，育成，幹部への登用），網状型子会社幹部の半数以上が日本人ではない現状（説明の英語化の進展），タイ系多国籍企業の一端，日本人駐在員の役割変化あるいは現地駐在経験者の育成問題など，定点観測的な知見も得られるが，学生は毎年はじめての訪問である。

　海外研修には，訪問趣旨にとどまることなく，副次的・派生的な成果がみられる。

　第1には，われわれの真摯さが重要であるが，訪問企業への作用。

　「学生からパワーと刺激を」「いつもとは違った視点からの質問もあり，とても楽しく対応」「積極的な質問には，レベルのかなり高い質問もあって，熱心さに本当に元気をいただいた」「学生さんとの会話，素直な質問はとても新鮮で，こちらも頑張ろうとの気持ちに」などなど，好意的なコメントをいただき，学生たちの訪問が，駐在社員，ローカル社員を問わず，子会社全体のリフレッシュ，リゾートになっているところもあるようだ。また，「学生さんたちの海外で働くモチベーションを高めることも，海外駐在員の仕事」，「双方継続することが大切」など，短期インターンシップ的に積極的に学生たちを育ててくださることもありがたいことである。

　第2には，「2か国訪問」。2か国訪問で，日本を含む3か国のなかでの複眼的思考や三角測量的な理解が進む。

　1か国の訪問であれば，ややもすると，自文化中心主義（エスノセントリズム）となるか，逆に自文化に過剰に否定的になる場合も見られるだろう。机上では，文化相対主義ないしジオセントリック，トランスナショナル，メタ・ナショナル，メタ・グローバルなどの考え方を学んでいても，まだ海外経験の浅い学生にとっては，その意を腑に落とし，それらを的確に捉えることはまだまだ難しいだろう。

　2か国訪問であれば，日本を含め3か国となり，三点観測ができる。今回の場合は，同じアセアン諸国といっても，タイとマレーシアの類似点と相違点が，日本を加えることで，より明確になる。宗教的背景はもちろんであるが，食文化，慣習，就業上の留意，就業姿勢などの点で，類似点と相違点が明確になってくる。短い滞在ではあるが，日本人駐在者との対話，現地社員の応対，現地の学生との交流，市内見聞など，さまざまな機会を通じて，頭だけでなく，肌で感じることができる。学生は，川田順造（2008）のいう，それぞれの基層を深く掘り下げ根源的な意味を問おうとする「論理的」までには，まだまだ至らないにしても，まずは感覚的に捉えることができる。

　第3には，「訪問先学生との交流」，そして「異大学交流」である。

　若さは距離をすぐに縮める。初めて訪問する大学においてもそうではあるが，とくに例年訪問しているタイでは，事前のメール交換に始まり，当日初めて会うのであるが，毎年，昼食後の別れにかなりの時間を要する。その後，来日，訪タイと長く交流している事例も多い。

　さらに，「異大学交流」。関東圏，北陸，関西，中国，九州の大学がタイで合流し，マレーシアへ移動し，バンコクに戻り，分散帰国する。約10日間，一緒に過ごす。企業訪問等での質疑応答も切磋琢磨の機会になるし，各大学の文化の違いからも示唆を得，幅を広げる。研修旅行後，合同ゼミ発表会，あるいは就職活動の情報交換・宿泊の便宜など，自らの大学あるいは居住地を越えて，視野を拡げ，つながりを深めていく機会になっている。

　岡潔は「人の生命というものはその人固有のメロディーである」といっている。実際を複眼的俯瞰的にみつつ，深く土着的な想像力も働かせながら，学生がそれぞれの調べの流れのなかに，「彩りと輝き」を加えてくれれば，それぞれの創造的な生き方への助力となる。今年も参加した研修旅行が数十年も続いているのは，こうした余滴があるからこそではないだろうか。

Webコラム『世界経済評論IMPACT』（2014.09.06.）初出

第2章

地域企業における「想い」の進化プロセス

はじめに

　この章では，地域企業の起業について，起業の実態のまえに，まず起業する人の「想い」があるだろうという点に着目している。想いからの進化プロセスを事例によって検討していく。

　起業をする人，起業家の概念は，言うまでもなくシュンペーター（Schumpeter, J. A.：1912）における新結合を実行する人（Entrepreneur）と関連がある。シュンペーターは，① 新しい製品の導入，② 新しい生産手段の導入，③ 新しい市場の発見，④ 新しい原料や半製品の導入，⑤ 新しい組織の導入という5つの要素の新しい結合（Neue Kombination）によって，現状の創造的破壊が行われ，社会が変革し経済発展につながっていくとした。新結合の担い手がイノベーションを生み，しかもイノベーションは技術的な発明・革新だけでなく，社会・経済全般に係わる幅広い価値の創造であり，不断に変化すると捉えられている。不断の変化は市場経済に不均衡をもたらす。企業の継続・存続は，1回限りのイノベーションではなく，多面的な弛まないイノベーション，創造的破壊を行っていく必要がある。「起業家」から「企業家」という言葉が適切になっていく過程である[1]。

　起業活動については，シェイン（2003）などのように，① 事業機会の存在，② その事業機会の発見，そのうえで ③ 事業機会活用の決定，④ 経営資源の調達，⑤ 戦略の策定，⑥ 組織化，そして ⑦ 実行という流れでビジネスに至るプロセスで捉えることが多い。しかし，他方で，レイノルズ＆ホワイト（1997）の議論のように，生態系のアナロジーを用いた研究がある。起業活動における

起業態度に着目し，①一般成人集団，②起業懐妊段階，③巣立ち段階，④確立段階という4段階に分類した見方である。起業は，いきなりその活動が始まるわけではなく，その前に態度の獲得が必要であり，起業態度をもっている人が起業活動を行う人として出現し，起業プロセスに至るという枠組みである[2]。

　高橋徳行ほか（2013）[3] は，日本の起業活動が他の先進国に比して低迷している要因を，起業態度の違いに求めている。その結果に従えば，起業態度への働きかけ，「新しいビジネスを始めるために必要な知識，能力，経験」などの起業家教育が有効な政策となる。また，嶋田美奈（2013）[4] は，ファミリービジネスのアントレナープレナーシップ（起業家精神）によるアントレプレナー的行動傾向を，アントレプレナー的オリエンテーションという戦略的な志向性[5] から捉え，社内起業のパフォーマンスとの関係を検討している。それによれば，既存事業を重要視しイノベーションを進めていく革新性とリスクテーキングが重要であり，またステークホルダーズや地域などとの共存共栄を図りながら先進性を求めるアントレプレナーシップが重要であるという。

　起業に係わる以上のことをふまえながら，まず起業活動・起業行動に移る前の起業態度，とりわけその人の「想い」という，事業の形にする前の気持ちから検討することとする。つまり，事例に取り上げた起業家の根幹には，「生まれ育った風景が消えていく」ことへの想いがあり，すべてはそこから出発している。消えさせたくない，何とかしければという心のなかでの「想い」が，次第に具体化に向けての考えを深め「思い」となり，さらには事業化に向けての強い願望あるいは強い意志へと転じ，「念い」，信念にまでになった。生まれ育った風景を取り戻すためのプロセスを見る。

　インタビュー，また関連史資料などによって得られた情報・データにもとづき接近し，起業から3つの事業展開を行ったひとつの事例，起業家から企業家へと変化していく過程を検討する。

1.　進化プロセス：ステップ1（1980年代〜2013年）

　事例として取り上げる松浦奈津子[6] は，中国地方山口県の山あいの町・錦町

（現岩国市）で大自然のなかで育った。錦町は，山口県内最高峰の寂地山があり，それを水源とする名水百選にも選ばれた寂地川，それを支流とする宇佐川，そして錦川の川沿いに町が開けている。「小学校時代の同級生はわずかに 1 人だった」。高根小学校は全校でも 10 名だった。緑の山，澄んだ渓流，点在する家々のなかで，伸びやかに過ごした年少期だったことは想像に難くない。しかも，中学時代まで住んでいた農家建築の家は，漆喰の壁，太い梁，大きな柱，土間，さわやかな風がわたる縁側があり，木のもつ安心感と木の与える温もりのなかでツバメが軒下に飛んでくる回数を数えることも遊びのひとつであった。いまでは古民家[7] といわれるが，しばらく前まではちょっと田舎に行けば見ることができた伝統的な民家だった。

　地元の県立広瀬高校[8] には自宅から通い，山口県立大学国際文化学部に進学した。大学時代には，カナダや中国に短期留学，バックパッカーとして欧州旅行をするなど世界 10 か国を訪れ，視野と幅を広げる時間を積極的にもつ学生生活を送っていた。そして，その活動的な行動をさらに発展させたのが，4 年のときの「よさこい」[9] との出会いであった。山口商工会議所青年部に高知出身者がいて，それで始まった山口の「よさこい」に参加した。その活動への熱中が地元就職につながり，2003 年 4 月地域情報誌「サンデー山口」記者職となった。記者を続けながら，2006 年には，よさこいチーム「長州よさこい連華劉眞」を 8 人で立ち上げた。先輩社員が退職し，2007 年編集部 3 名の編集長になった。当初はまさに寝る間もないほどであったが，自分が読みたい紙面，読んでもらいたい人の声を伝える紙面づくりに徹した。傍らでは，華劉眞が次第に有名となり，チームと「踊る編集長」は県内，県外，さらには海外へと踊りの場を拡げた。「それがあったから地元に残っているのかも」[10] と述べるほど，心の拠りどころのひとつであった。サンデー山口は 2010 年 3 月末に退職し，専業主婦になった。しかし，専業主婦の枠におさまることはなかった。祖父が大工だったこともあったのか，昔の風景が思い起こされたのか，「古民家鑑定士」[11] に興味がつのり，2010 年 12 月同 1 級の資格を取得した。20 代女性で同資格を持っている人はないとの全国古民家再生協会の情報もあり，収益性，採算などは度外視とし，編集長時代の見出しづくりの経験なのか，女性を前面に押し出した「一般社団法人おんなたちの古民家」を 2011 年 3 月に設立

し，代表理事となった。同年8月当時，発起人2名のほか，古民家所有の
「オーナー会員」25名，建築，シロアリ駆除，造園，水質分析など古民家の維
持管理に必要な専門家集団「サポート会員[12]」7名が同法人に参加している。
ウェブサイトを中心に山口県を中心としながらも，広く広島県などの古民家を
紹介し，利活用を考えている人との仲介を行う。記者時代に培った取材力・発
信力で，古民家に住んでいる人，その扱いに悩んでいる人，それへの入居や活
用を考えている人それぞれの思い考えを，ウェブサイトで読みやすくわかりや
すく伝えるだけでなく，コンサートや料理教室などを開催し，実際に体感する
ことで，古民家の価値を高め，人とのつながり，ネットワークを広げていっ
た。

　時代の流れも添ってきた。中山間地域活性化のために空き家への移住者受け
入れ事業が山口市でも始まった。2011年9月13日，松浦は，「山口市定住サ
ポーター[13]」制度のサポーター第1号17名のうちのひとりとして委嘱された。
これも法人の活動を深めた。

　子ども時代の思い出，深層的な記憶にある「失われつつある日本のたたずま
いを保存し，その魅力を発信したかった」との発露としての法人設立であった
が，視野は国内にとどまることなく，海外をも睨んでいた。2011年6月には
米国の画家，7月には欧州のピアニストを古民家に招いていた。その後も
ニューヨークのジャズピアニスト，また大使館員なども交えながら，イベント
が催されている。日本の古民家の魅力をそれぞれの地に幅広く伝えてくれるこ
とへの期待であるとともに，同法人古民家大好き女子部などのイベント参加者
のコミットメントを高め，フィードバック作用も合わさった古民家の魅力再確
認であった。

　「古民家」事業は，自らの想いを他の人の想いに重ね，そこに事業の可能性
を見い出す眼識ないし洞察力をともなう。通所介護（デイサービス）施設への
転用による古民家の再活用は，施設に通う人がもつある種の抵抗感をやわらげ
るだろう。農家民宿への転用は，原風景への想いをもっている人に安らぎをも
たらすとともに，都市圏や都市圏近郊から古民家がある地域への移住ないし半
定住を後押しするだろう。古民家鑑定士資格を取得して始めた「一般社団法人
おんなたちの古民家」は，地域を活性化させるための一歩となった。それはま

た，古民家の所有者と入居希望者等との結びつけだけでなく，古民家再生を担う大工・設計士などの建築専門家とのネットワーク構築にも一役買い，地域空間内・外の人びとをつなぐハブとなった。エコシステムの構築である。

　子ども時代に眺めた風景には，山川だけでなく，その地での人間模様もあるだろう。古民家再生にはもちろん所有者や購入・利用希望者なども必要であるが，大工・設計士などの建築専門家の力も欠かすことができない。さまざまな人びとを網の目のようにつなぐハブ機能の構築には，昔の村落共同体的人間関係が反映しているかもしれない。良い思い出として，残像のように折々に浮かんでくるのだろう。

2.　進化プロセス：ステップ 2（2013 年〜2015 年）

　2013 年 10 月「旧山見邸 田楽庵（でんがくあん）」が古民家再生事業によって誕生した。築400 年超の古民家を「一般社団法人おんなたちの古民家」が買い上げ，リノベーションした山口市阿東地区に江戸時代から続くかやぶきの古民家だ。当初は，移住希望者との商談物件であったが，まとまらなかった。しかし，屋根裏からは，厄災をはらう守り刀や古文書が見つかった。「400 年の風雪に耐えた文化財的価値を持つ建物だと分かった。どうしても壊したくなかった」。そこで，金融機関から融資を受け，囲炉裏を備えた 1 日 1 組限定の農家民宿「古民家民宿」として再生させた。農村体験，移住の下見をする人などをターゲットとしている。

　阿東地区は，山口市内とはいえ，島根県との県境で，田園風景に中国地方独特の赤茶色の瓦屋根の古い農家が多く残る。全国の空き家は 846 万戸（総務省調査 2018 年 10 月現在）で，山口市は 15.9 %（全国平均 13.3 %）である。古民家再生を手掛けてきた松浦は，自治体との連携によって，住み手のない古民家の間取りや写真，修繕費用の概算，地域の生活情報などの「空き家情報の発信や改築支援だけでなく，地域自体の魅力を高めなければ人は来ない」との思いに至った。そこで，食味の良い，県内でも屈指の阿東地区徳佐のコメに目を付けた[14]。

　阿東地区徳佐は，山口の北海道といわれるほど日中と夜との寒暖差10℃と大きく，水源の森百選指定の「十種ヶ峰」などから天然ミネラルだけでなく波動水とも呼べる名水が注がれ，おいしさが際立つ濃厚な甘みと食感が味わえるお米の産地として有名であった。その徳佐の地元農家と協力したコメ作りは，コシヒカリで，化学肥料を完全にゼロとした伝統的な製法で作られた有機肥料のみを使用し，エコやまぐち50[15]の基準よりも厳しい。田んぼでカエルなどの小動物も生育できる独自の環境基準で安心・安全にこだわった特別栽培で育て，昔ながらの天日干しでじっくり手間をかけ自然乾燥させた「はぜ掛け」を行っている。名称を「田楽米（でんがくまい）」とし，事業採算性も勘案しプレミアム化させたブランド米を目指した。

　2014年5月田楽庵（でんがくあん）の前の田んぼで「田楽米」の作付けが始まった。しかし，田植えには人手が必要である。そこで，古民家再生の「田楽庵」，田んぼファッションと田植えを掛け合わせ，「田植えフェスティバル」を開催した。田んぼファッションには水谷由美子[16]が協力した。伝統的作業着「もんぺ」のスタイリッシュ版，オリジナルのやまぐち縞（「やまぐち縞 takijima」）をベースとした「モンペッコ（mompekko）」[17]の開発である。概して苦痛を伴いがちな田植え，草刈り，稲刈りを，「田楽米の田植えフェス in 山口市阿東徳佐」，「田楽米の稲刈りフェス in 山口阿東徳佐」と例年のイベント化によって，おしゃれをしながら参加者が楽しめるものとし，人手不足を補うとともに，メディア発信によって，広く田楽米の認知を深めた。田楽米プロジェクトは，地域に波及効果をもたらし，2014年夏には35年ぶりに花火大会を復活させた。

　収穫された「献上田楽米」は，東京日本橋・高島屋において，書家によるパッケージロゴの桐箱2kg約5,000円で即日500箱完売した。当時のインバウンド効果，中国人観光客の爆買いも大きかった。売り方，売る場所などの発案は，おんなたちの古民家理事の原亜紀夫[18]だ。原は，大島商船高専を卒業後，商船三井系の物流会社に勤務し，船，陸の生活をし，国際経験を積んでいたが，建設業を営んでいた実家に帰郷していた。いいものを安くではなく，手間ひまをかけた良い品物はその品質に合う価格で，との発想である。この発想は，販売場所も含め，その後の日本酒事業にも連なっている。流通経路も確保し，事業が成果をともなったことによって，農家の協力・意欲も高まった。

　2015 年 5 月地元農家 4 戸を主体とする「企業組合アグリアートジャパン」[19] が設立された。最初の代表理事には松浦は就任したが，地元農家だけで事業を確立し推進していくのが一番だという松浦の考えもあり，発起人のひとり山見智盟に早くに変わった。設立後に加わった農家，農事法人，加工業者なども増え，息子が後を継ぐ農家もあらわれている。作付面積も 20 アール（2 反）から 10 ヘクタール（10 町）超へと約 50 倍にもなり，桐箱なしで，「山口県阿東 特選田楽米 こしひかり」として 2kg1,500 円の高級ブランド米として販売されている。なお，2022 年 3 月，松浦は，山見，関和貴の後を受けて，再び代表理事になった。早速，組合の地元，阿東地区で 50 年近く続いているレストラン「蘭土」の事業承継に取り組み，地元農産物等の活用と販売，雇用拡充，また人材バンクセンター機能を併用することで移住促進につなげることに努めている。阿東地区の地域活性化拠点としての「蘭土」である。

　古民家事業での保存・再生は，農村地域資源の再発見・再活用へと展開し，それは地域づくりにもつながっていった。農村地域だけでなく，域外の人びとも巻き込んだ活動は，その領域を広げ，おコメの加工品に展開し[20]，さらに日本酒事業へと展開した。生まれ育った原風景は，人と環境との相互作用で成り立っている。「古民家」から農業事業へと拡がっていくのは自然の流れであった。

3. 進化プロセス：ステップ 3（2015 年〜現在）

　古民家再生事業，田楽米事業は，コメ加工品を経て，日本酒事業へと展開した。法人も一般社団法人おんなたちの古民家，企業組合アグリアートジャパンに続いて，2015 年 7 月に株式会社 Archis（アーキス：山口市）[21] が誕生した。日本酒事業と飲食事業への展開も勘案した新法人の設立だ。社長に松浦奈津子，副社長に原亜紀夫が就いた。

　田楽米の販路開拓が軌道に乗り，次の事業への展開を検討した結果，おコメの生産から米粉活用，さらなる加工品の多様化がお酒だった。田楽米がプレミアムなブランド米であるので，高級日本酒というコンセプトとなった。格式の

ある海外のパーティーには日本酒を使ってもらえないとの一般社団法人ミス日本酒理事大西美香（現・一般社団法人 Miss SAKE 代表理事）の言葉が松浦には残っていた[22]。ドンペリやロマネ・コンティと同等の高級日本酒が目標となった。

　酒米の選択は，イセヒカリ誕生物語りにほれ込んだ原亜紀夫だった。イセヒカリは，伊勢神宮の御神田で栽培されていたコシヒカリの突然変異で，1989年の台風被害を受けた際に2株のみ倒れずに残っていた品種である。それが山口県農業試験場に預けられ原種管理され，岩国市でも栽培され，株数を増やしていった。2015 年 5 月，錦町の広瀬八幡宮宮司の神事を経て，50 アールの田植えが行われた。

　酒米があっても，杜氏がいなければ，お酒にならない。原亜紀夫は，熟成型のヴィンテージ高級日本酒を考えていた。田楽米の徳佐には酒蔵はなく，またそれを手掛ける杜氏は少ない。しかし，松浦の生まれ故郷錦町の酒蔵に，その稀な杜氏がいたのだ。1764 年創業山口県最古の酒蔵である堀江酒場 13 代目杜氏の堀江計全だ。難色を示していたが，松浦の熱意が通じ，4 歳年上の堀江は酒造りを受けた。

　錦町で有機栽培された 1 等級のイセヒカリを 1 割 8 分まで磨き，低いほど酒米に良いたんぱく質含有率は 3.6 ％，蒸し米と麹米を通常とは異なる比率で混ぜ，仕込みには全国名水百選「寂地川」を源流のひとつとする錦川最上流の湧水（中硬水）を使い，伝統的な製法である生酛造りで 3 か月かけて醸造した。ボトルは，日本酒 4 合瓶の 720㎖ ではなく，シャンパンのように 750㎖ の深い青色の瓶だ。純米大吟醸「夢雀」は，2016 年 5 月に完成した。錦帯橋の古材を使ったプレートにシリアルナンバーが刻まれた限定 1,000 本，1 本（750ml）税抜 88,000 円で，同年 8 月から販売を始めた。

　「夢雀」の誕生にあたっては，女性創業応援やまぐち株式会社（WIS やまぐち）のサポートもあった。同社は，山口銀行や県内企業の共同出資によって2015 年 4 月に設立されたが，その初年度採択事業 6 件（応募 14 件）のひとつに株式会社 Archis の事業計画が選ばれた。それでは，「コメづくり，酒づくり，パッケージデザインまで，オール山口県産にこだわり，山口から日本一美味しい日本酒を造って世界に発信していきます」と述べている。同社からの融

資は，1,500 万円であった。

　日本酒は清酒，新酒が最もおいしいというのが常識である。古酒もあるが，それは色も透明度を無くし，味も清酒とは異なる。杜氏・堀江計全は，低温保存によって長期熟成させる日本酒に取り組んでいた。江戸中期からの家伝を守りながら，新しい製法にも挑戦していた。1 割 8 分，18％までイセヒカリを磨くことで，辛さがなくなり，香りが折り重なる華やかでまろやかな味わい深い酒となり，長期熟成しても色も透明のままで変化なく，「ひねる」といわれる劣化臭もなかった。うまみ成分がしっかりつまった重みのある味，複雑な香りの変化もあった。「1＋1 が，3 にも 4 になる変化がおもしろい」[23]。5 年，10 年と，自宅での長期熟成が可能な日本酒の新ジャンル「ヴィンテージ日本酒」の誕生だ。

　高価格は，山田錦よりもイセヒカリの収穫量が少なく，契約農家から高値で買い取って儲けてもらう必要もあったが，1 割 8 分までの磨いたこともあり，原料費は通常の清酒の 4 倍となった。おコメが八十八の手間をかけて作られることにちなみ，また末広がりの八，88,000 円という価格設定とした。コンセプトはフレンチやイタリアンにも合う「ライスワイン」，「濃い味の酒」だ。ワインをライバルに，誕生祝いやパーティーに使ってもらうべく国内外に販路開拓をした。初年度 1,000 本生産のうち，国内では 250 本限定発売がほぼすぐに完売した。海外販売 4 か国のうち，10 月初めアルマーニホテルドバイの飲食部門責任者は，試飲で，フルーティーで香りが良く，飲ませたい人の顔が浮かぶとまで言い，即座に 6 本購入した。さらに，11 月には同ホテル日本食レストランとテラスでローンチイベントを開催した。香港では，山口銀行香港出張所所長の人脈で販路を拡大し，その縁で始まったカシオ（G-SHOCK）とのコラボレーションによるセット販売などでも認知度が高まった。最高級のマンダリンオリエンタルホテルで取り扱われた。香港の商社マディソンワインからもまとまった注文が入った。ドバイではイスラム圏の酒税もあり 1 本約 60 万円，香港では約 20 万円で供された[24]。なお，夢雀の顧客ターゲット，開発の際の「ペルソナ」は，暑い国で，シャワーのあとにバスローブを着て，シャンパンの代わりに夢雀を開けて飲む，富裕層の 30 代の女性というイメージであった。いまでは米国の有名アーティストが気に入り，ドバイのホテルでよく買うとい

う[25]。

　2016年夢雀は，その後販売価格108,000円（税抜）としたが，在庫が少なくなり，一時販売中止とした。2019年9月，例えば山口井筒屋販売で，夢雀2016ヴィンテージは188,000円（税抜）になった。時間の流れとともに希少性が増し，価格が倍以上となった[26]。ちなみに，2022年4月，2022年夢雀は96,800円（税込）で高島屋オンラインなどで販売され，2016ヴィンテージは限定1本で646,800円（税込）で発売と同時に完売した。この3年間で，3倍以上になった[27]。

　ワインだと，ヌーボーを毎年11月に好んで飲む人，日々楽しんで飲む人とともに，瓶詰直後にまとめ買いをしてワインセラーで熟成させ，時間の流れとともに価値が上がるのを待つ投資家が同居している。Archisは，日本酒の「ヴィンテージ」概念での飲み方，買われ方が夢雀で行われることを目標としている。良いものをその価値を認めてくれる人にその価値に合う価格で販売する方向への転換を目指している。そのために，2016年夢雀ではシリアルナンバー入りとして，購入者の把握とともに，鑑定書付きで販売し，空き瓶の取引や偽物出現の防止をするとともに価値低下を防いだ。商品開発だけでなく，販売の仕組みなども工夫し，時間の流れとともに最高のものにして，価値を高めていく物語りを紡いでいる[28]。

　酒米に神田米の「イセヒカリ」という歴史性，醸造方法は長期熟成型純米大吟醸酒によるヴィンテージ型，さらにMakuakeなどのクラウドファンディング活用，また海外市場での製品評価にもとづく高価格帯販売，経済価値，希少性，模倣困難性などがブランド価値を高め，販路は地域空間外の国内だけでなく世界に拡がり，また年々プレミアムが付き資産価値が高まっている。

4．進化プロセス：構成要素と事業展開

　事例について，3つの段階で概観してきた。橘川（2008）[29] は，地域活性化のための必要不可欠なものとして，①キイプレイヤーの存在（コンテキストをふまえた発展のダイナミズムの担い手の存在），②キイプレイヤーが形成す

るネットワークの有効な機能，③外部市場からの需要の呼び込みの３条件を取り上げた。それに沿えば，①は松浦奈津子，②は「一般社団法人おんなたちの古民家」，「企業組合アグリアートジャパン」，「株式会社 Archis」，③は東京（国内の中心）市場であり，輸出による海外市場の開拓であり，海外からのインバウンドも含めた観光振興などが当たる。

　本章の事例の構成要素として，次の事柄をあげることができる。①郷土への想い・思い・念いであるし，知識，愛，つながりなどに換言してもいいだろう。そして，②田園風景（農村集落），③古民家（農村集落の空き家，リノベーション，露天風呂など），④コメ栽培（有機・減農薬，田楽米としてブランド化，田植えフェス・稲刈りフェスなどイベント化，作業着モンペを「モンペッコ」に），⑤日本酒（伊勢神宮御神田栽培のおコメ，寝かす熟成酒，地元の酒蔵・杜氏，輸出し海外でブランド化・プレミアム化）となり，それらを要約すれば，伝統と先端の融合という時代的・時間的懸隔を超える側面と，地域（山口）の空間と国内外を超えた他の空間とのつながり，いわば空間的懸隔を超える側面，その両面を併せもっている。

　このワンケース（単一事例）の事業展開を契機・成果・変化から見れば，次のように要約できる。

　「契機」（「機会との対話」）としては，①ふるさとでの生活（小学校全校10名という背景），②大学での気づき（カナダ・中国への短期留学，欧州へのバックパッカーでの旅行ほか），③山口市地域情報誌への就職，④古民家（農村集落の空き家）（時間的懸隔の活用），⑤地域から鍛えられる（事業化へのフェス化ほか），⑥地域から海外への空間的拡がり（空間的懸隔の活用），⑦大学院への進学などがある。

　「成果」（「対話からの修得」）は，①「一般社団法人おんなたちの古民家」設立（←古民家鑑定士資格取得），②「旧山見邸 田楽庵」開業，③コメ栽培「田楽米」プロジェクト（田植えフェス・稲刈りフェス），④「企業組合アグリアートジャパン」設立，⑤酒造りのためのイセヒカリの田植えを錦町にて実施，⑥「株式会社 Archis」創業，⑦「夢雀」販売（1764年創業(有)堀江酒場との連携），⑧カフェ「晴ル家」などの展開などである。

　「変化」（「対話からの変容」）は，①地域情報誌就職から資格取得へ，②一

般社団法人設立へ，③一般社団法人に加え企業組合の設立へ，④古民家再生から田楽米生産・販売へ，⑤神田米生産復興から熟成プレミアム酒生産・販売へ，⑥東京市場での販売から地域販売へ（逆移入効果），⑦国内から海外での販売（販売の国際展開）へ，⑧地域活性化策の一環としての飲食業への展開（事業展開）へ，などをあげることができる。

　松浦が2017年から山口県立大学大学院国際文化研究科に進学したことは大きな契機であった。長期履修制度を利用し，休学期間を含む5年間で，ビジネスを通じた経験を活かした実践的研究を修士論文[30]にまとめた。これには大学院での学びと事業が明示的にも暗示的にも相互に作用しているように思われる。松浦は，すでに「古民家」から地域振興や地域活性化に取り組み，「田楽米」，さらに「夢雀」へと展開していた。それらは，生産者の持続可能なシステムづくり，エコ栽培など，サステナブルな取組みであった。大学院進学後，2019年から取り組んだのが，壜そのもののアート化，大田舞との共創によるデザインボトル「夢雀2020-RESPECT」の開発である。壜にプリントの焼き付けを行う職人の協力を得たが，アート作品，稲穂をくわえた8羽の雀が世界に夢を運ぶボトルが完成した。これは世界限定180本（108,000円／本）販売され，女性顧客の増加につながった。次いで，さらに日本酒のサステナビリティを追求したのが，夢雀2022―アッサンブラージュ夢雀「MUJAKU WORLD」であった。アート作品というだけでなく，飲酒後の壜の再資源化，アップサイクルし，ライフスタイルのなかに取り入れてもらうという新しい形の日本酒の楽しみ方の掘り起こしであった。「ヴィンテージ日本酒」の概念もそうであるが，夢雀の空間を時間の流れのなかに長くとどめようとする試みである。コメ農家，日本酒の酒蔵，デザイナー，壜へのプリント焼き付け職人，アップサイクルのガラス作家，もちろん流通業者，また何より顧客が，松浦のコーディネートによってサステナブルにつながっていく。大学院進学を契機として，松浦自らが次のステップに進んだように，夢雀も顧客のライフスタイルに影響を及ぼす次のステージへと進んだ。

　夢雀は，世界8か国・地域（2022年2月時点）に輸出が拡がっているが，単なる販路の拡大だけでなく，世界における日本酒の高付加価値化にも貢献している。概して，これまでの日本酒の多くの蔵元は，国内の衰退市場における

「厳しい」競争のなかで，「いい品質のもので，これまでの価格をあげることな
く」との考えで，経営を進めてきたと思われる。しかし，価格が価値だとする
ならば，国際市場でみれば，日本酒の価格は安すぎた[31]。そこに，長期熟成型
の「ヴィンテージ日本酒」のコンセプトで夢雀が登場した。発売初年度のドバ
イなどでの国際的評価が極めて高評価だったし，併せて低温保存で熟成を経る
につれて，フルーツのような華やかな香りが何層にも折り重なり，芳醇でコク
が増し，角がとれたまろやかな味に変化することで，夢雀の高付加価値化はさ
らに進んだ。6年間熟成させた夢雀は国内定価が1本388,000円（税別）に値
上がりし，米国ニューヨークでは1本8,500ドル（約90万円：1ドル＝105円
当時）で取引された。2018年ごろから高価格帯の日本酒が少しずつ増え始め
たが，夢雀誕生のあと，「3〜5万円程度の高価格帯の日本酒の銘柄が20種類

図2-1　変形能力（積極的逸脱：Positive Deviance）循環モデル

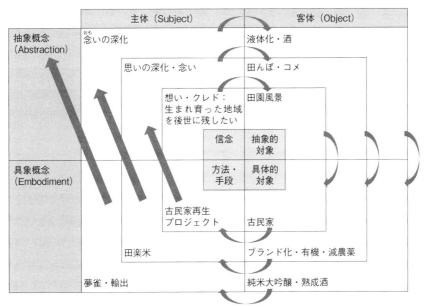

出所： OHTOWA, Takeshi, Kazuo DOI, Tomomi SHIOSAKI, Tsutomu KITA, "Sustainable
Transformability Possible Among Traditional Companies: A Case of Japanese Traditional
Brush Maker", The 2019 annual meeting of the Business History Conference in Cartagena,
Colombia, 14-16 March 2019 における報告資料を筆者が展開させた。

近く増えた」と大手百貨店の日本酒担当バイヤーはいう。それまでは，1万円の日本酒が「超高級」であったが，その価格帯を「ヴィンテージ日本酒」の夢雀が大幅に上げた。このことは紛れもない事実であろう。

　主体である「松浦」の想いが客体の「風景」に，そして具象としての「古民家」への念いが信念となり古民家プロジェクトへ，そして枠から飛び出し，思いの深化への変形能力作用（積極的逸脱）となり，それが次の循環へとつながっていく（図2‐1）。

　「古民家」によって地域空間外から地域空間内への人の移動を，「田楽米」事業によって地域空間内外の人びととの生産過程また販売過程でのつながりを，そして「夢雀」では歴史性をもった酒米で時間の重みを加え，空間認識の広がりももつ熟成化によって地域空間で生まれた製品を国際空間へと販路を世界に拡げた。さらに，その「夢雀」も空間と時間の融合を求めて，次のステージに飛び出している。

おわりに

　地域企業を対象にそのひとつの進化プロセスを検討した。あらためて感じるのは，全体をみる大切さである。全体を俯瞰しながら認識を深め，そこから想像力（イマジネーション）を働かせ，構想へと導き，さらには行動へと移していく。こうしたプロセスをたゆまなく行い，変容を重ねていく。変革（イノベーション）していく進化プロセスである。進化（evolution）と進歩（progress）はもちろん異なる[32]。進化によって，進歩ではなく，退歩することもあるだろう。どちらの結果になろうと，時間は進む。たとえ退歩したとしても，それを糧にするなど，時間が進んでいくプロセス（進化）をよい方向にしていくように日々を重ねる必要がある。そのほうが前向きであり，精神的にも豊かになれるだろう。

　本章で取り上げた事例は，生まれ育った風景が消えていくということを感受し，そこから出発している。「古民家」事業は，同じことを感じている人に都市圏ないし都市圏近郊より移住ないし半定住することを後押しするものであっ

た。地域を変えていく一端となった。

　「古民家」は地域空間外から地域空間内へと人の移動を促す。「田楽米」事業は，地域空間外の人の活用，地域空間内外の人びとの交流によって成り立つ。地域空間内の労働力が減少し，コメ生産の担い手が極めて限られている状況を感受し，地域空間外の人をコメの生産過程への取り込み方を工夫した。昔はコメ農家が互いに労働力を提供しあう相互扶助によって成り立っていた田植え，稲刈りにイベント化させて，都市圏ないし都市圏近郊の学生・賛同者など老若男女を集め，会費を払ってまでも楽しく田植え，稲刈り，また雑草取りを行い，人手を確保した。これを例年化させることによって，地域空間内の人と外の人との交流も進み，信頼関係も育まれていった。他方で，コメ生産を事業化し，採算がとれるようにするためには，ブランド化が必要であった。そのための有機農法の採用，また販路としての都市圏の確保は重要であった。交易は，シルクロードの遠隔地間交易を言うまでもなく，古くから交換比率の違い[33]を活用している。地域空間内で販売しても高くは売れない，地域空間外，とりわけ東京などの都市圏で販売すれば，高く売れる可能性がある。環境問題，食品の安全問題などを感受している消費者が多い地域空間で，それを反映させた商品を売れば，一定の需要が確保され，事業としても成立する。そのための信頼を確保手段としての有機農法の採用，「田楽米」ブランドであった。

　「夢雀」事業は，世界に売れる酒への信念が新たな日本酒の醸造方法である熟成に取り組んでいた杜氏と結び付け，資産価値をもたらす酒にまで仕上げた。ギデンズは時間・空間と社会との関係の近代化過程での変化について述べている[34]。空間と居る場所，また時間の結びつきが次第に分離されてきた。それは地域空間の習慣や慣習などから解放されることであった。またそれは，異なる地域空間の習慣・制度の取り込みなど，さまざまな形への変容の可能性をもたらすものでもあった。グローバリゼーションの進展は，特定の地域空間内のみに思考や行動を拘束することはできないし，地球規模での過去の共有が進むことともなる。時間を超えて，また空間を越えて，これまでの知識や経験を地球規模で，どのように再活用，再定義などをしていくのかが大切になる。ビジネス的発想・行動の空間認識は，地球規模で俯瞰したなかでの異なる地域空間との結合となる[35]。こうした流れで「古民家」，「田楽米」，「夢雀」を捉える

ことができる。

　なお，Covid-19の影響によって，2020年3月ごろから香港やドバイなどへの夢雀の輸出は止まった。そこで，夢雀のコンテンツを充実させるとともに，リモート・プロモーション活動に切り替えた。また，タイミングよく，国税庁2020年度「日本産酒類のブランド化推進事業」にArchisの「長期熟成型"ヴィンテージ日本酒"のブランド確立と，世界における日本酒の地位向上」事業が採択された。この支援でイメージソングやプロモーション映像を制作し，汎用性のあるWEBコンテンツの活用によって，タイ，米国，シンガポールなどへの販路が拡大した[36]。

　本章は，地域空間の内外のつながりを経営者の想いないし構想力によって次第に深め拡げ，当初の事業の枠にとどまり，順応，遵守することなく，いわば逸脱を良しとし，守破離における守から離の連鎖のように打破（Demolitions）しつつ変容してきた事例である。株式会社Archisは，夢雀事業にとどまらず，インバウンドとも係わるカフェ事業，また国際的俯瞰のなかでの新規貿易事業構想などと，まだまだ新事業は続いている。それを可能にさせているのは，一言でいえば松浦奈津子の「人柄」であろう。明るく，笑顔で，自然に周りの人びとを巻き込む力が強い。「モンペッコ」開発の水谷由美子，古民家事業からのつながりの株式会社Archis副社長・原亜紀夫，堀江酒場杜氏・堀江計全，中国でのG-SHOCK高級モデル販売での夢雀とのコラボが縁で小学生向けの発明教室で地方を巡っているG-SHOCK開発者・伊部菊雄なども，松浦に巻き込まれたのかもしれない。逆に松浦が巻き込まれているのかもしれない。それぞれの出会いからの触発がそれぞれの構想を生んで，活性している。

　Revolutionは，「渦巻きとかころころ回転する動き」に「再び」がついている。忘れされたもの，あるいは忘れ去られようとしたものも含んで，もう一度巻き貝のように渦巻きを描きつつ時間を進めていくという意味ともとれる。古民家事業はRenovation（修築），田楽米事業は労働と販路のReformation（革新・改新）ないしReconstruction（再構成），夢雀事業は熟成酒ヴィンテージ型への日本酒のRedefinition（再定義）である。それぞれの事業において，すべてを忘れたり捨てたりするのではなく，後退しているように見えがちな「古民家」，「米作」，「清酒」のなかの「家」，「コメ」，「麹」の意味を再認識し，ま

さに螺旋のようにさまざまの人びとを巻き込み，また巻き込まれながら事業を進展させている。革命（Revolution）力といってもよい。そんな人びとが起業家に向いているのかもしれない。

＊本章は，大東和武司「第11章　地域企業のひとつの進化プロセス」広島市立大学国際学部国際ビジネス研究フォーラム（編）（2020）『国際ビジネスの現実と地平』文眞堂，pp.217-244 をベースに構成を変更し追加および加筆修正したものである。
＊本章は，JSPS 科学研究費補助金基盤研究（C）（課題番号 22530418）「公開責任のない多国籍組織の国際展開に係わる研究」（2010-2012）（代表：筆者）および同基盤研究（C）（課題番号 17K03942）「地域企業の変容・進化と国際展開に係わる研究：ルーティンとイノベーションの関与」（2017-2022）（同），また同基盤研究（B）（代表：岸本壽生）（課題番号 18H00883）「地方企業の国際ビジネスのパラダイムシフトに関する多角的研究」（2018-2020）の成果の一部である。

【謝辞】
＊株式会社 Archis 代表取締役社長の松浦奈津子さんとは，2015 年から 2017 年にかけて講義をさせてもらった山口県立大学大学院で知り合い，講義前後，また係わっておられた山口市米屋町商店街のカフェを折に訪れ，話をさせてもらっていた。2020 年の一編の章としてまとめるにあたって，あらためて 2019 年 7 月 8 日に同社本社を訪れ，原亜紀夫副社長を交え，5 時間余り，じっくりと説明を受け，質疑応答をさせてもらった。その後も，メールなどを通じて情報交換をさせていただいている。記して感謝の意を表したい。

[注]
1　Abermathy and Clark（1985）は，シュンペーターの均衡破壊につながる大きな革新だけでなく，カイゼンなどの日常的な小さな革新，プロセス・イノベーションにも着目した。彼らは，イノベーションと市場との関係を捉え，既存技術の破壊と保守強化の横軸，新市場の創出と深耕の縦軸から 4 つの類型にイノベーションを分類した。① 既存技術の破壊と新市場の創出における企業家的企業家による構築的革新，② 既存技術の破壊と新市場の深耕における技術志向的企業家による革命的革新，③ 既存技術の保守強化と新市場創出における市場志向的企業家によるニッチ創造，④ 既存技術の保守強化と既存市場の深耕における経営管理者的企業家による通常的革新の 4 つである。米倉誠一郎（2011）『創発的破壊　未来をつくるイノベーション』ミシマ社，pp.58-64 参照。
2　高橋徳行（2013）「起業態度と起業活動」『VENTURE REVIEW』N.21, March, pp.3-10。なお，同論文によれば，日本の起業活動の低迷の要因は，起業態度を有している人の割合の低さにつきる，と結論づけている。
3　高橋徳行・磯辺剛彦・本庄裕司・安田武彦・鈴木正明（2013）「起業活動に影響を与える要因の国際比較分析」RIETI Discussion Paper Series 13-J-015（2013 年 3 月）参照。
4　嶋田美奈（2013）「ファミリービジネスの社内企業にアントレプレナー的オリエンテーションが及ぼす影響」『日本経営学会誌』第 32 号，pp.105-117 参照。
5　アントレプレナー個人の思考方法や認知様式，意思決定方法やプロセス，行動などが企業のアントレプレナー的行動の傾向や方向性に影響を与えることである（同上論文，p.115）。
6　1981 年山口県錦町に生まれる。
7　古民家とは，釘などを使わない伝統的な日本の建築工法で建てられた建物を指し，1950（昭和25）年の建築基準法制定以降は建てることのできない建築様式である。
8　2010（平成22）年 3 月末に閉校し，岩国高校広瀬分校となったが，校訓「創造」「不撓」「和敬」

と山あいのいぶし銀の教育の伝統は受け継がれている。（岩国高校広瀬分校 WEB サイト参照：www.iwakuni-hh.ysn21.jp/index.html/　アクセス日：2019 年 10 月 10 日）

9　よさこい祭りは，1954 年に高知商工会議所青年部によって第 1 回が開催され，1992 年に札幌で YOSAKOI ソーラン祭りが開催され，全国各地に広がった。山口では，2002（平成 14）年 1 月 19 日に山口県よさこい連絡協議会が設立され，現在 31 団体が参加している。「長州よさこい連 華劉眞」の華劉眞は「運命」を意味し，「今，この時，この場所で，この仲間と踊るのは“何かの運命”」との思いから，命名された。設立年度でいえば，下関市立大学よさいこいダンスサークル「震」と下関市豊浦町の「舞龍人」の 1999 年が古い。

10　「MUJI キャラバン」https://www.muji.net/lab/blog/caravan/yamaguchi/020006.html　参照（アクセス日：2019 年 10 月 15 日）

11　内閣府認可の一般財団法人職業技能振興会が認定し，3 年ごとの更新が必要な資格である。2011 年当時は，財団法人職業技能振興会が認定していた。

12　2015 年 4 月現在では，設計士，大工，左官などの専門家チームは 20 名となり，設立から 4 年間で 9 件の古民家再生を実現させている。通常の住居だけでなく，茶室のある古民家料亭，日本庭園で庭いじりのできる懐かしい生家のような居心地で施設に通う抵抗感を和らげる古民家デイサービスなどと，幅のあるリノベーションの仕方によって古民家活用・再生を行っている（『事業構想』事業構想大学，2015 年 5 月号ほか参照）。

13　2011 年 8 月に山口市の制度として立ち上がり，市内の徳地地域，阿東地域（過疎地域）への移住・定住を考えている人に定住サポーターを紹介する制度。2019 年 9 月 27 日現在 32 名のサポーターが活動している。2019 年 7 月までに 119 世帯 246 人移住，うち約 70 世帯が市外からである。2018 年 10 月現在で古民家再生は 10 件以上となっている。

14　『日本経済新聞』2014 年 10 月 12 日付朝刊。

15　山口県の認証制度で，通常の栽培方法に比べて，化学農薬と化学肥料の使用量を 50％以上減らした農産物（生産認証）およびそれらを主原料とした農産加工物（加工認証）を「エコやまぐち農産物」としている。ちなみに，エコ 100 の認証には，化学肥料・化学農薬ともに使用不可となっている。

16　山口県立大学国際文化学部・大学院国際文化学研究科教授（現在は同大学名誉教授）

17　2014 年に山口県立大学企画デザイン研究室サテライト研究機関としてナルナセバが生まれ，同組織を販売元として mompekko レーベル（綿 100％）が立ち上がった。「やまぐち縞 takijima」は，日本の伝統文様である「滝縞」と自然界の数字の規則「フィボナッチ数列」を融合させた数美学を縞模様に落とし込んでいる。同組織は 2002 年 3 月には大学発ベンチャー企業として有限会社ナルバセバとなり，同社は，山口市の町家再生活用事業の第 1 号の建物での店舗販売また通販事業を行い，山口市のふるさと納税品にもなっている。

18　1969 年山口県宇部市に生まれる。

19　代表理事 1 名，理事 4 名，監事 1 名，資本金 45 万円の企業組合で，コメの販売，定住サポート支援，空き家管理，また阿東地域の活性化を事業活動としている。

20　米粉スイーツ「モチペッコ」は，創作洋菓子ロイヤルの協力で誕生し，粒あんをお餅でくるんで手作りのパイで包んで焼き上げている。山口県 6 次産業認定商品として上限 500 万円補助率 1/3 の補助金交付も受け，2015 年 9 月 23 日から 29 日期間限定で東京新宿の高島屋でも販売された。山口では 2016 年から販売され，「東京からの逆輸入」として話題となった。後述のアーキスが展開している山口市米屋町商店街の「sou café」，宇部市小串通りの「カフェペッコ」カフェで購入ができる。2016 年 5 月には，角島大島たもとの食堂をリノベーションしたカフェ「晴ル家」を開店し，音楽フェスやライブなども開催している。

21　資本金 100 万円，当初 2 名で始めた株式会社 Archis は，現在 10 名体制である。事業活動は，酒

類卸・小売業，夢雀の海外輸出，商社事業，飲食業，ペットフード開発・販売などであり，目標は
IPO である。なお，社名の Archis は，創造者の ARCHITECT と，集まり（複数形）の S からの
造語である。

22　『朝日新聞』2016 年 10 月 23 日付。杜氏・堀江計全（1978 年生）は，東京農業大学醸造学科卒
　　で，奈良県の蔵元で修行していた際に，実家の蔵や冷蔵庫に眠る父が残した純米吟醸を見つけ，
　　「熟成に向いてるかも」と気づいた。鼻の奥に香りが広がり，舌の上に味がしっかりと残った。
　　2004 年に実家に戻り，杜氏を継いだ。「日本酒には熟成が必要。これが世界を，日本酒を変える。」

23　『朝日新聞』2020 年 1 月 7 日付

24　海外の有名ソムリエが無名の夢雀に飲む前から興味を持った要因のひとつに，「獺祭」の知名度
　　と高い評価がある。同じ山口県岩国市，その岩国の錦川の最上流の蔵で造られた日本酒ということ
　　が契機となり，絶賛につながり，ドバイの商社との奇跡的な直接取引を可能にした。

25　松浦奈津子（2022）「ヴィンテージ日本酒「夢雀」のサステナブルなデザイン開発とライフスタ
　　イルの創造〜過疎の町から伝統文化を世界に発信〜」『日経研月報』2022 年 3 月号，p.43.

26　同百貨店販売で，2018 ヴィンテージ夢雀 118,000 円（税抜き），2019 ヴィンテージ 88,000 円（税
　　抜き）だった。なお，2017 ヴィンテージは，2016 年のおコメの出来が悪く，製造が中止された。

27　2018 年産夢雀は 536,800 円（税込），2019 年産 316,800 円（税込），2020 年産 206,800 円（税込），
　　2021 年産 140,800 円（税込）と，21 年／22 年比 45％増，20 年／22 年比 114％増，19 年／22 年比
　　227％増，18 年／22 年比 455％増，16 年／22 年比 568％増と，年を経るごとに，希少性も伴い高付
　　加価値となっている。なお，2022 年には，熟成年月と特色の異なる 6 種類の長期熟成型純米大吟
　　醸「夢雀」を杜氏・堀江計全がブレンドした「夢雀 2022 ―アッサンブラージュ『MUJAKU
　　WORLD』」限定 200 本（750ml）を発売した。1 瓶 188,000 円（税別）で，海外では完売，国内の
　　大手百貨店では入荷待ちとなっている。フィンランド在住のデザイナー大田舞（MAIOHTA
　　DESIGN 代表）がデザインし，飲み終えたボトルを同社に返却すると，山口市在住のガラス作家・
　　伊藤太一が雀のオブジェと花瓶にアップサイクルしてくれるサステナブルな仕組みになっている。
　　新しい時代の顧客の琴線にふれる取り組みによって市場開拓を行っている。

28　磯山友幸「9 万円から毎年値上がりする日本酒」2019 年 7 月 15 日　wedge.ismedia.jp 参照（2019
　　年 11 月 20 日アクセス）

29　橘川武郎（2008）「地域経済活性化への経営学の貢献」『経営史学』第 42 巻第 4 号（2008 年 3
　　月）pp.58-67 参照。

30　2022 年度修士論文のタイトルは「日本の伝統文化をビジネスで世界に発信するための実践的研
　　究〜ヴィンテージ日本酒『夢雀』のサステナブルなデザイン開発とライフスタイルの創造〜」であ
　　る。この論文の概要は，松浦奈津子（2022）「ヴィンテージ日本酒「夢雀」のサステナブルなデザ
　　イン開発とライフスタイルの創造〜過疎の町から伝統文化を世界に発信〜」（『日経研月報』2022
　　年 3 月号，pp.41-48）に詳しいので，ご一読いただきたい。

31　英国に 2018 年 10 月に日本酒の酒蔵を設立した堂島酒醸造所（創立者：橋本良英）があるが，そ
　　の基本商品は，精米歩合 70％の「堂島」と古式造りの「懸橋（ケンブリッジ）」であるが，その価
　　格はそれぞれ 1000 ポンド（約 15 万円：2018 年当時）である。「高級化こそ，SAKE の市場を活性
　　化させるために必要な戦略だ」，高価格帯のワインを飲む人に飲んでもらう，また高級レストラン
　　に取り扱ってもらうためには，高くしないとダメなのだと橋本はいう。安い日本酒だと，それだけ
　　で門前払いされる。もちろん品質がともなわなければダメであるが，高価格帯での販売はそれを防
　　ぐ手段である。参照：「イギリスで新たに生まれた酒蔵『堂島酒醸造所』の挑戦― SAKE の市場活
　　性化に必要な戦略」（SAKETIMES 編集部 2018 年 10 月 31 日）https://jp.sake-times.com（アクセ
　　ス日：2022 年 10 月 11 日）

32　例えば，藤本隆宏（2002）「生産システムの進化論」『赤門マネジメント・レビュー』1 巻 5 号，

pp.405-444 を参照されたい。また，横山輝雄「ダーウィンの思想的影響—「ダーウィン革命」の三段階」『学術の動向』（2010 年 10 月）pp.42-47 においては，19 世紀後半に拡がった進化論がダーウィンとは別に進化論を考えていた同時代のスペンサー（社会進化論）型であったことを指摘している。その「進化＝進歩」が，日本において訳語としての「進化」となり，進歩ないし一方向的発展あるいは予定調和的な変化との区別を難しくさせた。

33 「両国の貿易前の国内交換比率に差異がなければ貿易は起こらない」。交換比率に差異があれば，国内あるいは地域内で交換するよりも国外あるいは地域外で交換をするほうがより利益が大きくなる。中島潤（2000）『日系多国籍企業　ミレニアムへの軌跡』中央経済社，pp.99-105 参照。

34 Giddens, Anthony (1984), The Constitution of Society: Outline of the Theory of Structuration, University of California Press.（アンソニー・ギデンズ，門田健一訳『社会の構成』勁草書房，2015 年）参照

35 佐藤彰男（2004）「テレワークの時空論」『大手前大学人文科学論集』第 5 号，pp.91-103 参照。

36 参照：「MUJAKU WORLD」：https://mujaku.world/ja/（アクセス日：2022 年 10 月 11 日）なお，イメージソングの作曲は今井了介，作詞・歌は三木道三（DOZAN11）である。

グローバル化のなかでのマインドの持ち方

　「グローバル化」という言葉が広く使われるようになって，早や四半世紀が経つのだろうか。この間に，人びとのマインドは，どのように変化したのだろうか。雑感的に考えてみよう。

　グローバル化の加速をめぐっては，「ICT（情報通信技術）」の発展が大きく寄与したとよく言われる。ICT は，さまざまな事象，知識などを地球規模で伝達・拡散する道具として優れ，その活用によってグローバル化が進展したのは確かであろう。

　翻って，受け手側の理解については，どうなのだろうか。文章，音，あるいは映像で伝えたとしても，イメージはともかく，言語情報であれば，受け手がしっかりと読み，聴いていなければ，伝わったことにならない。ICT の発展は，大量の情報を一気にしかも多数に伝えることを可能にしたが，受け手であるわれわれは，それに充分に対応してきたのだろうか。

　確かに ICT によって，情報を容易く，いわば効率的に得ることが可能になった。しかしながら，効率的な情報は，ややもするとその場限りの情報で，次につながる，心に留まる情報にならないことも多い。得た情報を咀嚼し，次の段階へと発展させようとするなら，じっくりと読み，聴くことが大切である。それには時間を要する。「考える」ための時間が必要だ。

　言語は，「伝達の道具」であると同時に「思考の道具」でもあるといわれる。そうだとしたら，ICT の発展は，さまざまな事象を広く伝えてはくれたものの，物事へのわれわれの「思考」を浅く，平板なところにおいて，わかったこととした懸念は残る。わかったつもりになる危険である。

　「思考」に係わっては，組織における意思決定に係わる変化もありそうだ。グローバル化は，大競争時代ともいわれる国を越えての企業間競争・淘汰を激化させた。これは，意思決定をトップに集約させていく趨勢を押し進めた。一方でトップダウンへの推進力となったし，他方で組織内にトップダウン的意思決定を安易に受け入れる雰囲気を醸成させたところがある。

　こうした傾向は，企業組織に限られるものではなく，行政組織などにも見られる。1990 年以降，人口減少都市，いわゆる縮小都市は，欧州においても，米国においても，また日本においても顕在化している。都市によって濃淡ないし表出の仕方に違いはあるとしても，要因として「グローバル化」という同時代性抜き

に語ることはできないと言われる（矢作弘 2014）。人口増が都市の成長・発展と考えてしまうなら，人口減は都市にとって危機である。となれば，企業と同じように首長に意思決定を集約させていく傾向が強まるし，行政組織内でもその意思決定に従っていく風潮が醸成されていきやすい。

　長期的にみれば，企業にしても行政にしても，全体的には「考えない組織」となっていく途なのだろう。社会全体にこうした傾向が波及しているといっていいのかもしれない。一人ひとりの思考が浅くなり，組織としても考えない風潮が進んでいくのであれば，世の中はどうなっていくのであろうか。

　加えて，こうした傾向に「エンジニアリング化」の進展が拍車をかけ作用しているように思える。サイエンスが自然や社会に係わる原理，構造，あるいは理想の探求であるとするならば，エンジニアリングは現実に生じている問題ないし課題への対処，解決方策の開発・発見であるといえるだろう。

　コンピュータ科学者のトニー・ホーア（Tony Hoare）は，サイエンスとエンジニアリングの違いについて，長期と短期，理想と妥協，独自性とベスト・プラクティスなどをあげて説明している。

　「グローバル化」は，大競争への対応，環境問題など概して即応的に解決すべき課題や問題をもたらした。日々その対応に追われ，多くはまだまだ解決できていないのが現実である。短期的な対処，成功事例の模倣，妥協の産物などと，必ずしも長期的な視点での理想や正しい結果をもたらしていない。

　「思考」が常態でなく，組織や社会なども考えることをさせず，目前のことへの対処で追われるなら，個性や独自性もなく，似たようなものばかりになってしまい，イノベーションにもつながらないだろう。多様性の良さなどもなくなってしまう。行き過ぎたエンジニアリング化ではなく，サイエンスの再認識，両方のバランスを考えることが大切になってきているのだろう。

　ノーベル化学賞受賞者の白川英樹博士は，「長年使いこなしてきた母国語の方が，より核心に迫った理解ができるし，より発想の自由度が大きいと感じてきた」（白川英樹「論点：日本語で学び，考える科学」『読売新聞』2016 年 2 月 18 日付）と，母語あるいは母国語で学び，考え，それを身につけることの意義の大切さを述べている。まさに同感である。

　　　　Web コラム『世界経済評論 IMPACT』（2016.02.29.）初出（一部修正）

「対話」の涵養：ベルリンの学会から想う

　2016年5月下旬，旧東ベルリンのフンボルト大学で開催されたドイツと英国の経営史関係の合同学会に参加した。

　ベルリンは，1977年9月以来，ほぼ40年ぶりの訪問であった。当時ベルリン滞在中だった恩師のひとりが入院されたと聞き，そのお見舞いが主目的だった。留学中の北部ドイツ・キールから西ベルリンまで5時間半の鉄道の旅であった。東西ドイツ国境では列車内でパスポートチェック，農業集団化の風景が続くなか西ベルリンが近づくと，Zoo駅で降りなければ，と緊張感が高まった。東ベルリンには日帰りで行った。当時5：1程度の違いがあったと思える東西100マルクの1：1の交換が必須だった。検問所のチェックポイントチャーリーから数十メートルだったのだろうか，東の監視塔から銃の構えがあるなか，徒歩で境界を越えた。東は暗く重苦しく，西は明るいもののベールのかかっているという印象だった。1989年11月の「壁」の崩壊後，そのチェックポイントチャーリーもいまでは観光地になっていた。ひとつとなったベルリンの中心部は，旧東のStadtmitteに移動していた。旧東ドイツに1961年に誕生した歩行者用信号機「アンペルマン（Ampelmann）」は，いまでは標準言語としての「絵文字」の代表格になっているし，ドイツ統一，復活の象徴ともなっていた。

　ところで，欧州での学会，とくに経営史関係の伝統なのか，いつも「対話」を感じる。

　長田弘（2013）は，会話と対話は同じようにみえるが意味の方向はむしろ逆を向いているのでは，という。コミュニケーションの手段は多様になり，会話は豊富になったかもしれないが，対話のありようは貧しくなったのではないか。一方的に自分の見方，考えを言って，お互いが向き合うことをせず，問題を差し出すこともせず，違ったものの見方を重ね合わせることもせず，談じ合うこともしなくなっているのではないか。その代わり，衝突，喧嘩といったかたちになりがちになっているのではないか。対話が不足してきているのではないか，と。

　古くは30年戦争，第一次大戦，第二次大戦，EEC，ECs，EUなどを経てきた欧州には，いろいろとあったとしても，「対話」は，まだまだあるように感じる。

　ヒストリアンは，研究において，主観的見方をまず大切にするといわれる。そして，史資料をもとにそれを論証する事実を積み重ねていく。対象である社会・

組織は，他があって自己があるという言い方などにみられるように，自他があって成り立っている。主体と客体の相互作用の積み重ねのなかに社会・組織はある。それが時間を経ると歴史の一コマとなる。

　歴史への主観的見方には，他からの追加的意見，修正要請，あるいは疑義などがあり，主観的見方の変容も生ずる。それは対話の結果である。ややもすると，一方的な意見の開陳のみで対話のない状況が多く見られる今日，このたび参加した学会では対話の文化・風土が継承されている。言葉を鍵として考える時間を共有し，言葉，ストーリーをめぐりながら考え方を重ね合わせていく作業の場であった。一方が他方にまったく取って代わるとは限らないし，他から受け取るものと棄てるものをお互いに取捨選択していく過程としての場であった。そうした過程の集約が学会としての歴史となっていく。

　ベルリンでの学会中の5月27日に米国・オバマ大統領の広島訪問があった。訪問後，広島におおわれていたベールがとれたようだ，との印象を同僚が話してくれた。大統領の訪問，そしてスピーチが，大きな大切な「対話」であったことは間違いない。「対話」の涵養が大切なのだろう。

Web コラム『世界経済評論 IMPACT』（2016.06.20.）初出

「学び」と「生きる」ことをめぐって

　「研究」は「学び」に通じるが，「学び」と「よく生きる」ということは必ずしも重ならない。ただ，それぞれの職場の生き字引あるいはたたき上げといわれ，実直でよく生きた人びとは，このふたつを見事に合致させている。そうした人びとは，職場に係わる詳細な知識に加え，現在と過去の擦り合わせ，異質性も包含する複眼的な見方などをそなえ，周りの人から信頼されうる人間的な幅や深みをもっている。専門的な知識と生き方が密接に関係している。

　学問や芸術は，皇帝や貴族などによって支援され，いわゆる民主国家になってからは国家ないし行政，官僚によって支援されてきた。プロフェッションとしての専門職集団は，外部からの介入に対して自律性をもち，自治が守られてきた。ただ，近年の流れとして，納税者目線で，といわれることがある。短期的・直接的効用といった視点で役に立っているのかどうかが問われ，そのための組織運営のためにと，自治が損なわれる部分も多くなっている。

　短期的・直接的効用を得ようとすると，学問ないし学問知を単なる情報として捉えていく状況が生まれる。「よく生きる」にはつながりにくい。例えば，現在・過去・将来を擦り合わせ，結びつけた包括的な見方をするとか，理に立脚するとか，美的な見方を育むとか，「意見の相違は害悪ではなくてむしろ為めになることである」（ミル）といったことなどは涵養されにくいだろう。

　本来，学問としての書籍や論文には，著者の生き方が少なからず現れているものである。「学び」と「よく生きる」こととは緊密に関連・関係したものであろう。しかし，短期的・直接的に役に立つかどうかだけだと，読み手がこの両者の関連・関係についてまでをも捉えた受け止め方をしない可能性が生まれる。書き手もそれに流される恐れがある。電子情報化は，こうした状況をさらに顕著なものにしているかもしれない。電子情報化によって両者の並存・共存を損なわれていくなら，多くの人びとの見方は，画一化・固定化し，個性をなくし，多様性の尊重など言わずもがな，となってしまう。学問そのものの存在意義さえ失くしてしまうだろう。

　例えば，『世界経済評論』のように紙媒体（論文）と電子媒体（WEBコラム『世界経済評論IMPACT』）を並行して持っているが，研究者にとっては，論文とコラムを併用ないし使い分けることで「学び」と「よく生きる」ことを考えさせる場となる。研究者として，短期的・直接的効用のみに陥ることなく，広く公共としての「学び」の探究と，それぞれの人間性の完成に通ずる「生きる」ことの探求とをもたらしてくれる場であると思われる。

Webコラム『世界経済評論IMPACT』（2015.03.30.）初出改編

第3章

地域企業の伝統と革新：白鳳堂
──ルーティン・プラットフォームと伝統の翻訳──

はじめに

　本章では，伝統的な書道筆の製造に係わり，その伝統を守り続けながら，伝統的な技を創造的な製品に転換した地域企業を取り上げる。プロ向け（業務用）また個人向け高級化粧筆へと事業領域を拡大し，新しい需要やニーズを開拓してきた白鳳堂の事例である。地域を支えているひとつの企業がどのように伝統をふまえ，事業および製品における革新を行い，顧客に受け入れられ，企業存続に導いてきているのかについて考察する。

　白鳳堂は，広島の農村地帯において家内手工業から出発した企業であるが，高級化粧筆という市場で，世界でも存在感の一端を見せ，その地位を確立し，事業を拡大してきた。その根幹的な要因は何であるのだろうか。

　背景には，書道文化の衰退と西洋的な化粧文化の発展という第二次大戦後の日本の社会・経済環境の変化があるが，白鳳堂は，伝統的製造方法を基盤としながら，どのように戦略的選択を行ってきたのだろうか。主要事業分野の転換，人的ネットワーク，OEM（相手先ブランドでの生産：Original Equipment Manufacturing）での国際化，量産化のための生産プロセスの革新，自社ブランドの確立など，企業の内外の変化に焦点を当てながら，伝統のなかでの革新をもたらすためのルーティン・プラットフォーム，装置に接近する。ルーティンとは，一般的には「決まった手順」，「お決まりの所作」，「日課」などの意味である。プラットフォームは，「台」，「綱領」などであり，IT用語でいえば，「基盤となる装置」，「動作環境」などの意味である。経営者は，企業を存続させるために，ルーティン・プラットフォームを機能させることが必要

であるが，ただ単なる「お決まりの所作」，「日課」に留まっていては革新につながらない。伝統のなかで革新につながるルーティン・プラットフォーム，装置があってこそ，伝統から脱却し，新たな伝統へと向かう成果を見出すことができると考える。

　白鳳堂および関連団体へのヒアリングを中心に，文献渉猟も含めて，考察を行う。

1.　ルーティン・プラットフォームと革新

(1)　ルーティン・プラットフォーム

　ルーティンは，組織行動の基本的な構成要素であり，組織能力の貯蔵庫と考えられている（Nelson and Winter 1982）。また，ルーティンは，組織が淘汰圧力に対応するために傾けた能力であり，ある条件下で行動を繰り返すことができる能力である（Cohen *et al.* 1995）。ここでいう能力とは，一連の行動を導く力であり，行動の流れやポイントを導き，部分的あるいは分散的に確保されているもので，行動を発出させるものであるが，それは，学習の軌跡の反映であり，学習と知識の蓄積で構成されているルーティンに少なからず依拠している。企業が新しい能力を開発するには何年もかかり，技術的なフロントランナーとなるための技術的な優位性をもたらすようなレベルの専門性を獲得するには何十年もかかる。そのために必要なスキルを身につけ，それをうまく内製化していくことの説明は，自明なことではない（Narula 2002）。

　コーヘンほか（1995）は，ルーティンを，さまざまな淘汰圧力に対応して組織が学習した能力であり，その行為を繰り返し実行できる能力であるとしているが，その能力の構築には，理念の浸透の役割も大きいだろう。その浸透への重要な他者としての上司，その浸透によって対人的援助，誠実さ，職務上の配慮，組織支援行動，清潔さの保持などがスムーズにいくだろう。理念の浸透は，組織メンバーとしての行動に大きく作用する（高尾・王 2012）。理念の浸透は，ルーティン・プラットフォームのひとつになりうる。

　ルーティンは，会社の伝統に従うための基礎であろうが，ルーティンの行動環境の基盤となる装置，つまりルーティン・プラットフォームが何であるか，企業によってそれぞれであると思われるが，それを検討することは有用であると思われる。このことは，ルーティン・プラットフォームによって，企業のその後の伝統をつくっていくための方向性も決まると思われるからである。

(2) 革新

　革新とは，イノベーションである。経済活動においては，生産手段，資源，労働力を，これまで知られていなかった別の方法で組み合わせることである（Schumpeter 1912；一橋大学イノベーションセンター 2001 など）。革新の範囲は広い。新製品・サービスの創出から既存製品・サービス生産あるいは保守などの新しい技術・仕組みまであるし，さらに延長上の改善・連続的漸進的タイプから画期的非連続的タイプまで含まれる。また，基礎的研究・発見，応用技術開発，製品開発，生産技術開発，生産現場や流通過程の革新・合理化などにおける経済成果の実現につながってこそ，革新，イノベーションである。

　イノベーションの誘因としては，基本的には，科学的発見・技術進歩が新製品・新サービスに直結する技術ありきの技術圧力型，世の中の必要に迫られる市場ありきの市場牽引型，そしてそれらの両方があって十分条件となる市場と技術の相互作用があげられる。地域企業には，それらに取引先圧力・随伴型が加わってもいいだろう。

　イノベーションの進化，変化パターンについては，人工心臓などに見られるＳ字カーブタイプ，古くは織機と紡機，新しくは高速鋼開発と高剛性工作機械開発などにみられる相互依存性ないし相互補完性タイプ，自動車産業の三段階変化などに見られるドミナントデザインタイプ（流動期を経て支配的なデザインが生まれれば，工程に焦点が移る移行期が始まって，生産プロセスの柔軟性が失われる固定期へと動態的な変化が生ずる），キーボードのQWERTY文字配列などにみられる経路依存性タイプ，そしてシュンペーターの言った断続的な非連続なイノベーションタイプなどにまとめられる（一橋大学イノベーション研究センター 2001）。

　ネルソン＆ウィンター（1982）は，次のようにいっている。企業は，一連の能力を知識ストックとして持っている。この知識ストックは蓄積，累増され，イノベーションを生み出す。しかしながら，学習は，それはそれぞれが知ることのできる範囲内である。また，各企業はそれぞれ異なる経験を持っている。すなわち，大学，異業種交流など有用な社会的関係をもち，それが利用可能かどうかによって知識ストックの累増が変わってくる。このようにして蓄えられてきた知識ストックは，企業間で異質なものとなっている。イノベーションの強固な基盤は，学習と知識のストックであり，異質ゆえに，さまざまなイノベーションが生まれる。

　イノベーションによって生まれた製品は，製造多国籍企業であれば，海外子会社での製造のために，関連技術・ノウハウを国際移転しなければならない。ベルベーケ（2003）またコグー＆ザンダー（1993）によれば，企業が海外に技術移転できる理由は，記号化が困難なノウハウ，また高い複雑性や困難に立ち向かうための組織的なルーティンを開発しているからであり，それらへの事前投資が生み出した結果の側面があるという。それは，海外子会社からいえば本国親会社がやってきたことに従うことであり，親会社からいえば，これまでの伝統を受け継いでもらうということであろう。もちろん，海外子会社は，そのうえで，自らもイノベーションを行う。

　あらためていえば，ルーティンは，繰り返しである。しかし，単なる繰り返しであれば，そこには革新はないだろう。どういう前提であれば，革新，進化につながるのだろうか。

　ハイエク（1960）は，社会的進化の決定的要素は，成功している制度や習慣の模倣による淘汰であり，考え方と技術，要するに学習と模倣によって伝えられるものであるという[1]。つまり，それぞれの環境にあった，経験からうまく機能してきた制度や習慣を取り入れて，それを伝承できた集団が繁栄していく[2]。制度や習慣になっていく過程，つまり伝統へのプロセスにおいては，それなりのルールがあるだろう。それをハイエクは，「自生的秩序」という。支配や服従ではなく，一定のルールのなかでの自由がある。自由があれば，「知識の分散化」がなされ，「知識の分業」が生まれる。その意味では，個々人がきわめて卓越した知性をもっている必要性はなく，積み重なっていく習慣や制

度のなかに進化のもとがあることになる。いわば，個人の自由の余地を拡げることで，秩序が維持でき，進化が生まれる[3]。

　つまり，伝統，慣習，制度のなかで，「一般的な捻じ曲げられないルール」が形成され，安心して活動できる状態となると，それにもとづいて各個人の活動も自由の余地を拡げることになる。企業が大きくなればなるほど，ルールないし装置がないと，イノベーションにつながる自由の余地の維持はできないだろう。

　イノベーションに係わっては，先行者優位と後発者優位がある。イノベーションが起これば，後発者はリエンジニアリングなども行い，何とか模倣し学習し，それ以上のものを開発しようとする。それを法的保護，暗黙知的な模倣しにくさ，あるいはまた補完的資産の構築などによって専有可能性を高めようとする。しかし，特定企業による専有は，時間の長短はあるが，いつかは困難になっていく。となれば，革新を絶えず行われなければ，企業は，いつか淘汰され，存続が難しいことになる。つまり，イノベーションは，それがなされたとたんに齢を日々重ねていくことになる。いわば，古いものとして常に見返されることが必要であり，「否定的肯定によって価値づけ」[4]ることが必要になる。「現在の生き甲斐から過去を有効的に捉え，価値として再評価する」[5]ことが必要になる。

　多国籍企業においては，親会社であろうと子会社であろうと，学習は，日常と伝統のための基盤である。その将来は，単独（完全子会社），あるいは合弁などで，組織ルーティンの相違はあるが，企業特殊的な能力のストックと増え方次第で決まってくるだろう。そこにはまた，活動を選択的に刺激したり，調整したり，またコントロールしたりする，いわば安定的パターンだけでなく，あえて攪乱させることも含めて，親会社（本社）と子会社との共進化的な組織ルーティンも係わってくる。子会社の親会社からの模倣は，同化作用としての表現のひとつである。そのうえで，子会社からのリバース・イノベーションとでもいわれる革新が起これば，それは，異化作用としての表現のひとつであるといえるだろう。

(3) 伝統の翻訳

　伝統とは，何世代にもわたって受け継がれてきた精神，人間の行動様式の歴史的な存在意義，考え方や習慣のことである。しかしながら，伝統に製品を加えた伝統製品となると，精神，意義などは変えないとしても，考え方の翻訳ともいうべきことは必要になるだろう。つまり，それまで継続してきた技術や技巧を用いた製品を日々同じくつくるにしても，「まったく同じ」にするには，製造過程においては日々新たなりの細心の注意が払われているだろう。さらに，使い手（需要）の減少などという外部環境の変化に応じざるを得なくなると，考え方や見方を変え，新たな価値を付加したり，見いだしたりして創造的・革新的な製品に置き換えるという翻訳も必要だろう。

　換言すれば，知性や理念に支えられ高次の心ともいえる精神などの「伝統」のなかの軸は変えることなく，どういう方向で見るのか，またどういう方向に考えていくのかなど，実行ないし行動につながる「伝統」における考え方は捉え直す，置き換えるという意味で，翻訳は必要であろう。

　この意味では，「伝統」のなかにふたつの部分があるといえる。変えない部分と，置き換える部分である。伝統を遵守する部分と，伝統から逸脱する部分といってもいい。遵守は，伝統のなかへの同化作用といえる。しかし，その蓄積（ストック）を経ていくなかで，気づきが生まれ，ある意味，逸脱ともいえる新たな製品ないし事業へと進んでいく。この同化から逸脱への連なる過程が異化作用である。

　いわば，日常は，伝統への同化作用であるかもしれないが，その経路蓄積のなかに進化への途があり，日常のなかの気づき，いわば内面からのひらめき，あるいは感覚的な発見ないし解釈や理解の変化が起これば，それは革新へとつながる。無意識だったものが意識となること，精神的な覚醒といえるかもしれない。そうなれば，伝統製品は，伝統をふまえた新たな創造的・革新的な製品へと置き換えられる。そうした過程が異化作用である。

　要約すれば，伝統とは，新しく創造するためのストックである。つまり，伝統のなかにこそ，革新や創造の種がある。

2. 白鳳堂

(1) 地域的背景

　白鳳堂は地域企業のひとつである。地域企業とは，特定の地域に立地し，そこに根を張り，長年にわたって事業を展開している企業のことである。通常，中小企業であり，資本金，従業員数，販売台数などの企業規模は小さい。これらの企業の集合体が，その地域の産業クラスターを形成している場合がある。白鳳堂も，熊野筆という伝統的な書道用の筆（書筆）の一大産地に立地している。

　安芸国の熊野（現在の広島県安芸郡熊野町）での筆づくりは，江戸時代末期に始まった。熊野は，広島と呉の間に位置し，標高約 200m ほどの山々に囲まれた高原盆地である。そのため，広く豊かな農地を確保することが難しく，農民たちは農業だけでは生活を維持することができなかった。そこで，冬場は熊野を離れ，奈良（吉野），京都，紀伊国熊野（現在の和歌山県田辺市）を中心に出稼ぎに出ていた。出稼ぎ先で得た収入の一部で筆や墨を奈良，大阪，兵庫（有馬）で仕入れ，道中の糊口をしのぐために売ったり，また持ち帰って売りさばいた。

　19 世紀初頭，多くの藩と同じく広島（浅野）藩は，財政難から改革を行い，財政立て直しのために手工芸，手工業などを奨励し，産業振興を進めた。そうしたなかで，熊野の 80 人ほどの筆墨行商人のなかの売捌取次筆頭，与頭同格の黒屋長兵衛（住屋貞右衛門）は，庄屋と相談のうえ，佐々木為次（当時 13 歳）を選んだ。為次は，1835 年から 1839 年の 4 年間，摂津国有馬で筆づくりを学び，熊野に筆づくりを伝えた。その後，同じく有馬で学んだ乙丸常太（音丸常太郎），また 1846 年に藩の御用筆司・吉田清蔵に学んだ井上治平（弥助，当時 18 歳），さらに吉田清蔵がのちに在住するなどによって，筆づくりのための知識と技術がもたらされた。それは他の住民にも広がり，熊野に筆づくりが本格的に定着することとなった。また，藩の支援もあって，熊野の筆は次第に全国的に普及するようになった。

　ところで，日本最古の筆は，正倉院所蔵の8世紀中頃作の17本の筆といわれる。大宝律令（701），養老律令（757）制定と，律令による中央集権的な統治体制は，文書主義が進むことであり，併せて紙・筆・墨・硯の文房四宝が必須となることであった。中国からの輸入ではなく，国産化がはかられることとなった[6]。その後，仏教文化の浸透によって写経が普及し，筆の需要が高まり，奈良時代には武蔵（東京）から長門（山口）まで全国13か国が産地といわれた。平安時代には遠江（静岡）を筆頭に全国28か国で生産されるようになり，806年に空海が唐式筆の最新技法を持ち帰り，大和国今井（現在の橿原市）に伝えられた。「奈良筆」の起源である。そして，江戸時代には寺子屋での「読み・書き」が普及し，筆需要がさらに高まり，熊野・川尻（広島）・豊橋（愛知）などの産地となった[7]。

　1872（明治5）年，明治政府が学制公布し，初等教育に「習字」を取り入れ，大量の毛筆が必要となり，全国的に需要が飛躍的に増え，熊野でも筆産業がいっそう発展した。1877年には，熊野筆が第1回内国勧業博覧会で入賞した。1900年には4年間の義務教育となり，その需要はさらに拡大し，学童用筆を手がけていた熊野も恩恵を受けた。1911年に日本教育博覧会に出品するなど，熊野の筆の名を広めるとともに，行商による販路維持を行い，量産品としては他の産地を駆逐するまでになった。第二次世界大戦まで，熊野をはじめ，大阪，奈良，愛知，東京などが筆の産地として有名で，筆の産業クラスターを形成していた。そうしたなか，熊野では，1935年に熊野毛筆商業組合が発足し，1936年の7,000万本が生産量のピークといわれているが，1937年には国内生産量の約80％を占めるほどになった。また，町内総戸数（36年6月現在1,783戸）の94.3％，町財政の40％が製筆関係と[8]，1939年には国内生産量の約90％を占めた。

　第二次世界大戦後，1947年のGHQ指摘による習字（毛筆）教育の廃止は，一般的な需要低迷の追い打ちとなり，毛筆需要は激減した。転廃業への圧力が強まったが，熊野では，書筆の技術を画筆や刷毛類（化粧ブラシを含む）に[9]転用することで，活路を見いだす人がいた。1947年熊野毛筆商工業協同組合が発足し，1950年熊野毛筆事業協同組合[10]が新結成され，1955年ごろに画筆や工業用刷毛を含む刷毛類などの生産が本格化した。そして，1951年には一

部学校ではすでに取り入れられていたものの，1958 年，書道教育が復活し，1968 年には小学校での毛筆書写が必修となり，筆の需要が再び高まった。熊野では分業による大量生産に踏み切った。その対応もあり 1964 年広島県書画筆事業協同組合が新発足した。さらに 1975 年の熊野筆の伝統工芸品認定にともない，材料の共同購入や技術向上だけでなく，後継者の確保・育成も目的に加え，1976 年熊野筆事業協同組合が発足し，2004 年「熊野筆」の団体商標，2006 年統一ブランドマークの開発へとつながった。

　1951 年当時，工業統計表における広島県の毛筆出荷額（93.2 百万円）は，奈良 42.9％，新潟 41.9％に比して，全国のわずか 3.5％であった。その後の繊維，家電，自動車などへと連なる産業構造の変化のなかで，主な産地では筆産業の衰退が起こったが，熊野では，山間地という地理的条件が工業化の進展あるいは影響を少なくし，業種展開が進まなかった。その結果として筆産業が存続し，それによって筆需要の高まりに対応できたといえる。

　画筆，刷毛類の生産量は年々増加し，1961 年ごろには生産量の逆転が見られた。それは工業用刷毛の増産と分業による大量生産など経営合理化の結果でもあった。そして，1967 年には，大手化粧品メーカー向けの化粧用ブラシや紅筆などの生産も始まった。1970 年度でみると，毛筆 5,000 万本（15 億円）画筆 5,500 万本（12 億円），刷毛類 4,500 万本（9 億円）であった[11]。

　1966 年には，広島 31.9％，奈良 19.5％，愛知 18.3％，新潟 16.1％の地域別占有率であったが，昭和 40 年代（1965〜75 年）くらいまでは，「作れば売れる」状況であった（1975 年毛筆全国出荷額：240.9 億円）。しかしながら，1970 年代半ば以降になると，少子化や日常生活のなかでの筆使用の減少，また 1972 年の「ふでぺん」[12] の誕生などによって，再び需要が減少した。さらに，中国製品の台頭もあり，それらの輸入品との競争も激化し，習字用書筆，とくに小学生向けの書筆では価格面で対抗は難しくなった。1979 年の毛筆輸入は 1200 万本超（中国 70％，台湾 20％），過去 5 年で倍増し，中国からの輸入額は 6 億円程度から 10〜20 億円へとなった。

　そうした結果，全国の生産額 82.4 億円，5,629 万本（1979 年）のうち，広島 91％（うち熊野筆 67.9％〈2,930 万本〉，川尻筆 23.1％），愛知（豊橋筆）6.3％，奈良（奈良筆）2.7％と産地の集約化も進んだ。書道用の筆（2,928 万本）に限

れば，広島（熊野筆）86.7％（2,540万本），愛知（豊橋筆）8.5％，奈良（奈良筆）4.7％の3地域に生産はほぼ限定された。

　このため，熊野の主力事業は，次第に1955年ごろから本格化させていた画筆と化粧向けの筆などに絞られていくこととなった。なお，熊野筆の全国シェアは，次のようになっている。毛筆（1975年90％，83年80％），画筆（75年70％，83年70％），化粧用筆（75年70％，83年70％），また輸出用画筆はすべて60％，輸出用化粧筆は75年70％，83年60％であった。

　熊野は，獣毛・軸なども含め，地域に資源があることによって，毛筆の開発・生産が始まったものではなく，外部の技術の導入・学習，そして外部資源の移入・輸入，および技術の発展・継承と筆問屋，卸商を含む販路開拓，さらに画筆や化粧筆などの関連分野への展開・進化をしていくことで発展してきた。

(2) 創業から発展端緒期（1974年〜1990年代）

　熊野筆と中国製の筆との競争が激化したなか，1974年8月9日，髙本和男・美佐子夫妻は有限会社白鳳堂[13]を設立した。創業者・髙本和男は，1960年代前半，洋画筆，学童用毛筆，輸出，また化粧コンパクトに入れた小さな化粧ブラシも好調で，多忙を極めていた家業に参画し，営業をしていた。ただ，営業で飛び回っているとき，輸入筆との価格競争に巻き込まれていくなかで，気づきがあった。それは，工程を省いて品質低下もいとわず価格競争に追随することへの疑問であり，産地衰退につながるのではないかという不安であった。創業者以外にも，筆（道具）のわかる人は嘆き，将来への不安の声をあげる人もでてきていた。

　注文をこなすための大量生産を行い，限られた時間のために工程の簡略化をし，製品を集約化し，その結果，「品質を落とした」。粗悪品でも売れた時代であり，いわば負の循環につながる生産者優位であった。昭和50（1975）年代の中国などからの輸入筆の台頭に際しては，価格競争に終始した。過去に，国内のほかの産地に価格で勝った成功体験を引きずったのだった。経路依存性（Path Dependence）の罠に陥ったともいえる。しかしながら，国内外の原価

差は大きく，価格競争の敗北は眼に見えており，産地としての生産に危機的状況をもたらしつつあった。

　また，日本も高度成長期を経て，化粧文化が次第に浸透し，ファンデーションなどの化粧品は，粒子が細かくなるなど質的向上が図られていた。そうなると，化粧向けの筆もそれに対応しなければならない。そうしなければ，遅かれ早かれ，使ってもらえなくなる。化粧ブラシでなく化粧筆という新たな領域に向かって，白鳳堂みずからが動き出すしかなかった。

　髙本夫妻は，「書筆」，「画筆」，「化粧筆」など，それぞれの理想の筆の製造を夢みた。併せて，日本の伝統文化を支える筆（主に面相筆などの伝統工芸用の筆）を，もう一度昔どおりの道具としての筆に戻したいという想いもあった。

　三男であるため，曾祖父から三代，100年以上にわたって筆を生産してきた本家を継ぐ必要はなく，想いを形にするために夫妻で10坪のプレハブから独立・創業した。輸入筆とは差別化した「道具として機能する高品質の筆をつくる」ことが目標・理念であった。それは，今日では「筆ハ道具ナリ」と簡潔に述べられている。

　栄久庵憲司（2000）によれば，「道具」に関して，ふたつの道具観があるという。ひとつは，道具は人間のしもべであり，自律的な心の存在を認めない，つまり傷つけても殺してもさしつかえないという立場である。いまひとつは，道具に心があり，それを認知することによって，人間と道具の共生する世界をつくっていこうとする立場である[14]。「筆ハ道具ナリ」は，後者の立場であろう。道具は，使い手を選ばないし，正直である。似せもの，まがいものがつくられ流通するのは，人間同士のごまかしあいであり，道具それ自体には罪はない[15]。「道具として機能する高品質の筆をつくる」という白鳳堂の精神・理念には，選んでもらった使い手に，書として，画として，また化粧としての機能を最大限に発揮してもらう筆をつくる，という意味合いを含んでいる。化粧筆であれば，プロのメイクアップアーティストと化粧を始めたばかりの人の間に，発揮するための「腕」に違いはあるのは当然であるが，それはそれとして，機能を最大限に発揮してもらい，自己表現，自己実現を図ってもらうのである。

しかしながら，操業当初は，創業目的と，経営（生活）のはざまで苦労を重ねた。つまり，良い筆は，値段が高い。しかし，その品質は，わかってもらえない。時代背景もあり，なかなか売れない。この悪循環があった。そのために，化粧コンパクトの付属品として，多くの需要があった「化粧ブラシ」を生活のために手がけることにした。だが，化粧ブラシではうまく化粧ができないのではないか，との疑問も併せて生じた。つまり，化粧ブラシは，道具として機能しないのではないか。毛筆や絵筆は平面を書くために用いられ，他方で，伝統工芸用の筆は立体を書くために用いられる。化粧筆が用いられる顔も立体ではないか。となると，それぞれの筆の良いところを活かし，また独自の研究によって，「化粧筆」を開発する必要があるのではないか。

しかしながら，化粧筆の開発に関して，当時の筆業界の流通経路は複雑で硬直化しており，新しい試みには消極的であったし，卸会社には企画力や筆を見る目がなくなってきていた。それぞれ，価格，表面的なデザイン，納期に固執するばかりで，筆の機能に関心がなかったのだ。卸会社を経由せず，本舗（大卸業者）に直接に提案しようとしても，会ってもらえなかった。そこで，有名化粧品会社の社長に直談判すべく，つくった筆を社長宛に送付し，会ってもらえた会社もあった。ただ，品質は認めてもらったが，大量生産は不可能と判断され，直接取引には至らず，採用されないという状況が続いた。

化粧品に付随する廉価な化粧ブラシは，国内の大手化粧品会社のOEMであるが，繁忙期と閑散期があり，また中間に卸売業者ないし商社が介在する間接取引で，化粧品会社との直接的なやり取りはなかった。直販も独自の販路開拓も事実上できなかった。さまざまな試みを行ったが，自社ブランドを確立することが，いい筆をお客さんに直接届ける近道ではないかとの思いを強くした。

そこで，理念を具現化すべく，1980年代に，顧客との直接的なコミュニケーションが可能なOEMを模索するとともに，また自社ブランド「Misako」を立ち上げた。このときに，同社は高級化粧筆市場創造のパイオニアとなった。つまり，「化粧ブラシ」が「化粧筆」になった。当初は，価格が高いと言われ，数社の化粧品メーカーの注文やアーティスト向けが中心で，新規顧客の開拓は困難だった。

1990年には，東京銀座にOEM取引取得のための専門会社を知人と共同出

資で設立した。外資系企業，アーティストブランドとの取引にはある程度，成
果があったが，大手日系化粧品会社は，既存の流通経路を通す必要があり，成
果がなかった。

　1992年に外国への販路開拓を模索するなかで，ニューヨークに飛んだ。現
地で活躍していたメイクアップアーティスト・安藤広美を訪問し，その評価を
知り，驚いた。使われていた50本ほどの化粧筆のほとんどが白鳳堂の製品で
あったのだ。これまでの努力の甲斐があって，化粧道具としての機能に敏感な
メイクアップアーティストに受け入れられ，白鳳堂の「化粧筆」は口コミで広
がっていた。この自信が化粧品メーカー開拓へと駒を進め，安藤があげてくれ
た化粧品メーカーのひとつ，A社へのアプローチが始まった。数か月を要し
たが，社長自ら「筆をかついで乗り込んで」交渉したこともあり，A社社長
と，納期2か月，7〜8万本の発注で合意した。当時の社員40名が一丸となり，
フル操業の末，納品にこぎつけた。この成果が，1995年A社とのOEM契約
につながり，本格的な量産化が求められることとなった。

　この背景には，A社社長がメイクアップアーティストであり，筆の重要性
をよく知っており，よい筆が欲しかったという点が大きい。それで，「このよ
うな品質の筆が供給できるのであれば，すぐに契約する」と，大量注文につな
がった。この筆は，よく売れ，化粧筆市場の多くを占めようになった。以降，
多くの世界的有名ブランドと次々とOEM取引をするようになった。

　品質によって販路機会を得て，さらに発注に対する納期に対応した量産化に
も成功した。量産体制には製造工程の分割というイノベーションがあったし，
分割工程における単純作業については社長考案の部分的機械化による生産の効
率化があった。「筆の穂製造法」は，1996年に特許権を取得している。OEM
契約を機に，白鳳堂は，高品質な化粧道具メーカーとして，ようやく軌道に乗
ることができた。雑誌・新聞などの取材件数も，伝統工芸品を取り扱う興味深
い会社として増加していた。

　1996年にはWEBサイトを開設し，自社ブランド製品のネット販売を開始
した。創業者の「インターネットゆうもんがあるそうじゃ。一般の人と直接つ
ながっとるらしいけえ，つくってみい」との発言から始まった。当時は，
WEBサイト作成代行会社はほとんどなく，また高額だったこともあり，NEC

から人材をスカウトして WEB サイトをつくった。大手化粧品メーカーもまだ
ネット販売を始めたころであり，白鳳堂は，早くからノウハウを蓄積していっ
た。

　ただ，コスト対応については，その削減をめざして，人件費が 50 分の 1 と
もいわれた[16]中国・深圳に進出して，安価な量産向け工場を設けたが，品質の
不安定さ，ばらつきという問題をかかえた。本社から出張ベースでチェックし
ている間は大丈夫でも，帰ると求める品質が出せなかった。また，転職が多い
という問題もあった。操業は 1999 年までの 4 年にとどまり，中国から完全撤
退した。

　また，自社ブランドの販路拡大をめざし，米国ロサンゼルス・ビバリーヒル
ズに 1996 年に直営店を開設した。当時，売上高 5 億円のときに，1 億円の投
資であった。しかし，現地スタッフに問題が生じ，2 年後の 1998 年には閉店
し，撤退した。投資額の回収も十分にはいかなかった。

　1995 年から 2000 年代はじめにかけて，白鳳堂は，海外子会社・直営店のマ
ネジメントの難しさに直面し，その教訓という経験を積むこととなった。この
ことは逆に，広島での本社工場での生産管理，品質面はもちろんのこと，コス
ト，納期対応などを精緻化させることにつながり，確固たる生産体制のために
2005 年に本社新工場を建設した。また，販路拡大においては，はしりとも言
えるネット販売，そして高級化粧品ブランドの並ぶ百貨店での売場設置，国際
線を含む機内販売などと，自社ブランドの浸透をはかっていった。

(3) 高級化粧筆市場の確立と展開 (1995 年～現在)

　化粧に使ってもらうための筆の市場を確立するためには，伝統工芸品のよう
な職人制にもとづく生産体制では成り立たない。量産化が可能な生産体制の構
築が求められる。

　生産管理は，東芝の生産管理部門に勤務していた長男の髙本壮[17]が 1996 年
の入社後に取り組み，改革した。基本は，整理整頓と効率化であり，その徹底
によってコスト削減を図った。とくに，工場内に散在し，大量にあった材料と
仕掛品の在庫の改善が急務であった。スペースがなければ，生産効率を上げる

ことも難しい。スペースを圧迫していた材料在庫も思い切って処分した。この改革は，「家業」を「企業」に変えた。その後，地元銀行を経て，2003 年に入社した次男・光が，生産管理を含む経営管理を受け継ぐこととなる。

　筆の主な製造工程は，原毛調達→製毛→混毛→製穂→毛植え→軸付け→検品の流れになるが，OEM を中心とした化粧筆の量産化においては，組立ライン方式を採用した。この革新によって，分業化による品質の安定化，職人の短期育成，納期管理，コストダウン，生産効率化などが推進された。また，この改革の推進にあたっては，海外など，失敗した経験や海外の OEM 先である顧客からの直接の指南が大いに役に立っている。

　ただ，日本古来の伝統的な書筆などの生産は，セル生産方式で行い，分業と簡素化を行いながら，職人技を残していることは忘れてはならない。

　量産化によって生産数が増加するにつれて，材料の確保も課題となった。国内の獣毛がかつてはふんだんに入手できたが，環境変化もあり，数そのものも減少し，輸入も検討した。主に中国産の獣毛である。ただ，それらの動物たちが育った環境・風土は，日本とは異なる。毛の風合いも異なってくる。加工方法を大きく変える必要も生じる。中国産の獣毛を使っても，これまでの白鳳堂の化粧筆の味わいをそこなわないように工夫を重ねた。

　生産の再編・革新は，販売にも寄与し，1999 年には株式会社に企業形態を変えるともに，大手通信販売会社との自社ブランド製品の提携販売を行うようになった。2000 年になると，有名メイクアップアーティストとの共同開発も活発化し，全国の有名百貨店でのイベント販売も開始した。このころから熊野筆の白鳳堂ではなく，「白鳳堂」ブランドを前面に出すようになった。白鳳堂の化粧筆である。

　2003 年には東京・南青山に直営店を開設した。また同年には，ブランド構築の意味合いもあり，米国西海岸の日系企業駐在員家族が多く住むロサンゼルス・トーランスに店舗兼営業所を設け，米国再進出を行った。また同時期，2003 年日本文化デザイン賞受賞，2004 年グッドデザイン賞受賞，2005 年第 1回「ものづくり大賞」伝統技術応用部門において内閣総理大臣賞受賞，2006年経済産業省「元気なモノづくり中小企業 300 社」選定，2007 年には代表取締役社長（当時）・髙本和男が黄綬褒章受章などと，会社や社長が相次いで名

誉ある賞を受賞した。その後も 2020 年版「グローバルニッチトップ企業 100
選」選定などと，白鳳堂は，社会的にも高い評価と評判を得て，販売面でも相
乗効果が現れた。その結果，2003 年度に 8 億円だった年商は，2007 年度には
15 億円，2014 年度には 24 億 7,000 万円と順調に伸びていった。

　2014 年京都にモダン建築の京都本店ビル[18] を建設し，自社ブランドを供給
する直営店舗を設立した。藤原定家住居の跡地である。日本文化を支えるとい
う白鳳堂の存在意義に係わる想いとともに，日本文化のいわば集積の地からの
技術情報の吸収の場であり，また筆全般に関して「何とかしてくれる会社」と
いうブランド・イメージ発信の場とする意図もあった。なお，店舗用地の紹介
には，2005 年 9 月に創刊した季刊誌「ふでばこ」のおかげもあった。

　2015 年には，シンガポール高島屋に店舗を設け，併せて関連会社を設立し，
店長を常時派遣した。今後の ASEAN 域内の需要の伸びを考え，販売拠点と
して機能させる予定であった。ただ，マレーシア，タイは，化粧する人が多い
ものの，シンガポールは化粧をしない人が案外と多く，売上はかんばしいもの
ではなかった。そうした状況に Covid-19 のパンデミックが加わり，2020 年
10 月 20 日に休業となった。

　2015 年には，広島県三次市の第 2 工場も稼働した。2005 年に本社工場の増
床を行ったが，2010 年代になるとフル稼働状況となり，これ以上の生産拡大
は難しくなった。しかし，熊野での工場拡張は，人材確保の点で懸念があっ
た。そこで，2013 年 11 月，広島県三次市に第 2 工場を建設すべく，広島県お
よび三次市と立地協定を締結した。2015 年 4 月に操業を開始した。現在，全
従業員は，パートを含め約 250 名ほどであるが，三次工場が約 40 名，本社工
場が約 140 名，非製造部門が約 70 名である。

　2019 年度現在，月産 50 万本の製造能力を持ち，売上高 24 億円である。た
だ，Covid-19 の影響のなかにあって，若干の減少の状況であるが，高級化粧
品市場での白鳳堂の評価は引き続き高く，同社内の生産比率は，自社ブランド
が約 50 ％，大手メーカー向け OEM が約 25 ％，中堅メーカー向け OEM が
25 ％である。広島・熊野の本社工場は自社ブランド中心，三次工場は OEM 中
心と，ふたつの工場での生産分担を工夫している。製造能力においては 2007
年当時と大きな変化はないが，自社ブランド比率は，生産量と OEM との関係

図 3-1　白鳳堂の売上高・経常利益の推移

（1995 年 7 月期～2022 年 7 月期）　　　　　（千円）

出所：白鳳堂

で変化する部分があり，2007 年約 30％だったものが，2011 年 20％と減少したものの，その後増え，2019 年には約 50％へと順調に伸び，利益率に寄与している。

　Covid-19 の下方影響によって，化粧品出荷は 2020 年に前年比 20 ポイント程度下落し，2021 年もさらに下回る形で推移した[19]が，2022 年にはようやく反転し，堅調への兆しがみえた。化粧品の売上に連動する側面が強い化粧筆においては同様以上の影響であったが，白鳳堂は次のステップへ動き出している。

3.　考察

(1)　「道具」としての筆

　白鳳堂の基本的考え方は，「道具」としての筆の生産に徹するということである。道具として使える筆しか作らないし，筆を道具として扱う顧客との取引をするという意識が強い。このことは，創業が，筆を「付属品」と考える企業との取引からの脱却であったこととも合致する。

　化粧道具としての化粧筆を考えれば，立体で，凹凸のある顔に対して，毛先

の繊細さ，しなやかさ，芯の強さ，コシの安定さを考え，肌触りがよく，扱いやすく，顔のどの部分にもなじみ，グラデーションなどの化粧機能に優れた「化粧道具」の探求となる[20]。清掃，塗装などの用途であれば，毛を束ねて毛先をカットして形を整えた，いわゆるブラシが好ましいだろう。ブラシと同じようなものに刷毛があるが，これは，毛先を切らずに束ねて作ったものであり，粉とかほこりをはらったり，塗料や液体を丁寧に塗ったりするのに適しているだろう。

　道具としての筆となると，毛先を活かし，バランスを考えて作ることが肝要となり，したがって，白鳳堂は，化粧筆を「筆」であって，「ブラシ」ではないという。化粧筆であって，化粧ブラシでないのである。

　しかしながら，道具は，使ってもらうことが重要である。伝統工芸製品となると，職人の技術に依存し過ぎて，高品質な製品を大量に作ることは苦手である。いいものをつくっても，大量に作れないと市場を形成することができない。白鳳堂は，芸術品，民芸品ではなく，工業製品を作ることに焦点をあて，しかも消費者がびっくりするほどの高品質で，量産化をはかり，多品種生産を実現させようとしている。また，OEM は難しいとしても，白鳳堂ブランドの筆は，白鳳堂社員の目に届くなかでの販売を行い，お客さんに適した筆を使ってもらうことを考えている。単なる委託販売など，売れさえすればいいとは考えない。

　理念「筆ハ道具ナリ」が示されているように，「道具」がルーティンの軸ないし台，つまりルーティン・プラットフォームである。

　「ふでばこ」は，「道具の文化を考える本」であり，創刊号は「輪島塗」特集であった。その後，「白い器」，「炭」，「千總」，「竹」，「型」などと続き，41 号（2021 年 6 月）は「庭」特集であった。毎号の裏表紙には，次のように書かれている。「ふでばこ」は，経営理念の継続のあかしの場であり，伝承の媒体となっている。

　　出来なかったことが出来る
　　道具には，こうした力があります
　　はやく，ラクに，カンタンに

道具には，こうした力があります
感動させ，楽しませ，和ませる
道具には，こうした力があります
使えてこそ，使ってこそ道具
道具が道具たるかは
あなた次第です

それは
あなたの暮しや生き方を
きっとかえてくれます

(2) 筆づくりにおける革新

　筆づくりにおいては，伝統工芸技術で，いかにして高品質の製品を量産することができるかが課題となる。

　本来，品質の良い筆というのは大量生産ができず，細かく分類すれば80余りの工程すべてをひとりの職人が，手でひとつひとつ作り上げなければならない。しかし，それでは生産量の拡大には限界がある。そこで，筆づくりの工程に分業システムを導入した。工程を細分化し，ひとつひとつの作業を単純化し，必ずしも熟練していない従業員でも生産にたずさわれる状態にした[21]。

　しかしながら，筆づくりは，いまでも手作業に頼っている。素材に近いところでの加工が多く，数値化しにくい。これは，機械化への妨げとなる。少量多品種を，多工程で生産するとなると，手作業を補助する道具化の促進は必要になる。そのひとつが，1996年の「筆の穂先製造法」の特許取得であった。工程作業を効率的にこなすことができる道具や方法の開発のひとつであった。ひとつの工程の道具として，円筒形の木製容器「こま」を活用したものだ。簡略化していえば，毛の束をこの容器に入れて，はみ出た根元を針金でくくって，穂先をつくるというものである。これは，「さらえ取り」という伝統的技法の組み合わせであり，穂先のなかの曲がった毛，すれた毛，先のない毛など筆にむかない毛を金ぐしを丹念にかけながら小刀にひっかけて指の感触で一本一本

とっていく。毛を刃物でカットはしないのだ。このアイデア自体は，創業者が創業当時から気づいていたものであるが，韓国・中国の業者対策として，特許申請したものであった。

　品質はすべて人の手に左右されるのだ。したがって，現場の従業員には，品質や使い勝手の「結果」を理解させることが肝要であり，あとの作業は信用して任せるしかない。白鳳堂は，そのように努め，分業化の推進を個々への任せる部分をつくることにつなげて，自由度，自動性をもたせるようにしている。任せることは，本人の能力と責任に対する個々の意識を高め，仕事の質の向上を図ることにつながる。責任意識が欠如すれば，結果として淘汰されることにつながる。そうならないために，下手の教えず，技を盗む力（模倣力）を引き出して，経験として技術を身につけさせる。こうした一連の人材育成が，さまざまな形で，高級な「道具としての化粧筆」へと作用する。

　なお，これへの前提としては，職人の工房から工場への変革という過程がある。従業員一人ひとりへの意識改革の要求である。「筆屋」の職人から「筆という道具（工業製品）の製造会社」の社員になるために，まずは，決められたこと，当たり前のことを決められたとおりにすることとした。なかでも，みんなで掃除をする，身の回りの整理整頓，毎朝夕に工場の周りの清掃などの整理整頓は，最初は無理やりから始まり，ベテラン職人からは猛反発があったものの，品質の向上につながるとして実行した。次いで，勤務態度については，以前は，パート（主婦）が多くであったためか，雨が降ると休む状態も見られた。無断欠勤の防止，連絡の徹底を行った。そのうえで，自負心を育んだ。一人ひとりが係わった仕事によってつくられた自社製品が，女優やメイクアップアーティストを含め，世界中のお客さんに喜んで使ってもらっていることを伝え，掲載された雑誌記事を回覧しながら，話題の提供とともに，一体感をもたせるように心がけた。

　筆づくりは，原毛調達から始まり，製毛，混毛，製穂，毛植え，軸付け，検品が主な製造工程となるが，細かく言えば，素材加工と組立加工が混在している。

　穂先づくりは，素材加工であり，マニュアルに頼った作業では，よいものはできない。獣毛はとれる季節や産地，性別，個体などによって毛質が異なるた

めに，職人がその都度，毛の状態を確認しながら作業にあたらなければならない。それは，職人の経験や感性といった個々の能力に頼らざるを得ない作業があるということである。しかし，それを大切にする必要がある。

　ただ，穂先づくり以外の作業は，組立加工ないし組立加工的な考え方がしっかりと適用できる部分である。筆づくりは，これまで職人が工程の多くを行っていたし，生産体制は家内制分業であった。だが，品質にばらつきが発生したり，量産化が不可能であったりすると，工業製品としては失格である。そこで，工程を細分化し，分業することによって，業務を専門特化させる。ひとつの工程では，パートであっても，その人にかなう人はいない状態を求める。しかしながら，とくに重要な工程は，熟練職人が担うことは忘れてはいない。良いものを，安く，大量に作ることができれば，企業にとって力になる。高品質で大量生産という筋肉質の工場を探究することによって，企業の体力を高めようとした。

　そのためには，職場での責任意識や緊張感の保持のための工夫は必要となる。各工程で働く従業員に最終工程の品質に対する責任意識を持たせるためには，常に使う人の身になって作ることを忘れさせないことが重要である。メイクアップアーティストを工場に招き，メイク講座の実施などを行った。また，一同が一生懸命心を込めて作ることに心がけるために，工場現場に常に緊張感が漂うように腐心した。楽しく仕事ができるための環境整備，空調や動作環境の改善などはしつつもである。

　こうした職場環境や人材育成の涵養によって，重要工程は職人の手が係わるとしても，工程の細分化による量産効果でコスト削減をはかるとともに，工程での革新を行いながら，高品質を維持し，中国製などとの差別化を図った。

　素材について補足すればこのほか，高品質の維持・向上には，原毛管理と検品は重要である。

　原毛（獣毛）についていえば，もともと仕入れは最高級のものを求めるが，それでも不要な毛は捨てられる。本当は捨てたくはないとしても，製品になるまでには，30～50％が廃棄される。獣毛の三分の一，多ければ半分は捨てられる。このことは，原毛への合成繊維の活用と併せて，研究課題となる。

　検品は，製品ひとつひとつの最終確認において重要な部分であり，品質を最

終決定するといってもいい。自社ブランドについては，創業者の会長みずから
が責任をもって最終検品している。自社ブランドへの矜持といっていいかもし
れない。このことは，和菓子職人の水上力がいう「和菓子は侍。殿はあくまで
お茶。侍が自分を主張してはいけない。殿を輝かせることが侍の仕事。食べた
後にお茶が飲みたくなり，飲んだ瞬間にお菓子はその存在を消す。葉隠れの精
神と同じ。それが和菓子。」[22] と同じ考えのように思われる。化粧筆は，化粧の
ための道具である。使ってもらって，その人の望む化粧ができあがれば，使っ
た人は化粧そのものに満足する。

　検品においても，和菓子と同じく，アーティスト的要素が必要である。感性
を教えるのは難しく，ただ単に教えるだけではできない部分がある。後継者育
成は難しい。徒弟制度が急がば回れなのかもしれない。その検品をいま，末の
長女が手伝っている。

(3) 伝統の翻訳としての化粧筆

　白鳳堂は，地域の筆づくりの資産・知識を活かしながら，伝統的に培われた
平面的に書く描く書筆・画筆の技術を，化粧筆という立体的作業技術へと，そ
の能力を変換した。その背景には，品質低下，競争激化という現実があり，
「道具としての化粧筆」をつくるという高い目標があった。需要が限定的であ
る芸術品・民芸品ではなく，工業製品として量産・多品種生産で高品質をめざ
した。化粧ブラシ（毛先カット）ではなく，化粧筆（毛先を活かす）として化
粧機能に優れた化粧道具をめざした。そのために社員に品質に対する責任意識
を涵養し，品質の基礎をなす整理・整頓・清掃・清潔・躾（習慣）の 5S を徹
底させ，それらの結果としての顧客の声（高品質だという評価）などをフィー
ドバックし，従業員個々の自負心につなげた。

　道具として使ってもらうということは，メインは化粧であり，ファンデー
ションなどの化粧品のために筆という存在が必要であるという再確認が必要で
ある。化粧品そのものは，ナノなどの言葉が使われるように，その粒子は時代
とともに細かくなっていっている。この状況を経営者は 1980 年代にははっき
りと認識し，安価を追及した筆づくりから高品質の筆づくりへの転換をはかっ

た。つまり，化粧品の品質が上がっていけば，それに合わせて化粧筆の品質も向上させていかなければ，それができなければ，いずれ見向きもされなくという危機感をもった。粒子の細かい化粧品であれば，毛先をカットしたものでは対応できない。毛先を活かしたものにしなければ，肌に化粧品がなじまない。ブラシから筆への転換である。「ブラシ」は毛を束ねて毛先をカットして形を整えたものであり，「筆」は，毛先を活かし，バランスを考えて作るものである。つまり，化粧ブラシではなく，「化粧筆」として，毛先の繊細さ，しなやかさ，芯の強さ，コシの安定さを考え，肌触りがよく，扱いやすく，立体的な顔のどの部分にもなじみ，グラデーションなどの化粧機能に優れた「化粧道具」を，白鳳堂は探求した[23]。

　道具としての化粧筆の探求は，毛先を活かす書筆（毛筆）の技術の再確認である。画筆は，いろいろな使われ方をしていた。その考え方を化粧筆に活かしている。いわば，ルーティンをふまえた伝統の翻訳である。

　毛先を活かすということは，穂先が大切になる。

　しかしながら，その穂先に係わる獣毛環境は，難しさを増してきている。獣毛の入手において，羊，山羊などの家畜系獣毛の供給また価格に大きな変化はないが，小動物系獣毛は供給が減少し，価格が大きく上がっている。数年前と比較し，リスは2倍，イタチは6～10倍となっている。筆にはイタチのしっぽのみの毛を使用するが，その価格は，キロ当たり20万円だったものが，120～200万円にまで上昇している。

　また，動物愛護管理の影響も大きい。日本では，721年殺生禁断の令，1685年生類憐みの令などが出されてきたものの，筆などにおいて，まだまだ動物の毛を好む人は根強い。しかし，欧米では，19世紀イギリスに動物虐待防止協会が創設され，1840年にはそれは王立動物虐待防止協会となり，ひとつの流れが生まれた。そして，動物の権利を主張する声が影響力を増していき動物権利団体が生まれ，さらに動物解放団体の設立にまでつながっていった。

　世界の毛皮の85％以上は，毛皮用動物の養殖農場から生産されていると言われている。中国河北省，フィンランド，ノルウェーなどの養殖農場での劣悪な飼育環境実態が，2004年以降，スイスの動物愛護NGO団体などの調査で明らかにされ，毛皮反対運動も高まり，ファッションブランドやアパレルメー

カーのなかで毛皮離れが進んだ。毛皮に反対する国際連盟（Fur Free Alliance）には，現在，850以上のファッションブランドが参加している。GUCCI, HUGO BOSS, Armani，またZARA，H＆M，UNIQLO，asics，GUNZEなどと幅広い。こうした動きのなかで，GUCCIは2017年からファーフリー，毛皮不使用を宣言し，リアルファーでなく，合成繊維を用いて毛皮のように加工したフェイクファー（エコファー）の販売に及んでいる。化粧筆にもその流れは届き，A社向けの化粧筆では，2年くらいをかけて，合成繊維の化粧筆への切り替えが行われた。

　ただ，化粧筆において合成繊維自体は，古くから使用されていた。PBTといわれる合成繊維などで，水に比較的強くて，なじみやすい，また切れにくい，色落ちがしにくいなどの良さがあったが，他方で，へたる（コシが弱くなる）のが早く，使い方にもよりますが2年程度の寿命であった。また，それ自体，非常に固い繊維で，肌を傷つける可能性があるし，獣毛に比べてかなり重く，筆のバランスとるのが難しいというデメリットがあった。

　さらに，毛の根元から先端までなだからに細くすることは難しかった。いわゆる，うぶ毛のようにすることに苦心をしていた。しかしながら，動物の毛の良さも当然あるが，獣毛環境を考えると，合成繊維を獣毛の良さに近づけていく努力は必要である。

　白鳳堂は，2010年代に入り，獣毛の良さに合成繊維で近づけていく研究・開発を筆ぺんメーカーと開始した。PBTは見た目の形は近いものの，既述のデメリットが大きく，それだけではうまくいかなかった。それを解決するために打ち合わせを重ね，ナイロン素材を用い，穂先を開発したのだった。根元から先端まで先細りにする技術，テーパー加工技術で，0.001mm以下の細さまで自在に加工できる精密さであった。2013年の供給開始に導いた。それが，Jシリーズで，合繊繊維のみ，混毛（山羊と合成繊維，馬と合成繊維），また山羊のみ，馬のみから構成されたシリーズの発売であった。当時，カタログ掲載製品は86種類で，内訳は，山羊毛のみ28種，馬毛のみ23種，豚毛のみ1種，山羊毛＋合成繊維20種，馬毛＋合成繊維11種，そして合成繊維のみ3種と，まだまだ合成繊維のみの比率は低かった。その後，2014年後半に，合成繊維のみのIシリーズが発売された。現在，Iシリーズは，チーク，ライナー，パ

ウダー，アイブロウ，アイシャドウ，ハイライト，パウダー＆リキッドなど，
35 種の商品構成となっている。

　まだまだ獣毛の比率が合成繊維を上回っているが，改善の努力は進んでいる。プロも獣毛と合成繊維を使い分けている。獣毛が繊細な表現ができるが，合成繊維のようにじゃぶじゃぶと洗い流すことはできない。リップのように線を引く場合は，獣毛，とくにイタチの毛が良い。ただ，獣毛も，産地など原材料が違ってくると，ときどきバラつき，品質が安定しない欠点も生まれてきている。

　古くからの取引先である A 社は，ニュアンスが厳しかった。同社の求める化粧筆のニュアンスにどのように近づけ，その要求に応えていくかが，白鳳堂を育てくれた側面がある。A 社が一般的な顧客が抱く化粧筆のブランド基準であり，幹であった。合成繊維においても，穂先に妥協はなかった。しかしながら，2016-17 年くらいから，その A 社において，変化が見えているようだ。品質重視から見た目また価格重視への変化である。この背景には，社長交代の影響があるのかもしれない。安くして売り切るという傾向の強い生活用品メーカー出身という背景もあるのかもしれない。これまで化粧筆の基準であった A 社が変わると，基準そのものが変わり，市場が崩れる心配も生まれる。

　白鳳堂は，白鳳堂が「道具としての化粧筆」の基準をつくる意気込みである。昔，馬毛が市場のスタンダードであったが，量が取れ，粉がコントロールできる山羊毛にスタンダードが変わった。しかし，変わるに際しては，山羊の毛の臭いを消す工夫が必要だった。そのために，当初，黒色に染色されたが，それでは洗うと色落ちがする。そこで，あえて，臭いを消す加工をした白筆を白鳳堂は提案した。また，形態にしても，はたき用書筆の転用である扇形化粧筆が，表面積が広く，スタンダードになりつつある。合成繊維にしても，白鳳堂だと言われる品質を目指している。

　局面局面で，これまでの先達からの伝統を活かし，翻訳しながら，次へと活かそうとしている。概念図的にまとめると，まだまださらなる検討が必要であるが，図 3-2 のようになると考えられる

図 3 - 2　白鳳堂のルーティン・プラットフォームと伝統の翻訳

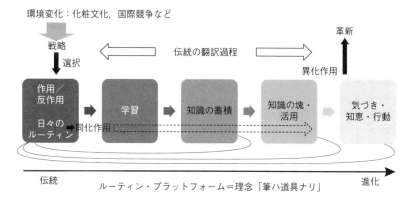

出所：Ohtowa, T., T. Kita, and T. Shiosaki, (2016) "Innovation and Tradition in a Japanese Brush Maker", Joint Conference Association of Business Historians (ABH) and Gesellschaft für Unternehmensgeschichte (GUG), 27 May 2016, Humboldt-University Berlin, Germany での報告をもとに筆者修正。

おわりに

　地域企業は概して伝統のなかにある。いくつかの革新を積み重ねてきながら，伝統は築かれていく。伝統は，その地域特有の文化，歴史，自然環境で育まれたものである。他の地域とは差別化できる要素が多い。ただ，取り扱っている事業ないし製品の成長・発展によって，地域の領域は変わっていく場合がある。白鳳堂でいえば，大手化粧品メーカーの付属品としての化粧ブラシからの脱却をはかり，自社ブランド生産に踏み切ったころは，広島・熊野が「地域」であったかもしれないが，海外メーカーとの OEM 契約を結び，国際市場のなかでの生産・販売を考えていくようになると，京都本店の設置がひとつの表われだと思われるが，京都を含んだ，ひいて言えば日本が「地域」になってきた。化粧筆を突き詰めていくなかで，その土台となっている「地域」の範囲は広がってきた。根幹となっている文化，歴史などを忘れることなく，しかしそのなかから細かな創造，革新を生み，例えば「白鳳堂だから」ないし「白鳳堂らしい」という，他との競争を省いた場としての市場獲得につなげていこう

としている。地域企業，つまり「地域にある企業」あるいは「地域である企業」の探求は，他との比較をせず，自分なりに原材料を，工程を，そして最終製品そのものを見つめ，それぞれからの気づきを発見・知見につなげ，しかも顧客にとっての最終的目的を意識した製品づくりをすることであろう。白鳳堂は，あくまで化粧をするための道具であることに徹しているし，その道具を極めようとするこれまで培われてきた伝統といってもいい組織文化に根差している。

　また，革新的生産システムと伝統的生産システムの並存という点も重要である。効率的で，大量生産できる革新的な生産システムの部分と，非効率な，伝統的な生産システム，ほぼすべての工程を一人が担当するような部分である。

　効率的な量産型の生産システムは，OEM 対応という側面が強いだろう。世界の化粧品メーカーを相手にした国際市場向け OEM は，企画・開発は楽しい部分であろうが，値切りであったり，法務面での不平等契約の圧力など，苦労する側面も多いだろう。となると，自社ブランドをいかに浸透させるかが課題となる。これには，非効率な，伝統的な生産システムでの経験が生きてくる。とくに，和筆や洋画筆に使われる伝統的な面相筆などの分野での経験である。一人前になるまでには，かなりの時間を要する。とくに，混ぜる毛の組み合わせを修得するには，10 年程度の月日がかかる。毛の種類・産地，季節などで，その割合・組み合せを少しずつ変える必要がある。組み合わせで，筆の感触・書き味が微妙に変化する。これは，数値化できるものではなく，職人としての感性が重要である。化粧筆が全体の 95％を占め，この分野の和筆（書道筆，面相筆，日本画筆など）は 2％程度であるが，この分野の生産の重要性をしっかりと認識している。この土台がなければ，化粧筆も伸びないし，まだ割合は少ないが，洋画筆，デザイン筆，さらに自動車産業向け塗布筆や精密機械向け清掃筆などの工業用筆また歯科向け医療用筆への展開においても基盤だと考えている。この背景には，和筆の製造，その供給責任を通じて，それを道具として育まれてきた日本の文化を担っているという気概であり，絶やしてはならないという使命感である。熊野筆が 1975 年に「伝統的工芸品」に認定され，その脈略に「国際的評価」，「ICT」，「日本由来の本物性」という複合作用があって，日本市場に自社ブランドが拡充し，日本に「化粧筆市場」が創造された

が，使命感の維持はそれをさらに効果的にする。

　言葉はお互いを親しくさせる。言葉を共有しない，できないときには，親和的にもなることもあれば，排他的にもなってしまう。ただ，言葉といっても，それがあらわす概念を共有することが大切である（長田 2013）。例えば，「自由」の概念の共有である。その共有ができれば，音楽のように，国境を越えることができる。同じように，地域の文化は，国を越え，他の地域とつながることができる。それは概念（文化）の共有でもあり，地域の魅力を他の地域に伝えることでもある。その根幹は，まずは地域のひとりひとりが地域を魅力的だと思っていることである。使命感はそれにもとづいている。

　白鳳堂のコア人材は，創業者である会長夫妻，そして社長の長男，次男，長女である。筆のアーティストである父である会長，伝統工芸の責任者であり，人間国宝などの人たちとのネットワークを持っている母（副会長），開発能力・提案能力にずば抜けて長け，企業としての戦略・方向性を考え，動かしている社長である長男[24]，財務・経営管理関係を中心に，いわば大番頭として，戦いへの十分な備えを担っている次男（常務取締役），そして検品また伝統工芸の補佐として両親を支えている長女（取締役），また監査役に社長の妻という役割分担である。家族のしっかりとしたチームワークによって，白鳳堂は成長してきた。

　この事例を要約すれば，次のようになるだろう。ルーティン・プラットフォームといえる理念「筆ハ道具ナリ」は，創業者自身の立ち返りの装置であるだけでなく，従業員へのその精神の浸透のための装置であった。そのうえで，生産体制，生産工程，流通体制，販路，穂先などにおいて，伝統の翻訳ともいえるさまざまな革新を行い続け，「白鳳堂だから」「白鳳堂らしい」，化粧のための道具を供給する役割を積み重ねてきた。その背景には，ファミリーだからこそのチームワークがあるし，さらには，面相筆など和筆を使ってきた日本画，陶磁器などで培われてきた日本の文化がある。こうした日本の文化に根ざした筆，「道具」としての化粧筆の製造というところに，白鳳堂が存在感を醸し出しているひとつの大きな要因である。

　ただ，克服すべき課題もいくつか散見される。環境変化のなかで，合成繊維系での代替可能性はあるものの，原材料の原毛，軸の材料調達などの不安は生

じている。また，原毛の染色関係の会社もかなり限られている。国際市場で考えれば，顧客の減少は考えにくいが，「日本の文化」のブランド力が下がれば，白鳳堂も影響を受けるかもしれない。さらに，理想的なファミリーワークでこれまで高い業績につなげ，推移してきてきたが，今後を見据えるなかで，いかにそのチームワークを維持・発展させていくのか。これまでも，さまざまな課題を乗り越え，今日に至った白鳳堂であるがゆえに，今後の展開を見つめていきたい。

＊本章は，大東和武司・城多努・潮﨑智美「第4章　白鳳堂：伝統工芸を現代に活かして世界に発信する」大東和ほか（編著）（2008）『グローバル環境における地域企業の経営』文眞堂および国際ビジネス研究学会第20回全国大会（2013年10月26日）統一論題報告「地域企業からみたイノベーションと国際展開」をふまえた大東和（2014）「地域企業の革新：ルーティンと創造」『世界経済評論』Vol.58　No.2，pp.22-26および大東和（2015）「地域企業の革新：ルーチンと伝統の翻訳」『国際ビジネス研究』第7巻第1号，国際ビジネス研究学会，pp.3-13をベースに構成を変更し追加および加筆修正したものである。

＊本章は，JSPS科学研究費補助金基盤研究（C）（課題番号22530418）「公開責任のない多国籍組織の国際展開に係わる研究」（2010-2012）（代表：筆者）および同基盤研究（C）（課題番号17K03942）「地域企業の変容・進化と国際展開に係わる研究：ルーティンとイノベーションの関与」（2017-2022）（同），また同基盤研究（B）（代表：岸本壽生）（課題番号18H00883）「地方企業の国際ビジネスのパラダイムシフトに関する多角的研究」（2018-2020）の成果の一部である。

［謝辞］
＊白鳳堂には2007年5月17日にはじめて訪問させていただいた。その際，髙本和男社長（当時）からご丁寧な説明を受け，また同時に工場見学での質疑応答もさせていただいた。その後，2007年9月2日には髙本光部長（現在・常務取締役）を訪問させていただいて，同じくご丁寧な説明と質疑応答をさせていただいた。その後，毎年のように学生を連れて訪問させていただくなど，交流をもたせていただいた。一度，羽田からの広島への飛行機で，偶然にご一緒したのも思い出に残っている。訪問すると，いつも，少なくとも3時間程度は時間を割いていただくが，変わらずあたたかいご対応をしていただいている。直近では，2019年2月6日，2020年3月3日に訪問させていただいた。また，折々にメールでのやりとりもさせていただいている。記して感謝の意を表したい。

［注］
1　ハイエク，西山千明・矢島鈞次（監修）気賀健三・古賀勝次郎訳（2007）『自由の条件Ⅰ』ハイエク全集Ⅰ-5，春秋社，p.86。
2　仲正昌樹（2011）『いまこそハイエクに学べ』春秋社，pp.110-111。
3　同上書，第3章「進化と伝統は相容れるのか？」pp.107-158参照。
4　岡本太郎（2005）『日本の伝統』光文社知恵の森文庫，p.270.
5　同上書，p.270.
6　「延喜式」などでは，中務省図書寮には10人の造筆手がいて，1日平均10管（本）ずつの兎毛筆と狸毛筆，25管（本）の鹿毛筆の生産が義務づけられていたといわれている。
7　西田安慶（1996）「わが国筆産地の生成と発展—マーケティングの視点から—」『東海学園大学紀

要』第 1 号，pp.125-140 を参照した。

8　鷺崎芳雄（1937）「我が郷土が全国に王座を誇る熊野筆の實地調査に就て」廣島縣立廣島商業學校實業調査部『広島県産業誌―郷土の商工経営と特産業の現勢―』pp.49-62。なお，1935（昭和 10）年 9 月に熊野町内の製造または卸売業者による熊野毛筆商業組合が発足し，発起人 10 名を含め 49 名の組合員で事業を開始している。組合が共同仕入，共同販売，共同売立会，共同保管の業務を担うことによって，不正競争を排除し，品質の向上をはかった。組合は，地域のほとんどが製筆業に係わっていること，また農村共同体が成り立っていることによって，粗悪品の乱売でなく，地域産品としての品質向上・精選に向けて機能した。

9　熊野町初の化粧ブラシ（刷毛）専門メーカーは，おそらく 1947 年 1 月創業の「竹田逸雄商店」（1964 年法人化：有限会社竹田ブラシ製作所）である（同社 WEB サイト）。国内の卸売屋・小売店向けからスタートし，1955 年ごろから商社経由で輸出を開始し，輸出比率が 90％を超え，70 年，71 年には「輸出貢献企業」として通産大臣表彰を受けている。しかし，71 年ニクソンショック後の 10 年間は赤字だった。ただ，下請，孫請から脱却するためのブランド化（製造元の明確化）の意識は，それ以前からあり，70 年にはロゴマークの商標出願を行い，75 年ごろからは国際市場向けの新規性の高い製品開発にも着手し，82 年の世界初のスライドブラシ，携帯用スリムリップブラシ，89 年世界初のラウンド型リップブラシ，シャネルに採用されたスリムボディ紅筆などの生産につながった。化粧ブラシだけの製造を続けている。

10　成田聖子（1972）「安芸熊野における製筆業」『新地理』20 巻（1972-1973）2 号，pp.24-34。熊野の産地形成において，先覚者，製筆業の特質（運搬の容易さ，穂首づくりへの繊細な感覚の必要性と熟練など），副業可能な低廉で豊富な農村女子労働力などと併せて，推進力となった問屋の役割も大きい。1972 年当時，材料の毛，軸などを独自で購入し，生産し，自身の銘柄で出荷する独立専業者は 1 名のみで，ほとんどは，材料の購入，製品の販売，工程の一部またはすべてを下請けに出す問屋制家内工業の形態をとっていた。その問屋は約 70 軒（うち原毛問屋 4 軒，軸問屋 3 軒）で，下請け業者は，綿毛抜き 1 軒，軸加工 30 軒，管込み約 35 軒，糊入れ約 30 軒，そして穂首製造約 2,000 名（うち専業者約 1,000 名）で，ほかに彫銘，レッテルはり，キャップつけなどさまざまな分業があった。不当価格による経済的支配関係が見いだされない，この形態が長く残り，技術の良し悪しを左右した。つまり，事業組合の横の連絡によって，技術の改善，販路拡大，宣伝に貢献することとなった。

11　同上論文，p.27，p.32.

12　合成繊維などの穂先と本体軸部にインクを内蔵している毛筆を模したペン。それは，1972 年セーラー万年筆の「ふでぺん」発明に始まるが，商業的成功はサインペンの開発技術を展開した 1973 年呉竹の「筆ぺん」，本格的毛筆タイプは 1976 年ぺんてるのナイロン（アクリル）毛使用の筆ぺん「ぺんてる筆」であった。

13　創業者が辰年生まれで，中国の言い伝え（龍の対は鳳）にしたがって「白鳳堂」とされた。命名は，名村大成堂先々代社長（2008 年当時）であった。

14　栄久庵憲司（2000）『道具論』鹿島出版会，pp.9-10 を参照した。この人間と道具との共生する世界は，ハイデッカーのいう「用具存在」としての「有用性」や「手段性」にその本質をみて，人間という現存在に用立てられるために存在するというのとは明らかに異なる。いわば，自然は存在するから存在するという自在的自然観とは異なる。現存在は，他の現存在との「共存在」ないし「相互共現存在」という「関係」のなかにあるといえる。しかも，その存在は，自己固有の責任でなく，他者から存在の意味を問われ，他者の期待に応える義務を負うと考えることができる。［参照：土橋貴（1995）「『平等の政治哲学史』のプレリュード―終末論から救済史観へ―」『中央学院大学法学論叢』9.1，pp.29-30，pp.46-47.］

15　栄久庵，同上書，pp.182-183 を参照した。

16　当時の中国での，他社ではあるが，取材メモによれば，日本の時間当たり人件費が950円とすれ
　　ば，タイが50円，ベトナムが20円，中国は15円となっている。日本の63分の1である。仮に，
　　原価100のうち，人件費63，物件費27とすれば，中国での生産は，原価100が原価28となる。

17　2021年1月1日に代表取締役社長就任。創業者・父・和男は会長就任。

18　京都本店は，2015年に平成26年度「京都景観賞　建築部門」奨励賞を受賞している。

19　経済産業省「新型コロナ禍に影響された化粧品出荷，2021年の状況は？」https://www.meti.
　　go.jp/statistics/（アクセス日：2022年9月25日）

20　大東和武司ほか共編著（2008）『グローバル環境における地域企業の経営』文眞堂，pp.125-126.

21　同上書，p.126.

22　東京・文京区「一幸庵」店主。2022年1月21日放送NHK「ラジオ深夜便」参照。

23　大東和武司ほか，前掲書，pp.125-126.

24　2021年1月1日に社長に就任。業界トップのメイクアップアーティストなどとのつながりのな
　　かでアイデアを収集・吸収し，いわばトガった筆を一般化して商品化することに長けている。

リアル小売と越境 EC，ひとつの可能性

　2017 年 3 月，広島市立大学国際学部在任中の最後の仕事のひとつとして，学生たちと上海に行ってきた。6 年前から行われている広島県補助事業「グローバル人材育成」の一環である。第 1 次事業の 3 年間は安田女子大学現代ビジネス学部が，第 2 次の一昨年からは広島修道大学商学部が主管で，連携大学としてプログラムに参画してきた。今回は「グローバル人材育成と地域企業」をテーマに，とりわけ食関連地域企業の国際競争力の確保・展開を視座に講座を進め，今年は，最後に上海高島屋で開催された「四国・中国地方物産展」での広島ブランド産品販売会をもって集大成とした。

　学生たちは，中国上海の小売現場で，単に広島ブランド産品を PR し，販売していくというだけでなく，その背後にある日本文化の紹介等を組み入れながら，ストーリー性をもたせて，かつ現地消費者の好みや嗜好に応じ，現地販売員のアドバイスで修正を加えながら，中国上海の人びとにアピールをしていった。

　学生たちにとっては，中国の人びとが思いのほか日本の食品や文化に関心をもっていたこと，また自分たちが考えてきた方法の軸を変えるのではなく，ちょっとした工夫等の調整によって成果・販売につなげることができたことなど，大きな発見に近い学びがあったようだ。まさに机上学習と実務体験の融合ないし協働であった。

　上海では，大学院で教えた卒業生とも会えた。彼は，2003 年 9 月修了後，日本で就職，その後起業，そしてソフトバンクを経て中国に戻りアリババに転職，さらに中国の大手物流会社 SF Express に移り，現在，その子会社，豊趣海淘（独立系越境 EC）の CEO の任についている。

　話していて興味深かったのは，豊趣海淘のビジネスモデルであった。その根幹には，中国でも周辺の人びとに世界の良いもの，ストーリーをもった製品を届けたいという想いがあり，かつ周辺にあるリアル小売と協働できる仕組みを目指したいという彼の考え，理想があった。

　越境 EC について，彼は，亀型とタコ型とに峻別して説明していた。

　亀型は，モール型の越境 EC で，モールに企業を呼び込み，そこに顧客を呼び寄せるタイプである。片方で B2B を，他方で B2C をやって行く必要がある。顧客は，モールに入り，品物を検索し，購買へと進んでいく。このモデルだと，出展企業は結果として，人気のある大手企業に集約していく可能性がある。手堅い

店舗ではあるが，場合によれば，時間の推移とともに鈍い時代遅れとなっていく可能性もある。

　目指したいのは，タコ型であると彼はいう。タコは頭と手足が8本あり，柔軟性があるというイメージである。彼の考えは，周辺にある地元のリアル小売店舗にその地域の人びとは日常足を運んで買い物をするが，そこに欲しい品物がなければ，その店舗経由で越境ECを活用し，商品を手に入れることはできないか，その場を提供したいというものである。地元の顧客の購買行動と地元のお店の品揃えを一致させる役割を彼の会社が果たそうと考えている。商品の供給先も，最終顧客との接点である小売店も，こだわりのある会社やお店，ストーリーのあるメーカーなど中小企業に重心をおいているようだ。基本的には，B2Bのチャネル構築である。

　この際に重要なことは，オフラインのパートナーをいかに選別，獲得するかである。それには，親会社SF Expressの資源を活用している。日々の物流活動のなかで何処の店がいいのかを把握している。売買の相手というよりは，長く深い関係になれる相手を見つけやすい。地元で信用のある相手なら，信用ある顧客を多く持っている。四川省，山東省，福建省，浙江省などのローカルの信用度が高く身近な小売店等，1000店舗余りを通じて，欧米，日本，韓国，豪州などの商品を提供している。こうした方法は，中国における周辺問題，地域活性化にもつながるし，中小企業，ローカルが生き残り，それぞれに元気が生まれるモデルになりそうだ。

　学生たちの上海での小売経験，そして中国での越境ECのひとつの方法，それぞれに顧客の「現実」が反映されている。これらは，小さな現実を見つめ，考え，そこから顧客側，供給側，また仲介側どれかに偏ることなく，全体のつながりのなかで，ベターな方法を見つけ出すことの必要性をあらためて教えてくれているように思えた。3月の上海は，そのひとこまであった。

Webコラム『世界経済評論IMPACT』（2017.04.17.）初出

いくつかの資本主義をめぐって

　ジェトロ「世界貿易投資報告」（2016 年 8 月）によれば，2015 年の世界商品貿易（輸出）額は，前年比 12.7％減と，6 年ぶりの減少に転じている。数字的には，2009 年の 12 兆ドル強へと落ち込んだ前年の 2008 年の 16 兆ドル強を少し上回る額となっている。

　歴史的にみると世界貿易（輸出）額は 1880 年代前半 68 億ドル程度から 1913 年 195 億ドル程度と 30 年余ではほぼ 3 倍弱と伸びた。その後，第一次・第二次大戦があり反動・停滞の期間となった。戦後は，1964 年〜67 年の GATT 多角的貿易交渉（ケネディ・ラウンド）以降，80 年代前半と 90 年代前半の減少・停滞期はあるもののおおむね 45 度に近い形で世界貿易（輸出）額は伸びた。1970 年以降，73 年／70 年，76 年／73 年，80 年／76 年と各々 2 倍程度伸び，80 年（2 兆ドル）比で 89 年 1.5 倍，94 年 2 倍超，95 年ほぼ 2.5 倍，2000 年 3 倍，03 年 3.5 倍，04 年 4 倍超の 8.6 兆ドル，08 年にはほぼその倍の 16 兆ドル（80 年比 8 倍）となっている。1913 年比でいえば，世界貿易（輸出）額は 800 倍超である。

　ところで，グローバリゼーションに関して，ジェフリー・ジョーンズ（2005〈邦訳 2007〉）は，19 世紀から 1913 年までを第 1 次グローバリゼーションと呼び，1914 年から 1970 年代までを反動と復興を含む揺り戻し期とした。そして，その後に第 2 次ともいえるグローバリゼーションが進んできたという。

　第 2 次を進めてきたアクターのひとつが多国籍企業である。とりわけ 1980 年代後半以降の世界直接投資残高は，右肩上がりで，2000 年くらいまではほぼ 45 度，それ以降は 60 度以上程度の伸びを示している。1980 年，86 年，91 年はおおむね倍々で，以後，国際貿易投資研究所「国際比較統計」（2016 年 3 月 18 日）によれば，1995 年（4 兆ドル）比で 2000 年 1.8 倍，05 年 2.9 倍，10 年 5.1 倍，14 年 6.5 倍（25.9 兆ドル）と推移している。

　他方で，世界全体の GDP に占める貿易規模と直接投資規模をみると，貿易においては 2009 年に前年の 31％程度から 27％弱に減少し，10 年 29％，11 年 31％となったものの 13 年以降減少している。また，2000 年まで増加した直接投資規模も 2003 年に 1997 年強程度に落ち込み，その後 2007 年をピークとし 09 年に 03 年程度に再び落ち込み，その後は 15 年まで平均ほぼ横ばいに近い動きをしている。世界銀行に基づく資料である。これは，第 2 次グローバリゼーションの反動・揺り戻し期の前兆ないし初期なのであろうか。あるいは，前述資料で述べて

いる直接投資（資本）のグローバリゼーションの進展による現地生産が増加し商品貿易が停滞している状況なのであろうか。

　カソン（2000〈邦訳2005〉）は，「日本語版に寄せて」のなかで，国際ビジネスの環境変移をもたらす主因としてグローバリゼーションをあげているが，他方で環境変移の根源が経済的なものから政治的なものに移ってきたことにもふれている。ただ，環境変移をコントロールするには，情報を得ることであり，情報獲得コストと情報獲得によって削減できるリスクとの間のトレードオフを見出さなければならないといっている。

　環境変移をもたらす資本主義にいくつかあることは，アルベール（1991〈邦訳改訂新版2011〉）などで指摘されている。アルベールは保険の起源から資本主義の違いを導出した。アングロサクソン型は，貿易の発展が海上保険を生み，その投機的要素は海外での事業展開に際してもみられる。例えば，フリー・スタンディング・カンパニィ（大東和1997）は，ロンドン等で設立され，投資家から資金調達し，その資金を植民地等の事業国で活用した。事業国側のスキームとしての米国の投資銀行は，同様に欧州から資金調達した。いずれも「市場」から資金調達した。こうした流れが政治にも影響し，各国の制度を変えた。

　この短期的視点になりがちな流れは，他方で国際的のみならず国内的にも格差を生んだ。その対応策の補完的役割として企業のCSR活動やBOPビジネスへの展開があると思われるが，反発は，政治的行動，テロ，紛争などとなって激しさが顕在化している。

　経済活動が資本主義的であるとしても，資本主義にはいくつかのタイプがある。その多様性の根源にはそれぞれの文化があり，それが各々の経世済民に連なる。趨勢的にアングロサクソン型が浸透しているが，国民国家などあらゆる組織，トップには，どうしていくことがその地にいる一人ひとりの生活の安定，幸せにつながるのかを意識したガバナンスが求められているようだ。国際社会のなかで国境が点線化していることをふまえながらである。

　一部で研究は進んでいるが，あらためて，さまざまな「境界」あるいは「際」を考え，見つめ直すことも必要である。それは，多様性，いわばそれぞれの尊厳を認め，守りつつ，「境界」「際」を越え，つなげるイノベーションが求められることであろう。さまざまなレベルでのイノベーション過程は，模倣，学習から創造へと連なる途であろうが，とりわけ政治の世界でのイノベーション過程が求められているように思われる。

Webコラム『世界経済評論IMPACT』（2016.11.07.）初出

いま三浦梅園に学ぶ

「うたがひあやしむべきは，變（へん）にあらずして常の事也」（三枝博音編 1953）

　これは三浦梅園が府内（大分市）の医者・多賀墨郷（卿）宛に送った手紙のなかの一文である。突然に起こったことのみに目を向けるのではなく，日常，普通，あたり前などと思ってきたことをまずは訝しみ，懐疑し，どういうことなのかを問うことが大切だという。

　梅園については，学生時代にほんの少しだけ学んだことがあったが，最近あらためて関連書籍を手に取ってみた。梅園は，ほぼ300年前，1723年に生まれ，1789年67歳で没した江戸時代中期の哲学者である。生涯のほとんどをいまの大分県国東市，国東半島杵築藩富永村で過ごし，村外に出たのは，晩年の長崎旅行のほか2回ほどであったと言われている。一処で思索を深め，独創的な哲学体系の構築に全力を注いだ。主著は，『玄語』，『贅語』，『敢語』の「梅園三語」と『価原』である。『価原』は，福田徳三，河上肇がグレシャムの法則と対照させているが，貨幣の本質や機能だけでなく都市化や貨幣経済の実態探究にまで及んでいる。さきの手紙は，自然哲学書『玄語』の要点を和文でわかりやすく述べ，梅園の哲学の精神がよく示されていると言われている。

　「日本に古来哲学なし」（中江兆民），日本人には思想的座標軸がない（丸山真男）などと指摘される（小川晴久 1989）なかで，梅園は明らかに異なる。本格的な梅園研究の端緒，三枝（1953）は，「博学は尊ぶが，『問う』ことの意義の重要さを考えてみることはしなかったわが国の思想家のなかで，梅園のような学者は稀な存在だ」と述べている。

　梅園が投げかけたのは「條理（条理)」である。「條はもと木のゑだにして，理は其すぢ」。自然のしくみを問い続け，人間また社会を思索し，その訣（奥義）は「反のうちに合一を知ること」にある（三枝編 1953）。「反観合一，捨心之所執，依徴於正」（尾形純男・島田虔次編注訳 1998）。仏教で言う習気を離れ，執われるところをなくし，徴のなかでも証拠ではないものには拠らないようにし，「反して観て，合して観て，その本然を求める」ことが肝要であるという（尾形・島田 1998）。

　反観合一は「一一則一」，「一即一一」でもある。一と一，例えば東西，左右は，対立的であるが関係的で，また対等的でもある。対立性を「反」といい，そ

れは互いに非妥協的，相互否定的である。だが，一方がなければ他方が成り立た
ない相互浸透的な関係でもある。同一的，共存的である。この関係性を「比」と
いう。対立性（反）が関係性（比）につながる動きが「反観合一」である。もち
ろんそこには時間の経過がある。東西，左右は互いに均しい力を持っているが，
その両方を観察していくときに，単なる東西，左右ではなく，東西南北，左右上
下というように対象全体が見えてくる。時間（直）と空間（円）の綜合的把握と
なるというのである。直円無窮の理解である（小川 1989）。

　慌ただしく余裕に欠けた今日，われわれの周りには種々雑多なモノ・サービス
があふれている。それがネットワーク化され，さらには AI，ビッグデータの処
理機能が進化し，製品やサービスに活かされていく IoT 社会へと進展している。
カネに翻弄された社会はすでに経験したが，知識，ひいては意思決定までも翻弄
される社会ともなりかねない。それは，偏った判断，それにもとづく集団的行
動，結果として排他的，排除的，分断的な方向に行きかねない。このリスクを少
なくするためには，われわれ一人ひとりが多面的に物事を見て，対症療法的だけ
なく原因療法的に問い考えることが求められるのだろう。それは，分析的だけで
なく綜合的に，「筈」（小川 1989）的でなく反芻的に問い，自然，他者，自己を
時間軸と空間軸のなかで混成・結合させるべく一人ひとりが思索を紡いでいく，
つまり梅園の哲学の精神と姿勢にほかならないのではないだろうか。

　梅園は，車輪によって旋転し進み，桔槹（はねつるべ）によって水が汲み上げられることなど
の例を挙げ，あらゆるものには各々に働きがあり，存在する意義があるという。
「うたがひあやしむべきは，變（へん）にあらずして常の事也」を腑に落とすた
めには，まずは自然の，また社会のさまざまなものの存在意義を認めることから
始めるべきかもしれない。

　＊三枝博音は「多賀墨郷」と「郷」を，田口正治（1967，1989）と小川晴久（1989）は「多賀
　　墨卿」と「卿」を用いている。

Web コラム『世界経済評論 IMPACT』（2017.10.16.）初出

第4章

地域企業の変容過程：カイハラ
——絣からデニムへ——

はじめに

　伝統産業のなかで成長・発展を紡いできた代表的な「地域企業」が，何を契機とし，市場機会探索，また製品開発・中間財供給事業へとつなげ，成果へと結びつけたのかについて本章では探る。つまり，視座は，企業が存続していく変容過程にある。社会構造の変化あるいは国際政治の変動のなかで，独自の発想を活かして経営活動を展開し，事業転換・事業拡大へとどのようにつなげ，存続していったのか，事例として絣からデニムへと転換したカイハラを取り上げて検討する。その際に，当該企業のみを深くみるという視点ではなく，他者との係わりのなかにある企業といった側面を重視する。それを「対話」という言葉に集約して検討することとする。

　対話ということは，向かい合って話すことである。それは，他者の言葉を聴き，自己に落とし込んでいくことでもあるし，自己に向き合って導いたことを他者に伝えることでもある。

　既述のように，「ルーティン（Routine）」を辞書的にいえば，決まった手順，お決まりの所作，日課などとなる。コンピュータプログラムでは，特定の処理を実行するための一連の命令群のことをルーティンと呼ぶようだ。決まりきった手順，お決まりの所作，日課を日々こなしていくことは，自己に向き合って日常業務をこなしていくことである。日常業務をこなしていくなかで，管理者層，経営者層などで内容に違いはあるだろうが，それぞれが導かれ生じた結果としてのルーティンがある。その結果を企業内の他者に伝え，企業としての意思決定へと連なる。この意味において，ルーティンは対話の基底にある。

　「イノベーション（Innovation）」は，変革することであるが，新しい技術の発明のみならず，捉え方，考え方，活用法などに「新しさを加え，変わっていく」こととし，変革を幅広く捉える。新しさを生み出すためには，自身で考えることはもちろんであるが，他者からの刺激なども有用である。むしろ，他者から聴き，得たことを深めるとか，視点を変えるとかで，新しさが付加されることが多いだろう。この意味において，イノベーションは対話がもたらすものである。

　概して，地域企業が存続していくことで，地域に伝統が生まれ，そのなかで伝統技術が育まれていくが，それを単に守るだけでは，地域企業は存続しないだろう。経済・社会の変動・変移のなかで，その伝統技術をベースに，いかに創造的に活かして次の存続につなげていくかが，資源の限られた地域企業においては重要となる。「対話」をひとつのキーワードとしての地域企業の変容過程（プロセス），伝統が，いわば新しく創りあげられたものの積み重ね，逆説的に言えば，伝統のなかに革新・創造のシーズがあるとして，その持続可能性を探る。その際に，伝統産業に係わる地域企業を分析するにあたっての分析の視点を示し，そこからのインプリケーションの導出に注力する。高級デニム生地製造カイハラの事例研究が地域企業の存続可能性に関する研究の発展につながればと考える。

(1) 分析の視点

　企業，とりわけ経営資源に限定性がある地域企業の存続性に係わる考察において，本章では，対話型変容過程を分析の視点とする。存続していくなかでの変容過程を検討していくのであるが，何を契機とし，市場機会探索，また製品開発・中間財（素材）供給事業へとつなげ，成果へと結びつけたのか，を見ていく際に，他者との係わりを重視する。それを「対話」という言葉に集約している。契機としての機会との対話，その対話の成果，そして成果に連なる対話による変容の根幹（事実）は何であったのかについて検討する。対話型変容の構成要素でいえば，目的ともいえる変容の方向を支えるもの，手段，そして媒介の3つの視点から考察する。

　もちろん，どの企業においても，顧客・取引先をはじめとする企業外のさまざまな人びと・組織，いわば組織外の他者との係わり方が重要であることはいうまでもない。しかしながら，伝統産業に属している／いた企業はその資源，とくに新たな資源獲得が相対的に限られているがゆえに，資源が豊かな企業以上に，自社を取り巻く幅広い他者との係わり方において，自発性・内発性をもって注意深く他者との対話を行うことが求められる。本章で事例として取り上げるカイハラは，伝統産業に係わる地域企業であり，絣からデニムへと事業転換をした。分析の視点としての「対話型変容」によって，その過程（プロセス）を考察していく。当然ながら，資源の豊かな，いわゆる大企業にも援用できる。

　企業において，製造業であれば，企画（構想），研究・開発，生産，販売などのそれぞれの段階，あるいは戦略等において，行動・実施への何かのきっかけ，契機があるだろう。これを「機会との対話（契機）」と呼ぶことにする。それによって，何らかの「対話からの修得（成果）」をもたらし，事実としての「対話からの変容（変化）」をわれわれは確認することができる。この「機会との対話（契機）」，「対話からの修得（成果）」，「対話からの変容（変化）」は，当該企業が企業として存続しているなかで，1回限りではなく，「対話の歴史的推移」として時間軸でとらえれば，何度かそれをみることができる（表4-1）。

　時間軸でそれらをまとめたうえで，インプリケーションにもとづくディスカッションへと進めていくこととする。そこではそれらの構成要素を目的・手段・媒介に分けて，考察する。目的は，変容の方向性を支えるものは何であったのか，を探り，手段は，どのように目的を達成したのかを検討する。そして，この目的と手段を媒介したものは何であったのかを示す。これらは「対話型変容の構成要素」（表4-2）としてまとめ，構成要素の検討で，「対話型変容」過程の全体像を把握し，その他の議論も導く。

(2) ルーティン[1]

　ネルソン＆ウインター（1973：1982）は、サイアート＆マーチ（1963）から

の意思決定ルーティンがなぜ変化するのかという課題に対して，探索ルーティンの概念を提示し，既存のルーティンに問題が生じたときに，探索ルーティンが意思決定ルーティンを変化させるとした[2]。

　ネルソン＆ウインターの基本概念「ルーティン」の 1982 年定義について，第3章でもふれているが，再掲しておくと，コーヘン，ウインターほかの再定義は，次のとおりである[3]。

　「ルーティンとは，淘汰圧力に応えて組織が学習した，ある種の背景のもとで繰り返し行為を実行できる能力のことである」。

　行動を産み出す能力，つまり行動の流れへ導いたり，向けたりする力が「能力」であって，局所的に，または分散的に蓄えられてきたものである。例えば，絣製造を行う能力，デニム生産を行う能力などである。ただ，それが遂行可能になるのは，何らかの「背景」，例えば製造するための道具や機械の配置などがあってこそできる。

　「学習した」という用語のなかには，暗黙性と，それだけではなく，しっかりと，ということではないにしても，自動的に学ぶ／学ばせられることが含まれている可能性がある。それは，職務遂行に必要な技術の学習，訓練方法の変更，人の交代などによる，いわゆる組織学習に通じる幅広い意味あいになっている。

　「淘汰圧力」は非常に広義な用語である。要約すれば，一連の行動が，多かれ少なかれ，そうなるように作用するさまざまな力を意味する。この定義にもとづけば，学習とルーティンは互いに緊密に結びついていて，一回限りの実行はこの範疇からは排除される。

　あらためて，既述の 1995 年のルーティンの再定義をふまえ，カイハラを視ると，掲げられている「精神」の「すべては一本の糸の品質から始まる」の一文が目に留まる。幾多の試練，外部環境の変化という淘汰圧力に応え，また乗り越えるために，市場・顧客の要求に応じた技術・製品を生み出すことを，組織として学習また日常のこととした。この繰り返し，対応・追求していく行為を実行できる能力の背景こそが，この「すべては一本の糸の品質から始まる」の一文に集約されている。

(3) イノベーション[4]

　イノベーションの源泉についての議論に，資源・能力さらには知識に着目するアプローチがあるが，それはペンローズの流れを汲むものであると一般に認識されている。軽部（2003）によるペンローズ（1959）の要約のなかでいえば，「未利用な生産サービスの存在こそが，企業成長や多角化，さらにはイノベーションの源泉である」に連なる。すなわち，すでに顕在化して貢献している生産サービスではなく，継続的に蓄積されている未利用な（あるいは未知な）生産サービスをいかに顕在化させていくのか，そのプロセスが大切となる。企業の成長プロセスは，調和的均衡的なものではなく，不均衡発展である。したがって，意思決定者は，自らの経験や知識をもとに新たな成長機会を主観的に認識し，発見していく能動的な主体となる必要がある。つまり，知識や経験の深化を実現する究極の担い手は，経営資源のなかの人的資源である。人的資源であるがゆえに，知識や経営蓄積の経路依存性があり，企業成長には歴史的影響がともなう。こうした意味で，時間軸での考察は，欠かせない。

　経営資源が限定的な地域企業において，なかには，国際社会の分岐的空間に展開し，能動的あるいは自律的な意思決定を選択することが可能な企業も現れているが，いかに創造性あふれる地域企業に変容できるかについて，事例を通じて，その一端を探ってみる。

1. 機会との対話（契機）

(1) 製造への想い（1893年創業）

　カイハラは，1893年（明治26年），手織正藍染絣を製造する機屋として創業した。創業者は貝原助治郎であった。ただ，創業に至るまでに前史がある。助治郎の父・卯三郎は，1877年から藍染の原料となる藍草を仕入れ，それを農家へ製造委託し，藍玉に加工し，それを備後地区（現在の広島県福山市を中心とする地域）の紺屋に染色材料として販売を行っていた。

　助治郎は，父の販売事業を手伝っていたが，藍玉（染色材料）販売だけでは収まらず，しだいに絣織物の製造への想いを強くしていった。そこで，のちに備後絣と言われるようになった文久絣の考案者・富田久三郎に弟子入りし，絣の仕組み，藍染，意匠の技術を修得していった。それを経て，福山市新市町（旧広島県芦品郡新市町）に創業したのだった。商標は，助治郎の頭文字に因み，「㋜（マルス）」である。

　創業後の1903年には，社員は30人ほどになり，生産量も年間5,000反までに成長した。1920年には，助治郎の息子・覚が家督を継いだ。しかし，1941年太平洋戦争が勃発し，糸の配給も途絶え，バンコック帽や軍用カズラ縄の生産に転換し，何とか経営危機を凌いだ。

(2) 市場深耕（1954年）

　第2次大戦前の1935年には300軒程度あった絣メーカーも1943年には13軒のみとなった。戦後1947年12月の綿糸の配給再開をまって，㋜も操業を再開した。しかし，最盛期300台の織機は，34台のみであった。

　1948年10月，三代目となる定治が実質的に中心になり，本格的な備後絣の織布メーカーとして再生した。1951年3月には専務・定治，社長・覚，会長・助治郎の体制で，貝原織布株式会社を設立した。1956年には，織機は124台になった。

　定治は，「本当に着てもらいたい人の立場になり，自らのもてる最高の技術，技能を集結し，手が込んでも良いから他社よりも『いい商品』を作るということを創業以来常に念頭におき，物づくりをしてきた」[5]と述べている。この当時，福山の中心部近郊の絣メーカーは，産地卸への納品をリヤカーや大八車で行うことができた。しかしながら，新市町は，福山から20キロ以上離れた山間部にある。輸送コストに大きな差がある。そのためには，他社製品よりも高い価格で納品できる「良いもの」を生産しなければならなかった。

　そこで，貝原織布が取り組んだのが，創業の際の知恵があったのか，染色による差別化であった。仕入れた原糸を直ぐに織布するのではなく，より鮮明でつやのある染糸とするために，原糸の段階から品質にこだわり，また仕入れた

原糸を充分に精練漂白して不純物を取り除き，そののちに染色を行った。そして，ようやく織布とした。さらに，デザインにもこだわるともに，染めの回数を多くすることで，堅牢度も高めた。絣が農家に売れることもあり，閑農期には主な消費地である東北にも出向いて，売れ筋のデザインを探り，堅牢度の調整などを行い，市場深耕に努めた。

(3) 市場機会探索

洋服向け広幅絣（1956年）

　そうした調査のなか，東京の広島県の物産斡旋所で，米国企業が洋服向けの広幅絣を探索している情報を入手した。そして，1956年2月中旬，広幅絣生産に取り組むこととした。

　織布の幅を広げる加工のためには，緯糸が収められているトング（絣織専用の木管をセットしたシャットル）の移動距離が延びることとなる。必要な緯糸を出しながら正確に往復するためには，織機を含め準備機の改造が必要であった。そのために生産設備の開発やメンテナンスを担っている「鉄工所」の妹尾吉三を中心として，新たな部品の開発に取り組んだ。妹尾らは，2か月半で，特殊な形状をした「シャットル」と呼ばれる部品を開発し，1956年半ばには広幅絣を効率的に生産できる織機を完成させた。

　ただ，この広幅絣の販売にあたっては，大手紡績企業と事業化をはかり，商社を通じて広幅絣を米国に販売するという運びになるが，当時の国内10大紡績企業のなか3社からオファーがあり，これまで取引のあった大日本紡績と事業化に取り組んだ。しかしながら，備後絣は柄の「ズレ」が特有の風合いがあったが，米国企業は常に一定で規則正しい模様が入った生地を求めていた。規則正しい模様を生む織機はまだなく，輸出は不可能となった。国内市場のみへの販売で市場機会を探索したものの失敗に終わった。しかしながら，織機開発を内製化させた経験は，その後の絣入サロン，デニム用の染色機の開発で「鉄工所」が中心的役割を果たすことにつながった。

広幅絣サロン（1960年）

　広幅絣は，サロン（Sarong：イスラム教徒の民族衣装の生地）として再生されることとなる。1960年，イエメンのアデンの商社から神戸の商社に，絣入りサロンの供給可能性についての問い合わせがあった。もともと絣織物は，インドネシアが発祥とされ，それが南方諸島，沖縄，中国大陸に伝播したといわれている。このインドネシア，中近東などでのサロン需要が高まったことでの発注打診であった。神戸の商社は，予定していた兵庫県西脇市の産元が生産不可能とわかり，広幅絣を開発した企業情報を頼りに，1960年10月，福山の繊維工業試験場を訪ねた。そこで紹介されたのが，貝原織布である。

　早速，貝原織布では，36インチ幅の絣入りサロンを試織した。サンプルは合格し，アデンの商社への製品供給が始まった。しかしながら，その後，36インチ幅サロンは子供用で，大人用は48インチ幅であることがわかった。そこで，「鉄工所」で設備改良を行い，1961年4月には試作を経て量産化へと進み，インドネシア現地でも生産できていなかった48インチ幅サロン生産に対応した。これで，サロン市場の25％を占める子供用だけでなく，残り75％の大人用にも対応できることとなった。コスト的にも，サロンの緯糸としての絣糸は備後絣の6分の1ないし8分の1で，さらに縦糸には絣糸は不要で，きわめて安価であった。また，4台の織機に1人のみの配置で，生産性においてもコストにおいても高い優位性を持つこととなった。

　この結果，市場機会探索は，輸出市場深耕となり，36インチ幅用織機30台，48インチ幅用織機24台増設し，自社工場だけでなく，協力工場を含むと合計で36工場，285台の織機での生産体制となった。1960年にはまた，本業の備後絣でも，ウール素材の絣生産を始め，この需要も好調で，ウール素材絣織機240台でそれに応えた。そのために，従業員も165名から285名となった

　なお，増産対応の外注生産に際しては，広幅絣生産のノウ・ハウ保持には細心の注意を払っていた。特許部品はすべて「鉄工所」で開発し，また広幅絣の機械生産において最重要部分である絣緯糸巻機は，すべて自社の管理のもとに置き，巻き上げた糸を外注工場へ配送するという形とした。

(4) 政治リスク（1967年）

絣入りサロンの輸出とウール素材絣需要を背景に大きく成長を遂げていた貝原織布を襲ったのが，1967年11月の英国ポンド14.3%の切り下げだった。さらに同月，英国軍がイエメンから撤退し，英国統治領から独立し，南イエメン人民共和国となった。しかし，政情不安は続き，絣入りサロンの輸出は急減した。

1968年2月，専務・貝原定治は，3億円の生命保険をかけ，在庫処理のためにアデンに行った。半値でも合意せず，同年12月には，約1年分の出荷額2億5千万円相当の在庫をかかえ，絣入りサロン生産は中止となった。

売上高の3分の2を占める絣入りサロンは，中近東市場特有のデザインであり，国内転用もきかず，生産は完全中止となった。残り3分の1を担うウール素材の絣のみの営業収益では，285名の雇用を守ることもできず，1960年以前を下回る145名だけとなった。社員は半減し，メインバンクからの融資ストップのなかの1970年貝原定治が社長になり，弟の貝原良治が繊維商社・八木商店を辞め，入社した。

絣入りサロンの輸出・生産の完全停止をもたらしたのは，外貨の為替リスクと発展途上国の政治的リスクであった。この学びのなかで考えた事業転換は，当初は国内市場，それも成長を見込んだデニム生地であった。

(5) 取引先（顧客）に鍛えられる（1973年）

リーバイ・ストラウス社[6]（Levi's Straus：以下，「リーバイス」）との取引は，1973年に始まった。背景には，1972年の欧米でのジーンズの大流行があった。この需要拡大のなかで，リーバイスが新たなサプライヤーを日本で探索していくなかで，貝原織布が染色した糸に行き着いた。結果，リーバイス製品にカイハラのデニム生地用の糸が採用されたのだ。これによって，カイハラは世界のデニム生地メーカーへの飛躍の足掛かりをつくった。リーバイスが採用したことで，その品質は高い評判へとつながり，国内外の他のジーンズ・メーカーとの取引開始への契機ともなった。

　リーバイス製品への採用は，高品質デニム生地の生産に欠かせないノウ・ハウを蓄積していく基盤となった。「リーバイスにデニムとは何ぞや，どうあるべきかということを学んだ」（現・代表取締役会長・貝原良治）。とりわけ，カイハラの品質，いわば品位への途となったのが，リーバイスの徹底的なスペック管理であった。

　備後絣生産においても，品質へのこだわりはもち，高付加価値製品の開発と生産に重きをおいていた。しかし，「職人による匠の技」による品質保証は，リーバイスでは，国際展開のなかで多くのサプライヤーをかかえ，量産化前提の数値による品質管理への修正を余儀なくされた。織布に使用される糸の太さ，インディゴ・ブルーの濃さ，色目，仕上がる生地の風合い，固さ強さなど，非常に多くの項目が数値化され，それにもとづく管理であった。

　例えば，収縮率は，ジーンズ製品に洗い加工を施した際に，どの程度の縮みが出るのかを表す指標であるが，それをコントロールするノウ・ハウは，リーバイスとの取引を通じて蓄積されていった。また，剛軟度は，生地の柔らかさを表す指標であるが，その概念もリーバイスから学び，数値化しスペック管理を行った。数値化によるスペック管理は，デニム生地の生産ノウ・ハウの蓄積が進み，その後の履き込む程度と色落ち具合のスペック管理，さらには過去の製品に関する使用された染料の種類とその配合割合，染め回数，酸化時間などのデータ蓄積が行われ，過去と同じオーダーへの再現性は，人間が認知できるレベルで 100％といえるほどのレベルで製品供給が可能になった。

　リーバイスの品質管理には完成品としてめざす方向性に明確な一貫性がある。カイハラは，そのリーバイスが指定し，求める品質を満たすデニム生地生産のために，鍛えられた。また，それに応え，品質管理を工夫し，ひいては生産管理全般，またデニム市場に関する知識，ノウ・ハウを蓄積していった。そのうえで，紡績・染色・織布・整理加工のすべての工程で，最大限に人の目に入れるようにし，匠の技のような職人感覚による作業も残している。

(6)　主要顧客の変化（1998 年）

　1970 年代，カイハラは，リーバイスに鍛えられた。しかし，その取引額の

ピークは 1977 年で，その後低下していった。その要因のひとつとして，デニ
ムをめぐる環境変化がある。

　リーバイスが牽引し，その市場を切り拓いていった伝統的なベーシックな製
品に集中していた状況から，ソフトデニムやレーヨンデニム，またかつての復
刻版的なヴィンテージタイプなどとデニムの多様化が起こっていった。それに
ともなって，GAP などの小売（ショップ）が PB（プライベート・ブランド）
商品を提供するなど，いわゆる川上への垂直統合，SPA（製造小売：Specialty
Store Retailer of Private Label Apparel）化が進むなど，新規参入企業も多様
になった。

　カイハラがリーバイスに鍛えられた結果でもある独自技術と信頼性は，新規
顧客開拓において，提案型でそれぞれの顧客に接近する際に活きた。1980 年
代以降，Replay，Lee Cooper など欧州系ジーンズ・メーカーとの取引も拡大
していった。また，1980 年以降の SPA 企業がデニム市場に参入するにあたっ
ては，カイハラのデニム関連知識の蓄積に頼る側面が生まれた。それはカイハ
ラの提案が受け入れられる余地の広がりでもあった。

　1980 年代中盤には輸出比率が約 70％を占めていたが，1985 年のプラザ合意，
その後の円高のなかで，輸出比率は低下し，海外顧客に限定した輸出である
が，その比率は 2010 年代前半で 35％程度となっている。

　こうしたなか，ユニクロとの取引も 1998 年から始まっている。取引開始後
まもなく，納品が無検査になるなど，ここでもカイハラは高い信頼性を得てい
る。こうしたなか，定番デニムだけでなく，機能性デニムの開発を共同で行う
ようになった。デニム専業メーカーの低迷，デニムへの新規参入の多様化のな
かで，カイハラの業績が堅調に推移しているのは，ユニクロとの取引の拡大が
寄与している部分が多いと思われる。

2. 対話からの修得（成果）

(1) 貝原助治郎の手織正藍染小幅絣（37.88cm[7]）製造（1893年）

　貝原助治郎が学んだ富田久三郎は，文久絣の考案者であった。

　ところで，備後地域の綿花栽培は，城主・水野勝成が，江戸初期の1620年前後に地域の農民に栽培を推奨したのが大きな契機となったといわれている。そして，1680年頃から藍栽培が行われ，それを用いた浅黄木綿，紺木綿，絣木綿などの藍染織物が作られるようになり，三備地区（備前・備中・備前）の織物業の基礎となった。

　その後，織布へと広げるために，江戸時代末期1800年頃，伊予から技術者を招いた。そして，60年の時間を経た1861年（文久元年）に，富田久三郎が藍に染める原糸を糸で括り，その部分を白く染め残し井桁の模様を作り出した。これが文久絣という名称になった。1867年（明治元年）には，大阪・伊藤忠商店に200反の文久絣が卸されるようになり，この頃から備後絣と呼称され，着物，モンペ，風呂敷などに広く使われるようになった。

　貝原助治郎は，この富田久三郎から絣の仕組み，藍染，意匠の技術を修得した。その技術をもって，助治郎は，手織正藍染絣の小幅絣（37.88cm）の製造を福山市新市町（旧広島県芦品郡新市町）で始めた。

(2) 液中絞自動藍染機自社開発（特許）（1954年）

　第二次大戦後，1948年10月には本格的な稼働へと進んでいたが，株式会社化し，貝原織布株式会社としての再出発したのが，1951年である。実質的に中心となっていた専務・貝原定治は，これまでの主流であった手染め工程の変革に取り組んだ。これまで主流であった手染めは，染色漕に束となった糸を浸けて，それを手作業で引きあげ，絞るという方法であった。こうした染色法は，作業者にとっても重労働であるし，染色漕から糸を引き上げる際にも液が垂れ，空気と触れ，酸化し，また染色液も無駄に使っていた。そこで，定治の

アイデアをもとに，工程の自動化への試みが始まった。結果，1954 年，「液中絞自動藍染機械」を自社開発し，特許取得となった。「液中絞自動藍染機械」を使うことで，染色漕のなかで糸を絞ることができ，染色している間の酸化を防止することができた。この技術開発によって，染料消費は約 25％削減され，重労働もなくなり，生産性は大幅に向上した[8]。

(3) 動力織機による広幅織（36 インチ＝91.44cm）開発（世界初）（1956 年)

　米国企業が洋服向けの広幅絣を探索しているという情報を得て，1956 年 2 月中旬，広幅絣生産への挑戦が始まった。ちょうど時代は洋装化へと変化の兆しを見せていた。これまで製造していた織布は，織幅が助治郎時代もそうであったように，1 尺（37.88cm）の「小幅」絣であった。洋服にするには，36 インチ（91.44cm）が必要であった。1956 年に，36 インチの広幅絣を開発し，大日本紡績と共同で事業化し，コニイ絣[9] の商標で市場投入した。しかしながら，洋装向けの広幅絣は，工数が多く，複雑な織や染めによる特有の風合いを生み出すところに良さがあったが，プリント加工は，一工程のみで，多様で複雑な模様をデザインすることができ，コスト面で優れ，縫い合わせ部分ズレもなく，市場に受け入れられた。結果，広幅絣の市場参入はならなかった。

(4) 48 インチ（121.92cm）幅「絣入りサロン」開発（1961 年）

　36 インチ幅の広幅織については，1956 年に開発していた。これによって生産した洋服向けの広幅絣は市場参入がかなわなかったが，別のところで生かされることとなった。その機会はすぐにやってきた。1960 年 10 月神戸の商社からの絣入りサロン生産の問い合わせであった。サンプル製品は合格し，アデンの商社への製品供給が始まった。

　その後，36 インチ幅サロンは子供用で，大人用は 48 インチ幅であることがわかった。そこで，「鉄工所」は，1961 年 4 月には試作品を完成させ，量産を可能にした。サロンの発祥のインドネシアでも生産していなかった 48 インチ

幅サロンが誕生したのだった。

(5) デニムへの進出：染色からの参入 (1968年)

　デニム生地への参入にあたっては，その成長が見込まれる背景があった。

　ジーンズは，占領軍のアメリカ兵が身に着けている姿を見た若者から次第に馴染んでいった。1960年代になると，アメリカ製中古ジーンズ，米軍基地内売店での販売品がとりわけ東京や大阪で販売された。しかし，需要に見合う製品の安定的調達と供給は次第に厳しくなった。そうしたなか，1965年大石貿易は米国キャントン社製のデニム生地を輸入し，その縫製を国内の協力工場で行うようになった。さらに，1967年，協力工場のひとつであったマルオ被服が，国内企画・縫製ジーンズとして最も初期量産モデルのひとつである BIG JOHN ブランドを立ち上げ，渋谷・西武百貨店や新宿・伊勢丹などでもジーンズが販売されるようになった。

　ただ，需要の高まりにも係わらず，1970年前後のデニム生地は輸入に頼り，その輸入にも国内産業保護と為替管理の目的で通産省による規制がかけられていた。しかも，アメリカからの輸入デニム生地は，大石貿易とマルオ被服（後に BIG JOHN）の2社独占であった。こうしたなかで，デニム生地国産化への要請が高まっていった。

　貝原織布にも，デニム生地用の糸の染色についての打診があった。声をかけてくれたのは，社長・貝原定治の高校時代の友人，先輩たちであった。友人の地元ジーンズ・メーカー龍虎被服の社長，そして先輩の地元の織布メーカー菅原織物の社長であった。菅原織物も，龍虎被服も，原材料の安定調達が可能になるし，貝原織布にとっては，デニム生地用糸の染色という仕事が入り，絣入りサロンの打撃からの復活に向けて，助けてくれた。

(6) デニムへの進出：藍染連続染色機 (ロープ染色1号機) 自社開発 (1970年)

　デニム生地の国産化には乗り越えなければならない課題があった。芯白性で

ある。デニム生地は，経糸に染糸，緯糸に白糸が使われている。染糸である経糸は，糸の中心は白色に保たれ，周りのみを染料によって藍色に染め上げている。ジーンズを履き込んでいくと，よく擦れる部分は白っぽくなる。これは，「あたり」とか「ひげ」と呼ばれ，ひとつの表情として，それぞれのジーンズの顔となっている。

　この芯白の糸を製造する技術が日本にはなく，芯まで藍色に染め上げる綛染<ruby>綛染<rt>かせぞめ</rt></ruby>では，米国のジーンズのような色落ちによる風合いは生まれなかった。貝原織布としては，定治がアデンに向かった1968年2月には早くも試織に取り掛かっていたが，芯白の染色を実現できなかった。

　芯白性を可能にするために，米国では，ロープ染色機が用いられていた。ロープ状に束ねた綿糸をインディゴ染料に浸し，それをローラーで数メートルの高さまで引き上げて，染料を絞りつつ酸化させるという工程を何度か繰り返す。一定の張力をかけ，途中で染料を絞るということを繰り返すと，芯白の糸ができるというやり方だった。

　1970年4月，ロープ染色機の試作が「鉄工所」を中心に始まった。備後絣メーカーとしての80年近い歴史は，染色に必要な染料の配合割合，酸化して発色させるために空気に触れさせる時間など，多くのノウ・ハウは既知であった。ロープ染色機の試作機第1号が完成したのは，1970年10月であった。苦労と工夫を重ねた結果であった。

　なお，ロープ状の束のままでは，生地へと製織できないために，再び一本ずつの糸の状態で巻き上げる必要がある。この分織工程の解決に導いたのは，備後絣生産でのやり方を応用した目板法と呼ばれる方式であった。備後絣では，染め上った絣糸を反物の図柄に応じていくつかのグループに分ける，「分け」という工程がある。その際の方法を応用したのである。その結果，分織工程は大幅に改善された。

(7) リーバイスとの取引開始（1973年）

　1973年，リーバイ・ストラウス社（Levi's Straus：「リーバイス」）製品にデニム生地用の糸が採用された。このことは，カイハラが世界のデニム生地

メーカーへの飛躍の大きな契機であった。リーバイスの採用は，品質への高い評判となり，国内外のジーンズ・メーカーとの取引開始に際して，大きな宣伝となった。

　リーバイスとの取引開始の背景には，1972年の欧米でのジーンズの大流行があった。この需要拡大のなかで，リーバイスでは新たなサプライヤーを探していた。また，リーバイスは，香港の極東本部をすでに設立し，1971年に日本支社を立ち上げた。そして，自社のジーンズのスペックを満たす織布メーカーを日本国内で探索した。鐘紡，倉敷紡績，ユニチカなど数社であったとみられているが，倉敷紡績とユニチカが取り扱っていた染色された糸は貝原織布製であった。こうした流れで，リーバイスは，貝原織布が染色した糸を外注織布し，そのデニム生地を，ジーンズ製品に採用することとした。

(8) Fast Fashion ユニクロとの取引開始（1998年）

　ユニクロ（株式会社ファーストリテイリング）との取引開始は，1998年である。ユニクロがちょうど原宿に首都圏初の都心型店舗として出店した当時で，都会向けにジーンズも取り扱い，また品質面での高付加価値化へと舵を切ろうとしたころである。取引開始のきっかけは，歩留まり率だった。ユニクロ向けにデニム生地を卸していた商社が取引していた供給先の歩留まり率は低すぎた。それで，カイハラに注文がきた。カイハラの品質が見込まれ，取引の開始となった。その後，カイハラの製品は，無検査でユニクロに納品することとなり，高い信頼をユニクロにおいても得たのだった。

　品質と信頼性は，その後のユニクロとの共同開発につながっていく。

　ストレッチ，防風，保温発熱，軽量などの機能性が入ってくると合成繊維メーカーの協力もかかせない。2010年発売のヒートテックデニム"暖パン"は，3年の開発期間をかけて，ユニクロ，カイハラ，東レの3社で開発した。3社での共同開発は，その後も続き，「ミラクルエア−3Dジーンズ」にも活かされている。中空糸という細い筒状の緯糸を使った，軽く，やわらかい生地である。

　2016年にはユニクロは，ジーンズ文化の聖地ともいわれるロサンゼルスに

ジーンズイノベーションセンターを設置し，素材開発からデザイン，加工など
の最新トレンドを取り入れた理想のジーンズに挑戦している。カイハラはここ
にも参加し，機能性を含めた素材開発に寄与している。

　また，ユニクロとの取引関係のなかで，広島県内の4工場での生産にこだ
わっていたカイハラも，ユニクロの国際展開の絡みのなかで，タイへの工場の
設置を決め，2015年10月に立ち上げ，2016年1月から本格稼働している。

3. 対話からの変容（変化）

(1) 藍玉販売から絣製造へ（1877年〜1893年）

　1877年の貝原卯三郎の藍玉販売から始まり，息子・貝原助治郎は，絣製造
への想いを強くし，1893年に手織正藍染絣製造を創業した。ただ単に創業す
るのではなく，備後絣の礎であった文久絣の考案者の富田久三郎に弟子入りす
ることからはじめ，絣の仕組み，藍染，意匠の技術を修得していった。そのう
えでの手織正藍染絣製造であった。技術修得，しかも「すべては一本の糸の品
質に始まる」（企業理念のなかの「精神」）を根幹として，発展・革新させてい
く気質は，現在のカイハラ，またその品質に脈々とつながっている。それが取
引先・顧客のカイハラへの高い信頼へとつながっている。

(2) 絣の製品開発：差別化志向（1893年；1954年）

　製品開発における差別化志向は，助治郎の時代からある。福山の中心地に比
して立地的劣位は，製品の差別化に向かわせた。他社よりもハイエンドへの差
別化志向である。顧客を意識したうえでの研究開発による差別化志向の方向性
は，絣生産においても，デニム生産においても受け継がれている。

(3) 市場開発（販売の国際展開）（1956年；1960年）

　絣生産において，1950年代の主な市場であった遠く東北まで顧客意識・行動などの調査に行き，デザイン・機能（重さ）などで，製品開発に生かそうとしていた。海外への市場開発となると，情報収集も限られてくるが，県の関連機関の情報によって洋服向け市場を開発しようとしたし，神戸の商社からの情報によって，中東への絣入りサロンの輸出も決まった。情報収集の網を多方面に広げていると同時に，さまざまなつながり，ネットワークによって，探索だけでなく，提供を受けるなど，双方向となる関係を築いている。このことが市場開発につながっている。

(4) デニムへの転換（1968年）

　デニムへの転換は，まずデニム生地用の糸の染色からであったが，1971年4月，染色した糸をカイハラとして外注製織し，同年7月には初反の出荷を行った。他方で，1971年後半にはユニチカ，大和紡績，富士紡績，1972年には八木商店，倉敷紡績からデニム生地用の糸の染色を受注した。

　デニム生地製造工程のなかでもカイハラの得意分野を生かし，そこから前後の工程へと広げていく形でデニム事業を拡充させた。1968年には試織に取りかかっていたが，1970年の染色の試作機から1974年には後工程の織布の内製化へ，そして1980年に最終工程の整理加工へ，さらに1991年には前工程の紡績も行うようになった。この間，20年以上の年月を要しているが，紡績・染色・織布・整理加工の一貫体制を構築し，当然ながら価格のバランスをとりながら，デニム生地そのものの品質を高めていった。

(5) 紡績・染色・織布・整理加工（1991年）

　1974年11月，織布の外注を減らすべく，内製化に乗り出した。ただ単独では投資リスクが大きかったのか，ユニチカとの共同出資で上下工場内に株式会社デニーを設立し，最新鋭の豊田織機の導入で当時定番の14オンス・デニム

製品の生産が可能となった。それまで単独で絣入り広幅機を改良するなどして
トライしたものの10オンス・デニムが精一杯で，生産効率も上がらず，競争
力のある製品は生産できなかった。1978年には，吉舎工場をつくり，豊田織
機よりも生産性の高いスルザー社製織機を導入し，織布の自社生産を増やし
た。

　1980年には，吉舎工場に整理加工機を導入し，自社内での最終仕上げを可
能にした。最終仕上げとは，表面にできたケバ（毛羽）を取る毛焼き，生地表
面を滑らかにしたり，ヨジレ防止，防縮，また生地にコシを持たせる糊付けと
いった処理を行う工程である。

　リーバイスからの展開のおかげであったが，積極投資の結果，1982年3月
には，デニム生地の国内最大メーカーとなった。さらに1986年には，国内
シェアは60％となった。

　そして，1991年，綿糸の紡績を自社で行うようになり，紡績，染色，織布，
整理加工と，デニム生地生産に必要なプロセスを自社内での一貫生産体制が
整った。これで，品質はより高いレベルになり，参入している高価格帯ジーン
ズ市場での競争力はさらに強化された。

　1991年といえば，1985年のプラザ合意以降の円高ドル安傾向の期間であり，
また1991年3月から1993年3月にかけてのバブル崩壊期間でもあった。こう
したなかで，また国内の紡績設備が激減しているなかでの設備投資であった。
求める品質，日本国内市場でも受け入れられる品質，そうしたデニム生地供給
のための上質な原糸生産を，という判断にもとづく投資であった。ただ，自社
が求める糸を他社から調達する取引コストと，自社で内製化する内部化コスト
を比較すると，月産300万mの織布生産のために必要な綿糸量を考えれば，
紡績設備への投資も合理性を見出すことができる。また，一貫生産体制を構築
し，工場の24時間操業によって，良品率は約1％上昇した。これは，売上換
算で，月に数千万相当の費用削減となる。案外と，この削減は大きい。

　1990年，会長・貝原定治，社長・貝原良治の体制となり，1991年には社名
を貝原織布株式会社からカイハラ株式会社へと変更した。

(6) タイでの生産（生産の国際展開）（2014年）

　2014年，タイにKAIHARA THAILAND Co., LTD.(KTC) を設立し，製造・販売を行うようになった。これを期にしたのか，同年，定治の長男で社長だった潤司は副会長に，潤司の弟の護が社長になる体制に変わった。祖父の覚がよく言っていた，会社を「よくおさめ（良治），うるおいつかさどり（潤司），まもって（護）いけ」[10]という流れになった。

　タイへの進出にあたっては，2013年4月からタイ，インドネシア，ベトナム，中国を候補として検討したが，9月24日にタイへの進出を決定した。2014年1月30日電力と豊富な水の確保ができるラチャンブリ工業団地と契約し，現在地での工業用地取得，その後，工場建屋建設，機械設備据付，操業許可等を経て，2015年10月15日開所式（操業開始）となった。当然ながら，市場調査の前に進出するか否かの決定があるが，2012年，遅くとも2013年初めとなる。会長，副会長は，家訓を守ろうとし，決定後も先代に「あの世で怒られるな」と，反対の気持ちが強く，二の足を踏んでいたようだ。家訓というのは，「装置産業だから，その国に何かあっても，持って帰れないじゃないか」というものであった。

　広島県内の4工場は，本社からの移動距離もそう遠くない。だが，5工場目はタイ工場だ。2003年から副社長の護は，学部は工学部であったが，卒業の1978年にカイハラ（当時貝原織布）に入社し，80年から87年までは伊藤忠商事に出向し，3年間の米国駐在を行うなど，輸出（営業）業務に携わっていた。護のこれまでの経験も鈴をつけるうえで大きかったと思われるが，タイ工場設立に引導を渡したのは，営業の責任者であった専務・淳之（現会長長男）と思われる。これには，受注先からの増産体制構築の要請（とりわけ，ユニクロの2020年5兆円売上構想）があったし，国内での生産能力増強の難しさ，本社周辺地域での新たな人材確保の困難性もあった。他方で，タイは，アセアンにおけるハブ的な役割があり，ベトナム，バングラデシュ，カンボジアなどの縫製工場への近接性もあり，親日的で出向者にとってのインフラも整い，進出地域での人材確保も比較的容易であった。また，専務・淳之自身，時代背景やトレンドに即したさまざまな分野で通用する製品展開を志向していることもある

し，社長・護がタイ進出を次の経営展開への大きな機会と捉えたことが大きかった。

ユニクロの 2020 年 5 兆円構想は，2016 年に 2020 年 3 兆円構想に修正された。2013 年売上収益 1.14 兆円，1,299 店舗（国内 853 海外 446）から 2018 年 5 月では国内は同じで海外は 1,209 店舗と 2.7 倍となり，売上は 2 兆円を超えた。2019 年 8 月期では売上収益 2.29 兆円，2,196 店舗（国内 817 海外 1,379）で，店舗数は国内が減少，海外は堅調に増えている。2010 年マレーシアに初出店，2011 年タイに初出店，2012 年プレミアム・デニムを展開する J Brand Holdings, LLC の過半数持分を取得，2013 年インドネシアに初出店，バングラデシュに 2 店舗開設，2016 年シンガポールにグローバル旗艦店出店などと，ユニクロは，ジーンズを主要製品のひとつとしながら国際展開を進めている[11]。

カイハラは，1991 年の紡績・染色・織布・整理加工の一貫生産ラインの完成を 1968 年の試織からのデニム参入から数えれば 23 年かけて遂行し，それから約四半世紀の 23 年での海外製造子会社の設立である。その意味では，「誰もがジーンズを作り，売れる時代になった」なかで，「もうひとつの会社を興すくらいに」考えた。"護る"だけではなかった[12]。

タイ工場設立にあたっては，当然ながら国内同等の高品質デニムの供給のために最新鋭の機械設備を設置した。例えば，染色の際にはインディゴの酸化のための「エアリング」が高さやスピードによって色の濃さや深さが変化するために重要であるが，タイ工場のそれは日本のそれよりも高さは数 m 高い。その分，多様な色合いを可能にする。

管理および技術の移植においては，当初 28 名（2019 年 9 月時点では 14 名）体制で垂直立ち上げを行い，ただ作業手順をきっちり教える形に変更するなどの修正を加えながら，同一品質の製品を求めた。しかし，当面は，職人技術が不十分であるリスクのために紡績は行わず，経糸は三和工場からの輸出，緯糸はタイ国内で調達している。したがって，まだ一貫生産体制ではないが，2017 年 3 月から染色工程が移管され本格稼働したように，将来を見据えた形で，内部化を深め，海外へ外延的に，また発展的拡張することを着実に進めている。

表4-1　対話の歴史的推移

契機-成果-変化／時間軸	機会との対話（契機）	対話からの修得（成果）	対話からの変容（変化）
1893年創業	製造への想い	貝原助治郎の手織正藍染小幅絣（38cm）製造	藍玉販売から絣製造へ
1954年	市場深耕	液中絞自動藍染機自社開発（特許）	絣の製品開発　差別化
1956年	市場機会探索	動力織機による広幅織（90cm）開発（世界初）（洋服向け）	市場開発（販売の国際展開）
1960年		122cm幅「絣入りサロン」開発（中東等向け）	
1967年	政治リスク		
1968年		デニムへの進出（染色からの参入）	デニムへの転換
1970年		藍染連続染色機（ロープ染色1号機）自社開発	
1973年	取引先（顧客）に鍛えられる	デニム・専業メーカー　Levi'sとの取引開始	
1991年			紡績・染布・織布・整理加工の一貫生産
1998年	主要顧客の変化	ファスト・ファッション　ユニクロとの取引の本格的開始	
2014年			タイでの生産（生産の国際展開）・日本以上の最新工場・内部化の外延的発展的拡張

4.　ディスカッション

　本章では地域企業に関する分析の視点を示すこと（表4-1）も目的のひとつであり，その妥当性についての検討の必要があるが[13]，ここでは，提示した分析の視点に基づいて得られたいくつかのインプリケーション（表4-2）か

ら議論を深めていきたい。

(1) 対話型変容の構成要素

変容の方向を支えるもの（目的）

　何かを継続的に成し遂げていくためには，軸がぶれないことが大切になる。一気通貫している信条ないし想いをルーティンのなかで，確認したり，深めていくことが大切になる。それが変容の方向を支えることになる。

　カイハラは，その企業理念の「精神」を，「すべては一本の糸の品質から始まることを忘れずに，カイハラの創り出す糸を通して，澄みきった青い空の広がる世界に向けて，ふれあいのネットワークを広げよう」としている。

　「いい製品をつくる」ために，まずは糸との対話をし，それを顧客（取引先また最終顧客）との対話につむぎ，信頼へとつなげようとしている。

手段：イノベーション

　カイハラは，絣の可能性を探求していたが，時代との対話の結果，デニムを極めることとした。対話をしていくなかで，顧客の手に届けるためにイノベーションへと向かい，それが「いい製品をつくる」ことにつながっている。

　カイハラが継続的にイノベーション（変革）をしている根幹には，創業当初の福山市に比しての新市町常という立地劣位を克服した経験がある。克服のためにはルーティンのなかで変革をしなければならず，変革すれば，知識の蓄積になり，次のイノベーション（変革）につながる。例えば，独自の機械開発での「鉄工所」の役割が大きかったが，現在でも本社を含めて5工場の各工場に「工場」を持って，メンテナンスだけでなく，修理・開発をタイムリーに行っている。

　「いい製品をつくる」ことを極めていく力としてのイノベーション，それがさまざまな境界，「際」を超える力となり，イノベーションが進んでいる。換言すれば，それは，鍛錬のイノベーション，鍛えられるイノベーション，際を超えていくイノベーションなど，さまざまに形容できる。

　こうした行動が，技術また知識などの企業の所有優位性を高めることにな

る。変容していくことで所有優位性を高めている。

　ただ，そのためには，素材・中間財メーカーであっても，単なる下請けにはならない自立と自律，内製化を志向する気概を持つことが求められる。これは，取引先などとのつながりにおいて信頼関係の継続的構築は忘れることなく，内部化インセンティブを深めることである。

媒介：縁に生かされ縁に応える人脈とリーダーの資質・人柄

　目的を成果へとつなげるための手段であるが，媒介も必要である。ネットワークともいってもいいが，カイハラの場合，縁に生かされ縁に応える人脈とリーダーの資質・人柄と表現したほうが適切である。

　創業した貝原助治郎では，富田久三郎考案の文久絣（後の備後絣）による事業機会の認識，その実現のための師事による技術吸収，そしてそれを受け入れてくれた富田との関係がそれにあたるだろう。

　伝統的な小幅織から広幅織また絣入りサロンへの事業拡張も，洋装化への時代認識の把握もあるが，日頃あまり接触のなかった機関（非営利組織）からの情報収集であり，また先方からの公的機関を通じての打診によって可能となった。広幅織では東京の広島県が設置している物産斡旋所，絣入りサロンでは神戸の商社による福山の繊維工業試験場への問い合わせ，その紹介から始まった。

　デニム転換にあたっては，高校時代の友人・先輩によるデニム生地向けの糸の染色依頼は大きかった。その流れのなかでの新たな染色機の自社開発を行い，品質に応えていくなかで，リーバイスとの出会いが生まれた。その求める品質，また量産化にあたっての品質の安定性も，これまでに培い蓄積してきた染色技術とともに，リーバイスのスペック管理のノウ・ハウを獲得することで，確実なものにし，信頼関係を深め，継続的取引関係へとつながった。

　ユニクロとの継続的な取引関係もこれまでの製品を通じた信頼性を背景に縁が強固なものになっている。

　このような縁に生かされ縁に応える人脈とリーダーの資質・人柄を企業間資源交換の促進という視点でいえば，強連結と弱連結のネットワーク（Granovetter 1973）のバランスがとれているといえる。公的機関等との弱連

表4-2　対話型変容の構成要素

目的：方向性を支えるもの	手段	媒介：人脈、資質、人柄
一気通貫している信条： 　精神「すべては一本の糸の品質から始まる」 想いの実現志向： 　「いい製品をつくる」 　・顧客（取引先・最終顧客）との対話 　・対話を経て、イノベーション（革新）の結果を手に届ける 　・絣の可能性を探求し、デニムを極める	機会との対話を契機としたイノベーション： 　・立地劣位性の克服： 　　創業当時の福山市に対しての周辺としての新市町常の立地劣位性克服のための根幹 　・所有優位性を高める： 　　変容しつつ所有優位性を高める 　　鍛えられるイノベーション 　　極めていくイノベーション 　・内部化インセンティブ： 　　内製化による自立と自律 　　単なる下請けにならない	縁に生かされ縁に応える： 人脈とリーダーの資質・人柄 　・貝原助治郎： 　　富田久三郎考案の文久絣（備後絣）の事業機会認識と師事による技術吸収 　・広幅織＆絣入りサロン： 　　日頃あまり接触のなかった公的機関（非営利組織）との／からの接触 　・デニム転換：高校時代の友人・先輩 　・Levi'sとの継続的取引：スペック管理ノウ・ハウの吸収 　・ユニクロとの継続的取引：企業間資源交換の促進と共同開発 　・弱連結と強連結のネットワークのバランス

結，リーバイスとの強連結，さらにジーンズ市場構造の変化なかでリーバイスからユニクロへの自然に近い形での中心取引先の移行，これらに代表される絶妙なバランスである。

(2)　その他の議論

素材メーカーを極め，完成品を土台で支える

　カイハラは，伝統産業である備後絣から出発し，その市場機会認識のなかで，織機開発を行い，国際的に販路を広げた。しかし，国際政治環境の変化のなかで，経営危機に直面し，絣からデニム生地へと転換をはかった。デニム生地の供給者として，糸の染色から織布，整理加工，さらに紡績と一貫生産体制を整え，デニム生地の供給者としてハイエンドの素材メーカーを極め，完成品を土台で支えている。素材メーカーを極めていく過程は，「すべては一本の糸の品質から始まる」を日々ルーティンのなかに落とし込んでいくことの積み重

ねであった。しかしながら，絣織時代に行っていたルーティンが現在のルー
ティンと同じではないことは確かである。存続のために機会との対話を経て，
その機会を成果につなげるために新たな機械開発を行うなどのイノベーション
を実現させ，事業領域あるいは対象取引先を変容させてきた。ルーティンとし
て取り組んできたなかにイノベーションの基があり，イノベーションの結果，
次なるルーティンへと変容していくのだ。この循環的相互作用が現在の存続に
つながっている。

　デニム生地生産は世界全体でジーンズ年間20億本（相当），生地価格が世界
平均2.5ドルから3ドルといわれる。カイハラは，その40分の1程度を占め
ているが，日本製生地価格は世界平均の3–4倍とみられる（倉敷ファッショ
ンセンター資料）。そうなれば，ハイクラス，ハイプライスゾーンでしか生き
残ることはできない。そのうえで，国内シェアは50％を超える高い占有率だ。

付加価値連鎖のなかでの立ち位置・役割・ポジショニングの妙

　原綿から加工され，デニム生地が作られ，ジーンズへと縫製され，販売され
る。これがわれわれの手元に届くまでの流れであり，付加価値連鎖であるが，
カイハラは，色・生地の性質・機能などジーンズの根幹を決める中間のデニム
生地の製造に係わっている。

　糸の原価の半分を占める原綿は輸入であるが，テキサス，豪州，ブラジルな
どと地球儀の東西南北から，糸の長短太細へのブレンドも意識しながら調達場
所をポートフォリオしている。原綿は，三和工場で，数百種類それぞれの糸に
合わせた独自のノウ・ハウでブレンドがされ，まずは切れないように程よく撚
りをかけ（カード，練条等の前防工程），そのうえで精紡工程へと進み，撚り
をかけて糸にする。そして，カイハラの伝統がとくに生きている染色を本社工
場で行い，のりづけをして，三和あるいは上下工場の織布となる。そして，最
後に吉舎工場で整理加工となる。なお，吉舎工場ではすべての工程が可能であ
る。

　こうした工程それぞれにおいても，ルーティンのなかの精緻化・効率化・洗
練化への変容が見られる。その変容過程において染色だけでなく，織布，整理
加工，さらに紡績へという一貫生産へと変化し，さらにはタイでの生産となっ

た。

デニム生地は，リーバイスなどの専業メーカー，あるいは SPA のユニクロなどの縫製工場へ送られ，最後は店舗等での販売となる。

1990 年代に入り，SPA あるいはセレクトショップが台頭してくるにつれ，専業メーカーの業績は次第に厳しくなった。ただ，糸の開発・染色の開発・織布の開発・整理加工の開発をカイハラは行ってきているので，それぞれの組み合わせ次第で，顧客が望むさまざまなタイプの生地の製造が可能である。備後絣メーカー時代から蓄積してきた染色と，リーバイスとの取引で培ったスペック管理のノウ・ハウを活かし，すべての製品について，染料の種類，配合の割合，空気に触れさせる時間，還元剤の種類や量といったことを記録している。発注があれば，かつてと同じ条件での製品供給も可能だ。セレクトショップなどに対応できる多品種少量生産能力と，SPA 向けなどの少品種大量生産能力の双方を兼ね備えつつ，顧客の多様化に応じたジーンズの供給幅の広さを可能にしている。

さまざまなタイプのデニム生地を供給できるとしても，顧客のニーズを把握し，場合によれば先取りして供給先に提案できるようになれば，継続的な取引あるいは拡大への大きな力となる。そのために供給先との直接取引を重視している。2000 年代前半で全体の 40％ から 50％ であった。直接取引は，商社経由の間接取引よりも最終顧客に近くなる。長期的な直接取引であればジーンズ動向情報も入りやすくなるし，小売店舗を持っている SPA は販売動向の迅速な把握をしているので，専業メーカー経由の情報よりもさらに深く吸収できる。こうした強みはカイハラからの提案を可能にする。少なくとも年間 500 種類，多いときには 900 種類の製品サンプルをユーザー企業に対して提案し，その商品化への採用率は 25％ から 30％ 程度という高い割合だ。

さらに，当然ながら，独自の情報収集活動も行っている。全国展開しているジーンズ・ショップに依頼し，吉祥寺，新宿，渋谷，横浜などの店舗で販売されたジーンズのカット裾を着払いで送ってもらい，市場動向を分析している。カット生地を見ることで，洗い加工，縫製などの流行を判断している。こうした努力が製品提案力を高めている。

対話型変容において，とりわけ中間財（素材）メーカーにおいては，提案力

は重要であろう。取引先の要求を単にこなすだけでは，素材革命が起こったり，素材の機能革命が生じれば，それに迅速に対応するメーカーに代替されることは容易に考えられる。代替されず，取引先との補完関係を継続させていくためには，提案力は有用であり，大切である。

俯瞰する力と実現する力：客観と主観を「広く」だが「深く」

　中間財を供給する企業は，概して完成財メーカーに依存することで，その業績が左右されることが多い。この点で，例えば企業城下町の盛衰に係わり，その中核企業である完成財メーカーと地域の諸主体の相互作用の視点での検討もある[14]。しかしながら，要は，その渦中にある当該企業の視野と心持ちが重要な要素となる。当然ながら，マイナスの機会が生じた際には，それを契機としてプラスに変えていく力が必要である。ただ，新しいことに取り組む際には，自らの力のみで変えていく場合も考えられるが，カイハラの事例によれば，取引先企業，あるいは旧友，公的機関などとのさまざまな「対話」のなかで，事業転換，事業レベルの高度化をはかっていった。それは，異化と同化[15]，異なるものが生じたとしても，それを必然ないし仕方ないものとして認め，受け入れ，取り込み包み，自分のものにしていく過程と類似している。その過程をルーティンとして捉え，自分のものにしたときがイノベーションといえる。こうした過程を認めるには寛容が求められる。その寛容な心が前向きにしてくれる。こうした視点は，大企業でなく，経営者層の意思決定が迅速に経営に反映される中小企業で同族経営である場合のほうがより有用であると思われるが，大企業においてもグンゼや富士フイルムの新規事業創造の事例によれば[16]，同じような過程が確認できる。

(3) 小括

　対話（契機）－修得（成果）－変容（変化），対話型変容の視点で，時間軸によって，カイハラを事例に，その変容過程を検討した。この視点は，異化－同化－逸脱の議論と通底では重なっているが，その概念間の関係については，さらに精緻化させた議論が必要である。また併せて，ルーティンのイノベーショ

ン化については，条件変化に応じてルーティンを柔軟に変更できるというより
も，知識の絶え間ない積み重ね（異化である事象・知識を受け入れ，その同化
過程のなかでの知識の積み重ね）が，ある特定時点で革新的な知識へと転換・
変容されていくという意味合いを強く意識している。その視点をふまえれば，
アンラーニングではなく，ラーニングの積み重ねが大小に係わらず逸脱に通ず
ると考える。既有の知識が豊富であればあるほど，新しい知識を短期間に構造
化できる，つまり「適応的熟達化」[17] が可能となる。ただ，このプロセスにつ
いての議論，また地域と国際性における可動性と非可動性に係わる議論などに
ついては，今後のさらなる検討を行い，精緻化していくこととしたい[18]。

おわりに

　カイハラは，その企業理念として，精神，経営姿勢，行動規範を定めてい
る。なかでも，カイハラが，「精神」に示されている「すべては1本の糸の品
質から始まることを忘れずに」，「世界に向けてふれあいのネットワークを広げ
よう」の探求をいかに継続させてきたのかが，本研究において，その一端が明
らかになったと思われる。それは，進取性に優れた満足度の高い商品・サービ
スをスピーディーに提供するという「顧客本位」と，世界に向けて自然の恵み
を生かし固有の技術・技能を高めるという「研究開発」を柱とする「経営姿
勢」につながり，また，取引相手（顧客）への誠実さ，自信と誇りをもちつつ
も謙虚な行動，後輩を育てみずからも研鑽努力する態度，さらには事実・情報
をもとに積極果敢に決断行動する挑戦心という行動規範にその方向性が示され
ている。

　本章では，「対話型変容」をキーワードとして，伝統産業に係わる地域企業
分析におけるフレームワークの提示，またそこからのインプリケーションの導
出によって，その存続性への要因を検討した。なお，この意味では，本研究
は，カイハラそのものの課題抽出でなく，カイハラを事例として，「企業存続
には偶然をともなうとしても，変容過程は必然である」との仮説導出であると
いえる。

　伝統産業に係わる地域企業がグローバル環境の変化のなかで存続していくためには，単なる延長線上ではなく，その線上から活動内容を変移させていく，逸脱も必要である。それによって，製品，市場などを変え，広義の環境適応をしていくことで企業が存続できる。市場が国内市場から海外市場へと広げる／広がることはそのひとつの手段であり，結果でもある。逸脱によって存続していくためには，自社の力だけでは困難である。市場，つまり顧客との対話を通じて，海外を含め，新たな市場が開拓できる。しかし，根幹である製品に対する想いは変えていない。つまり，「一貫性（Consistency）」をもった技術の継続的なイノベーション（変革）が必要である[19]。とくに，中小企業であるがゆえに，経営者の想いは重いものとなる。換言すれば，世の中，市場の変化への対応は，これまでからの「逸脱」が必要であるが，その変革の「種（シーズ）」はルーティンのなかにある。外発的な示唆・ヒントなどは受けるが，伝統に根ざした内発的な要因があってこそ変容・変移をもたらす。いわば，啐啄同時に近い。

　カイハラの事例は，示唆に富む事例と思われるが，ワンケース（単独事例）であり，単独事例の意味については既述しているが，分析フレームワークとして，またそこから導出されたインプリケーションを一般化するにはさらなる検討が必要である。その意味では，近藤信一准教授グループの岩手県中小企業 6 社の実態調査にもとづく研究は，異なるデータからの分析フレームワーク（モデル）適用による実証であり，分析フレームワーク（モデル）構築において，また研究上の対話の視点においても，たいへん有用・有益である。今後のさらなる精緻化のためにも，事例研究のさらなる積み重ねが必要である。

　さらに，本事例においても，少数間取引における資源の希少性および取引依存度の拡大にともなうパワーやリスクマネジメントをめぐる関係性，共同研究の際の知財対応などについてのさらなる探求を行うことで，「対話型変容」の説明がより精緻化されるものと考える。

＊本章は，2017 年 8 月 24‒26 日に開催され報告したペーパー（OHTOWA, Takeshi, INOGUCHI, Junji, KITA, Tsutomu, and SHIOSAKI, Tomomi, “Innovation and Tradition in a Japanese Denim Maker”, European Business History Association, Wirtschaft Universität Wien, Österreich）を展開させ，国際ビジネス研究学会第 25 回全国大会（2018 年 11 月 11 日：早稲田大学）において筆者が報告した「伝統産業にかかわる地域企業の変容と国際展開―カイハラの事例―」（ドラフト・ペー

パー）をベースとし加筆・修正した大東和武司「伝統産業にかかわる地域企業の変容過程―絣から
デニムへ：カイハラ（KAIHARA）の事例―」『経済系』関東学院大学経済経営学会，2021 年，
pp.72-95 に依拠しているとともに，大東和武司「地域企業の革新―ルーチンと伝統の翻訳―」『国
際ビジネス研究』国際ビジネス研究学会，第 7 巻第 1 号，2015 年，p.5 にも依拠している。
＊　本章は，JSPS 科学研究費補助金基盤研究（C）（課題番号 22530418）「公開責任のない多国籍
組織の国際展開に係わる研究」（2010-2012）（代表：筆者）および同基盤研究（C）（課題番号
17K03942）「地域企業の変容・進化と国際展開に係わる研究：ルーティンとイノベーションの関
与」（2017-2022）（同），また同基盤研究（B）（代表：岸本壽生）（課題番号 18H00883）「地方企業
の国際ビジネスのパラダイムシフトに関する多角的研究」（2018-2020）の成果の一部である。

[謝辞]
　　カイハラ株式会社のみなさま，とりわけ代表取締役会長・貝原良治氏には，2006 年来，突然
にヒアリング依頼をしても，いつも快くお引き受けいただき，ありがたく感謝している。また，
2021 年の論文にも貴重なコメントをいただいた。併せて，感謝したい。さらに，2018 年以降の
KAIHARA THAILAND Co., LTD 訪問に際しては，本社のご配慮もいただき，また現地において
は羽場秀昭社長に心のこもったご対応をしていただき感謝の念に堪えない。そのほか，その折々に
ご対応いただいたカイハラ株式会社のみなさまお一人ひとりに御礼を申し上げたい。なお，適時提
供いただいた資料等も参照していることを付記しておく。

[注]
1　ルーティンについては，本書第 3 章の記述も参照されたい。
2　吉野直人「組織ルーティン研究の批判的検討：組織ルーティンの遂行的変化とマネジメントの可
　能性」『Current Management Issues』神戸大学大学院経営学研究科，201011a，2010 年，pp.1-20.
3　ルーティンについては，次に依拠している。大東和武司「地域企業の革新―ルーチンと伝統の翻
　訳―」『国際ビジネス研究』国際ビジネス研究学会，第 7 巻第 1 号，2015 年，pp.3-13. なお，ルー
　チンとルーティンと日本語表記が異なっているが，意味・脈絡においては本章と同じある。
4　ルーティンおよびイノベーションについては，本書第 3 章の記述も参照されたい。
5　カイハラ株式会社『温故創新―積み重ねてきた技術の歩み，110 年を礎に―』2001 年，p.15.
6　リーバイスはカイハラ産業の株主で，0.52％を所有している。ただ，比率は変わらないものの，
　2015 年から 2018 年は 15 万株であったが，2019 年には 3 万株となっている。
7　正しくは，1 尺であるが，「曲尺」と「鯨尺」があり，曲尺は土木建築に用いられる単位で，鯨
　尺は呉服尺とも呼ばれ，和装などの布物を測る際に用いられる。曲尺の 1 尺 2 寸が鯨尺の 1 尺と
　なっている。鯨尺の 1 尺は，37.88cm である。なお，尺貫法は 1958 年に廃止され，国際基準のメー
　トル法へと移行した。
8　谷山太郎・高橋健太「海外顧客の獲得を通じたサプライヤーの成長―カイハラ株式会社をケース
　に―」『赤門マネジメント・レビュー』13 巻 3 号，2014 年 3 月，p.116 参照。
9　谷山・高橋，前掲論文，p.116 参照。
10　「ひと／カイハラ社長に就いた貝原護氏／"護る"だけに専念しない」『繊維ニュース』（日刊繊維
　総合誌）2014 年 7 月 15 日。参照：http://www.sen-i-news.co.jp/seninews/
11　聞き取りを踏まえ，ユニクロの IFRS 連結貸借対照表などの公表データで，確認した。なお，
　2020 年 5 月末現在では，Covid-19 の影響は大きく，1.54 兆円の売上収益となっている。カイハラ
　のタイ進出時の 2020 年 5 兆円構想は，2016 年に 3 兆円構想へと下方修正されたが，現時点では達
　成できないと思われる。
12　「ひと／カイハラ社長に就いた貝原護氏／"護る"だけに専念しない」『繊維ニュース』（日刊繊維

総合誌）2014 年 7 月 15 日。参照：http://www.sen-i-news.co.jp/seninews/

13   本章は，既述のように，国際ビジネス研究学会全国大会報告「伝統産業にかかわる地域企業の変容と国際展開」（早稲田大学：2018 年 11 月 11 日）にもとづいているが，その際にフロアーで参加された近藤信一准教授（岩手県立大学）にとくに関心をもってもらい，その後，メール等での意見交換とともに，2019 年 3 月 20 日には（一財）機械振興協会経済研究所にて面談をし，議論を深めた。近藤准教授は，本研究の分析フレームワークを踏まえて，岩手県内中小企業における国際化に成功した企業（伝統産業の㈱岩鋳と㈱及富，製造業ほかの㈱東光舎と㈱南部美人）とこれから国際化を志向する企業（㈱アイカムス・ラボと和同産業㈱）の 6 社の事例を分析し，富士通総研経済研究所の浜屋敏氏と大平剛史氏とともに，「中小企業の国際化の新モデル構築　岩手県中小企業に対する実態調査からの考察」のタイトルで第 57 回産業学会全国研究会（相模女子大学：2019 年 6 月 8 日）において報告されている。なお，この報告は，近藤信一・大平剛史・浜屋敏「中小企業の国際化の新モデル構築—岩手県中小企業に対する実態調査からの考察—」『機械経済研究』No.50，2019 年 12 月，pp.1-25　としてまとめられ，刊行されている。

　　本章が単独事例での定点観測にもとづいているのに対し，近藤准教授らは，単発の半構造化インタビュー調査で得られた複数事例（6 事例）の実態調査から得られたデータを基にしている。データの取得方法とデータの質的・量的側面に違いはあるが，同じ分析フレームワークを適用し，異なるデータから実証することは，モデル構築において有用であると考える。

14   例えば，2000 年代に写真感光材料事業の再編による事業再構築をした富士フイルムを中核企業とし，その自治体・下請企業への影響と対応を検討した，外枦保大介「企業城下町中核企業の事例再構築と地方自治体・下請企業の対応—神奈川県南足柄市を事例として—」『経済地理学年報』第 58 巻，2012 年，pp.1-16 などを参照されたい。

15   異化と同化については，2017 年 8 月 24-26 日の EBHA での報告で詳しく議論した（OHTOWA, Takeshi, INOGUCHI, Junji, KITA, Tsutomu, SHIOSAKI, Tomomi, "Innovation and Tradition in a Japanese Denim Maker", European Business History Association, Wirtschaft Universität Wien, Österreich）。また，異化作用のエネルギーについては，大東和武司『国際マネジメント』泉文堂，1999 年，pp.279-284 を参照されたい。

16   高井透・神田良「長期存続企業から学ぶ新規事業創造」『商学研究』第 33 号，2017 年，pp.59-91 を参照されたい。

17   波多野誼余夫「適応的熟達化の理論をめざして」『教育心理学年報』Vol.40，2001 年，pp.45-47.

18   これらについては，2020 年 12 月 19 日−20 日に行った九州産業大学での研究会における日本大学・高井透教授からのコメント，また九州産業大学・土井一生教授との議論から大きな示唆を受けている。

19   この議論については，大東和武司「地域企業のひとつの進化プロセス」広島市立大学国際学部国際ビジネス研究フォーラム（編）『国際ビジネスの現実と地平：地域からの眺望』（広島市立大学国際学部叢書第 10 巻）文眞堂，11 章，2020 年 3 月 24 日，pp.217-244 に詳しい。

「複雑さ」をめぐって

　この秋にふたつの学会の全国大会に参加した。統一論題はいずれも時流をとらえただけでなく，研究上においても中身の濃いものだった。国際ビジネス研究学会（主催校：明治大学，2017年10月28日・29日）は「第4次産業革命と国際ビジネス」，パーソナルファイナンス学会（主催校：富山大学，2017年11月11日・12日）は「フィンテック革命がパーソナルファイナンスを変えるか」であった。

　第4次産業革命は，いうまでもないが，18世紀末以降の水力・蒸気機関による機械化，工業化の第1次，20世紀初め以降の分業と電力を活用し大量生産化した第2次，1970年代初め以降のコンピュータを活用した自動化の第3次，それに続くものとしての第4次である。IoT，ビックデータ，AIなどの用語と連動し，新しい付加価値を生み出し，コンピュータの自律化につながる時代などと言われている。フィンテック革命や自動運転などは，具体的な取り組み事例のひとつである。

　タイトルに「複雑さ」を掲げたが，実際，第4次産業革命やフィンテック革命をめぐって，個人的には充分な理解を得ていないなかで，さまざまな言葉が行き交っている。おおまかには多方面への波及は大きなものであろうと予想される。それらは，産業，経済の側面からみた歴史の流れのひとこまであるが，われわれの生活，働き方，また価値観などに影響を与えるだろう。それをどう捉え，その作用をどのように理解しておこうかと思っている。現時点においてプラスと思われる点だけでなく，個人，社会等々にマイナスをもたらす内蔵リスク，それも排除できないシステマティック・リスクがあろうことも頭に置いておくことは必要だろう。これは，先のコラムで取り上げた三浦梅園の分析的だけでなく綜合的に，「筥」的でなく反芻的に，自然，他者，自己を時間軸と空間軸のなかで混成・結合させるべく思索を紡いでいくという精神と姿勢とも連なる。

　ところで，松岡正剛（2017）は，三浦梅園をハイパーセオリーの提案者のひとりに取り上げている。そして，ハイパーセオリー提案者の多くは，「内部的な気持ち悪さの解消をおおむね最深部の本質的動向のわかりにくさと外部との作用関係に求めていて，内と外とをちぐはぐなまま統合しようとはしていないということ，また，内部の気持ち悪さが変じて新たなものになっていくという見方を，ほとんどしてこなかった」と見ている。そして，他方で松岡は，自然システムと社

会システムをまたぐ見方，「複雑さ」が係わっている「複雑系」は，「システムの内部にも外部多様性を認め」，「システム内外の近傍に系を変じる現象がひそむはずだという考え方を採りえていた」と指摘し，過去のハイパーセオリーに「あるようで，なかった見方」であると述べている。

　複雑系では，起きることが局所的な相互作用によって自律的に変わっていく。つまり，創発（Emergence）が生じる。しかし，表に出ること（発現：revelation）は，なかったものが現れるのではなく，「隠れていたものがあらわれる」ことであり，松岡は，創発には「偶有性」が潜んでいるといい，「コンティンジェンシー：contingency」（お互いに接しあっているところ，相互に共接しあっているもの）として理解してきたという。

　「第4次産業革命と国際ビジネス」の関係を，立本博文（筑波大学）は，エコシステムをキーワードとして捉え，自然，例えば生物種の共生関係を援用し，さまざまな役割をもつ企業・産業のネットワーク効果，相互越境効果によって，IoT エコシステム，Industrie 4.0，Society 5.0 などと呼ばれている新しいフロンティアの形成につながっているという。ただ，これから何が起こるかは，まったく予断を許さない，とも補足する。また，「フィンテック革命」に係わり，桜井駿（NTT データ経営研究所）は，フィンテックと将来の金融サービスにおける，顧客起点のデザイン思考と顧客保護のためのエコシステム構築（行政・アカデミック・新規参入業者の共同研究・連携）の重要性を指摘している。中川郁夫（インテック）は，人徳品格といった個人の「信用」と金銭的な「信用」が連動する顕名経済への途を指摘した。三氏ともに，産業の，組織の境，「際」を越え，まじりあい，接触によって起きている一端を示し，また懸念，留意点にもふれている。

　今日，世界はまさに世界に拡がった。科学では普遍性を求め，それが産業，経済を通じて標準として広まってきたところがある。普遍性は，首尾一貫的であり，単一性，画一性となり，その過程では不満，妬み，恨み，怨念，ひいてはマグマともなることもある。表面的には「隠れたもの」となっていても，である。格差，排除などにつながれば，お互いの理解や共感も進まず，内向きになり，ひいては外向きに爆発し，紛争にまで至るかもしれない。

　となれば，懸念を和らげ，できればなくすことが求められる。それは「複雑さ」に係わることでもある。「内部の外部多様性を認める」ためには，分野，ジャンルを超え，さまざまな「際」を行ったり来たり，混交させる柔軟性を持つことが必要だろう。そして，「際」の内外の近傍に変化をもたらす現象がひそんでいるかもしれない。それは，一方でどこか「に」表れていることから種々の原因・経緯・結果を探りつつ，もう一方で，飛行中のエアポケットの前にかすかに

上昇する気配を感じることなど，どこか「で」気づく些細とも思われることにも目配り，気配りしながら，それぞれの場で仕事を行うことでもあろう。

　これは，さまざまな製造現場，創作現場の一人ひとりがそれぞれ極めへの探究をしつつ，つまり科学的にも普遍性を追求しながら，他の「何か」にも想いをよせることでもある。例えば，ウィスキーのベテラン・ブレンダーが，そのできばえを自らの探究の結果としてのみでなく，その製造にたずさわったすべての人びと，また樽などをはじめとした自然の反映の結果であるとする境地に行きつくことであるのかもしれない。それぞれの場は，いわば地域だったり，コミュニティーであったりであり，単なるグローバルな世界ではない。自在な越境，越「際」をできるようになることが今日ますます求められているように思われる。こうした心境，行動がさまざまな場で連なれば，三浦梅園の「うたがひあやしむべきは，變（へん）にあらずして常の事也」が腑に落ちていくのかもしれない。また，世のなかに多様性，そして「複雑さ」への理解とその緩和が少しでも進むように思われる。

Web コラム『世界経済評論 IMPACT』（2017.12.25.）初出

ふるまい方：Covid-19 からのひとつの気づき

　ふるまい方，最近，思い起こした言葉である。福岡伸一が京大 1 年のとき，同じ語学クラスにいた 4 年生は，無生物が主語の behavior を「ふるまい」と訳したそうだ。DNA のやりとりはふるまい方であり，ふるまい方によって形質転換作用に違いが生まれる。同様に，われわれにおいてもふるまい方次第で状況が変わる。

　Covid-19 はまたたくまに世界中の多くの人びとに悲しみや不安を生んでいる。感染症自体は有史以前からあり，天然痘，ペスト（黒死病），コレラなどなど，人びとの接触・交流の広がりともに流行の範囲を地球規模で拡大させてきた。その対策として，とりわけ 19 世紀以降，上水道，下水道をはじめとする公衆衛生の概念が広がり，またワクチン開発・接種によって疑似集団感染化による予防，そして対症療法である抗ウイルス薬治療など医療体制の構築が行われてきた。個人レベルでのせっけんでの手洗いや換気の徹底など衛生観念も次第に備わってきた。江戸幕府も，日本での三度目のコレラ流行期 1862 年（文久 2 年）にオラン

ダ医師フロインコプスの『衛生全書』の抄訳本『疫毒預防説』によって，「清潔」
「換気」「運動と食生活」など広く注意を促した。

　自然界の突然変異・進化は，4種類のヌクレオチドで構成される遺伝情報の担
い手としてのDNA（核酸）の文字上のごくわずかな変化が，20種類のアミノ酸
で構成される生命活動の担い手としての多様で複雑なたんぱく質の文字を書き換
える形質転換作用をもたらすことで引き起こされる。異なる細菌間でもDNAの
やりとりは行われる。抗生物質が作用しない新たな耐性菌の出現もその結果であ
る。感染症との関係は果てしなく続く。Covid-19の終息の日が待たれる。ただ，
次の感染症がまた生まれるのは確かだ。他方で，人びとの地球規模での接触と交
流が深まっていくことにも抗えない。

　とはいえ，目前のわれわれの「不安」の解消・縮小は喫緊の課題だ。命への不
安，生活への不安，将来への不安など多岐にわたる。もちろん，一人ひとりでも
解消の手立てを考えるだろう。家族，友人など周りの人びとも手助けをしてくれ
る。政治も手立てを考える。不安の解消・縮小に向けて多面的な接近がなされて
いる。

　「不安」の反対語は「安心」。安心，心が安らぎは，葛藤や苦悩がない状態であ
る。最終的には一人ひとりの心のなかであるが，それは，家族や友人との関係あ
るいは社会でのさまざまな経験によって育まれてきたことを拠り所とする。いわ
ば，家族，友人，社会とのコミュニケーション，その結果としてのそれぞれへの
「信頼」の積み重ねに依拠していると言ってもいい。逆に，家族，友人，社会な
ど周りに持っていた信頼は，予想なり期待が裏切られていくと不信に至り，ひい
ては不安となり，葛藤や苦悩が生じる。英語に連ねれば，例えば，理由・経験・
証拠などにもとづく確信（Confidence）がなくなると，具体的な決定や行動に結
びつく信頼（Reliance）が揺らぎ，ひいては絶対的な信頼（Trust）も崩れ，さ
らには理性的な判断にもとづかない一方的な信頼（Faith）をしていた人びとも
離れていく。これが信頼から不安に至る流れだろう。信頼が増えていく連鎖であ
ればいいが，不信・不安へと連なるのであれば，一人ひとりの心も荒み，絆も壊
れ，悲しい。

　信頼関係を築いていくためのコミュニケーションが「対話」だ。職位，権力の
有無を離れ，対等な関係として，お互いが向き合うことである。平田オリザは，
日本には，「対話」の言葉が作られてこなかったのではないかという。例えば，
対等な関係の誉め言葉，女性上司が男性部下に命令するきちんとした日本語など
である。また，政治家の言葉も概して上意下達的であり，そうかもしれない。為
政者が強いリーダーシップを発揮しようとすると「対話」は時間がかかるし，無
駄ともいえ，かえってマイナスに作用するかもしれない。ただ対話のない国家

は，異なる価値観や文化への擦り合わせの醸成もなく，偏りを生み，国民との間の信頼関係もなく，ひいては独裁となり，戦争など大きすぎるリスクを生むことは歴史の示すところだ。「対話」への意識をわれわれ一人ひとりが持つことは，単に不安を取り除くだけでなく，信頼関係を確かめ築き，将来のためにも大切なことだろう。

　Covid-19 の猛威はすさまじい。今後，社会のありようは，確かに変わってしまうだろう。とりわけ，手洗いの場所さえ整っていない人びと，生計がままならない人びと，テレワークやオンライン学習などの環境が十分でない地域などなど，国内また地球規模でのさまざまな格差は，ますます深刻になるだろう。そうした人びとの困窮や痛みを置き去りにすれば，ひいては自らに跳ね返ってくる。いま，われわれ自身の「ふるまい方」の見つめ直しが求められているのではないだろうか。例えば，制圧や征服ではなく，ウイルスとの共存・共生はどうしたら，どのように，などへの視座をもち，国内の，また世界の人びとが置かれている状況に想像力を働かせた見つめ直しである。ひょっとすればすでに，地球のさまざまなところで，個人において企業において，価値観や思考の軸を含め，「ふるまい方」への変化の兆しがあるのかもしれない。甚大な試練だが Covid-19 によって，その兆しを生かし広げる機会が与えられたと考えるのが素直かもしれない。

Web コラム『世界経済評論 IMPACT』（2020.05.04.）初出

「ふるまい方」の見つめ直し：総合イノベーションを探る[1]

　Covid-19 から得たひとつの気づきから考えてみたい。

　自然界の突然変異・進化は，前のコラムで述べたが，ヌクレオチドと呼ばれる4種類の構成単位からなる遺伝情報の担い手・DNA（核酸）の文字上のごくわずかな変化が，20種類のアミノ酸で構成される生命活動の担い手・タンパク質に，その多様で複雑な文字を書き換える形質転換作用を及ぼすことによって引き起こされるようだ。異なる細菌間でも DNA のやりとりは行われる。抗生物質の効果が認められない新たな耐性菌の出現もその結果である。一時的な隔離もやむをえなく行いながら，感染症との関係は，これまでもそうであったように，これからも果てしなく続く。いかにバランス（落ち着き）をとるかである。

　人類は，潜在的な冒険心なのか，本能的な征服欲なのか，「山」をめざし，見知らぬ地を探検してきた。征服欲は所有欲に，冒険心は探究心にも通ずる。ロンドン発祥のシルクハットは，高級帽子ビーバーハットの一種であり，当初はビーバーの毛皮でつくられ，乱獲でビーバーが絶滅寸前になったことでシルクが代用されて呼び方が変わった。現存の北米最古の会社ともいわれるハドソンズ・ベイ・カンパニー（1670年設立）は，ビーバーなどの毛皮貿易のためのイングランド勅許・国策会社であった。毛皮貿易は，先住民がなめし伸ばした製品を物々交換で入手することから始まった[2]が，総督ならびに冒険家の一団の会社は，かの地の行政権を含む特権を賦与された植民地支配会社として設立され，母国でファッションとしての流行を起こした。

　ちなみに，毛皮との交換品であったポイント・ブランケットは，今日でも販売されているが，織り込まれている黒線の本数と長さの「ポイント」によって先住民に毛皮との交換レートを無言で示したものであった。交換の過程のなかで言葉は通じなくとも，遠隔の地の人びととの接触・交流を深めた。経済活動の空間的広がりは，国家空間の拡張へとつながっていった。

　天然痘は，紀元前1300-1100年頃にエジプトで確認されており，古代ギリシャ，ローマ帝国，十字軍遠征などを経て欧州各地に免疫力を高めつつ罹患が広がった。コロンブス以降は米大陸に広がり，免疫がなかった先住民人口を激減させ，結果として植民・征服活動を助けた。中国では5世紀末の南北朝時代の戦争で広がり，日本には渡来人の移動によって6世紀に大陸のエンデミック（地方性流行）が海を渡りエピデミック（流行していなかった地域への拡大）へと範囲を広げたとみられている。

　天然痘の拡散のなかで，軽度の発症から免疫を得る方法について，紀元前から経験上の知見が得られていた。ただ，安全性の高い免疫獲得はジェンナーの牛痘接種（1796年）を待たなければならなかった。ただ，その伝播は急速で，スペインは，ラテンアメリカ，フィリピンなどの植民地に痘苗を運ぶことを1802年には立案している。

　19世紀以降，上水道，下水道をはじめとする公衆衛生の概念が広がり，またワクチン開発・接種によって疑似集団感染化による予防，そして対症療法である抗ウイルス薬治療など医療体制の構築が行われてきた。個人レベルのせっけんでの手洗いや換気の徹底など衛生観念も次第に備わってきた。江戸幕府においても，日本での三度目のコレラ流行期1862年（文久2年）にオランダ医師フロインコプスの『衛生全書』の抄訳本『疫毒預防説』によって，「清潔」「換気」「運動と食生活」など広く注意を促していた。

　ところで，グローバリゼーションについて，19世紀から1913年までを第1次

グローバリゼーション，1914 年から 1970 年代を揺り戻し期，その後を第 2 次グローバリゼーションという見方がある（ジョーンズ，G 2005）。もちろん，グローバリゼーションは国際ビジネス環境を大きく変えていったが，21 世紀前後以降，国際ビジネス環境の変移要因は，経済的なものから政治的なものに移ってきた（カソン，M 2000）。揺り戻し期への移行の兆しを察知している。

　多国籍企業は，グローバリゼーションのアクターのひとつだ。1980 年代後半以降リーマンショックまでの世界の直接投資残高は，ほぼ指数関数的な伸びを示した。放射線状に広がってきた多国籍企業活動は，その空間的広がりを網状へと，まさに地球全体を被うがごとく，その展開を深めていった。

　金融規制の緩和もそれを促進させた。固定相場制崩壊以降の米国発の金融規制緩和は，1980 年代にはエピデミックのごとく英国，欧州に波及し，日本では 90 年代後半に金融ビックバンが行われたことは周知のとおりである。他方で，80 年代のラテンアメリカの債務危機（債務不履行，利払い停止宣言問題），1997 年のアジア通貨危機，2009 年のギリシャ財政赤字粉飾を端とした欧州債務危機，その間に日本ではプラザ合意後の低金利政策と内需拡大に起因する地価上昇と株価高騰（バブル），米国では 90 年代後半からの IT バブル，その崩壊後の金融緩和に起因する住宅バブル，サブプライムローン問題，2008 年リーマン・ブラザーズ破綻（リーマンショック）と，バブルが世界各地で生まれては崩壊し，その繰り返しのたびに，その規模を次第に大きくした。アクターは，経済の過熱に係わるが，政治（政策）に翻弄される。

　1980 年代以降，国際分業ないし企業のサプライチェーン網が多国籍企業化の進展と併せて地球規模での広がりと深まりをみせ，他方で債務危機，バブル，金融危機を繰り返してきた。われわれ人類の宿命なのか，行動経済学のいう群集心理の結果なのか，次なる成長・発展を国も企業も求め続け，そのたびに金融緩和を余儀なくされ，また次に至る悪循環に陥ってきた。

　そうしたなかで，今般の Covid-19 は，供給と需要を分断し，しかも双方に大きな影響を与えている。その対応において，多くの国は，ゼロ金利また量的緩和を行わざるをえない。すでに新興国の債務リスクは高まり，アルゼンチンは，2020 年 5 月 22 日に支払期限の国債の利払いをしなかった。産油国や高債務国の信用リスクが高まり，資金は流出し，IMF には 100 か国以上が緊急融資を求めている。財政基盤の弱い発展途上国や最貧国の資金繰り，無理のない債務返済，そしてその国の運営への配慮は喫緊の課題となっている。国連は，「持続可能でない」債務削減のための国際組織を提案している。1980 年代の債権者は主に国と銀行だったが，今日ではそれにファンドや個人も加わり，幅広く複雑になっている。

　Covid-19 の猛威はすさまじい。またたくまに世界中に拡がり，2020 年 7 月 8 日現在で，感染者は 1,182 万人，死者は 54 万人を超えている。多くの人びとに悲しみや不安を生んでいる。今後，社会のありようは，確かに変わってしまうだろう。とりわけ，手洗いの場所さえ整っていない人びと，生計がままならない人びと，テレワークやオンライン学習などの環境が十分でない地域などなど，国内また世界のさまざまな格差は，ますます深刻になるだろう。

　こうした人びとの困窮や痛みを置き去りにすれば，ひいては自らに跳ね返ってくる。いま求められているのは，窮状にある人びとを守らなければならないことだ。それは確かである。そのうえで，われわれ自身の「ふるまい方」の見つめ直しも必要だろう。ウイルスとの共存・共生のためにはどうしたらいいのか。これまでの政策を見つめ直し，「無理のない」，「行き過ぎでない」政策への転換をするにはどのようにしたらいいのか。他方で，これを機だとして，国際的な M&A を展開するところも現れるだろう。こうしたことへの対応など，多面的，多重的，また多層的な見方にもとづく判断が重要になってくる。一人ひとりが目前もだが，いまは目前でないことにも想像力を働かせた，バランス（落ち着き）を持った見つめ直しである。

　これは，製造現場で科学的な普遍性を追求しながら，他の「何か」にも想いをよせることにも通ずる。ライン醸造や醤油の蔵元が，そのできばえを自らの探究の結果のみでなく，その製造にたずさわったすべての人びと，また木樽や蔵付き麹菌など自然の賜物，いわば総合イノベーションがもたらしたものだという境地に行きつくことにも連なる。それぞれの場は，地域だったり，コミュニティーであったり，単なるグローバルな世界ではない。すでに，さまざまなところで，価値観や思考の軸を含め「ふるまい方」の変化の兆しが起こっているかもしれない。「距離」制約をなくす遠隔映像での対応，都心集中と周辺（地方）との関係，都市化再考，あるいは働き方，生活と仕事，社会的弱者へのふるまいなどなど。それらを拾い上げて，見つめ直すことが大切だ。甚大な試練だが Covid-19 のパンデミックが，その兆しを生かし広げる機会が与えてくれたと考えるのが素直かもしれない。

　最後に，「ふるまい方」の見つめ直しにヒントを与えてくれる二人の人物をあげておこう。

　ひとりは三浦梅園。1723 年生まれの江戸時代中期の哲学者だ。生涯のほとんどを大分県国東半島杵築藩富永村で過ごし，一処で思索を深め，独創的な哲学体系の構築に全力を注いだ。反観合一，対立性（反）と関係性（比）の両方を観察しつつ対象全体を見ることが，時間（直）と空間（円）の総合的把握，直円無窮の理解につながるという。

「うたがひあやしむべきは，變（へん）にあらずして常の事也」。

　突然に起こったことのみに目を向けるのではなく，日常，普通，あたり前など と思ってきたことをまずは訝しみ，懐疑し，どういうことなのかを問うことが大 切だという（pp.132-133のコラム参照）。

　いまひとりは熊谷守一。画家である守一は，『蒼蠅』（1976）で次の言葉を残し ている。「見えるものと同じものを描こうとは思うな。自分そっくりの自画像は， 自分が世の中に二人いることになって矛盾する。」また，「たとえそれが花瓶にさ した花の静物であっても，それがのっている地球の傾き加減が分るようでないと 駄目だ。」

　「革論新叢」『世界経済評論』（Vol.64 No.5，2020年9・10月号，pp.79-81.）初出

1　本稿は，拙稿（2020）「ふるまい方：COVID-19からのひとつの気づき」『世界経済評論 IMPACT』No.1727（2020年5月4日付）を大幅に加筆修正したものである。http://www. world-economic-review.jp/impact/article1727.html

2　緑，赤，黄，黒色の線の入ったHudson Bayポイント・ブランケットは，今日でもデパー ト「ザ・ベイ」などで販売されているが，織り込まれている黒線の本数と長さを「ポイント」 と呼び，毛皮との交換レートを示していた。1枚のブランケットの入手に何枚の毛皮が必要 かを先住民に無言で示す重要な役割をしていた。

第5章

地域企業と国際展開
——常石グループと地域づくり——

はじめに

　本章では，海運・造船を中心事業とする常石グループを主な事例として取り上げながら，地域企業と地域づくりとの係わりについて検討する。地域づくりとの関係について，産業レベルでの検討には，地域集積論の視点での繊維・アパレル産業の集積内ネットワーク・メカニズムおよびダイナミズムの分析[1]，産地型集積から都市型複合集積へダイナミックな転換・変動をしたメカニズムについての実証的研究[2]，また後述する造船業の海事クラスターの研究蓄積などがある。ただ，企業の内面に入っての考察も必要であると考えている。その際に，とくにファミリー企業においては，社会情緒的資産（Socio-emotional Wealth：SEW）の先行研究が有用であると考えている。常石グループは，海運・造船，とりわけ造船業において日本企業のなかでは国際展開に成功している数少ない事例である。しかもその際に，SEWが創業した地だけでなく，国際展開した進出先における地域づくりの一端にも係わっている。こうした点で，同グループを検討することは意味あることだと考えている。

　常石グループは，ツネイシホールディングス（ツネイシHD）を中核としながら，祖業の海運，造船，さらにエネルギー，環境，ライフ＆リゾート事業などにたずさわり，財団（一般財団法人ツネイシみらい財団，公益財団法人ツネイシ財団）も設立している[3]。内外の関連企業を含めて主なものだけで，海運15社，造船22社，エネルギー4社。環境8社，ライフ＆リゾート（L＆R）8社，そして農業5社がある。

　船の新建造は，船主が，価格や品質などを判断材料に，世界中の造船所のな

かからオーダーメイドをする1社を選ぶことによって決まる。その意味では，造船業は世界単一市場だ。この世界単一市場において，日本において，「中手」といわれてきた造船企業が，とりわけ1990年代以降「大手」に代わって中心的な役割を担うようになってきた経緯は興味深い。これは常石グループの発展過程にも係わるので，やや長めの「概況」で説明することとする。

1.　造船業と地域づくり

(1)　造船業の概況

　日本の造船業において，第二次大戦直後の荒廃状況から復興への途のなかで，鉄鋼，石油化学，自動車産業などと同じく，外資の国内投資制限，輸入制限，関税による輸入抑制などの対外経済政策，また輸出奨励金交付や輸出保険制度などの輸出振興政策，そして政府の産業育成・発展政策が大きく効いていることはいうまでもない。そうした結果，全工業製品に占める重化学工業品の割合は1955年の44%は1970年には65%となった。ただ他方で，重化学工業化の弊害としての公害問題が生じ，また産業高度化，知識集約型産業への転換も必要となり，情報サービス産業の育成へと舵を切った。そして，80年代が端緒のグローバリゼーション，90年代に一気に進展したICT革命が連動し，さらにVUCA[4]ともいわれる時代，21世紀へと連なっていった。

　こうした過程のなかで造船業は，1978年5月「特定不況産業安定臨時措置法」によって，平電炉，アルミ精錬などとともに「特定不況産業」いわゆる構造不況業種14業種に指定され，過剰設備処理が実施された。造船業では5,000総トン以上の船舶製造能力の35%を処理目標とし，同能力は9,770千トンから1983年6月には6,190千トンとなった。

　戦後復興から発展へと展開していくために大きな基盤となったのは産官学が一体となった研究開発，技術開発[5]への取り組みであり，護送船団方式が最たるものであるが，特定の業界を存続させていく行政手法である産業調整政策が大きかった。その流れは1980年代後半の日米構造協議，90年代のバブル崩壊

の道のりに至るまで続いた。

　造船業の戦後 1980 年代までの展開過程について，村上雅康（1986）[6] は，復興期（1947〜59 年度），拡充整備期（1960〜66 年度），大型造船所立地期（1967〜76 年度），造船不況期（1977〜79 年度），設備処理再編成期（1980 年度以降）の 5 区分で概略している。

　復興期には，復員輸送と国内必需物資輸送のために，船台で中止されていた戦時標準船（戦標船）建造と既存船舶の修理をまず行い，併せて食糧確保のための捕鯨船や小型漁船などの建造をし，そして国内旅客輸送のための鉄道連絡船と小型客船が建造された。つまり，復興期前半（1949〜54 年度）は，保護育成政策の色合いが強い国内向け計画造船[7] の時期であった[8]。だが，復興期後半（1955〜59 年度）になると，輸出船の割合も高まった[9]。当時の「主要造船所[10]」24 のうち，5 万総トン以上の建造能力（1955 年当時）をもつのは，三菱系（横浜・神戸・長崎）3 社，川崎重工（神戸），播磨造船（相生），三井造船（玉野），日立造船（因島）の 7 造船所のみで，個人企業的造船所が多数あった。なお，技術的にはリベット工法から 1950 年代初期には米国で発展していた溶接技術によるブロック建造方式を採用し[11]，産官学一体での技術開発に取り組んだ。それは，船殻と艤装の並行作業を可能とさせ，能率向上とコスト削減の両立を導き，その後の競争力構築の基礎のひとつを築いた。

　拡充整備期（1960〜66 年度）になると，合併・吸収とともに新規造船所設置もあり，立地再編がなされた。60 年には石川島重工を播磨造船が合併し石川島播磨重工業に，同社はまた 64 年には名古屋造船を吸収合併した。60 年，三菱系の旧 3 重工は合併し，三菱重工業となった。さらに，三井が千葉に，日立・石播が堺・横浜に進出し，大都市型立地，臨海埋立地型立地という傾向が見られた。その結果，26 の主要造船所の竣工実績は 66 年度 6,118 千総トンと，全国比率で 88.8％を占めるほどになった。この時期は，経営の集約化が行われるとともに，積極的な設備投資が行われ，その後の巨大タンカー需要に対応する拡充が行われた。例えば，当時世界最大のタンカーであった出光興産発注の日章丸（3 代：約 14 万トン）は 1962 年に佐世保重工業佐世保造船所で，また出光丸（初代：約 21 万トン）は 1966 年石川島播磨重工業横浜工場で竣工した。なお，1966 年は，進水量で英国を抜いて世界一になった年であった。

　大型造船所立地期（1967〜76 年度）には，中規模の造船企業の吸収合併が行われるとともに，石播系，三菱系，日立系，住友系，日本鋼管系，川重系 6 社の中核企業による系列支配，新規立地が進んだ。また，三井系を含めると 7 大資本の系列下に 32 の主要造船所があり，例えば石播系は東京，横浜，知多，名古屋，相生，呉，三菱系は横浜，神戸，広島，香焼，長崎，三井系は千葉，藤永田，玉野などと，それぞれの地域分業体制のもとに受注船種と船型を決定していた。とくに，1966 年 7 月のエジプト・ナセル大統領によるスエズ運河国有化宣言，11 月から翌年 3 月までの航行禁止などもあり，大型タンカー時代を迎え，日本のタンカー建造比率は，世界平均を上回り，新建造量において 1969 年 51.8％，1973 年 55.2％，1974 年 69.3％，1975 年 74.7％，1976 年 58.7％と世界の半数以上を占めた[12]。

　他方で，明治・大正期からの古い造船所を中心に，エンジンなどの造機部門だけでなく陸上部門や海洋開発部門への拡充が進められた。三井（玉野），三菱（横浜・神戸）ではその割合は 50％を超え，業界特有の景気変動への対応策として多角化が進められた。

　1971 年 8 月 15 日ニクソンショック（ドル・ショック）後においても造船ブームは続き，建造許可実績は 71 年 1,497 万総トンから 73 年 3,379 万総トンと 2 倍以上となった。しかし，73 年のオイルショックはタンカーを中心に船舶過剰状況を引き起こした。また，変動相場制移行のなかで円高も進み，受注残はあるものの採算は悪化し，大手が中・小型船受注に乗り出すなど，棲み分けは崩壊し，低船価受注競争が起こった。75 年の世界の新造船新建造量は約 3,400 万総トン，日本がその半数以上を占めていたものの 77 年には金輪船渠，ヤマニシ，多度津造船など，とくに中小の倒産，会社更生法申請，経営悪化などが顕著となった。

　造船不況期（1977〜79 年度）は，二度のオイルショックなどに起因する世界的な造船不況のなかでの出来事だった。当然ながら新規造船所の設置はなく，造船部門の縮小と多角化の進展がみられた。海運造船合理化審議会（海造審）は主要 40 社に操業短縮勧告（76 年 6 月）と設備処理と経営安定化の答申（78 年 7 月）を行った。また，78 年 5 月「特定不況産業安定臨時措置法」にもとづき特定不況産業安定基本法（78 年 11 月）が策定され，79 年度末までには

5,000 総トン以上の設備を持つ 61 社の平均 35％減の過剰設備処理が行われた。
第 1 次設備処理である。その過程のなかで，とくに中核（「大手」）の三菱系，
石播系，日立系，三井系の造船所は，その大半が新造船建造以外への比重を高
めた。とくに三菱系では新造船建造が 20％未満となる造船所もあった。総じ
ていえば，中核の大手は多角化を進め不況に強い体質を築こうとした。その結
果，竣工実績において中規模・中堅企業（「中手」）のポジションが相対的に高
まることとなった。78 年の上位 10 造船所には，6 位幸陽，8 位名村（伊万里），
9 位常石，10 位来島（大西）と中手 4 造船所が入った。これら中手における新
造船比率は 80％以上と高く，不況対策を多角化ではなく，高い社外工比率（幸
陽，今治，波止浜は 80％以上）に求めていた。

　第 1 次設備処理で，基幹工業地帯である京浜，阪神，中京（東海）地域の 7
造船所，また函館と広島地域を加えれば 9 造船所が主要造船所から外れた。こ
れらの多くは大手の三菱系，石播系，日立系，三井系であった。他方で，中手
の常石，今治，波止浜，来島などの 10 造船所が新たに「主要造船所」となっ
た。それらは主に尾道・今治・呉の三角地帯のなかにあり，全体的に瀬戸内海
と北部九州に集中することになった。併せて大手の陸上部門等への多角化と相
対的な新造船比率の低下のなかで，中手の全体における新造船占有率は 74 年
度 10％程度から 80 年度 40％程度と竣工実績の伸び以上に増加した[13]。

第 1 次設備処理（1980 年 3 月完了）

　第 1 次設備処理は，既述のように 1973 年にはじまる第 1 次オイルショック
が起因しているが，その前の 72-73 年の新造船ブームの反動の影響も大きい。
川重と鋼管は 60 年代後半に，住友，三菱，石播，日立は 70 年代前半に，超大
型船が建造可能な大型造船所を新設している。運輸省は並列建造規制[14]に関す
る行政指導を 1975 年春ごろから始め，また同年 10 月海造審に今後の見通しな
どを諮問し，海造審は 76 年 6 月造船能力の調整また海外進出への慎重な対処
等の答申をした[15]。これを受けて運輸省は造船 40 社に操業時間数で 77 年度は
74 年ピーク時の 72％（大手 67％，大手以外 76％），78 年度は同 67％（大手
63％，大手以外 70％）の操業量調整を勧告した。

　ただ実際には主要造船所においてはそれ以上の竣工実績減となった。1977

年度はピークをすでに過ぎている 76 年度比で 62％減（6,906 千総トン），78 年
度は 76 年度比 32％減，77 年度比 52％減（3,601 千総トン）であった。続いて，
海造審の「造船業の安定化」についての答申を受け，運輸省が 78 年 11 月 14
日に告示したのがさきの 5,000 総トン以上の建造能力を持つ造船所 61 社への
船台またはドックの基数単位での平均 35％の設備削減であった。設備処理率
は大手 7 社が 40％，中手 17 社が 30％であった。そして，80 年 3 月末までに
廃棄完了した第 1 次設備処理した結果，単独処理企業 11 社，単独能力縮小企
業 10 社，共同処理 11 グループ 40 社で行われ，結果 44 社[16]へと集約した[17]。
共同処理は企業間の協調が大きく寄与する[18]ことでもあった。なお，輸出船受
注において，日本は 86 年 237 万総トン，韓国は 240 万総トンで，30 年ぶりに
世界第 1 位の座から降りた。

第 2 次設備処理（1988 年 3 月完了）

　第 2 次設備処理にあたる「特定船舶製造業経営安定臨時措置法（経営安定
法）」が 1987 年 4 月 1 日公布施行された。世界の造船不況に照らした OECD
（経済協力開発機構）の需給の不均衡改善協力の一環として，1 年間で設備能
力を 20％削減するなどの構造改善策が行われた。海造審の設備削減と集約の
基本指針答申では合併あるいは造船部門の譲渡（譲受），資本参加あるいは役
員派遣での系列化，そして受注，設計，生産，資材購入などの長期提携の 3 つ
の集約策が示され，21 グループから 3 ないし 4 グループへの集約が望ましい
とされた[19]。その結果（88 年度末），5,000 総トン以上の新造船設備をもつ主要
企業は，21 グループ（44 社）から 8 グループ（26 社）へと集約した。約
602.7 万 CGT（標準貨物船換算トン）から約 460.4 万 CGT へと 23.6％減に縮
小し，グループ数はともかく国際公約でもあった設備削減目標は達成され
た[20]。

　その後，明治 36 年創業，国内操業漁船の 35％建造の来島グループ金指造船
所が 1988 年 9 月 5 日に倒産（会社更生法適用申請），また三菱重工業が造船部
門従業員約 6,000 人のうち 1,900 人を 88 年度中に削減などした。ただ，90 年 6
月には石播愛知工場が二重底大型タンカー（14 万重量トン）を 10 年ぶりに起
工するなど新たな動きはあった。

　日本の造船業は，1960年代から70年代半ばまで，とくに69年以降のタンカー需要激増への対応によって急速に発展した。そして，2回の設備処理を行った構造不況期を経た。この期は2度のオイルショックがあり余剰タンカー時代であったが，バルクキャリア需要は堅調でコンテナ船の拡大期でもあった。その後，1989年から2011年にかけて再び成長期を迎えた。それは，60〜70年代のタンカーおよびバルクキャリアの代替建造期であり，甚大なタンカー流出事故がもたらした流出防止規制[21]にもとづく新規建造需要と，ANIES（アジア新興工業地域），ASEAN（東南アジア諸国連合），その後の中国など新興国成長にともなうバルクキャリア・コンテナ船需要などにもとづくものであった[22]。

1989年以降の好況期と「中手」専業企業の台頭

　1989年以降の世界の新造船新建造量は，94年若干の落ち込み，アジア通貨危機のあった97年前後の横ばいを除き，2008年リーマンショック前の受注船の竣工がほぼ完了した2011年まで，ほぼ右肩上がりで伸びた。2003年には約3,770万総トンと1975年を超え，2011年には，約10,185万総トンと史上最高であった。ただその後，減少基調になり，18年には11年比ほぼ半減し5,783万総トンとなり，19年にやや持ち直したものの20年5,830万総トン，21年6,000万総トンとなっている[23]。11年以降，ピーク時の約40％程度，世界の新造船新建造量が過剰となっている状況である。こうした流れのなかで，日本では1989年以降「中手」の台頭が顕著になってきたが，それに係わって日本の造船業界の再編の動きを確認しておこう。

　日本の造船業は，1984年がピークで世界シェアの約50％を占めていた。その後，2000年には1973年に現代グループが造船事業に進出した韓国に抜かれ2位，2009年には2005年以降急成長した中国に抜かれ3位となった。中国は2010年に世界一になった。2019年の世界シェアをみると，中国35％，韓国32％，日本24％，欧州4％で，中韓日の3か国で世界の新建造量の90％以上を占めている。

　こうした造船業の国際的な推移のなかで，三菱重工業[24]，石川島播磨重工業（IHI）[25]，川崎重工業[26]，三井造船[27]，日立造船[28]，住友重機械工業[29]，そして

図5-1　世界の新造船建造量の推移

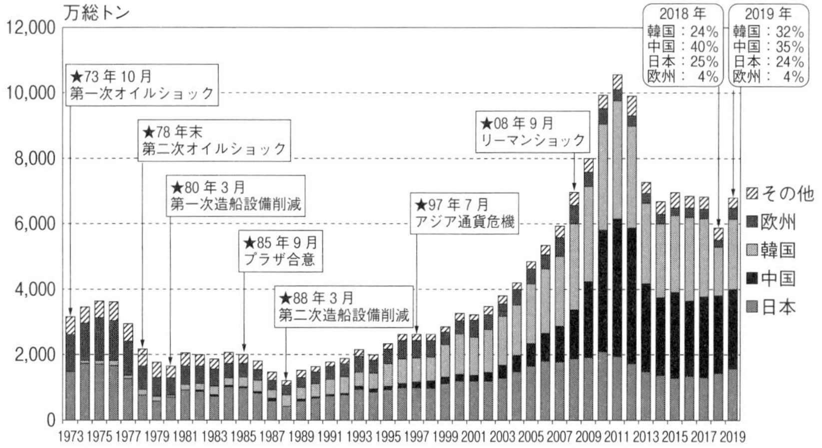

原出所：IHS Markit

出所：国土交通省「第1回国際海上輸送部会・第8回海事イノベーション部会合同会議」資料，
2020年7月2日．

NKK（日本鋼管）[30]（2002年に川崎製鉄と経営統合しJFEホールディングス）
の7社を指してきた「大手」は，1970年代以降，経営の多角化を進めてきた。
それぞれの造船関連事業（鉄構造物，海洋開発なども含む）は，98年3月期，
最も高い三菱重工業でも29％（鉄構造物を含む），最も低い川崎重工業では
14％（船舶のみ）であった[31]。多角化，「大手」における社内の造船業比率の
低下は相対的に「中手」の比重を高めた。

　こうしたなか，1999年ごろからの「大手」の再編への動きは，造船事業の
分離ないし分社での経営統合であった。

　日立造船とNKKは，2002年10月折半出資によるユニバーサル造船を設立
し，両社の造船事業が移管された。石川島播磨重工業と住友重機械工業は
1995年に艦艇事業部門を統合してマリンユナイテッドを設立していたが，
2002年10月両社は海洋船舶部門を統合してIHIマリンユナイテッドを設立し
た。さらに，ユニバーサル造船とIHIマリンユナイテッドは13年に合併し，
ジャパンマリンユナイテッド（JMU）となった。事業拠点は，熊本・有明，
呉，津，舞鶴，横浜（磯子，鶴見），因島の事業所と，津と横浜の技術研究所

である。その後，JMU は 2021 年 1 月に今治造船と資本業務提携を締結，資本金を 400 億円から 575 億円へと拡大させた。それまでは JFEHD と IHI が 49.2％，日立造船 1.16％の出資比率であったが，日立造船は JFEHD と IHI に等分に売却し，増資分を今治造船が引き受け JFEHD35％，IHI35％，今治造船 30％となった[32]。

　以上のように，日立造船は，社名に造船が残っているものの，121 年続いた本業・祖業からは名実ともに撤退した。IHI と JFE は JMU の株主という形で造船業に係わり，住友重機械工業は総合機械メーカーを軸とし造船事業は 2003 年分社化した。子会社の住友重機械マリンエンジニアリングは，横須賀造船所でスエズマックスタンカーなど原油タンカーを中心に建造している。

　三菱重工業は 2017 年船舶事業の再編を発表し，18 年完全子会社の三菱造船と三菱重工海洋鉄構の 2 社を設立した。12 年には今治造船とコンテナ船に関する技術提携協定を締結し，17 年には今治造船，大島造船所，名村造船所（1911 年創業）などの専業メーカーと商船事業での業務提携をし，新技術や新型船の開発・設計・建造で協力している。三菱造船（横浜・長崎・神戸・下関）は船舶エンジニアリング，そしてフェリー，貨客船，RORO 船，特殊船，巡視船などの高密度艤装船の設計・製造・修理を主としているが，21 年 8 月名村造船所と大型 LPG・アンモニア運搬船に関する技術提携契約を締結した。三菱重工海洋鉄構は長崎造船所香焼工場を活用し，大型船の建造と海洋鉄構構造物の製造・修理を事業内容としていた。しかしながら，三菱重工海洋鉄構は 19 年今治造船から大型タンカーの建造委託を受けて中手の下請け化ともいえる状況となり，21 年三菱重工業が長崎造船所香焼工場の大島造船所への譲渡契約を締結し，同社は 21 年末に解散した。なお，21 年 10 月 1 日三井 E&S 造船から三菱重工業への艦艇事業の譲渡が完了し，100％子会社・三菱重工マリタイムシステムズ（玉野市）が同日始動した。

　川崎重工業（KHI）は，2017 年 3 月末，造船事業の国内規模を約 1 億円から 3 割縮小し，中国へシフトするとした。国内の祖業である神戸造船所は液化水素運搬船や高速船に絞るほか潜水艦建造に特化，バルクキャリア（バラ積み船），LPG 運搬船，タンカーなどの商船事業は坂出造船所に集約するものの 2 つの建造ドックをひとつとした。また，中国の合弁 2 社との運営の一体

化を進めるとした[33]。しかし，川崎重工業の21年度売上構成をみると，海洋船舶は4.2％のみで，航空宇宙やエネルギー環境プラントの各15％程度に比しても大きな位置づけとなっていない。造船は国内の神戸と坂出のほか中国に2拠点あるが，南通中遠川崎船舶工程有限公司（NACKS）は，1995年中国遠洋運輸（集団）総公司（COSCO）100％出資の中遠造船工業公司（COSIC）との折半出資合弁で設立された。その第2ドックは2008年に竣工した。もうひとつの合弁会社である大連中遠川崎船舶工程有限公司（DACKS）は，2007年7月COSIC70％，NACKS30％の合弁出資で設立された。その後，DACKSは11年末に，COSICの出資持分を川崎重工業が引き受け，COSIC36％，川崎重工業34％，NACKS30％となった[34]。DACKSの1ドックを2ドックにとして，NACKSとの共同購買，分担建造などの一体運営を深化させようとしている。さらに，国内の坂出造船所からの指導員派遣とともに坂出の研修生の受け入れ強化などによってNACKSとDACKSの品質と生産性の向上を強化するとともに，坂出も含め国内外3拠点での商船事業の分担建造を推進している。営業と調達は坂出とNACKSが，技術・開発設計は坂出（KHI），基本設計はこれまでの坂出に加えNACKS，詳細設計は坂出とNACKS，生産設計は坂出，NACKS，そしてDACKS，建造のガス関連船は坂出を縮小しNACKSとDACKS，バルカー，VLCC，PCCなどはこれまで通りNACKSとDACKSという役割分担である。なお，中国の両社はともに，中国資本が入っているので，大型船も建造できる。

　1917年創業の三井造船は，戦後1951年に東洋レーヨン（現・東レ）のナイロンプラント建設など事業領域を拡大し，総合重工業メーカーへの途を歩んできたが，2003年には新潟鐵工所の造船関連事業の譲渡を受けて新潟造船を設立するとともに，ヤード用および岸壁用クレーン[35]などへと事業領域を広げてきた。2018年三井E&Sホールディングス（E&S HD）と持株会社化し，造船の名をはずした。また，同年，傘下の南日本造船を今治造船へ事業承継するとともに，常石造船との業務提携を行った。2021年3月期売上比で，海洋開発事業46.7％，機械事業24.0％，エンジニアリング事業5.8％，その他9.6％で，船舶事業は13.9％となっている。船用ディーゼル機関（2020年58％）やクレーン（2020年度ガントリークレーンおよびヤードクレーン100％）の国内

シェアは高いが，造船事業や海洋開発などでは赤字期が多く，2021年3月には千葉造船所での新規造船事業を終了した。また玉野艦船工場でも同年7月三井E&S造船（MES-S）として最後の自社建造船の引き渡しが完了し，設計開発力を活かしYAMICなどで建造するファブレス化によるエンジニアリング事業を軸にする方向となった。なお，YAMICは，中国の民間企業・揚子江船業大宗工場をもとに，2019年8月揚子江船業，三井E&S，三井物産の合弁によって設立された江蘇揚子三井造船のことである。2021年10月1日，MES-Sの艦艇事業等は三菱重工業に，また艦艇事業を除く商船事業を主とするMES-S株式の49％を常石造船に譲渡した。さらに，2022年10月3日付でMES-S株式17％の追加譲渡についても合意し，MES-Sは，常石造船所有66％，E＆S HD所有34％となり，MES-Sは，MES-S子会社の新潟造船，MES由良ドック（現・由良ドック）とともに常石造船の連結子会社となった。

　国内新建造量でみると，2000年には総合重工業系の三菱，三井，IHI，日立がトップ4であったが，2016年には今治がトップ，IHI，日立，日本鋼管が合併したJMUが2位，3位から5位は大島造船所，名村造船所，新来島ドックと「大手」から「中手」への再編が進んだ。また，海外を含むランキングでは，2019年は，今治造船，JMU，川崎重工業，常石造船，名村造船所，大島造船所，三菱造船，三井E&S造船であったので，三井E＆S造船の常石造船傘下によって，常石造船は第3位になり，さらに中手の位置づけが高まることとなった。そのほかの中手でも，例えば新来島どっく（1902年創業：波止浜船渠）は，ばら積み船，自動車運搬船，ケミカルタンカーなどを建造してきたが，2021年2月28日にはサノヤス造船を買収し新来島サノヤス造船と完全子会社化し，グループ中核5社を中心に営業・設計，また資機材の共同購入などで競争力強化を図っている。

小括

　主要国の新造船建造量シェアにおいては，日本は約半世紀にわたり世界一であった。しかし，二度の設備処理もあり，韓国が急迫し，2000年に韓国が世界一となった。2001年に日本がいったん世界一に戻ったものの，2002年以降は韓国がトップで推移した。中国は2005年から急成長し，2010年には世界一

になった。日本は，2005年以降，台頭した中国とは逆の動きとなり，2009年には第3位となった。世界シェアは，2019年において中国35％，韓国32％，日本24％，欧州4％である。また，船舶の種類においては，1975年にはタンカー44％，貨物船（バルクキャリア・コンテナ船）51％であったが，2010年にはタンカー23％，貨物船76％となっている。

　企業ベースでみれば，世界の大手は，中国船舶工業集団（CSSC）と中国船舶重工集団（CSTC）との経営統合による中国船舶集団（CSSC），続いて韓国造船海洋（19年現代重工業の造船部門分社），EU当局がLNG運搬船の寡占化問題で現代重工業の買収を不許可としハンファグループ傘下予定の大宇造船海洋，サムスン重工業，今治造船，JMUなどとなっている。

　国内で見れば，三菱重工業をはじめとする「大手」は，造船業特有の景気変動への対応また採算に苦労する状況があり，1970年代前後から多角化を進めポートフォリオ（リスク分散）を機能させようとしてきた。例えば，IHIの造船部門比率は1975年45％であったが，1985年17％，2005年には10％以下となった。従業員が多く，収益性も低い造船部門からボイラー・資源エネルギー，航空機械部門への転換を進めたのだ[36]。しかし，すべての事業が順調に推移するわけでもなく，とくに1990年代のバブル崩壊以降，結果として事業集約をせざるをえなくなった。「大手」で切り捨てられたのは造船であったし，その造船も，石油危機以前は「大手」が大型タンカー，「中手」が中・小型の貨物船とすみ分けてきたが，貨物船需要の高まりのなかで「大手」と「中手」が大・中型貨物船で競合せざるをえなくなった。しかしながら，「中手」は貨物船建造で競争力をもっており，今治造船，JMU，常石造船，大島造船所，新来島どっくなど「中手」への移譲，また「中手」内の再編等も相まって，「中手」が日本の造船の中心的役割を担うこととなった。

(2) 地域企業としての「中手」造船企業：今治造船

　「中手」造船企業は，それぞれの母体となる地域を基盤として発展し，概してファミリー企業が多い。常石造船（常石グループ）については，のちに詳述するので，ここでは今治造船について概略しておこう。

今治造船：略史

　今治造船の発展は「規制対処型の拡大」，常石グループのそれは「国際展開による規制回避型の拡大」といわれる[37]が，第1次（1980年3月完了）および第2次（1988年3月完了）設備処理に際して，今治造船は，自社そのものの設備を失うことはなかった。設備処理規制の過程で淘汰，廃業をしていった造船所の設備能力を買収し，愛媛県（本社今治工場，岩城造船，しまなみ造船，あいえす造船），香川県（西条工場，丸亀事業本部，多度津造船），広島県（広島工場），山口県（新笠戸ドック），大分県（南日本造船）と瀬戸内海沿岸に10の造船所を保有するまでになった。その略史を記しておく。

　今治造船は，1969年に5,000総トン数級設備に第3船台を拡張し，1971年運輸省の指導もあったと思われるが三菱重工業との提携のうえ同級船舶建造を行った。まだこの時期は「主要造船所」の位置づけでなく，そのポジションを得たのは，常石グループなどと同じく1980年であった。なお，今治造船の第1次設備処理は経営破綻企業5社を含め7社の共同処理で行い，第2次設備処理は三菱重工業と共同処理を行った[38]。

　第1次設備処理は，今井造船（1977年倒産），渡邊造船（1977年倒産），宇品造船所（1977年倒産），檜垣造船の設備処理によって対応し，金輪船渠（1977年倒産），浅川造船（1978年倒産）の船台はほぼ維持したなかで，今治造船自体の船台は船台交換ということで拡張した。なお，設備処理とほぼ並行して行われたのが，系列化・グループ化であったが，今治造船は，1975年に渡邊造船，1979年に新山本造船所（1978年倒産）と関係を深め，同年には今井造船，西造船，大浦船渠を系列化した。こうして第1次設備処理が完了した1980年，今治造船は，運輸省指定の「主要造船所」となった。その後も，1983年幸陽船渠傘下の岩城造船を買収し系列化，1986年には幸陽船渠自体をも買収し傘下におさめた。

　第2次設備処理は，第1次以上にそのためのグループ化が進められ，今治造船は三菱重工業と組むこととなった。今治造船グループは，幸陽船渠，三保造船所，新山本造船所，渡邊造船，浅川造船であり，設備処理は，新山本，渡邊，浅川のすべて，三菱重工業の神戸と下関のそれぞれ約半分を処理することで完了した。今治造船自体の設備は，第1次および第2次ともに処理をするこ

となく運んだ[39]。

1993年新山本造船所，2001年ハシゾウ（2008年西造船と合併し，あいえす造船に），2005年新笠戸ドック，渡邊造船（しまなみ造船と改称）の系列化を行った。2012年には三菱重工業とコンテナ船に関する技術提携を締結し，2013年LGN運搬船の設計・販売の合弁会社「MILINGカンパニー」（三菱重工業51％，今治造船49％）を設立し，2014年には幸陽船渠を吸収合併し今治造船広島工場とし，さらに2015年多度津造船，2018年南日本造船の系列化を進めるなど行ってきた。今治造船グループは，2001年には国内新建造量で第1位となり，ユニバーサル造船が若干上回った2003年をのぞきトップで，2020年（2019年）で国内シェアの約29.5（33.5）％，世界の約6.6（8.2）％を占めている。

韓国や中国の同業大手の経営統合の流れを受けて，2020年には国内2位のJMUとの資本業務提携および合弁会社設立を発表し，2021年に両社の商船の営業と設計を統合する日本シップヤードを設立した。今治造船がJMUに出資し，資本金400億円から575億円へと増資，日立造船保有株の売却もありJFEHDとIHIが各35％，今治造船30％となった。2021年1月には商船の営業・設計合弁会社日本シップヤード（NSY：資本金1億円）を今治51％，JMU49％出資で発足させ，国内上位2社での開発・設計の共同化・流用化，また受注拡大させている。建造ヤードは今治造船4か所，JMU6か所，加えて今治造船グループ6社を加えると，大きな造船グループとなった。両社は，幅広く建造している船種のなかで，NSYによって，中大型バルカーや超大型コンテナ船ではシェアを上げるものの世界的に寡占状況となるものはなく，欧州，中国など海外承認取得の関係で，3か月遅れではあったものの無事に設立された。なお，2001年に幸陽船渠，寺岡との3社合弁で大連今岡船務工程を設立しているが，2003年より日本向けのブロック供給のみである。

ファミリー企業：今治造船

今治造船は，愛媛県今治市に本社を置く日本国内最大手の造船企業である。同社は，1901年（明治34年）に檜垣為治（1865-1948）が旧今治村小浦（1920年市制施行）に創業した檜垣造船所が祖業である。同造船所は一本釣り漁船や

伝馬船などの建造・修理を行った。為治の次男・正一（1901生）は1913年入社し，船大工の修行を積み，1924年に独立，愛媛県西条市壬生川で造船業を始めた。1933年兄弟で今治市小浦に檜垣造船有限会社（常務・正一）を設立した。その後，戦時下の政策によって，後述の常石グループ（常石造船）も同様であったが，1940年今治市，越智郡一円の造船所6社，檜垣造船，村上（実）造船，渡辺造船，村上造船，吉岡造船，黒川造船が統合し，今治造船有限会社となった。また，同年今治市内の無尽会社，商工業者が出資した今治船渠株式会社を設立されたが，1942年1月15日両社は合併し今治造船株式会社が誕生した。檜垣正一の三男俊幸（1928生）は1943年入社した。

　終戦直前の1945年8月に檜垣一族は同社を退社し，1946年船大工だった正一は今治市大浜に檜垣造船所（正一の長男・正司は取締役）を，1951年11月に為治の長男・繁一が繁造船所（2021年2月28日精算結了），同四男・久雄（1910年生）が今治市小浦に檜垣久雄造船所（1964年檜垣造船に改称）を設立した[40]。

　1954年9月今治造船は立ちいかなくなり休業した。1955年4月愛媛造船の赤尾柳吉（社長），檜垣正一（専務），岡田恭平の3名が今治造船を再開させ，今治造船に檜垣一族が再び係わることになった。1956年には鋼船新造船第1号「富士丸」を建造した。そして，1959年2月には檜垣家が同社の全株式を取得することになった。1959年年4月正一が社長に，正一の長男・正司（1925生）が専務，正一の次男・文昌（1926生）が常務となり，1971年正司が社長，正一は会長に，文昌は副社長に（のちに会長），三男の俊幸は専務になった。その後，俊幸は，1986年に幸陽船渠社長，1990年に今治造船副社長，1992年に同社社長，2004年会長を歴任し，2017年からはグループ社主のポジションにある。また，正一四男・孝則が副社長，五男・栄治は社長を歴任した。

　父・為治のあと，長男，三男，四男が戦後それぞれ独立して，造船業にたずさわったが，為治との関係が深い今治造船は，三男正一を中心として，そして正一の5人の子供中心に運営され，今日では，為治の曾孫，正一の孫，正一の三男俊幸の長男・幸人を中心として運営されている。創業者から言えば第4世代である。俊幸の長男・幸人（1962年生）は，1985年同社入社，98年取締役，2000年常務，2004年専務を歴任し，2005年に叔父・栄治氏の逝去の後を継い

で社長となっている[41]。

今治造船と今治市

　今治造船本社のある今治市は，2005年1月の愛媛県越智郡11町村との合併によって，海運業，造船業，船用機器企業など海事産業の集積する海事都市といわれるようになった。また，新今治市誕生に際し市のビジョン「今治海事都市構想推進事業計画」が策定された。日本の外航船の41％は同市の船主が保有し，「今治オーナー」と呼ばれている。北欧，香港，ギリシャ（ピレウス）と並ぶ世界四大船主の一角を占め，外航海運会社は約70社，内航海運会社は約200社ある。造船業14事業所が同市内にあり，建造隻数で国内の20％近くを占めている。船用機器企業数は約160社，約1万人が従事し，そのほかシップファイナンスに係わる金融機関，法律，船舶保険，船舶管理会社などの海事関連企業の集積もみられ，大きな「海事クラスター[42]」ともいえる状況になっている[43]。

　海事クラスターの考え方は，1990年代はじめに欧州でその普及が始まった[44]。欧州における海事産業の弱体化への危機感からであった。ノルウェー，オランダ，英国，フランスなどで海事クラスター推進機構が設立され[45]，日本でも2000年以降「マリタイムジャパン（海事国日本）」構想が政府主導によって進められてきた。

　造船，船主，船舶機器など海事業界関係者の国際ネットワーキング構築のためのイベントとしては，日本では1994年創設の国際海事展「Sea Japan」があるが，Covid-19の影響で開催できなかった2020年を除き，隔年で開催されている。今治市では，2009年以降隔年で，国際海事展バリシップ（Bari-Ship）が開催されている。参加企業は，2009年が179社だったが，6回目の2019年には，16か国・地域約350社の参加，3日間で16,000名以上の入場であった。このバリシップ開催に係わる「今治市海事都市交流委員会」は，共通の目的もあり，今治の海事関連企業の大きな情報交換の場であるとともに，連携を深める場となっている。また，会員会社50社以上で構成される「今治地域造船技術センター」が2005年に発足し，新卒者と中堅技能者向けの研修を行い，熟練技能者の高齢化と若年人材の不足と離職への対応とともに，人材確保に取り

図5-2　海事クラスターにおける関係

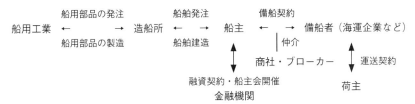

出所：本図宏子（2016）「愛媛県海事クラスターにおける集積効果とその発展について」『海事交通研究』第65集，p.6を参照。

組んでいる。

　今治市における海事クラスターの集積効果について，本図宏子（2016）は，第1は事業活動の効率性，第2に情報のスピルオーバー効果，第3に取引におけるリスク回避という3つをあげている。これらは，「地理的近接性」と「ソーシャル・ネットワーク（社会関係資本：social capital）[46]」の観点と係わりがある。

　第1の事業の効率性は，船主が新造船を発注する際に，質の高い船舶建造にかかせない細かい要望を造船企業に伝えることができる点，船舶機器企業からの調達の迅速さだけでなく造船企業との共同研究・開発を行っている点，また船舶トラブルに際して解決に向けた関係者間の協議が迅速にできる点などで，地理的近接性に起因している。

　第2の情報のスピルオーバー効果は，2009年のバリシップ開催以降に大きくなっている。大手商社の大半の今治市への拠点設置をはじめ，金融機関，ブローカー，海事系法律事務所，検査機関，パナマなどの便宜置籍船海事庁事務所などの集積が進み，今治の船主と外国海運企業などとの備船契約における商社の仲介，また新建造にあたっての船主への金融機関の融資などのスムーズな実施などにつながる業界情報，先端情報のスピルオーバー効果であり，これも地理的近接性に起因するし，ソーシャル・キャピタルの構築にも係わる。

　第3の取引におけるリスク回避は，関係者間の信頼関係にもとづく。主要部品調達の中心はいまでも瀬戸内海ないし西日本地域からであり，また造船企業が地元船主の新建造にあたって日本ではじめて月賦（割賦）販売を認め支援してきた歴史[47]などもあり，造船業，船主，海運業，船舶機器企業，金融機関の

間の信頼関係は強い。信頼関係は時間軸のなかで育まれるが，これまでに地域における関係者間の協調行動を活発に行ってきた結果であり，それによって社会の効率性を高めることができたといえるであろう。ソーシャル・キャピタルの概念に沿うものであろう。今治造船も Web サイトの「社長あいさつ」のトップに「船主と共に伸びる」とかかげ，これを創業以来の経営理念としている。ここにも「地理的近接性」を起因としながら「ソーシャル・キャピタル」を育んできた今治地域の企業群の姿がうかがえる。

　割賦販売という新しい鋼船販売方式の採用は，造船企業が船主をサポートしているようにみえるが，船主は，古くは江戸期の波止浜塩田の塩や塩田で使用する資材等の海運から始まり，操船技術の修得と経営方法などを学び，力をつけてきていた。明治期になると，菊間瓦関連の運送，石炭船の経営へと進んでいった。さらに，例えば波方港防波堤（1896 年）の建設などのインフラ整備や，その建設による借金返済目的での波方廻船組合設立（1897 年）によって，船主間の結束を強め，相互扶助意識を高めていった。船主の新建造にあたっては，自己資金のみならず，親戚，知人，有力者，組合，また無尽（頼母子講）など幅広い資金調達を含め，ソーシャル・キャピタルの浸透があった。波方廻船組合は波方村帆船組合（1915 年）へと発展し，船員の引き抜き禁止，税計算のための船員等級の作成，税対策のための船舶等級表の作成，また貸付制度などを整備するとともに，買積み船から運賃積船への移行による収入の安定化，宇部新川船舶問屋という石炭問屋を設立などと経営の近代化・多角化をはかっていった。こうした今治地域の船主の行動には，村上水軍，なかでも来島水軍の進取，緻密な策戦，勇敢という文化ないし水軍魂の影響があるともいわれる[48]。

　このように船主は船主で，船舶協同組合に代表されるように船主間のつながりが深く，長い。波方船舶協同組合であれば 125 年の歴史がある。そこに造船企業，金融機関などとの重層的な関係のなかで今治海事クラスターが形成されているといえるし，そのなかに今治造船がある。この船主と造船企業の関係等については，地理的近接性とネットワーク中心性（centrality）などの要因の相互作用（interaction）によるクラスターの成果ないし業績との関連との見方もできるかもしれないが，それについてはさらなる検討が必要であろう。

(3) 地域づくりと社会情緒的資産

　地域との関連で集積ないしクラスターの視点で検討することも有用であるが，地域企業とりわけファミリー企業がどのような背景のもとに意思決定を行っていくのか，さらに行動していくのかについて検討することも必要である。その際に，ファミリー企業を捉える際に有効性を増してきているひとつの研究の流れに，社会情緒的資産（Socio-emotional Wealth：SEW）の概念（Gomez-Mejia *et al.* 2007 ほか）がある。この研究は，ファミリー企業研究が進んでいくなかで理論的厳密性が問われ（Chrisman *et al.* 2005 ほか），それに応える形で進んできている。

　同じように，資源ベース理論，エージェンシー理論など，その行動を明らかにしていく流れもあるが，それらではファミリー企業の中核的問題である非財務的側面にはわずかに触れるくらいの接近でしかない。SEW 研究では非財務的側面，ファミリー企業の SEW 保全への動機づけと関与に着目している。ファミリー企業が戦略的選択や政策決定を行う際には，エージェンシー理論では，個人主義的あるいは功利的な経営者という前提によって，ファミリーの財務的損失の大きなリスクをともなう戦略的選択は避けることになるが，SEWの視点では，SEW 保全を参照点とし，財務的問題を無視するということではなく，ファミリーは会社の一部であり，ファミリーにとって会社は不可欠であるので，財務リスクを減らす戦略的選択が SEW を危険にさらす場合には，ファミリーは SEW の保全を選ぶという。いくつかの実証研究（Gomez-Mejia *et al.* 2007, Jones *et al.* 2008, Cruz *et al.* 2010 など）で明らかなように SEWの利益や損失が極めて重要な判断材料になるのだ（Berrone *et al.* 2012）。非財務的側面である SEW の価値として，ファミリー，とりわけ創業者の想いが「深い心理レベルに固定されている」（Berrone *et al.* 2010）とすれば，地域づくりへのファミリー企業の係わりについて考察する際に，SEW の視点は有用となる。

　ファミリー企業について，プロローグまた第 1 章でも概略したが，主要先進国においても経済また雇用などに大きな役割を果たしている。ファミリー企業は，経営体質が古いとか，一族の内紛や公私混同があるなど，そのマイナス面

が取り上げられることも少なくはないが，他方で創業以来の価値観や信念を永続的に保持し，その伝統を承継している企業が多いことも確かである。しかしながら，永続してきた企業は，ただ単に永らえてきたのではなく，さまざまな環境変化のなかで革新を行いながら存続を果たしてきている。いわば企業家活動といっていいような意思決定を行っている。加えて，そこに地域社会との関係，地域との不文律ともいえる規範ないし書かれざる規則が影響している（山田幸三 2018）という見方がある。これにもとづけば，ファミリー企業は，SEW でいう地域の社会的認知や社会的動機という非財務的な効用を，経済的合理性よりも優先させる。つまり，自己の利益を完全に忘れてはいないだろうが，それよりも地域での社会的正当性を動機にすることとなる。

　このように，SEW の概念は，ファミリー企業の創業家が「非財務的な効用（non-financial utility）」に優先的な配慮を施すというものである。SEW は，ファミリー企業，同族企業といってもいいが，それらの大きな特徴であるといってもいい。要約すれば，支配している同族オーナーが中心的となり，永続的なファミリーのもとで，独自性をもつ意思決定があって，企業のあらゆる行動に影響を与える（Gomez-Mejia *et al.* 2011）。つまり，① 経営プロセス，② 企業戦略，③ コーポレート・ガバナンス，④ ステイクホルダーズとの関係，⑤ ビジネス・ベンチャーに関する意思決定は，まず SEW の影響を受け，結果として財務的成果に影響がある。もちろん，これらの5つの分野の意思決定に与える SEW の影響の大きさは世代，企業規模，非同族株主の存在など条件変数によって異なる（Gomez-Mejia *et al.* 2011）ことはいうまでもない。なお，SEW の影響について，ベローネほか（2012）では，FIBER[49]（ファミリーの支配と影響力，アイデンティティあるいは帰属意識，社会的つながりないし拘束力のある社会的関係，ファミリーへの情緒的愛着，絆を取り戻す後継者の役割あるいは承継を通じたファミリー企業への絆の更改）の5要素に，ナルディほか（2013）では，それらを① 経営と所有へのコントロールと影響，② 同族の影響力の保持，③ 同族の世間的評価の保持の3つに集約している。

　SEW をどのように測るかについては，アーカイブデータやアンケートによる調査，内容分析（content analysis）などによるアプローチがあるが，従来的な定量的手法では，相関的手法が多く，因果関係の推論が限定されてしまう

課題がある。それを克服するためには，因果的効果についてより強い推論を可能にする方法で変数などを操作する必要がある。事例研究では，ケース内外の構成要素間の関係パターンとその基礎となる論理的論拠を把握しているので，SEW の FIBER 間の関連性や意思決定プロセスにおけるそれらの相互作用の理解には役立つ。それによって，SEW の性質についての情報が提供され，SEW の議論など特定の状況についてより深い理解を得るために有用である。いわは事例研究では，ファミリー企業間の異質性を含め，現象が起こる豊かな実世界の環境が浮かび上がってくる（Berrone *et al.* 2012）。

　SEW とファミリー・アントレプレナーシップ，起業家的志向（EO：Entrepreneurial Orientation）との係わりについて述べておこう。いうまでもなく，起業家精神は，企業の収益性，収入源，成長性を高めることにつながる。ファミリー企業においても，その育成は SEW の視点からも興味深い。起業の機会認識にプラスの効果をもたらす，所有権が長期的であることは EO を育む，あるいは逆に起業に関連するリスクをとることに保守的である，また財務的側面である業績との関係を考えると単純ではないなど，これまでの研究では正と負の両論があり，今後の研究課題となっている（Berrone *et al.* 2012）。

　ファミリー企業の国際展開については，SEW の視点では，国内のみよりもビジネスリスクを軽減し利益を拡大し，企業の評価を高めることにもなるが，他方でファミリーの富と独立性に危険を及ぼす可能性もある（Gomez-Mejia *et al.* 2011）。そこで，ファミリーが戦略的な意思決定を行うにあたっては，SEW の潜在的な損失と潜在的な利益とを比較検討することになる（Gomez-Mejia *et al.* 2014）。とりわけ，貿易ノウハウの蓄積また進出先への異質性いわば現地経営のための経営資源が脆弱であるとすれば，外部資源とその効果を勘案することが重要となる。意思決定は経営陣が行うので，影響を与える重要な外部資源として，①非同族所有，②非同族 CEO，③取締役会における非同族メンバーの存在，④国際ネットワーク（国際提携）があがってくる（Kraus *et al.* 2016）。こうした前提のもとに，クラウスらは，ドイツの大規模ファミリー企業 1,567 社のうち 426 社について，どのような経営陣の組み合わせが SEW の保持を可能にし，かつ国際化を成功に導いているのかを測定・分析している。その結果によると，SEW 性の高いファミリー企業が高いレベルで国

際化しようとすると，非同族オーナー，非同族 CEO，国際ネットワークの3つがお互いに作用しあうことが有用である。また，高いレベルでなくても，良好な国際展開を得ようとすると，取締役に同族以外のメンバーがいることと，国際ネットワークの存在を組み合わせることでも有効であるとしている。こうした結果は，オーナーが所有と経営を通じたファミリーの排他的な影響力の保持を重視していることを逆説的に説明することともなるし，SEW に損失を与えない程度の外部資源構成を選択するともいえる（Kraus *et al.* 2016）。また，ファミリー企業のオーナーの第一基準は，非同族オーナーや非同族の経営陣への依存を避けることである（Pfeffer and Salancik 2003）ともいえる。つまり，ファミリー企業は，概して，そのほかの企業よりも国際化，国際展開に対して保守的であることになる。

　クラウスらの研究は，国際化を「輸出」としていたので，「直接投資」による国際展開となると，非同族オーナーまた非同族 CEO への依存は，SEW の観点からはファミリー企業にとってハードルはかなり高いものとなるだろう。クラウスらの研究に沿うならば，直接投資による国際展開を有効なものにするには取締役会に同族以外のメンバーがいるかどうか，さらに国際ネットワーク（国際提携）の有無が参照点として有用となる。

　ファミリー企業とネットワークの構築において，戦略的であることは稀で，そのアイデンティティにもとづいて築かれていく傾向があると言われている。他者あるいは他企業との培ってきた関係を長期的に育んで，そのつながりのなかでの協働関係に重きを置き，豊かなソーシャル・ネットワークを大切にし，相手に頼る傾向も生まれる（Kontinen and Ojala 2011a）。

2．常石グループ

(1) 常石グループ：略史

　常石グループのはじまりは，神原勝太郎が船頭でなした財をもとに「中古帆船」[50]を購入し，北九州・若松と大阪間の海上輸送を開始した1903年（明治

36 年）にさかのぼる。筑豊炭鉱で産出された「ブラックダイヤ」すなわち石炭を大阪に輸送していた。創業は海運業だった。当時の海運業は，危険の裏返しなのか，中古帆船であれば一度の航海で購入代金が支払えるほど利益率が高かった。保有船数が次第に拡大するなか，持ち船の修理を他の造船所に任すよりも利益率がさらに上がると自前の工場で帆船の修理を行った。修理業務はさらに派生的に展開し「新造帆船」を手がるようになった。それが大正期 1913 年の「第二天社丸」であった。その後，造船業へ本格的に進出し，1917 年，現在の広島県福山市沼隈町常石に塩浜造船所を開設した。開設当時の保有帆船は 13 隻[51]，同造船所の最初の船は「第四天社丸」だった。創業者は「とにかく前向きにチャレンジ，チャレンジの繰り返し」[52] だった。

　風まかせの帆船から発動機付きの「機帆船」への転換は，1931 年建造「第二十六天社丸」に始まる。1936 年 3 月個人経営の海運業を「瀬戸内海運送株式会社」へと法人化した。塩浜造船所もその一部門で，持ち船は機帆船 5 隻（翌年 7 隻），被曳船 14 隻になっていた。

　塩浜造船所は常石でも外常石にあり，昭和のはじめごろ，外常石には塩浜の他に西浜造船所，中浜造船所の 2 軒，大越に藤井造船所，敷名に波多見屋，大浜屋，沖西屋，橘屋の各造船所 4 軒と，常石には 8 軒の造船所があった。常石は瀬戸内海のなかでも百島，田島，横島に囲まれた内海で，造船業の立地に適した場所だった。このごろは各造船所ともに西洋式帆船を被曳船や機帆船に改造することを主な事業としていたが，太平洋戦争が始まり輸送需要が急増し，1942 年，国策[53] によって外常石と大越の造船所が統合させられ「常石造船」（社長・勝太郎，副社長職・長男・秀夫）に，敷名の 4 軒は統合で「敷名造船」となった。どちらも「戦標船（戦時標準船）」と呼ばれる輸送船の建造が主な事業であった[54]。

　常石造船が初めて鋼船を竣工させたのは，戦後 1958 年の貨物船「美小丸」（361 総トン：船主・村上健二郎）であったが，1950 年には小型の「改造鋼船」に取り組み，鋼船造りへの第一歩を踏み出している。ただ，失業者を生まないためには，木造の機帆船づくりのみだった船大工の棟梁たちを鋼船造りの人材へと変えなければならなかった。鋼船への改造を通じて，学習・経験を積み重ね，鋼船建造のための人材を育成していった。ようやく 1959 年に総トン数

700 トンの船台を完成させ，造船業として新建造の鋼船化と大型化に向けて歩みだした。

創業の海運は「瀬戸内海運送」に発展させたものの，1943 年戦時処置もあって同社を三井船舶に売却した。ただ，佐賀・杵島炭鉱の輸送に絞るなど規模を縮小して，新たに「瀬戸内海船舶株式会社」（社長・勝太郎，1944 年 6 月から社長・長男・秀夫）を設立した。1948 年石炭運搬事業が好況となるなか同社を「神原汽船」に社名変更した。それは鋼船「揖保川丸」の購入，木造の機帆船から中古船購入ではあるが鋼船への切り替えを始めたときであった。神原汽船が新造鋼船に着手したのは，1956 年「第五天社丸」からであった。だが，常石造船での建造は難しく，幸陽船渠（三原市幸崎，社長・木曽清）への発注であった。このときも船大工の棟梁たちを幸陽に派遣し，鋼船造りの勉強をさせていた。その後，第六天社丸（発注先：幸陽），第七（同：幸陽系となった大阪・浪速船渠），1957 年 1 月第八（同：幸陽）と神原汽船は発注を続け，第九（同：四国・山本造船），1958 年 2 月第十（同：幸陽）を経て，自前での鋼船造りに向けての人材育成の最終仕上げを行い，1958 年常石造船で「美小丸」を新造した。

なお，第十天社丸は，神原汽船初の千トン総トン以上の船であった。1956 年 7 月エジプト・ナセル大統領がスエズ運河国有化宣言，同運河が閉鎖され，船需要急増の見込みが一時あったが，1957 年 3 月にはスエズ運河は再開され，国内では海運不況が次第に深刻になっていた。そうしたなかでの第十天社丸の発注であった。三菱鉱業の依頼を他社が尻込みするにも係わらず，神原汽船が応諾した。背景には 1955 年ごろから三菱炭が神原汽船の石炭輸送の 9 割を占めていたということもあった[55]が，その後の結果は大型化に向けての対応を成功に導いた。

第二次大戦前，海運業と造船業は「木造船」で相互補完関係にあったが，戦後，海運での「鋼船」利用は 1956 年に始まり，造船との相互補完関係をもつようになるのは 1958 年を待たなければならなかった。ただ，相互補完関係といっても，造船の発注は船主が行う。その船主は，資金が必要である。そこで，常石造船（実質的運営は秀夫）は，船主が中国銀行（本店・岡山市）から融資を受けるのであれば，荷物はチャーターでも荷主斡旋でも神原汽船が保証

するという条件を出した。これは船主には「なべ底景気」時代でもあり，大き
な魅力であった。第1船台の美小丸に続いて，第2船台で遺芳丸（352総ト
ン：船主・小林順一），第3船台で福富丸（476総トン：船主・荒井海運，荒
井清高）と，1958年，5つの船台で11隻，4,500総トンを完成させた。なかに
は，勝太郎が次男・治に贈った第十一天社丸，勝太郎の姉ツル長男・市川寿太
郎や友人の八百村稔の船もあるが，うち10隻は沼隈町周辺の船主であった。
1957年6月以降，機帆船組合の関係でつながりの深かった沼隈町周辺の船主
に対して秀夫が，これからは小型でも鋼船の時代だというアピールし，鋼船造
りを勧めていたことが実を結んだといえる。ただ，この時期，神原汽船（社
長・秀夫）は，新建造ばかりではなく，中古船の購入も続け，1957年から60
年にかけて10隻も購入した[56]。4年ほどで中古船購入10隻と新建造6隻とな
ると，父・勝太郎と財務担当の従兄弟・市川千代松の心配も通常以上であった
と思われる。

　新建造船は，1959年には前年以上の14隻，5,300総トンとなり，併せて景
気に左右されない修理ドックの計画を進めた。同年7月に完成し，船の「進水
式」のように，ドックの「注水式」を行った。1960年だけで，1本のドックで
年間74隻，36,000余トンが修理された。1961年までに6号ドックまで完成さ
せている。1962年は海運が長期不況のさなかであり，修理部門の新設は常石
造船の業績に貢献した。1961年から64年の売上の6割以上は修理部門であっ
た[57]。

　エネルギー源が石炭から石油への転換を感じるなかで，これまで依存してい
た石炭輸送からの脱却を神原汽船は考えていた。外洋船となると，1947年か
ら始まっていた財政投融資が受けられる計画造船への申請が好条件であった。
そこで，1958年2月資本金を3000万円に増資するとともに，大阪を閉鎖し，
小樽，福岡・苅田に出張所を設立した。三井船舶専務だった進藤孝二の助けに
よって銀行保証も取り付け，高松・四国ドックで第十二天社丸（2,197総トン）
を新造した。完成は1959年8月だった。国の計画造船によって船を持つこと
は一人前の海運会社になった証でもあった[58]。

　1959年ごろから神原汽船は韓国商社とのタイアップによる韓国貿易にも動
いた。セメント，肥料などの輸出，無煙炭，鉄鉱石などの輸入である。また，

国内のコークス輸送にも加わった。さらに，伊藤忠商事の依頼による北海道オホーツク沿岸の港から東京までのスポットでの材木輸送も行った。伊藤忠商事からは，その縁で定期的なソ連からの材木輸入業務の話が 1962 年春に持ち上がった。材木輸送船への改造費用 5 千万円を融資してくれる条件だった。同年 6 月資本金を 5 千万円に増資した[59]。

　常石造船は 1961 年三井物産から小型ケミカルタンカー（317 総トン）を受注・建造した。この新造は NK（日本海事協会）船級検査，パイプやバブルなどのステンレス化，内装の浸食防止規格などはじめての経験も多く，造船の「勉強」は怠っていなかった。

　そうしたなか，1962 年 12 月海運造船合理化審議会（海造審）は「海運業の集約化による過当競争の排除と投資力の増大」を答申した。1964 年 4 月三井船舶と大阪商船は合併し，大阪商船三井船舶（商船三井）となり，進藤孝二が社長に就任した。日東商船と大同海運がジャパンライン，山下汽船と新日本汽船が山下新日本汽船などと，大手は 6 社に集約された。併せて内航船舶を質の高いものに切り替えさせる「内航二法」も施行され，神原汽船も古い船を売って新建造を行う体質改善を始めた。その最初が 1964 年の北洋材専用船「第三天社丸」（2,607 総トン）で，建造は常石造船であった。1964 年 4 月 2,500 総トンの新船台が完成し，海運と造船両社の本格的な連動が始まった。1965 年以降，既存船の売却，スクラップ化を進めるともに，船舶整備公団[60]との共有石炭専用船 2 隻，日商とのタイアップによる南洋材輸送船，また台湾の新台海運から受注したバナナ輸送船と材木用貨物船などが竣工した[61]。

　1965 年ごろに神原汽船と常石造船の事業のウエイトは同じ程度となり，海運と造船の連動がかみ合い，相互補完関係がうまく回るようになってきた。そうしたなか，世界の船舶は，大型化への動きが顕著になってきた。日本でも 1962 年日章丸（13 万重量トン），1965 年東京丸（15 万重量トン）が建造され，中堅であっても 1 万トン級の建造は必須という状況になった。常石造船でも 1965 年に 1 万 1 千総トン級の船台と 7,500 総トンの修理ドックが計画され，併せて秀夫は 20 万トン級修理ドックの建設を提案した。それぞれ運輸省の許可が必要となるが，それは技術的能力の審査とともに，過当競争抑制の生産調整への機能もあった。1 万 1 千級船台について，運輸省は，三井造船との技術提

携を条件とした。しかし，重要部分の提供はしてもらえず提携による足かせの懸念もあり，最小限度の提携にするために船台拡張案を 7,500 総トンに減少して許可を受け，1966 年 11 月に完成させた。この最初の船は，勝太郎の名にちなんだ「天勝丸」(7,717 総トン) であったが，速力 18.9 ノットの準高速ライナー船，重量トン 11,607 トンと初めての 1 万トン級の建造船，3 隻目の NK（日本海事協会）船級検査船であり，常石造船が中堅造船所の実力を持つまでになったことを示す記念すべき船であった。

　三井造船との最初の技術提携協定の締結は 1966 年 5 月，船台拡張のためだった。「常石造船の従業員を三井造船に派遣し技術指導を受ける」[62] こととし，そのアドバイスは無償で，他方エンジンなどの船用機器を常石は三井造船から優先的に購入する内容となっていた。ただ，1969 年の高速ライナーの球状船首船「天孝丸」の建造にあたっては，基本設計はじめ多くで三井造船の社員が参画し，常石にも派遣されていた。

　1963 年の海造審の設備大型化への答申によって，大手 5 社で 15 万トンから 30 万トンの建造ドック 4 基・修理ドック 3 基が新設されることとなったが，1965 年はじめでは稼働中は石播の建造ドック 1 基のみで，修理ドックは東京湾 2 基，長崎 1 基で，瀬戸内海にはなかった。その意味では，秀夫の 20 万トン修理ドックの 1965 年の提案は意味のあるものであった。修理を手がけて，超大型船に馴染んでいく。そうした段取りでもあった。常石付近で横付けドックとして建設費を非常に安くする計画とともに，国全体の利益に配慮する他社との共同使用案を具体化させ，1966 年 1 月にようやく申請したが，大手各社の超大型ドック計画が目白押しになってきた。これに対して，同年 10 月運輸大臣は海造審に今後の造船設備について諮問した。1967 年 5 月の答申には，「修理設備の超大型化が必要である」とともに「投資が過大になるので，共同使用することが望ましい」とされていた。三菱重工，日立造船，三井造船の 3 社と常石造船で協定を締結し，1967 年 10 月運輸省から許可が下りた。なお，建設費は通常でも 20 億から 30 億であったが，このドックは付帯工事を入れても 11 億であった。常石造船は，1966 年 3,000 万円に増資，1967 年 5,000 万円に増資，20 万級トンドック竣工の 1968 年には 15,000 万円に増資している。

　1969 年の天孝丸（9,603 総トン）建造の際に建造ドックを 7,500 総トンから

9,900 総トンに拡張していたが，秀夫は，さらに 2 万トン級建造への船台拡張を考えた。運輸省の条件は，三井造船との提携強化と確実な受注であった。

　三井造船との連携強化については，三井側に業務提携料として売上の 3%支払い，三井からの船用機器の優先的購入，常石への取締役派遣，三井側の技術協力の強化，受注斡旋など業務面の援助などを骨子に，期間 3 年間（1 年ごとの自動延長可）で，1969 年 11 月 1 日合意した。18,000 総トンへの拡張は 1970 年 7 月許可された。秀夫は，さらに将来の 6 万重量トン級建造を考えた「大型船建造に関する協定」を三井造船と 1970 年 8 月に締結した。三井造船から幹部技術者を含め 8 名が常石造船に出向し，副工場長と基本設計部長となり，とくに設計部メンバー 6 名が入り，それまで船舶工学出身が入社 1 年の若手 1 名で 28 名のみだった設計部を強化すべく整えていった。

　船台拡張の運輸省のいまひとつの許可条件，確実な受注については，ジャパンライン関係の 3 隻の受注で解決した。1 隻は 18,922 総トンのエンジン部門の無人化という画期的な船，2 隻目は自動車専用船だった。そのほか，当時世界最大といわれた木材専用船「たこま丸」（18,885 総トン：大和海運）も建造し，1970 年常石造船は売上 100 億円台に初めて乗せた。1964 年の 10 億円から 6 年で売上が 10 倍となった。1950 年からの「改造」という手順はあるが，1958 年の初の鋼船建造が助走だとすれば，1960 年代後半からそのスピードは増し，跳躍期に入ったのが 1970 年である。

　20 万ドックの共同使用はその後順調に進み，日立造船因島工場で建造された 16 万タンカー「日鉱丸」の胴体部と船首部の接続が 1969 年 8 月同ドックで行われた。接続作業を常石造船のメンバーが手伝うことによって，超大型船に慣れ，その新造に向けての経験を積み重ねる意図もあった。加えて，建造設備の拡充のために，3000 総トン船台の 18,500 総トン船台への拡張申請をし，1970 年 12 月許可された。しかし，4 万総トンの建造ドック新設については，先の幹部技術者派遣等含め 1970 年 8 月三井造船と協定を締結していたにも係わらず感触が悪い。運輸省の造船業界再編方針は，中堅・中手の大手への傘下入りだったのだ。事実，藤永田造船所は 1967 年銀行融資系が同じ三井造船へ，呉造船所は 1968 年石播と合併へ，浦賀船渠は 1969 年住友機械工業と合併し住友重機械工業へと進んでいた。運輸省は技術提携に加えて資本提携も要求し，

そうした条件を呑んだ中手造船所には建造ドック新設の許可が下りた。しかし，常石造船は，受け入れず独立独歩を貫いた。ようやく1971年3月23日申請書の提出が認められ，4月26日に4万総トン建造ドックの許可が下りた。他の中手造船所よりもほぼ1年近くの遅れであった[63]。

4万総トン建造ドックが完成した1972年4月，常石造船の工場近代化構想の第2段階が始まった。チップ船（40,142総トン：乾汽船）が起工し，タンカーブームではあったがタンカー数隻の発注も受けた。石油備蓄基地までの30万トン，50万トン級ではなく，3万あるいは8～9万トン級のタンカーである。まず東京タンカーから6隻，次いで山下新日本汽船から5隻，商船三井から4隻などの発注を受けた。ただ，1973年のオイルショック後の狂乱物価のなかで，契約の再交渉や船主側からの船価の見直しあるいはキャンセルなどの混乱があった。常石としては赤字であったが，大手海運会社の船を大量につくった実績は，のちの取引に生き，また修繕船として継続していった[64]。

オイルショック後の1974年の常石造船の設備は，修理ドックでは重量トンで20万，12万，2.5万，2万と多様な修理を可能としていた。他方で，建造ドックは，58,000総トンへの拡張と，21,000総トンと25,000総トンをつぶして，45,000総トンの船台にするという計画で，1974年10月運輸省の許可も得ていた。そこに1975年ごろに日本郵船からカーバルク（自動車・バラ積み船）3隻（3万重量トン）と貨物船3隻（1.8万重量トン）の発注を受けた。そこで21,000総トン船台を赤字対策としての延期を運輸省に打診し，2年間の期限で認められた。タンカーの仕事は残っていたが大型タンカーの新規受注は止まり，受注は2ないし3万トン級がほとんどだったのだ。常石造船は業績を上げ，売上高は1976年568億円と500億円を超え，1977年700億円となって，中手造船所の倒産が続出するなかでの高収益であった。常石造船は，何とか不況を乗り越えた[65]。

他方で，神原汽船は日本郵船から1972年10月貨物船3隻を購入し，それぞれ貨客船に改造した。「トロピカル・レインボー」（8,840総トン）は1973年7月ニューギニア航路，「トロピカル・スター」（7,590総トン）と「らえ」（7,575総トン）はイスラエル定期航路に就航させた。イスラエル向け輸出は自動車と雑貨，輸入は燐鉱石であった。自動車関連では，1974年ごろに輸出は富士重

工（現・SUBARU）の自動車，輸入はバラ積み船というカーバルク船がまとまり，神原汽船は「スバル丸」（19,133 総トン）を常石造船に発注した[66]。

　ニューギニア定期航路は，オイルショックもあり利用客は低迷し，1 年半ほど就航したのち「トロピカル・レインボー」は長い間，常石に係留されていた。ただ，購入時が 3 隻ひとまとめということで相場の半値くらいで入手でき，他方で手放すときには船価が上がっており，ニューギニア進出の赤字を半分ほど埋めた[67]という。

　1976 年に海運・造船不況はますます深刻になってきた。神原汽船は，1975年「外航中小船主労務協会」を退会し「日本船員失業対策協議会」の設立に係わった。「常石海運」も設立した。社員が状況に応じて船でも陸でも仕事ができるように対応した不況期における船員対策であった。「常石海運方式」は，海運と造船，また他の事業と多角化を進めていた常石グループだからこそその方式ともいえた。

　常石造船は，1976 年 12 月波止浜造船を 20 億円で部分買収（約 30％）し，副社長をはじめ役員を送った。波止浜造船は，建造する船の大型化によって波止浜が手狭となり，1973 年香川県多度津工場に 60,000 総トンのドックを建設したが，不況も深刻化し，1977 年 10 月 470 名の人員削減などを行った[68]が，1977 年 12 月倒産・会社更生法の申請となった。その後，株式 20 億円を霧散とした神原汽船に裁判所から事業管財人への要請がなされた。管財人に専務（板木一夫）が就き[69]，95％以上の一般更生債権カットとともに，更正決定後の波止浜造船社長として再建につなげた[70]。

　常石造船の第 1 次設備処理は，グループ処理として波止浜造船，高知県造船，瀬戸内造船，鹿児島ドック鉄工（1978 年倒産），新浜造船所（1977 年倒産）の 6 社で行った。常石造船と波止浜造船を除く 4 社はいずれも 5,000 総トン以下の船台・ドックであったが 4 社合計で 6 社設備処理量の 22.8％にあたり，常石造船の 45,000 総トン船台と 58,000 総トンドック，波止浜造船波止浜工場の 6,200 総トン船台と同多度津工場の 60,000 総トンドックには手をつけず維持した。5 社の経営は芳しくなく常石造船が過半数出資などで係わることがそれを可能にさせた[71]。なお，設備処理を円滑に行うために 1978 年 12 月設立された特定船舶製造業安定事業協会は全国 9 事業場を買収したが，そのなかに

高知県造船本社工場，瀬戸内造船野賀工場，鹿児島ドック鉄工本社工場が含まれている[72]。

　常石造船の第2次設備処理は，13社[73]によるグループ処理であった。笠戸船渠の51,000総トンが含まれるが概して小規模の山西造船鉄工所，三重造船，宇部船渠，金輪船渠，東和造船，そして波止浜造船波止浜工場の5社プラス1工場を設備処理にあてた。実施前の13社計359,500総トン数の27.4％である。結果，常石造船は，49,000総トン船台と60,900総トンドック，さらに処理延期願が認められた12,000総トン船台と実施前よりも約20％設備が増えた。波止浜造船は多度津工場だけになったものの91,000総トンドックと約36％増，尾道造船は同58,000と約18％増，神田造船所は同20,000と10倍，南日本造船は同19,900と約5％増，栗之浦ドックは同8,200と変わらず，臼杵鉄工所は同19,900から1,300へと大幅削減となった。設備処理実施後はグループ13社で320,300総トンとなり，実質約11％の設備処理であった。グループ13社の比率でいえば，常石造船は実施前の28.4％から実施後に38.1％となり，波止浜造船を加えれば47.1％から66.5％であるが，これは大型化と集約化を推進する政策と齟齬を起こさなかったのであろう。

　常石造船は，1992年日本鋼管（NKK）と業務提携を締結した。NKKは1975年前後の代替需要が見込まれるVLCC（大型原油タンカー）に集中し，中型船建造を常石に委託する趣旨であった[74]。国内で設備を拡張しようとすると「規制」が制約になる。他方で，韓国，中国の造船企業との競争はしだいに激化してきている。そこで1990年代になると，常石造船は国際展開を本格化させた。まず1992年にフィリピンに設計会社を設立し，1994年フィリピン・セブに造船所を合弁で設立した。次いで，2001年中国・江蘇省に艤装品工場を，2003年中国・舟山に造船所を完全所有子会社で設立した。常石本社工場をマザー工場として生産管理システムを進化発展させながら海外移転を行い，また3社での一元的営業・設計・調達のメリットによって競争力を確保・展開させる意図であった。この過程またこの後の国際展開については，後の（3）で詳しく述べることにする。

　そのほか海運業関連では，1964年，常石港・尾道港と百島との定期航路運航の備後商船設立，そして1978年には常石ポートサービス（曳航と船舶代理

店業務）と神原マリン（船員配乗・派遣業務）を設立した。そして，平成期の
2010年に神原ロジスティクスを設立し，2011年常石ポートサービスを吸収合
併，さらに2015年，船舶部門を新設分割し，神原タグマリンサービスを設立
した。

　造船業関連では，住友石炭鉱業の福山地区特約店として住廣石炭商会を
1953年に設立し，その後，1963年常石鉄工設立，1970年神原海洋開発設立，
1979年常石エンジニアリングを設立した。平成期の2010年には，アルミ合金
製小型船製造に特化したツネイシクラフト＆ファシリティーズを設立し，2011
年7月には，同社子会社として株式会社ティーエフシー（TFC）を東日本大
震災の復興支援を目的として設立した。TFCは，造船技能者の育成研修を経
て，2012年岩手県山田町大沢に「TFCやまだ工場」を完成させ，2013年から
操業開始し，リサイクル可能なアルミ（軽合金）製船舶建造・修理，津波シェ
ルターの建造を行っている[75]。

　なお，住廣石炭商会は，燃料が石炭から石油に代わり，取扱品目も拡充した
ことにともない，1963年に住廣商会に，さらに船舶建造用資機材全般を取り
扱うようになり，1988年に住広に社名変更した。その後，平成期の2007年に
グループが再編し，ツネイシHDになった際に住広カンパニーとなり，さらに
2011年のグループ再編で4グループ14社に分社化された際に常石商事となっ
た。同社は，国内外の造船所に船舶建造用資機材の販売および輸送業務にたず
さわっている。

　海運業と造船業それぞれの事業が力を蓄えていくなかで，常石グループは
サービス関連への多角化も進めてきた。関連多角化では，まず1952年に千年
石油販売を設立した。続いて，1967年5月には船舶の廃油処理を行う神原タ
ンククリーニングサービスを設立した。同社の構想は，1965年8月京大病院
に入院していた秀夫から甥の神原浩士が聞かされた。社会的にはまだ大きな問
題にはなっていなかったが，公害問題のひとつとしての海洋汚染防止の仕事の
必要性を秀夫は語った。いろいろと勉強したのち，海運・造船と関係深い仕事
として，最初の4～5年は，船のスクラップのときに出てくる廃油処理を中心
に社員5名で，資本金1億円でスタートした。のちに，修繕船の潤滑油再生も
行ったが，1974年末の三菱水島製油所の石油タンク亀裂事故では，ドラム缶3

万41本，吸着材480トン，海苔網68,400枚と，流出油の70-80％が持ち込まれ，焼却処理した。1980年代初めの日本の大型タンカーの廃油の45％はここで処理されている[76]とも言われた。なお，焼却炉の熱は，温室農園や「神勝寺温泉」に活用されている。同社は，平成期の1990年にカムテックス，2010年にツネイシカムテックスと社名変更をし，今日では広く産業廃棄物の処理・リサイクル・最終処分を主要業務としている。そのほかでは，1972年に常石カーサービス，平成期の2004年に常石CSR（離島・広島県大崎上島での自動車リサイクル事業[77]に始まる）を設立している。その後，2009年に千年石油販売，常石カーサービス，常石CSR，そして常石エンタプライズカンパニーの保険事業部が合併し，ツネイシCバリューズとなった。そして同社は，2014年にツネイシEVラボを設立した。環境・エネルギー事業は，ツネイシカムテックスとツネイシCバリューズに集約されている。

　サービス関連では，海運業や造船業とは関連の薄い分野，いわゆる非関連多角化も進めている。現在ライフ＆リゾート（L＆R）として位置づけられている事業である。「自然」とともに取り組む事業といっていい。1966年9月神原林業，1968年6月神原食品工業，1969年9月神原牧場を設立している。林業では，売りに出された山林を買って植林を始めた。1967年天心山農園を設立して養鶏業を開始しているが，それが神原食品工業につながっている。牧場は，ホルスタイン種50頭から始めている。神原食品工業は，1978年に神原食品興産，1981年に常石エンタプライズへと社名変更している。

　1969年には常石ハーバーホテルを設立した。造船業の立地条件として，海や川に面した平坦で，進水や係留に十分な接水面と水深が必要で，船台，ドックのほかに鋼材加工，溶接，鋳造・鍛造，艤装品などの工程の流れもあり，広い用地を要する。また，騒音問題などもあり，ある程度の都市に立地したとしても，中心部に近いところではなく，周辺部と言われるところに立地している。また，造船は，受注から引き渡しまで，最短でも1年，通常2-3年と言われているので，船主，また関連取引先企業との打ち合わせにも多くの人が係わるし，期間も長い。となると，船主の滞在，取引先企業からの出張などに際しての宿泊施設も必要となる。自社でおもてなしできれば，これに越したことはない。1973年，そうした長期滞在顧客の迎賓施設を建設し，幾度かのリニュー

アルを経て，平成期の 2015 年，ベラビスタ堤ガ浜をベラビスタ スパ＆マリー
ナ 尾道と名称変更して，一段の高級ホテル化へと展開した。また，1991 年開
業の神石高原ホテルは当初は宿泊型研修施設であったが 2014 年に高原リゾー
トへとリニューアルされ，民間向けの高級ホテル事業の色合いを濃くしていっ
た[78]。ホテル事業は，当初は造船関連サービスの意味合いが強かったが，次第
に一般向けの非関連多角化の色合いを強くした。それもいわばスタンダードな
ホテルからラグジュアリーホテルへ，さらには LOG（小規模ホテル）や
guntû（漂泊型客船）へと広がっていった。

　そのほか，1963 年 3 月の船員雇用促進事業団融資による「船員保養所」を
建設し，1965 年「神原観光株式会社」を設立し，その周りの山一帯を「瀬戸
内海ヘルスセンター」と名づけて開発を始めた。その後，1968 年の私設の福
山空港構想断念もあったが，「みろくの里」が生まれた。1970 年代には 1971
年神勝寺球場（現・ツネイシスタジアム），1973 年神勝寺マート，1974 年総合
宿泊型研修施設のツネイシしまなみビレッジを完成・設立している。平成期の
1989 年には遊園地「みろくの里」，マリンパーク境ガ浦，アイランドクルーズ
ラインパシフィック，そしてアイランドクルーズラインを開設・設立し，既述
の 1991 年神石高原ホテル，1998 年堤ガ浜マリーナを開業・開設につながる。
その後，2015 年ツネイシヒューマンサービスと堤ガ浜マリーナの合併よって
「ツネイシ LR」が生まれた。

　2004 年グローカルジャパンを設立された。同社は，秀夫の長男・眞人のプ
ライベート・カンパニーで，常石グループには入らないが，ファミリーの想
い，SEW がこもっている会社といえよう。同社は，「世界のさまざまなビジネ
スチャンスを具体化する集団，それがグローカルジャパン」として，企画開
発，アグリビジネスだけでなく，海運事業にもたずさわっている。海運事業で
は，南米・アジア航路で大豆などの穀物を中心に石炭・鉄鉱石輸送を行い，ま
た豪州から東南アジアに向けて約 2,000 頭の生体牛を輸送できる家畜運搬船を
運航している。企画開発事業では，フィリピンネグロス島でのリタイヤメント
ハウスプロジェクト，瀬戸内海客船プロジェクト，洋上風力発電プロジェク
ト，バイオマス発電プロジェクトをはじめ，生鮮館（外国人労働者，留学生向
けのアジア食材の仕入れ・販売など），神石高原町の光信寺の湯 ゆっくら（温

浴施設），庄原市西城町のスノーリゾート猫山など，地域おこし関連事業も行っている。地域おこしは，国内にとどまらず，常石グループが進出している中国・舟山ほかでの農業，物品販売，貿易などの事業，フィリピン・セブほかでの酪農，日本米・バナナ栽培などの事業，さらにパラグアイでの農牧畜，海運などの事業へと展開している。

　常石グループは，本業の海運業と造船業からサービス分野での関連多角化また非関連多角化へと幅広く事業を展開してきた。ただ，その展開においては，ツネイシ HD が現在示している企業理念「社員の幸せのために事業の安定と発展を追求する」，そしてそれに係わる価値観「地域・社会と共に歩む」，目指す姿「より先へ，世界の期待を開拓する」，さらに行動指針「常に顧客価値を問う」「変化に適応し続ける」「信頼される人になる」がやはり根幹にある。そうした文脈において，広く社会貢献活動にもつながる財団・その他への拡がりがみられる点について，次にふれておく。

　常石グループは，戦後まもない 1954 年には神原育英会を設立し，1962 年には社会福祉法人ゼノ少年牧場を支援している。鋼船への移行を終えた 1966 年には，木造船であれば直接的な関連があるが，林業支援として神原林業（1992年に常石エンタプライズと合併し常石林業建設）を設立している。さらに平成期の 1990 年には弥勒の里国際文化学院日本語学校を開校し，2010 年 12 月には一般財団法人ツネイシみらい財団を設立した。その活動は子どもの健全育成，地域の活性化，文化伝統支援などの主催また支援・協賛である。

　そのほかでも 2011 年にはせとうちホールディングス，障碍者雇用支援の特例子会社ツネイシチャレンジド，特定非営利活動法人ツネイシ・スポーツアクトを設立し，2012 年には FC バイエルンツネイシサッカースクール開校，2014 年には TLB が運営にたずさわっている ONOMICHI U2 を，2016 年には神勝寺に禅と庭のミュージアムを開設している。そして，2017 年公益財団法人ツネイシ財団を設立した。「市民・行政・企業が協働したまちづくりと子どもの健全育成を通じて，地域の活性化と豊かな市民生活の実現に寄与する」が目的である。

　常石グループは，海運から始まり，造船に展開し，さらに環境・エネルギー，ライフ＆リゾートへと事業セグメントを拡張しながら，併せて財団等を設置し

て，それらの相互作用ないし相互補完の連携なかで，歴史を刻んできた。この過程は，創業の理念「地域と共に成長する企業として地域社会と一体となった社会貢献活動に取り組む」そのものともいえる。

　常石グループにおけるこうした動きは 1950 年代から見える[79] ものの，明確な体制になったのは，2007 年に常石造船を存続会社としてグループ 10 社が合併し事業持株会社ツネイシ HD を設立したときに始まると言っていい。その後，2011 年に社内カンパニーの事業内容を整理し 5 社の分社（新設分割）と既存グループ 2 社への分社（吸収分割）を実施し，持株会社ツネイシ HD のもとに再編された。「海運事業」「造船事業」「環境事業」「エネルギー事業」「L&R 事業」，また財団がそれであることはすでに述べた通りである。

　2022 年 4 月発表の 2021 年度（2021 年 1 月〜12 月）の連結業績（連結対象はツネイシ HD を含み 41 社で，国内 20 社，海外 21 社）は，連結売上高 1,973 億円（前年比 625 億円減）で，造船 60％（前年比売上高 41％減），海運 25％（同 107％増），エネルギー 7％（同 5％増），環境 6％（同 12％増），ライフ＆リゾート 1％（同 6％増）となっている。Covid-19，またウクライナ状況などの影響で，資源価格の上昇，部品・原材料不足などの注視は必要なものの，海上荷動き需要の急増，傭船市況の上昇，また新造船価格の上昇，また 81 隻（前年実績 33 隻）の新造船受注は，業績へのプラスの作用であった。ただ，決算上は，造船の会計処理において 2020 年度から工事進行基準を適用したことで，造船の売上高が 2020 年度には前年比 52％増であったものが，2021 年度は 41％減（1,019 億円減）となった影響が大きい。

(2) ファミリー企業：常石グループ

　以上のように発展してきた常石グループであるが，そのファミリー企業としての概要を，創業者・神原勝太郎と長男で 2 代・秀夫を中心に，関連の刊行資料，公開資料をもととしながら記しておこう[80]。

創業者・神原勝太郎（1884-1961）
　創業者の神原勝太郎は，1884 年 8 月 23 日広島県沼隈郡千年村大字常石に生

まれた。14 歳のときに地元船主村上房吉所有の船「福吉丸」に初めて乗り，17 歳で沖乗り船頭に抜擢されたが，その直前に父が逝去し，借金だけが残った。その借金を 2 年間で完済し，信用を得て，本家（200 円），近郷の親戚・知人三人（285 円），大阪の船具商（100 円）が用立てしてくれたことで，19 歳の 1903 年に中古帆船を購入することができた。石炭輸送船「住吉丸」の船主となり，海運業を創業した[81]。28 歳のときヒサと再婚し，29 歳で新建造を行い，長男・秀夫が生まれた 1916 年 32 歳の若さであったが，すでに 2～300 トンの木造帆船 3 隻を所有していた。翌 1917 年には所有船舶は 13 隻となった。また，2 町歩（約 200 アール）の塩田を購入し，さらに塩田のそばの砂浜に木造帆船建造の塩浜造船所を設立した。ただ，バラックの建屋とコロを並べた船台がひとつの造船所だったが，とりわけ妻・ヒサの船大工，船員，また親戚，知人などへの細やかな心遣いによって，神原家と周りの人びととの絆は深まり，固まっていった。造船所最初の船，第四天社丸の建造費は 2 万 7 千円だった。

　国の政策によって塩田は廃田になったが，その補償金で，1931 年，機帆船「第二十六天社丸」を進水させた。機帆船は帆船に発動機をつけたもので，風まかせの帆船からの転換である。

　1934 年室戸台風が京阪神地方に甚大な被害をもたらした。その際に常石から工具 20 数名とともに米 40 俵，畳表 80 枚など持ってボランティア活動のために駆けつけた。しかし，遭難船主の依頼や放棄があって，打ち上げられた船の引きおろしや買い取りを求められた。買い取り船はすぐに別の買い手があり，結果として転売というブローカー的商売で意図せざる大きな儲けとなった。最初の買い取り船は約 800 円で，その売却価格は 2 千数百円であった。引きおろし船は 20 隻，買い取り船は 8 隻に及んだ[82]。その結果なのか，1936 年 3 月に「瀬戸内海運送株式会社」を設立した。塩浜造船所も同社の一部門とし，個人会社から「個人的利益から社会的福利に置き換える」[83]法人経営へと切り替えた。勝太郎は取締役 5 名の代表となり，資本金 10 万円（翌年 30 万円に増資），株主 34 名，発足時の会社所有船は機帆船 5 隻（翌年 7 隻），被曳船 14 隻であった。これまで住友との関係が深かった神原福一ほか常石出身である若松の石炭問屋，回漕店と取引を持った，北九州からの荷は 9 割が住友の石炭で

あったが，瀬戸内海運送設立後は，佐賀・杵島炭鉱との取引を持ち，有明・住之江港からも積み出した[84]。1939 年 2 月には子会社「海幸社」を設立し，九州炭の阪神方面への輸送を補完し，事業を拡大させた。しかし，第二次大戦となり，1941 年 10 月には海幸社を瀬戸内海運送に合併させ，1942 年には木造船業者の整理統合と統制組合の設立を迫られた。

　1942 年，広島県東部木造船組合が設立され勝太郎は理事長となり，200 を超えた木造船業者は買収・合併によって 58 に整理統合された。瀬戸内海運送から分離した塩浜造船所は，同じ常石の藤井造船所（藤井丞一），西浜造船所（神原琢三郎）を吸収合併し，1942 年 4 月 30 日常石造船株式会社[85]となった。その際に，1943 年 4 月見習工員として造船技術を修得させる常石造船青年学校（在籍生 100 名）も設立した。次いで，6 月に統制組合の広島県木造船組合（58 組合員）が設立され，勝太郎は同理事になった。統制は，造船効率化のために木造船にも 250 総トン，150 総トン，100 総トンなど，決められた戦標船の型を規格通りに実施するためであった。

　海運の戦時統制も進み，1942 年 3 月「戦時海運管理令」が施行され，大手海運会社への集約が実施された。機帆船も系列化となり，瀬戸内海運送には，三井船舶（1942 年 12 月に三井物産船舶部が独立して発足）から譲り受けの話が持ち込まれた。払込資本 9 万円でスタートした瀬戸内海運送は，1943 年 3 月機帆船 17 隻を会社ごと 220 万円で売却した[86]。この売却にあたって，瀬戸内海運送の大福帳式経理帳簿類を整理してくれたのが，独立業務の中心となり三井船舶企画課長だった進藤孝二[87]だった。すでに同社の運営に係わっていた長男・秀夫はこれを機に進藤に私淑し，機会あるごとに訪ね，また進藤が常石を訪れる際には自宅に泊め，五右衛門ぶろの風呂焚き（風呂番）をするほどであった。なお，勝太郎は，佐賀・杵島炭鉱のために，同年「瀬戸内海船舶株式会社」を設立したが，同社の実質的な運営は長男・秀夫が行い，1944 年 6 月社長職を譲った。

　勝太郎は，石炭を運んだ大阪の停泊中に「海事学校」（高木和一郎）で 10 代から，また「今井弘道学校（今井塾）」（今井豊造）のもとで 24 歳から 32 歳まで学んだ。そうした学びは，当時の船講（船頼母子講）では十分な対応がもてなかった同郷の船の遭難事故・災害への新たな業者間の相互救済組織の必要性

を生み出した。高木和一郎の助けを得て，勝太郎の初の社会的仕事として1911 年 26 歳のときに常石船舶相互救済会を結成した。勝太郎は，会長に推挙された。同救済会は，多くの貢献をしながら，不況の深刻化，恐慌整理も続出し，2 期を終えた 1919 年にやむなく解散となった。

　備後地区の大部分の被曳船所有者によって，1937 年 2 月に設立された昭和曳船組合にも勝太郎は係わっている。機帆船の前は，帆船のスピード向上のためには，曳きボートが生命線であった。それまで備後地区の曳船は，山口県大島郡の出身者の多い大和曳船組合が運営していたが，備後地区にも曳船業者は多いこともあり独立案[88]が生まれた。最初の組合長は，娘・和枝の義兄，若松の石炭回漕店主の神原福一であった。同組合は，その後 1944 年西日本石炭輸送統制会社の框内に吸収され，発展的に解消した。

　1938 年，国の船舶統制のなか広島地区機帆船海運組合結成が計画され，1941 年 6 月同組合は誕生した。その設立にも勝太郎は尽力した三人のひとりとして係わった。勝太郎について，組合長となった丸石寿太（音戸造船）は「何処までも温情の人，善意の解決を主眼とする人」，同理事の中川爲二郎（大崎上島木江地区代表）は「自己の利益を離れて，すべての事に当る」[89]という。

　また，36 歳，1921 年に勝太郎は千年村会議員になった。「事業をするものは，一度は政治に係わって地元に恩返しすべきだ」[90]と考えていたことによる。59 歳まで 22 年間，その任においては村全体の立場からすべてを考えることを常にしたという[91]。まず，村の文化発展のために交通整備に尽力し，いくつかの道路網が開通した。教育では，他の地区との均等な教育実現のために，常石小学校の複式学級解消に尽力した。また，海岸の干拓構想も進め，塩田の廃田，根引濱など東，西，中央と埋め立てが行われ，常石港も私費も投入しながら増築を進めた。その背景には県外の工場を誘致構想があり，その実現のために北九州，大阪，神戸などにすべて自らの負担で奔走したが，ただこれは実を結ばなかった。

　「人はまず教育を受けることが第一だ」[92]，それが地域の発展の根幹であるとの思いが，勝太郎には募っていた。それは，自らが貧困家庭で，正規の教育を十分に受けることができず，船員生活の傍らに大阪・今井塾で苦学力行した経験にもとづいていた。常石の然るべき人びとに個人的には早くから援助してい

たようであるが，対象を千年村全域に拡げ，自らの所有船「第一天社丸」の運航益金全額を育英事業に充てることでインフレにも対応した任意団体「神原育英会」が 1954 年 4 月設立された。その後，1981 年末，財団法人「神原育英会」（基金：1 億円）が別に発足し，想いは，子・孫によって，今日まで続いている。

　勝太郎は，自らの事業を行いながら，海事学校，今井塾などで培った教養をもとに，救済会，業界団体，また村議会と幅広く活動を行っている。そのため数多くの人との交流・交誼もあった。会った人が年間数千人にも及ぶ年もあったようだ[93]。石炭輸送は住友に負うところ大とし，とくに世話になった都島正治（元住友本社理事）は，後述のように戦後財界人追放の際に瀬戸内海船舶に迎い入れた。交友が半世紀を超え，選挙にも精神を打ち込んでサポートした代議士に宮澤裕がいる。彼らの交友は，息子・秀夫と喜一に増して引き継がれている。1961 年 2 月 16 日に満 76 歳で，実質的には長男・秀夫に譲っていたものの常石造船社長の職のままで逝去した。1965 年 12 月 2 日，秀夫は，勝太郎の名に因む天心山神勝寺を開基した。益州宗進禅師を開山に招聘して建立した臨済宗建仁寺派特例地寺院である。本尊は弥勒菩薩，鎮守は弥勒里天満宮（大宰府天満宮を勧請して祀る）である。

　勝太郎は，秀夫を呼ぶのに死ぬまで「秀さん，秀さん」[94]を通した。甥や姪は呼び捨てだったが，自分の子どもだけ「さん」づけにした。秀夫を小学 6 年から他人に預けたことによるのか，「何か一目おいていたのか」，ふたりには特有の親子関係があったのかもしれない。

2 代・神原秀夫 （1916-1977）

　2 代・神原秀夫は，父・勝太郎の長男として 1916 年 9 月 1 日に生まれた。母はヒサ，3 歳上に姉和枝[95]がおり，2 人姉弟であった。秀夫が一人息子であることもあったのか，父・勝太郎は，秀夫が小学 4 年 10 歳の 1926 年の春，勝太郎の師である今井豊造に，その徳化を受けさせようと預けた。今井家から大阪・本田尋常高等小学校に通った。在校生 1,600 人のマンモス校であった。今井家には数歳上の長男もいて相談相手になったが，豊造のしつけは厳しかった。しかし，今井豊造は翌年夏に亡くなった。秀夫は小学 6 年から勝太郎の姉ツルの長男・市川寿太郎（「イシあにい」）に預けられ，安治川尋常高等小学校

に転校した。住まいは，勝太郎の大阪での商売の拠点の住居であった。1929年，秀夫は「質実剛健」の校風・市岡中学校（現在の市岡高校）に合格した。同年寿太郎と結婚した八重子も一人息子のようにかわいがってくれた。しかし，不況の影響で勝太郎の借金は1929年には5万円に達し，大阪での船具商計画は中止となり，秀夫の市岡中学生活は2年間であった。1931年4月，尾道中学校（現在の尾道北高校）に転校した。通学は船であった。この「船通」仲間のなかに後々につながる溝口春一（三井船舶），藤本利光（百島造船）などの友人を得た。

　1934年4月，秀夫は立命館大学予科に進学した。大学では，建仁寺の庫裡の離れに寄宿し，のちのパラグアイ移住団の団長，神勝寺住職となる森大光，夏休みに常石に遊びに来た清水次郎ほか，行動をともにする心の許せる友人たちを得た。秀夫は，彼らに「将来は海賊になって太平洋をあらしまくるんじゃ」[96]などと言っていた。秀夫たちは建仁寺に夜中に忍び込み，森の離れに入り幾度となく泊まったが，雲水の厳しい修行は，秀夫の心を禅宗に引きつけ，東本願寺派の門徒にも係わらず，1965年，臨済宗建仁寺派特例地として神勝寺を建立することにつながった。

　1936年予科を終え，法学部に進学した。秀夫は在学期間中の徴兵猶予があるにも係わらず，徴兵検査を受けた。友人の森や清水も同じであった。秀夫は同年8月には4か月の教育召集で入隊し，12月に除隊した。そして，法学部最終学年の1938年5月召集令状が届き，中国に渡った。1940年末まで3年近く，中国，仏印の戦場をかけめぐり，1941年1月陸軍軍曹で除隊した。同年3月，紫雲山円光寺（浄土真宗大谷派）住職，河野教照二女，比路子（1922年11月16日生）と結婚した。なお，比路子の弟の河野祐至は，1939年に海幸社の持ち船「十八天社丸」が竣工したときに，恒例の金比羅詣での船旅で船に魅せられ，のちに常石造船専務を務めている。また，秀夫が設立に係わった町の結婚式場「金明会館」での結婚式第1号である。秀夫は，出征中の1939年3月卒業証書を受け取り，1941年の帰国後すぐに瀬戸内海海運に入社し，取締役になっている。1942年4月に常石造船が設立されると，正式には1944年6月のようであるが，副社長職を担った。また，同月，瀬戸内海船舶株式会社の社長となった。なお，1942年暮れに軍の再招集令状を受けたが，秋に軽い肋

膜炎と診断され，その症状が身体検査でひっかかり除隊となった。また，勝太郎には関節リュウマチがあり，勝太郎60歳で32歳秀夫の経営者の見習いが進み，二人三脚が早まった。家族は，1941年12月22日，3代となる長男・眞人が誕生し，1943年11月13日には次男・治が誕生した。

　1945年終戦のとき，日本全体でも船腹量は107万トン，瀬戸内海船舶の持ち船は，自力で動けない被曳船6隻だけだった。勝太郎は，戦争が始まったら，造る造船中心と思っていたが，戦争がすんだら「やはり運ぶ方だ」[97]と海運中心の方針を早くから固めていた。戦標船としての建造途中の船や修理途中の船を瀬戸内海船舶が買い取り，石炭輸送用に設計を変更し，建造は再開することとした。その第1号は，常石に来たまま放置されていた爆雷艇の石炭輸送用機帆船への改造であった。第三十七天社丸と名づけられた。大阪・安治川の多数の木造船も，秀夫が物色し，安く買い取る対象だった。修理費を加えても，新造船コストの半分以下であった。瀬戸内海船舶は，西日本石炭輸送統制会社（1947年6月西日本石炭輸送株式会社に）の仕事を受けながら，1946年末には所有機帆船7隻，約3000重量トン超までになった。西日本石炭輸送は，統制会社発足時に，財団法人「海員協会」などから移籍した人が多かったが，大阪商船出身の社長・野村治一郎と取締役海務部長・鈴木倉吉は勝太郎もよく知っていた。なかでも，鈴木は戦争中に家族を常石に疎開させていた関係であった。秀夫は，のちに神原汽船発足の際に入社する多賀侍郎（専務取締役），橋本一（常務取締役経理部長），鹿子木伸吾（船舶部長），また江田義春（船舶副部長）らと親しくした。さらに，鈴木の紹介で，運輸省海運総局長官から日本海員掖済会副会長になった福原敬次，運輸省海運局長になる岡田修一（のち衆議院議員，ジャパンライン社長）などの運輸官僚とも知遇を得た。なお，秀夫は「ニューギニア進出と外航鋼船建造」[98]の夢は忘れていなかった。1947年，勝太郎は，名義上社長であるものの63歳で隠居した。また，秀夫には三男・総一郎が同年5月2日に生まれた[99]。

　1946年末の石炭・鉄鋼の循環的拡大を促す「傾斜生産方式」，併せて石炭の陸送から「海送移転」の決定によって，木造貨物船である機帆船の役割が高まった。九州炭の輸送量は，1946年には汽船と機帆船が半数ずつの海送（434万トン）が陸送（779万トン）のほぼ半分弱であったが，1948年には機帆船は

3倍弱の616万トン，汽船は2倍強の492万トンへと急増し，陸送は690万トンへと減少した。「船価200万円で手に入れた船で，6月に石炭を下関から名古屋に，次に舞鶴，3回目に大阪に運んだときには運賃は3倍に上がり，年末まで半年で500万円儲かった」という。機帆船業者は，1947年半ばから1949年初めまで大いに儲けた。預金関係の縁で，のちの経団連副会長になる安居喜造（当時，帝国銀行若松支店長）と秀夫が懇意になるのもこのときであった。なお，船の動力には重油がいるが，その割り当ては1949年4月まで月10,500klであった。それには，秀夫が，1947年ごろの冬，GHQの石炭輸送増強の要請にも係わらず油が少ない現状を運輸省輸送課長・壷井玄剛（のち東京タンカー社長）に「油がなくては船は動かん」といい，海運総局長官・秋山龍（のち次官）に直接交渉し，GHQの許可も取り付け[100]，機帆船業界への割り当てを逐次増やすことにつなげた背景があった。

　しかし，1948年末にGHQは「経済安定九原則」を指令し，1949年2月には金融財政引き締め政策が実施された。いわゆるドッチ・ライン（Dodge Line）である。その結果，機帆船業界への重油割り当ては，1949年5月には7,500kl，6月には7,000kl，7月から翌年8月までは5,000klと，それまでの半分以下となった。それには，東京の1948年卸売物価が1936年比124倍であるのにも係わらず，機帆船の公定石炭運賃（若松・阪神間トン当たり）は1,125円と同比514倍で，機帆船の石炭輸送を減らし，その重油を汽船（鋼船輸送）に回すという意図も含まれていた。確かに，1948年と1949年の石炭輸送をみると，機帆船は900万トンから550万トンへ，汽船は720万トンから970万トンへ，国鉄など陸送は1,580万トンから2,200万トンへと，機帆船のみ激減した。併せて，石炭も過剰生産となり，1949年9月には石炭が自主販売となり，石炭運賃の統制も撤廃された。と同時に，石炭運賃も下がり，1950年1月には若松・阪神間トン当たりも390円前後なり，1936年比127倍と，ほぼ東京の卸売物価の上昇並となった[101]。なお，この時期，ダンピングを防ぎ，適正運賃維持のための運賃同盟が結成された。1950年9月の「西日本地区機帆船運賃同盟」である。秀夫は，八百村稔と「広島県東部地区機帆船組合」に再組織し，さらに1951年2月「中国地方機帆船組合連合会」へと発展させ，理事長に推された。また，1950年10月には，中国海運局尾道支局にいた軍時代の先

輩・栗本秋夫の推薦もあり，中国船員地方労働委員会の使用者側委員に就任した。さらに，これに先立つ 1947 年には地元の機帆船船主 50 社程度に呼びかけ「千年船主会」を設立し会長となり，千年船主会館の土地を提供している。ただ，1950 年当時，機帆船 50 隻（子会社旭海運と合わせると 70 隻），汽船 5 隻（当時は船舶運営会からの傭船料月 1,200 万円収入）であったが，1960 年ごろを境目にいよいよ汽船（小型鋼船）へのシフトが必要となった。

　秀夫は，機帆船の好況を利して，鋼船を持つ「汽船会社」へと目標を絞った。当時，東京に行く機会も多く，宮澤喜一とも月に 3 回程度会っていた。宮澤との話で得たヒントに「いま安いのは土地と人」[102] というのがあった。それは全般的な生産活動の停滞と財閥解体にともなう経済人追放が要因だった。まず，資金づくりのために，1946 年機帆船 6 隻を購入し，併せて「旭海運株式会社」を設立し，同社所属とした。ほかにも機帆船は増やした。また，資本金 1 億円以上の社長また重役になれないという経済人追放令で浪人だった都島正治（終戦直後まで住友本社理事）に 1947 年「相談役」として来てもらい，また立命館大学法学部長・板木郁郎の息子で，立命館大卒で毎日新聞にいた 20 代の板木一夫を汽船営業の第一号として 1948 年ヘッドハンティングした。勤務は，神戸にある山下汽船ビル内に新たなに設けた出張所であった[103]。

　初の鋼船は，1947 年夏，壱岐で座礁，沈没していた揖保川丸の情報だった。千年村敷名出身で山下汽船に入り，甲種船長だった浜田千代吉に入社してもらい，その判断もあり，購入した。ただ当時，船舶運営会が鋼船とその船員を統括していた。浜田の入社も運営会の了解のうえであった。揖保川丸も同会に預けなければならなかった。新たな鋼船船主の加入は難しく，山下汽船へのチャーターという形をとって許可された。1948 年 2 月機関長乗船も運営会の指示であった。その後，因島の田熊造船で修理・改造を終え，1948 年 9 月九州炭を運ぶ初航海に出た[104]。

　宮澤喜一の父・裕は，長く郷土の俊英を自邸に引き取って，東京の学校に通わせていたが，そのなかのひとりに村上透がいた。1947 年 11 月，入社した。併せて，戦火を免れていた芝高輪の宮澤邸に「瀬戸内海船舶株式会社東京出張所」の看板を掛け，応接間を出張所としてもらった。しかし，知己であった日本海員掖済会副会長・福原敬次から話がありすぐに移転した。1948 年 1 月同

会の四谷の建物に移った。東京出張所は，太洋海運専務から招いた山本央次を含めて3名であった。村上透は，東京の土地購入のために歩き回った。1年で，原宿（約980坪：100万円弱），赤坂カナダ大使館下（約1,500坪），経堂，吉祥寺など6カ所，約4000坪（約13,000㎡）を購入した[105]。

　1947年9月F型（600総トン）15隻，12月D型（2,000総トン）8隻建造許可という第1次計画造船（出資額：船主3船舶公団7）が始まった。ライバルの鶴丸海運は資格を得たが瀬戸内海船舶は得られず，中古船購入を行った。1948年以降，東亜海運の競売で戦標D型（2,226総トン：4千万円）とE型（907総トン）の2隻，武庫汽船の競売で同E型（918総トン），さらに1950年船舶公団の同A型続行船（7,251総トン：4,300万円），そしてすでに買っていた揖保川丸と合わせ5隻の汽船を基盤とすることとなった。1948年6月には資本金増資とともに，本社を千年村から大阪出張所に移した[106]。しかし，仕事がやりやすいのは中央官庁のある東京の方だとして，同年11月には本社を東京出張所に移した。社名も「神原汽船株式会社」と変更した。社章もマルなしの「天」に変えた。また併せて，船舶運営会の民営移管を見通して人材獲得にも力を入れ，立命館総長の末川博に斡旋を依頼した三好恂二，父が瀬戸内海運送の船長で亡くなり秀夫が立命館に行かせた井上信人，父・村上栄が瀬戸内海船舶の株主かつ専務で早稲田の村上節郎の大卒1期生3人が営業担当で1949年に入社した。また同年，財閥解体で浪人中だった鈴木春之助（元三菱本社常務理事）を専務取締役として迎え入れるとともに，西日本石炭輸送関係者も4名招いた。三菱出身で同社の橋本一を常務取締役総務部長，三井出身で同じく同社の多賀侍郎を常務取締役神戸駐在，さらに海員協会出身で同じく同社の鈴木倉吉と鹿子木伸吾を取締役船舶部長と取締役若松営業所長として入社してもらった。神原汽船のスタートは，社長の秀夫と義兄・神原五郎（姉・和枝の夫），そして東京出張所長だった山本央次常務取締役営業部長を除く5名は他組織からという経営陣だった。なお，西日本石炭輸送統制会社社長，同社閉鎖後発足の西日本石炭輸送会社社長だった野村治一良も1950年3月の同社解散ののち，1951年取締役会長として神原汽船に籍を置いた[107]。

　1949年9月に解禁される石炭自主販売が近づくとともに，若松は，石炭，海運の主戦場となった。神原汽船も9月に若松出張所を営業所に格上げし，人

員も10人を超えるほどにした。昼は100社にものぼる筑豊の石炭商社，荷主
まわりへは営業と夜は接待，また船長へは船株主に，また船の回転率に応じた
割増金などと，細やかな対応もした。他方で，東京本社では，荷主である石炭
関係各社に，大手海運会社には有利な条件での傭船（チャーター）のために，
また運輸省へと接待を主に動いた。鈴木春之助や鈴木倉吉の顔も効いた。秀夫
は「宴会は戦場。命を落としても商売冥利」と，接待は仕事そのものであっ
た。父・勝太郎が自宅の庭に生簀をつくって，魚を飼い，母・ヒサの客人を退
屈させない料理と，いつお客があってもおもてなしができるようにしていたよ
うに，硬軟豊富な話題，取引先にいっても幹部よりも受付や一般社員を大事に
することなど，両親の「接待哲学」，おもてなし哲学は秀夫にもしっかりと引
き継がれていた。こうした日常が実ったのか，三井船舶による輸送が基本で
あった三井鉱山は必要に応じて瀬戸内海船舶の機帆船に回し，三菱鉱業は石炭
自主販売後に三菱海運を傭船取扱者として指定13社を決めたが神原汽船もそ
の1社だった。住友とは戦前から石炭輸送の関係があった。財閥3社と取引を
持ったのだった[108]。

　鋼船の落札では失敗もあった。1950年船舶公団から購入した「大楓丸」だ。
もともとタンカーだったが，戦後の貨物船への設計変更にあたって二重底工事
がされないままで船舶公団に引き渡たされた船だった。① 汽船についての勉
強不足，② 手順（段取り）の無視，③ 引き際の大切さを学び，自信過剰の戒
めともなり，自滅への道を歩むことを事前に防いだ失敗だった。

　鋼船づくりは，まずは手順を踏んでと，「改造」から始めた。1950年4月に
は中国海運局から改造と沖修理の許可を取った。鋼船の勉強と木造船の船大工
の鋼船技術者への育成には時間を要する。鋼船用語のほとんどが英語である
し，ガス切断機や溶接機の作業もしなければならない。田熊造船などで学ぶと
してもなかなかである。最初に改造のために購入した小型タグボート4隻は，
1950年解散した西日本石炭輸送のものであった。購入金額は180万円。三井
育ちの日本人で初めて機関長になった藤村重道などの勧めも後押しした。藤村
の改造設計図をもとに，棟梁を含む20数人の船大工が貨物船への改造に取り
組んだ。鋼船建造への手順の第1歩だった。ただ，3隻はスチームエンジンを
外して焼き玉エンジンに取り付ける改造だったが，残り1隻は中央部分を造

り，切り離した前半部と後半部にくっつけ，船体を伸ばし 181 総トンを 240 総トンにする手順の第 2 歩としての大工事を行った。1 年後の 1951 年初夏ようやく完成させた。4 隻は神原汽船所属で住友の石炭を運び，20 年後 1970 年には 1 万数千トンの船を建造するまでになったが，工場を運営してきたのは船大工出身者だった。「わしは船も造るがのう，人も造るんじゃ」[109] と秀夫は後年話した。

　1952 年後半から 1955 年にかけては，炭労ストもあり海運不況であったが，苦しいなかでも秀夫は中古鋼船購入を止めなかった。勝太郎への借金，また地方銀行からも借りたが，厳しい説教もたびたび受けた。この間に購入した鋼船は 14 隻で，その大きな目的は，貨物鋼船への改造の継続による鋼船造りの技術者育成であった。また併せて，1952 年 2 月には，勝太郎が帆船を機帆船に変えた際につくった造船所内の「鉄工所」と呼ばれた機械工場を独立させ，個人経営の「常石鉄工所」を設立した。将来必要となる機械部門を担当する「造機部」の強化が目的であった。その所長には，広島大学理工学部卒の秀夫の従妹，勝太郎の末妹ミキ[110] の長男・武田学千を据えた。

　タグボート，小型客船，サルベージ船などの中古船を購入しては貨物船に改造し，神原汽船の地盤が固まっていった。他方で，船を動かすには船員がいるが，これについては，最初の鋼船 5 隻は船舶運営会時代であり同会が手当してくれた。1950 年の同会解散後は山下汽船や大阪商船などの原籍会社に戻るので，神原汽船への引き留めが必要であった。最初の 5 隻だけで 140 人ほどが乗船していた。50 名ほどが残った。不足分は，機帆船の乗組員をひとつでも上の資格，できれば外航船でも乗れるように励ましていた成果に期待した。1951 年から機帆船乗組員で鋼船の船長，機関長の資格を取った乗組員のための練習航海も始めた[111]。第 1 回は 10 人ほどだった。機帆船で大きくなった会社ゆえに，一気に 1 万トン級の大型船による運航にすると，これまでの船長，機関長は余る。一人ひとりの気持ちを汲むためにも，船の大きさも徐々に大きくする手順を選んでいた。「そうした実に細かいところまで神経の行き届いた人だった」[112]。

　秀夫は，1964 年から新造設備の増強を本格化させた。既述のように 4 月に 2,500 総トンの船台を完成させ，北洋材専用船を建造させた。同じころに，修

理ドックで縁を得た台湾の「新台海運」から 5 千トン級 2 隻新造の話が持ち込まれた。秀夫は，2,500 総トン船台を 5,000 総トンに拡張する決定をした。しかし，造船設備の 2,500 総トン以上は，地方海運局でなく，運輸省船舶局の許可が必要だ。神原汽船の体質改善，材木船の大型化，東南アジアへの造船市場の開拓などの理由をあげて，同年 9 月に許可を得た。直接の交渉役は総務課長であったが，総務部長・石井善夫は運輸省出身であった。石井は，のちにふれる 1958 年冬の十一天社丸遭難の際に第四管区海上保安本部（名古屋）次長の職にあり，いろいろとお世話になった。その縁で，1963 年退官後，秀夫が招いていた。ただ，初の輸出船となったバナナ輸送船（4,424 総トン）と材木用貨物船（4,098 総トン）は，外国船級の CR 検査が必要であったり，バナナの冷蔵設備がいるなどと，7 千万円以上の大赤字であったが，2 隻の売上は 7 億超，1964 年度の常石造船の売上は 22 億円と，初めて 10 億円を超えた[113]。1967 年 1 月進水の 1 万トン級重量トンの米国材輸送船「天勝丸」（7,717 総トン，18.9 ノット）は，常石造船を名実ともに中堅造船所とした記念すべき船である。田尻昌克（富士汽船社長・元商船三井副社長）は「瀬戸内の造船所から日本の造船所に脱皮した」という。この設計・建造の責任者・中村正は，船大工から鋼船改造へ，さらに鋼船造りと，職人気質で船づくりを歩んできた。ただ，20％スピードアップ可能なバルバス・バウ（球状船首）は，1969 年三井造船との技術協力で建造した天孝丸（9,603 総トン，20 ノット）を待たねばならなかった[114]。

　こうして神原汽船の鋼船化と大型化による体質改善が進み，常石造船との連動化が進捗するなか，1970 年 2 月神原汽船社長を長男・眞人に譲り，秀夫は，常石造船の整備拡充に力を注いだ。

　1965 年の 20 万トン級修理ドック建設にあたっては，横付けドックという秀夫の常識外れの発想で建設費を抑制し，また共同利用案というプランによって成功させ，常石造船の中堅造船所としての位置づけを確実なものにしたが，その際にも人的ネットワークが寄与している。共同使用の具体的なプランづくりのために 1966 年 3 月三菱鉱業セメントから斉藤正三を招き，共同使用各社へは鈴木春之助（元三菱本社常務理事），進藤孝二（商船三井社長）らに動いてもらい，当時の運輸事務次官・若狭得治（元全日空会長）とも知己になってい

た。1967年12月スタートの「20万トンドック共同運営委員会」は，顧問・若狭得治，委員長・永井勝四郎（元第三管区海上保安本部長・常石造船顧問），事務局長・斉藤正三，同次長・高梨由雄（元中国海運局監督官）とともに，4社の代表委員で構成され，共同使用期間は一応5年間，またドック使用料などを決定した[115]。

　1969年天孝丸（9,603総トン）建造ののち，秀夫は，2万トン級建造への船台拡張を考えた。運輸省は三井造船との提携強化と確実な受注を条件とした。その協定書は既述のように1969年11月1日に合意したが，秀夫は，さらに6万重量トン級建造のための幹部技術者派遣を三井に求めた。1970年8月に合意し，3年間の約束で，三井造船藤永田工場造船工作部次長・崎田秀蔵を副工場長，同玉野工場設計部総合課長・宗田啓一を基本設計部長および設計部メンバー6名を常石造船に迎い入れた。崎田は「造船工場の各部長が大学出は文科系，そうでない人は船大工出身，船舶工学出身者なし」[116]で工場を運営していたことに驚いたという。宗田は，設計部メンバーは「当時たしか28名ぐらいいたが，これだけの規模なら150人ぐらい必要だ」，船舶工学出身者も前年に入った若手だけだったという。翌年船舶工学出身を4名採用などして，1977年にようやく陣容が整ったという。崎田と宗田は，仕事に生きがいを感じるところだったと，派遣期間後も残留を決めた。しかし，三井玉野工場の設計部長の急逝を受け，宗田はいったん帰ったが，1976年11月，三井を退職して復帰した。崎田も残留の意であったが，病となり，提携解消とともに三井に復帰した。なお，1975年7月に，不況の深刻化と売上の3%という提携料負担もあり，常石からの申し入れで提携関係は解消した[117]。

　船台拡張にあたって運輸省の許可条件であった2万総トン級の確実な受注については，ジャパンライン関係で3隻の発注があり，解決したが，それには当時ジャパンライン社長だった岡田修一[118]の配慮があった。秀夫は「大楓丸」処分の際に当時の海運局長だった岡田に再買い上げで世話になったし，岡田は退官後参議院全国区に出馬したとき秀夫が票固めに走り回り尽力してくれた恩義を感じていた。また，「20万トンドック共同運営委員会」事務局次長に招いた高梨由雄は，岡田の秘書的仕事もしていた。ようやく，運輸省は，1970年7月三井造船から「必要な技術に欠くることないように指導します」（6月24日

付）との念書をとって，許可した。三井造船とジャパンラインに話をはじめ 1 年余りかかった[119]。この年，常石造船は売上 100 億円台にはじめて乗せた。1964 年の 10 億円から 6 年で売上が 10 倍となった。

　20 万トン修理ドックの共同使用ののち，秀夫は建造設備の拡充を考え，3,000 総トン船台の 18,500 総トン船台への拡張申請をし，それは 1970 年 12 月許可された。しかし，4 万総トンの建造ドック新設については，運輸省の造船業界再編方針に沿わなかったのか，なかなか申請ができなかった。運輸省は技術提携に加えて資本提携も要求した。三井造船からはそうした要求がなかったにも係わらずであった。「株を出せとは，とんでもない話じゃ」[120]。このときには通産大臣だった宮澤喜一にもうっぷんをぶつけたし，全日空社長になっていた若狭得治にも相談した[121]。折衝は膠着状態が続いたが，「1% でも」との担当者の要望を断った翌日 1971 年 3 月 23 日にようやく申請書の提出が認められ，4 月 26 日に 4 月 4 万総トン建造ドックの許可が下りた。

　秀夫の工場近代化構想は，4 万総トン建造ドックが完成した 1972 年 4 月から第 2 段階が始まった。既述のように 4 万トン級のチップ船を起工し，東京タンカーや山下新日本汽船などからの 3 万ないし 8 万トン級のタンカー受注も続いた。日本石油の専属会社・東京タンカー社長には，1947 年ごろ機帆船への重油割り当てで運輸省に出向いて交渉していた壺井玄剛がなっていた。山下新日本汽船の社長も元運輸事務次官の堀武夫が就任していた。そうした縁であったが，オイルショック発生にもとづく契約の再交渉や船主側からの船価の見直しあるいはキャンセルなどでは，縁があるがゆえの気まずさもあったし，逆に簡単に話ができることもあった。ただ，全体としては赤字であったが，のちの取引にはつながった。

　オイルショック後の 1974 年の常石造船の設備は，4 種類の修理ドックで，いろいろな大きさの船の修理を可能としていた。他方で，建造ドックは，運輸省に 21,000 総トン船台の取り潰し延期を認めてもらい，不況でほとんどが 2 ～ 3 万トン級であった受注に対応できた。なお，受注には，神原汽船が日本郵船から貨物船を購入し貨客船への改造した 3 隻，若狭得治の紹介で親しくなっていた富士重工の幹部との関係で神原汽船が発注した米国向けカーバルク船「スバル丸」も含まれている。貨客船 1 隻はニューギニア航路に，他の 2 隻はイス

ラエル定期航路に就航させた。

　1976 年，海運・造船不況はますます深刻になってきた。係船は，1976 年 3 月で計 750 隻，5,500 総トンに及んだ。こうした状況になっていく過程で，秀夫は，1975 年 8 月外航中小船主労務協会に退会を申し入れている。船主会と海員組合が画一的な労働協定によって，船 1 隻を売るにも組合の了解が必要であったことが原因であった。なかなか退会が認められず，行政訴訟を起こすことになったが，組合も了解し，船主会も退会を承認した。すぐに「日本船員失業対策協議会」を設立し，秀夫が会長になり，併せて「常石海運」も設立した。組合員，非組合員を問わず，状況に応じて，船の仕事あるいは船員身分のままで陸上の仕事ができる融通性を持たせた会社であった。不況期における船員対策，「常石海運方式」として高く評価された。他方で，1976 年 6 月山下新日本汽船から赤字経営だった「甲子園高速フェリー」（西宮・鳴尾浜－淡路島間）[122] を引き受け，再建をめざした。

　1976 年 6 月海造審は「1980 年には 1974 年比 65％の操業度」という合理化答申を出した。1975 年ごろから集約化の動きを秀夫は感じていたものの，運輸省は，答申をふまえ，1980 年 10 月ごろに「1973 年〜1975 年の間の操業最大の年を基準として，1977 年度は大手（100 万総トン以上）67％，中手（10 万〜100 万総トン）76％，小手（10 万総トン以下）82％の操業調整を行い，1978 年度はさらに 63，70，75％にする」という方針を固めていた。秀夫は船舶局長に「田舎の中小企業の働く場所をなくして，逃げ場もないようなやり方はするな」[123] といったようである。個々の企業の特殊事情は十分に考慮する程度の約束はとったようであるが，運輸大臣の規制勧告は 1977 年 11 月 25 日に出された。また，1974 年末でスクラップする予定だった 21,000 総トンドック船台廃止の 2 年延長の期限は 1976 年 11 月末であった。延ばしていたが，運輸省から 3 月末までの船台廃止届の提出を求められていた。常石造船の稟議書に「秀」をサインしたのが 3 月 10 日だった。翌日深夜，容態が急変し，12 日午後，逝去した。60 歳 6 か月余だった。

　神原汽船の事業が拡大していくとともに，秀夫は多方面に展開を試みた。政治また海外進出に関心を持ったが，そうした背景には地元でのいわゆる異業種の「飲み仲間」があった。「酒は縁」[124] という秀夫であったが，なかでも深い

つながりであったのは，医師の塙本宇一郎（塙本病院長），八百村稔（元日本内航海運組合総連合会副会長・光産汽船代表取締役），黒瀬武男（元福山市歯科医師会会長）である。塙本は，京大医学部卒で，大津日赤病院内科医長の後に軍医として外地生活をし，1944年1月常石に暁部隊が駐屯するとともに大隊付軍医として赴任してきた。戦後，勝太郎たちの懇請によって常石で開業した。八百村は，大阪で鉄工所を経営していたが，妻の実家に疎開し，戦後，持っていた木船1隻で光産汽船を興した。黒瀬は，尾道で歯科医を開業していたが，強制疎開で千年村の隣の山南村で歯科診療所を開設していた。秀夫の尾道中3年先輩であった。秀夫よりも塙本が6歳，八百村が4歳，黒瀬が3歳上と，秀夫が一番年下だった。1949年ごろからの飲み仲間である。とくに1950年に入り，週に1，2度，福山，尾道，鞆の行きつけの旅館や料亭で飲んでいた。世界情勢，社会，政治，仕事など幅広い話題のこの集まりが終生続いた。秀夫が町長のときには，直言の場ともなった。秀夫をそれぞれ次のように評した。黒瀬は次のように言った。含羞ともいえる「人見知りをする一面があったし，水は流れる道を自分で作っていくなど，特異なものの見方を持っている人だった。産業医制度も50年代後半にもう考えていた」，八百村は「熟慮断行の人」，塙本は「『矛盾の統一』という性格を持った人。心温かい善人のかたまりのような側面もあるし，商売の鬼という側面もある」[125] と述べた。

　1952年8月吉田内閣の抜き打ち解散にともなう選挙に，1951年に公職追放解除になっていた宮澤裕が再出馬した。勝太郎に代わって選挙の中心になったのは秀夫であった。しかし，1928年の初当選以来落選のなかった宮澤は落選した。そこで秀夫は，大蔵省蔵相秘書官，サンフランシスコ講和条約全権随員などだった息子・喜一に政界入りを進めた。翌年1953年の参議院議員選挙のサポートをし，宮澤喜一は無事に当選した。

　秀夫自らの政治への係わりは，1951年4月の千年村村長選挙立候補に始まるが，そのときは村の分裂回避のために他の候補者2名とともに取り下げた。その後，千年村と山南村が1955年3月31日に合併し沼隈町となった選挙で，秀夫は初代町長となった。町長時代については，後述の南米パラグアイのところでもふれるが，その最初の仕事は，「町政に関する情報を町民に流し，町民の声が反映できるような広報誌」[126] の創刊であった。ふたつの村の合併による

しこりを排除し，紙上でもいろいろと意見交換をし，町の一体化につなげ，諸政策を完全結実させるための大切な方策と考えた。次いで，生活改善協会結成と結婚式場「金明会館」設立，失業対策補助事業での県道改修，町営養護老人ホーム「湖風園」開設（国400万円，県・町各100万円のうち県負担分を秀夫が寄付），簡易水道組合設立，町営団地建設（土地は秀夫寄付），八日谷ダムの起工，ブドウ団地開墾などと，国・県の補助金を活用しながら，また自身も寄付しながら，矢継ぎ早に進めた[127]。父・勝太郎が大正期に続いて戦後も常石小学校校舎を寄付したように，秀夫も多くの寄付等を行っている。1948年の立命館の新制大学移行にあたっては，常石から材木一式と大工十数人を連れて校舎・第一新館を建て，寄付した[128]。

　1959年から60年にかけて三井三池争議の際には，三井鉱山向けに第三天社丸と美小丸によって食糧，資材等の搬入を手伝った。この大争議は，政府の中労委幹旋申し入れもあり，紆余曲折ありながら終結に向かったが，1955年以降928炭鉱が閉山し，炭鉱離職者は20万人を超えた。1960年度炭鉱離職者援護会（翌年度から雇用促進事業団）の援護業務も活用しながら[129]，隘路といわれる住宅整備もしつつ，常石造船などでは，1960年から1973年までほぼ500名を採用した[130]。

　私設飛行場計画があった。それは1968年10月27日の20万トンドック竣工式前夜祭の席上で公にされた。1968年中には予定地であった沼隈町から福山市にまたがる山林約33ヘクタールを神原地所建物によって買収し，社内にも「航空機事業室」を開設し，整地作業を進め，1969年4月30日には「空港開き」も行った。同6月21日には「福山空港株式会社」の設立発起人会を開催し，同11月までに長さ1,000m，幅60mの滑走路1本と乗務員の教習所開設，最終的には3,000mの滑走路，定期空路の指定を受ければ航空機整備，部品製造事業にも取りかかる構想であった。しかし，着陸帯の土地20アールの買収が進まず，秀夫は何事もなかったかのように工事を中止した。いま跡地は，ツネイシしまなみビレッジとして，ツネイシフィールド（中四国最大規模でサッカーコート3面），ツネイシアリーナ，研修施設，セミナーハウス，ロッジなど1,000名規模の宿泊施設，クラブハウス，また社会人野球ツネイシブルーパイレーツの本拠地ツネイシスタジアム，テニスコート，宿泊施設，温室農園と

なっている。サッカー・ジュニアの FC ツネイシの拠点でもある。その後この
地は「みろくの里」と一体化した。

　秀夫は，1956 年 11 月京大病院で胃ガンが判明し，手術をし，胃のほとんど
を切除したが，12 月末には退院した。その後，コバルト 60 の照射のために，
1957 年 1 月末から 3 か月入院治療した。1958 年 11 月母・ヒサの永眠のあと，
二回目のコバルト 60 照射のために京大病院に再入院した。第十一天社丸の遭
難は入院中であった。手術後，神や仏について身内に話し，写経をするように
なった。病後 10 年を経た 1967 年ごろから死生観を他の人にも話し伝えるよう
になった。勝太郎は，宝田院檀家総代や東本願寺門徒評議員を務めていたし，
妻・比路子は寺院育ち，学生時代には雲水や弥勒菩薩へのあこがれもあった。
1968 年春，寺の建立を思い立った。若松の西念寺（浄土真宗）が若戸大橋建
設のために取り壊し移転となる話を聞き，ライバルの鶴丸大輔に住職と檀家総
代への仲介を依頼し，話は進み 50 万円で譲り受け，沼隈町草深に解体移築し
た。本堂は 1960 年暮れ，庫裡は翌年春に完成し，正式の寺ではないが，「西念
坊」を名づけた[131]。

　1962 年 5 月にスタートした社会福祉法人「ゼノ少年牧場」の話は，ポーラ
ンド人のゼノ・ゼブロフスキー[132]（カトリック修道士）が，吹田市・朝日託児
所所長の坂下茂己の「海の見える丘で知恵おくれの子どもたちの牧場をつくり
たい」という夢を実現させるために土地探しで各地を行脚していたとき，毎日
新聞大津支局次長の村田一男を突然に訪ねたときに始まった。村田は，秀夫へ
の相談を思いついた。秀夫とは，村田が毎日新聞福山通信部主任だった当時，
宮澤喜一の 1953 年の最初の選挙で知り合い，同窓ということもあってか打ち
解けた関係にあった。秀夫はすぐに同意し，1961 年 2 月にはゼノ修道士ほか
も福山を訪れ，沼隈町（寺岡森太郎町長），町議会，神原地所建物（遠部義良
常務）などの賛同を得て，町議会には少年牧場建設推進特別委員会が設置され
た。土地は，秀夫の沼隈町草深の所有地 1.5 ヘクタールが提供された。福山市
長・徳永豊は市内の旧校舎 3 教室分の材木を建設資材として寄贈し，カトリッ
ク系，小中高生，婦人会，自衛隊などの労力奉仕も続いた。精神薄弱児施設と
しての知事認可も受け，定員 40 名，理事長および場長・坂下，常務理事・遠
部，名誉顧問・ゼノ，顧問・寺岡，福岡カトリック教会主祭，秀夫などの体制

で始まった。しかし，2か月後の集中豪雨で建物が一部壊滅，収容児童は2か月近く避難するなどで経営難に陥った。そこで，9月に秀夫が理事長に就任し，再建への道筋をつけ，2年後に秀夫の従兄・市川寿太郎，そののち遠部を経て，1967年から定年となった村田が理事長・場長に就任し，さらに充実させた[133]。村田は，ゼノ発案の精神薄弱児施設を「ゼノ」やまびこ学園と改称し，まず機能訓練棟新設，教育棟改築，女子職員寮新設など5か年計画で内容を充実させた。その後「ちとせ保育園」「松尾保育園」，さらに社会復帰する子どもたちが仕事をするための通勤センター「星雲寮」，成人の重度精神薄弱者施設「翠丘成人寮」など次々と施設を拡充した。国庫補助や各種団体補助などの活用ではあったが，土地は，国有地払い下げのちとせ保育園を除き，秀夫が提供したものだった。「社会福祉の事業というものは国や自治体の責任でやるべきことである。企業は企業として社会的責任を果たしているのだから，企業から金が出るのをあてにすべきではない」[134] といいながら，秀夫は，さらに難聴児施設建設にも土地の無償提供を約束していた。秀夫は，死の数日前に京大病院を訪れた村田に言った。「土地のことはハンコを副社長（眞人）が持っとるけえ，押してもらえ」[135]。

　1961年2月勝太郎の死を機会に秀夫の寺づくりは本格化するが，他方で郷土の発展につながる観光事業も構想していた。1962年春に社長直属の企画室を設置し，なるべくなだらかな山を選んで買収をした。1963年8月船員雇用促進事業団の融資を得て「船員保養所」を建てた。1964年4月社会福祉事業団の融資でインド寺院風の「第一集会所」，草深の接客用山荘「松月亭」と「南山閣」の移築，さらに松林閣，隠寮，座禅堂を建て，船員保養所は自社社員用だけでなく三菱重工など他社の社員研修また学生たちの利用も増えた。1965年「神原観光株式会社」を設立し，一帯を「瀬戸内海ヘルスセンター」と名づけた。当時の国鉄ともタイアップし，修学旅行，新入社員研修などで，当初月5～6,000人ほどの利用客があった[136]。1973年ごろから「弥勒（みろく）の里」と呼び方を変えるが，1978年ごろまでで，大小60棟近い建築物を建てている。多宝堂（石山寺多宝堂），開山堂（高野山不動堂），永照院（奈良・慈光院），持仏堂（銀閣寺東求堂），また茶室の高洞院（大徳寺松向軒），残月亭（表千家家元・残月亭）などを模したもののほか，茶室「一来亭」や表千家

「不審庵」の復元なども行っている。秀夫があと10年生きていたら，「当代屈指の『数寄者』[137] になっていたのに」といったのは，中村昌生（設計・京都工芸繊維大）だった。なお，不審庵は，茶道の手ほどきをしてくれた妻・比路子と秀夫の名をとり，秀路軒となっている。

「神勝寺」は同地に1965年12月2日に開基したが，開山は臨済宗建仁寺派管長（第374世）・竹田益州である。秀夫との出会いは，1948年春，学友・森大光が住職だった建仁寺派霊源院に，東京の帰り，板木一夫と立ち寄ったときである。その後，住友石炭の幹部の息子・楠原通孝が1953年立命館に入学し，森に頼んで同院に下宿の縁をとりもった。以降，同院の秋の開山忌列席，また森の1956年パラグアイ派遣後と，会う機会が増えた。町長時代に設立した養護老人ホーム「湖風園」への法話などにも招いた。そうしたなかで，次第に秀夫は竹田管長に傾倒していった。1964年の座禅堂づくりあたりから一緒に山歩きをし，場所探しをしていた。船員保養所の南，海の見える丘の上に決め，西念坊本堂や庫裡の移築，禅堂，隠寮，東司，侍者寮などを建て，「天心山神勝寺」となった。開山式は1967年5月1日，住職は森大光が引き受けた。森は，秀夫の寺院建立について次のようにいっている。「感謝の気持ちが基本にある。祖先，両親への感謝，会社のために殉職したり，物故した人への感謝。だから檀家は持たない。阿弥陀さんという浄土教的な考え方も捨てきれなかったようだが，全体としては禅的なものの考え方を持っていた」[138]。開山式ののちに，同年夏，京都の旧賀陽宮邸を神勝寺東方に移築復元し，「鈴木記念館」と名づけた。迎賓用施設であるが，元三菱常務理事・鈴木春之助が神原汽船に移って20年，76歳で常石造船および神原汽船会長であった，その功績への感謝でもあった。

1969年，同地に「進藤会館」の建設を始めた。1943年以来，私淑していた進藤孝二の恩に報いるためだった。本館，新館，別館と続き，完成は1975年であった。1972年の囲碁・本因坊戦は鈴木記念館で行われたが，別館には本因坊戦向けの部屋を計画し，1975年の同戦はその部屋で行われた。進藤会館の工事に着手した当時，進藤は商船三井会長（1967-1972）であったが，相談役に退いたのち1973年9月23日70歳で急逝した。前々日には，東京で，若狭得治と三人で深夜まで会食をしたばかりであった。なお，同年4月，進藤の

長男・正雄と本庄一夫の次女・万里子は，秀夫夫妻の仲人で結婚したところであった[139]。

　1976 年 7 月 18 日秀夫の命名による「無明院」を起工した。1975 年 2 月姉・和枝の葬儀の際には本堂「仏殿」を使ったが，これでは狭いと，さらに大きな本堂の建立であった。無明院には「懺悔堂」が，また茶室「明々軒」「玄庵」が設けられたし，そばには「護摩堂」もつくった。宗派にこだわらない，来る人びとの精神的な拠りどころにしたいと思ったのだった。だが，無明院の完成は 1977 年 2 月 16 日，秀夫は病床で出席はかなわなかった。

　秀夫は，父・勝太郎が秀夫誕生と同時期に村の素封家の家を購入し改築した家に長く住んでいた。1970 年，常石造船本社正門そばの生家を長男・眞人に譲り，「瀬戸内海ヘルスセンター」と呼ばれていた地に住居を移した。最初は，隠寮，そして開基堂へと住まいを変え，1973 年夏に移った月光院が終の住み処となった。そして，移ったころから「弥勒（みろく）の里」と呼ぶようにした。生活は，写経した後，8 時に出勤，午後は自宅で静養と仕事の毎日であった。

　1970 年から新入社員も増え，社員教育を始めたが，秀夫は「布施」と「忍辱」という言葉を若い人によく伝えていた。布施は仏教用語であるが，外に向けての社会的行為であり，「物惜しみと貧困を越えて，大きな財と福徳の資産を獲得し，財産への執着を除いて，人びとを利益するものでなければならない」[140] ということである。施者，受者，施物の 3 つが相縁あってかりそめに成り立っているものにすぎない。したがって，3 つそれぞれを離れた無私の布施が完成行となる。「忍辱」には，他者からの迫害や侮辱また自然災害や病気などに堪え忍んで怒らず動揺しないという意味とともに，自分自身のできないところや見たくない部分を認めるという意味もある。つまり，何事も他者の所為にせず，自分自身の失敗や間違いに目をそらさないで認めることで忍耐力も向上するし，また他者への寛容にもつながる。無常，無我，空などの智慧を得ることにもなる。傲りや執われすぎている自分に気づいたり，他者との係わりの大切さに思い至らされたりする。結果，良好な人間関係が形成されるという。秀夫の晩年には，社員は 2,000 人に達していたが，それでも社員一人ひとりを知っていたという。「能率給」について，秀夫は「まあ，強い者が弱い者をカ

バーしてやらにゃあ，世の中うまくゆかんもんじゃ。会社もそうじゃ」と話し，また三井造船藤永田工場から来た崎田秀蔵と労務管理を語るなかで，崎田が「デタラメなのより，システマティックな方がいいんやないですか」と返答すると，秀夫は「ちがう。人間は愛情で結ばれんといかん。システムじゃない。みとってみい，常石方式がいずれは勝つけえ」[141] といった。

その後の後継者

秀夫の長男・眞人は，1970年2月，29歳で神原汽船社長に就任した。

眞人は，福山誠之館高校2年のとき，愛知県伊良湖岬沖で遭難した第十一天社丸の報を受けて，父の名代で現地に駆けつけ，遺族などへの対応をしている。生存は1名のみ，殉職者は12名に及んだ。この経験はのちに海運また造船事業を行ううえで大きなものになったと思われる。

1964年，眞人が慶応義塾大学卒業して，神原汽船に入社し，すぐに海務部長になったが，その初仕事は，第三天社丸の初航海でのソ連航行であった。営業部長の板木一夫も一緒だった。行きは順調であったが，帰りはオホーツク海で船が折れるかというほどの大シケに遭い，またレーダーも故障し目を閉じたような航海であった[142]。海の怖さを早々に学んだのだった。

眞人が入社当時解撤現場にいたとき，進藤孝二（当時：商船三井社長）にその姿を見られ，それを機に商船三井秘書課員として進藤のもとでしばらく学ぶこととなった。その縁もあり，1967年進藤が会長になるとまもなく，進藤の姪の長谷川幸子との話が進み婚約した。結婚式は，1968年3月11日だった。なお，その前の1967年12月眞人は取締役になったが，そのときに同時に，生え抜きの井上信人，田中耕三郎，村上節郎の3名も取締役に昇進した[143]。

1972年4月4万総トンの建造ドックが完成し，東京タンカー6隻の受注が1973年8月一段落したのち，秀夫が山下新汽船からタンカー8万総トン型5隻の発注を受けた。ところがオイルショックで船価は40億円近くに上がっていた。それを秀夫は東京タンカーと同じ約30億円で契約してきた。眞人は「もう，おやじには商売任せられん」と嘆き，2隻目以降を9万総トン型への変更することで再交渉し，5隻を進水させた[144]。この辺りから眞人が経営の中枢の役割に近づき，少なくとも秀夫との二人三脚での経営に歩み始めたといえ

るだろう。

　常石グループの中核・常石造船の秀夫以降の歴代の社長をみていこう。3代
となる眞人の常石造船社長就任は，秀夫逝去後の1977年36歳のときだった。
1992年51歳で社長を弟・治に譲り，会長となった。そして，2000年59歳の
ときに相談役となった。

　4代は秀夫の次男・治[145]であった。1966年成蹊大学卒業後，三井造船玉野
工場に勤務した。1968年夏，秀夫によって「海洋開発をやれ」と呼び戻され
た。三井造船が米国マクダーモット・インターナショナル社から受注していた
パイプ敷設バージを1968年7月常石造船が受けたためだった。長さ106m，
幅30m，深さ7.6mの海底油田からタンカーまで運ぶためのパイプを海底に敷
設するための作業バージだった。常石造船内に「海洋開発室」を置き，治が
キャップとなった。1970年1月「神原海洋開発株式会社」を資本金1千万円
で設立し，社長は秀夫，治は常務取締役になった。治の同社社長就任は1983
年9月であった[146]。その後，1992年49歳で眞人の後を継いで常石造船社長と
なり，1998年までその職にあった[147]。

　5代以降は，秀夫の長男・眞人の子ども世代，創業者からいえば第4世代が
中心となる。眞人の長男・勝成は，父・眞人が常石造船の社長を治に譲った
1992年に常石造船に入社している。1998年30歳で常石造船社長となり，2007
年ツネイシHD社長に就き，2011年44歳で退任した。長男・勝成の退任後は，
ツネイシHD会長であった伏見泰治が6代社長を兼務し，勝成は経営には関与
しないグループ代表となった[148]。なお，ファミリーではない伏見泰治にはつな
ぎ役的な意味合いがあったように思われるが，今日までツネイシHDの特別顧
問であり，その信頼には厚いものがある。7代は，眞人の四男で，勝成の弟・
宏達である。宏達は2001年27歳で常石造船入社し，2011年37歳でツネイシ
HD専務また神原汽船副社長を経て，2016年42歳でツネイシHD社長となっ
て，今日に至っている[149]。

(3) 常石グループの国際展開

前史

　常石グループの国際展開の具体的な初めての話は，1953 年夏にあった。2 代社長・神原秀夫のもとに，戦後独立したインドネシアのセラム島の近くに根拠地を置き造船所を建設し，船団本部はジャワ島のスラバヤに置いて島々の連絡やインドネシア第五軍関係の人員や資材輸送を主業務とする話が入った。交渉は進み，1954 年 1 月には神原汽船とインドネシア第五軍との間の協定書交換も済み，登記も済んだ。しかし，日イ関係は，賠償交渉が進展せず，次第に冷たさを増していた。同年 3 月末には経済断交となり，4 月末には日本人の入国拒否となり，幻に終わった[150]。

　1964 年あたりから神原汽船は日商と組んで南洋材輸送に進出し始めていたが，日商はジャパンラインと「南方興産」を設立し，ニューギニアの木材を輸入し始めた。その輸入に，常石造船が建造し神原汽船所有の船も参画していた。そうしたなか，秀夫は，山奥で伐採され海岸まで運搬するイカダの曳き船の建造を思い立った。曳き船から派生して島々を結ぶ連絡船建造を構想した小造船所の建設である。1966 年 3 月，板木一夫，市川洋右（秀夫の従兄・市川寿太郎の次男）らがラバウルに派遣された。当時，ビスマルク諸島は国連の信託統治でオーストラリア領土省が管理，行政はニューギニア政庁が担当していた。土地は各部族の共有で，所有権も確立されておらず，土地の売買は難しく，日本法人の設立は困難であった。そこで，スーパー経営者，洋服商，船大工あがりなど華僑有志数名が 51％所有する合弁事業とした。1967 年に，資本金は日本円約 4 千万円，「ニューギニア・シップビルディング」を設立した。市川洋右が代表責任者として残った[151]。これ以降，秀夫の海外進出計画には市川がいつも係わることになる。合弁ゆえの協議の長さに加えて造船の素人ばかりで意思決定はなかなか進まなかったが，要員 5 名は日本から派遣した。1969 年末，ニューギニア船主協会会長で後のパプア・ニューギニア首相となったジュリアス・チャンからの発注船など新造船 4 隻，修理船 21 隻の実績をつくったが，約 3 年で秀夫は撤退を決めた[152]。この経験は，外国で外国人と共同事業をすることの難しさを学ぶとともに，他方で現地政界での有力者となる人

物・チャンとの関係を築いたことにつながった。

　撤退後の1971年3月，秀夫は，市川洋右を再びニューギニアに派遣した。パプア・ニューギニアの本島での農業開発，大造船所建設，病院，ホテル，大学まで開設するという構想であった。その最初のステップとして客船の定期航路開設を考えた。

　神原汽船が日本郵船から1972年10月貨物船3隻を購入し，それぞれ貨客船に改造し，2隻はイスラエル向け定期航路に就航させたが，乗客定員250人の貨客船「トロピカル・レインボー」（8,840総トン）はニューギニア航路に就航させた。しかし，定期航路は海運同盟が航路全般の運営権を掌握しており，日本郵船と大阪商船三井船舶の定期航路もあり，新規参入は難しい。そこで市川は知己で自治政府の大蔵大臣になっていたジュリアス・チャンに相談し，首相を含む閣僚3名から書簡を日本の運輸大臣に送ってもらった。このことで，海運同盟への準加盟と，横浜・グアム・ラバウル・ラエ・マダン・大阪というルートで，低運賃貨物のみという条件で定期航路が認められた。初航海は1973年7月，往復24日，秀夫夫妻も乗り込み，造船所候補のマダンの調査も兼ねて出向いた。マダンでは，交渉30分で同市内に新会社の事務所を購入した[153]。

　パプア・ニューギニアは1975年9月正式に独立したが，独立前の1973年ウェワクの農場用地を酋長（ラウラウ）から1,500ヘクタール借りることが決まった。大豆，陸稲，小麦，野菜などの試験栽培を始めた。また神原グループ100％出資で「トロピカル・エンタープライズ」を従業員10名で設立し，造船所とホテルの計画に進んだ。同社は，事業が順調に推移すれば，資本金30％は現地に譲渡するフェードアウト条件付き[154]での設立であった。本社には「ニューギニア開発室」を設置した。30万トンドック5基計画の造船所は，プランテーション経営のオーストラリア人から99年間の賃借権込みでの譲渡契約締結直前まで進み，ホテル計画も進み，設計図もできていた。しかし，1973年10月6日第四次中東戦争に端を発した，いわゆるオイルショックが起きた。また，独立後の土地所有制度も不透明で，賃借権の登記も独立後までできないという状況であった。そこで，自治政府の了承を得て，撤退した。市川洋右は1974年2月に帰国した。また，ニューギニア航路のために残っていた宮啓（常

石エンタープライズ営業主任）も同航路が1年半の就航で休止となったために，1975年7月に帰国した。秀夫は，戦争に従軍していたときから「負けたらニューギニア」で事業の思いを持っていた。

　しかし，二度まで撤退となった。二度目は，海ではつながっているが，遠く離れた中東戦争の影響であった。経営者として乗り越えることが難しい政治リスクの結果であった。

フィリピン・セブ

　1985年のプラザ合意後の急速な円高のもとで，併せて国内での設備規制，労働力確保問題などもあり，造船業界においても国際展開が検討された。しかしながら，多くの造船企業が国際展開に二の足を踏んでいた。そのなかで，常石グループは，1992年以降，海上輸送向け船舶建造のための国際展開を本格的に進めた。なお，常石グループは，既述のように1967年にパプア・ニューギニアのラバウルに合弁でニューギニア造船所を建設し，建設工事および溶接指導など技術者を指導で派遣したが，うまくいかず，1969年に撤退している。1981年には神原パラグアイを設立し，穀物，綿花の輸出サービスのためにパラグアイの貿易の80〜90％を担っている河川輸送に従事したが，南米経済の問題からの貨物需要の落ち込みも生じ，1990年に閉鎖した。また，1982年にはラプラタ河口に神原ウルグアイ造船所を設立し，河川輸送用のバージ（内陸水路で商品輸送のための長くて，広々した平底のボート）などを建造したが，2002年に撤退している。これらの造船事業における，いわば失敗の経験のうえで，本格的な造船のための対外直接投資（FDI）を行った。

　常石グループのフィリピンへの進出は為替のリスクヘッジがその根幹にあるが，最終的な決め手のひとつとして，パートナーとして選んだセブを拠点とした財閥・アボイティス（Aboitiz）[155]との関係は大きい。1970年代にアボイティスが150メートル・ドックを完成させた際に，その技能研修を引き受けたのが常石造船であった。それ以降，アボイティス・神原両家の交流は続いていた。1980年代に国際展開を検討した際にセブ島・バランバンが最終的に選ばれたのは，両家の長い交流が由縁となっている。

　アボイティス財閥との古くからの関係は現地での固い社会的つながりを構築

するうえでも大切であったが，そのほかの進出要因としては，豊富で安価で教育レベルの高い労働力，英語圏であるという言語，カトリックという宗教，日本からのアクセスが容易でセブでも裏側で台風の影響が少ない立地，過疎地域であったがゆえの地元からの要請（PEZA 経済特区庁指定ウエストセブ・インダストリアルパーク：WCIP）などがあげられる。

　進出にあたっては，1992 年に，建物賃貸業務などの TSUNEISHI HOLDING (CEBU), Inc.（TH）（単独現地法人：2019 年 6 月現在・従業員 4 名）と船舶建造用図面業務の TSUNEISHI TECHNICAL SERVICES（PHILS.）(TTSP)（同：同・従業員 530 名うち日本人 4 名）をまず設立した。続いて，1993 年に船舶解撤（のちに船体ブロック，船体構造部材製造）の K & A METAL INDUSTRIES Inc.（K&A）（同：同・従業員 37 名）を設立した。用地の取得，設計部門，また部材製造と，順番を追って進出し，いよいよ 1994 年に新造船工場の TSUNEISHI HEAVY INDUSTRIES（CEBU）Inc.（THI）（合弁：同・従業員 764 名うち日本人 32 名）を合弁で設立した。当初は，ライフラインも十分に整っていなくて，電柱を立て，電線を引くところから始まったようである。なお，当初の THI の出資比率は対等近くであったが，増資によって，現在はアボイティス 20％，常石グループ 80％となっている。

　フィリピン・セブでは，その後，1995 年に船舶艤装工事（船舶居住区内装ほか）の TSUNEISHI ACCOMMODATION CEBU, Inc.（単独現地法人：同・従業員 56 名うち日本人 2 名），艤装品製造（機械仕上・製缶業）の TSUNETETSU（CEBU）, Inc.（常石鉄工子会社：同：同・従業員 90 名うち日本人 11 名），同じく艤装品製造の ASIAN CRAFT（CEBU）, Inc.（同：同・従業員 28 名），そして 1996 年に塗装・輸送の CEBU ASIATIC SHIPPING & PORT SERVICES, Inc.（合弁：同・従業員 51 名うち日本人 1 名）を設立している。2014 年には，ツネイシ C バリューズ系の子会社 TSUNEISHI C VALUES PHILIPPINES, Inc. を設立し，車両メンテナンスや自社開発の E-TRIKE という三輪 EV 自動車の販売を行っている。THI は 1997 年に 1 隻目を竣工し，その後 2004 年に第二船台，2009 年に建造ドックを完成させるともに 100 隻目の竣工，コンテナ運搬船，自動車運搬船，タグボートなどと拡充し，実績を上げていき，2015 年に 200 隻，2021 年に 300 隻を竣工させている。

　補足すれば，フィリピンでは土地の外国資本の多数所有が認められないため
に，THI の用地はアボイティスと常石グループ系の合弁企業が所有し，THI
への出資比率とは逆に，アボイティスが 60％，残り 40％が常石グループと
なっている。THI はセブ・インダストリアルパーク・デベロッパー社（CIPDI）
が運営する WCIP（283 ヘクタール）にあるが，同ゾーンは，フィリピン政府
（PEZA[156]）から経済特区に指定され，資材関連の輸入，また船舶などの輸出
におけるメリットは大きい。また，人件費の側面でも 2014 年当時で，大卒エ
ンジニアの初任給が月 3 万円，作業現場のワーカーが月 1.5 万円で，社会保険
などを含めれば，日本の 10 分の 1 以下ともいえた。2013 年 12 月当時で，協
力会社 45 社 9,000 名以上，THI が 780 名と，約 1 万人の人員が係わっている
となると，コスト面での節減は大きい。ただ，当時，THI の従業員 780 名の
うち 6％強の 49 名が日本人駐在者として常駐していた。設立当初の 300 人規
模と比較すれば減少しているが，設立 20 年時点として考えれば多いように思
われる。裏を返せば，1998 年にドンボコス職業訓練校を開校するなどしてい
るが造船業における技術移転の難しさを物語っている。金属溶接技能だけを見
ても，アーク溶接工，シーム溶接工，プラズマ溶接工，レーザー溶接工などと
種々あり，日本品質（常石品質）の造船となると，日本のガス溶接国家資格，
労働安全衛生法などのための技能講習が必要となる。2014 年 9 月までで技術，
技能取得のために日本に派遣した従業員は約 1,400 名にのぼっているし，それ
は日本の人手不足解消の補完ともなっている。しかし，これから日本で 10,000
人，5,000 人規模の造船所をつくるとなると不可能に近い。

　海外に進出してもこれまでの日本で造った船と同等以上でなければ，船主は
安心しないし，受注が伸びない。そこで THI では，1997 年から ISO-9002 推
進委員会を設け認証取得活動を行なった。1998 年には全従業員に品質管理活
動を宣言し，1999 年 1 月，ISO-9002（設計を除外した製造，据え付けおよび
付帯サービスにおける品質保証のマネジメントシステム規格）取得を発表し
た[157]。これは船主の信頼，いわば社会的な信頼の獲得にも寄与し，受注，国際
取引をスムーズにするためには大きな力を持った。また，継続的な改善による
組織内の活性化にも有効であった。なお，THI は，ISO を本社よりも少し早
く，また本社の了解を得ることなく，これを推進したが，現地経営者がその経

営を確固たるものにするには必要だとの判断で，自ら意思決定をした。このことは，海外子会社経営を進めるためには，少なからず現地法人の独自の判断，とりわけ管理的ないし機能的側面での意思決定が重要であることを示している。現地法人は場合によって勝手な行動を選択するが，本社との対立ということではなく，結果としてはトップの意を汲んだ行動となる。その意味では，組織における上意下達からの逸脱はときに必要である。

　ワーカーの技能実習システムの基本的流れ[158]は次のようになっている。採用時に現地の造船トレーニングセンターで基礎的技能訓練をまず行い，次いでTHIで造船実務経験（溶接・足場・塗装）を積む。そして，日本語・日本文化の研修によって日本での技能実習へのモチベーションを高めたのち，いよいよ日本での技能実習（2〜3年：年200名程度）となる。帰国後は，THI関連グループ会社の準社員として処遇・配置し，定着へとつなげていく。他方で，幹部候補の研修システムは次のようになっている。セブで実務経験を経て選抜された人材が現地での日本語・日本文化の研修を経て，日本に年間10名程度派遣され，1年間の本社でのOJTでの実務経験，また日本語修得・日本文化体験などによって多面的にスキルを高めるとともに，日本また企業理念の理解を深め，帰国後に幹部として問題提起また問題解決，さらに企業理念の浸透をはかることを期待している。このように新入社員から中堅社員への研修の体系化も進めてきた。2008年当時であるが，フィリピンと中国を合わせると，本社工場は，常時500人ぐらいの研修生を受け入れていた。なお，セブにおける日本語研修は，THIのあるWCIP内の企業グループによって設立されたTESDA（Technical Education and Skills Development Authority）認定WEST CEBE財団によって少なくとも404時間のベイシック日本語が提供されている。

　常石技能オリンピックについていえば，2001年から親会社本社工場で行われ，溶接競技のみから，2002年に鉄工競技が，2003年からは塗装，艤装，運搬部門も追加され，工場全体の競技へと発展した。この技能オリンピックは，舟山でも2011年から，セブでも2012年から一定期間行われていた。

　造船業は，受注⇒設計⇒資材発注⇒組立⇒船備品⇒ブロック⇒進水⇒岸壁での工事⇒試運転⇒引き渡しと，長い流れがある。そのなかで，さまざまな人材確保・育成をしなければならないが，セブに絞れば，詳細設計を中心とした設

計人材と，現場での作業を担ってくれる人材とに大きく分かれるだろう。設計人材は，補助者でも高専ないし短大卒であるし，大学工学部出身などのいわゆるエリート人材が必要になる。他方で，現場の人材は，中卒，高卒などが中心となるだろう。採用のターゲットが異なる。バランバンは，セブシティの山を挟んだ反対側にあり，険しい概して狭い山道を車で移動して約1時間半程度を要する。バランバンは，1878年スペイン植民地時代にプエブロ町となり，2020年国勢調査では人口95,136人を数え，2019年に市制施行に踏み出しているが，常石グループが進出当時は人口も少なく45,000人ほどで，開拓されていない場所も多かった。

　TTSPは，1992年造船会社設立を視野に設計技術者育成のためにマニラに設立され，第一期として8名のフィリピン人従業員が入社した。フィリピンでの事業化のための市場調査の役割も当初は大きく，その後，セブシティのITパークに拠点を移した。マニラ出身者はセブに来ないともいわれるし，ましてやバランバンとなると，大卒中心の設計業務の人材確保がますます難しくなる。家族・こどもの教育問題なども含めて考えれば，セブシティ以外の立地は考えにくい。1994年THIの進出によって，同社への設計図面提供が始まり，また折からの円高対策もあり，1995年には人員増によって設計能力を拡大した。バランバンに分室ができたのは1999年のことであり，バランバンに拠点を集約しTHIの造船現場との近接した運用体制ができたのは2007年を待たなければならなかった。ちなみに，TTSPでは，2015年に第1期入社のフィリピン人社員が同社社長に就任した。

　1994年THI進出によってバランバンでの造船作業業務での人材確保を行い，次いで2007年に都市志向が強いと思われる設計部門TTSPのバランバンへの集約が行われたことを考えれば，第1段階そして第2段階へと，教育，病院，市場などの社会資本を拡充し，バランバンの地域づくりへの寄与を進展させる必要があった。

　THIは進出当初に独自でTSUNEISHI FOUNDATION（CEBU）を設立し，バランバンの社会資本の整備拡充に動き出しているが，2002年には地域の公設市場の焼失に際して再建支援を行い，2007には公立病院の建設を支援し，入院棟（ベット）も完備し，町民の入院治療を可能にした。上水道施設整備へ

の支援も行っている。2009年には，セブのサンホセ・レコレスト大学（USJR）の付属校バランバンキャンパス建設（幼稚園から高校）にあたって，その費用3億ペソ（約7億5千万円）をTHIが全額支援した。

　2010年6月にはTHIほか在フィリピンの常石グループグループ7社からの寄付金を財源に，厳しい認可基準を乗り越えて，TSUNEISHI FOUNDATION（CEBU）Inc.を設立した。同財団は，教育，医療，環境を柱として，2010年以降高校生対象，2011年から大学生に対象を拡げるなどの奨学金制度，そして日常医療，産科施設設置，歯科検診などの基本医療と子どもへの支援，また2012年以降の植樹など災害支援活動などを進めている。なお，認可を経ての財団設立という点では本社よりもセブが半年ほど早く，また独自の財団は1994年当初より設けているので，THIがいかにバランバンへの地域貢献に力を注いでいたかがわかる。

　常石グループのセブへの進出にあたって，船舶建造に必要な用地の確保，設計とりわけ詳細設計人材の確保，船体ブロックなどの製造，そして船舶建造，さらに艤装部門，関連サービス部門の進出という流れがあった。必要な主な材料は日本から輸入したものの，設計，部材，艤装，関連サービスなどの裾野は，関連産業や集積が現地になかったこともあり，自前で構築していった。しかも3Kともいわれる造船業で地元の人に働いてもらい，定着してもらうとなると，常石グループの企業イメージを高める必要があるし，常石グループで働きたいと思ってもらうようになる必要がある。そうした視点からも社会貢献活動，地域づくりへの参画は必須であり，造船に係わる人材育成と同時並行的に行う必要があった。

　当初は，電気もままならなかった地に造船所をつくるとなると，人手を集めるために地域づくり，地域の社会資本の整備拡充は欠かせない。また，従業員確保を長期的に見すえれば，社内の人材育成とともに，高校生ほかへの奨学金制度も欠かせない。2015年には，地元のブアノイ高校で日本語履修もできるようになっている。もちろん，一気には進めることはできないが，常石グループは，1994年の当初から財団を設立し，その準備を始めていた。THIの2021年12月現在の従業員は779人，協力会社を含めると約7,349人となっている。

　町も人口が2倍以上となり，10万人近くなったし，THIなど11社が入居し，

就業者が 14,000 人ほどだった WCIP も 2020 年 11 月には 2023 年までに 30 ヘクタール拡張することを決めている。セブの常石グループは，1997 年の 23,000 トン型のばら積み貨物船竣工以来，2010 年にはフィリピンを新建造量で世界第 4 位に押し上げ，3 万トンから 18 万トンの船舶を年間 30 隻までは建造できるほどに発展した。PEZA から THI は，優秀輸出企業賞と優秀地域プロジェクト賞などを 2004 年以降で 10 回以上にわたって受賞している。

中国・舟山

　常石グループは，フィリピン・セブが軌道に乗ったこともあり，2000 年代に中国事業に着手した。

　2001 年に，まず中国の江蘇省丹徒経済開発区内に舷梯・糧食クレーンなどの鉄艤装品製造の常石（鎮江）綱装有限公司を設立した。完成品は日本への輸出であった。その後，2003 年に中国・秀山島の塩田跡地に船舶艤装工事の常石（岱山）船舶服務有限公司（単独現地法人：2019 年 6 月現在・従業員 42 名うち日本人 1 名），また同年，同地に常石集団（舟山）船業発展有限公司（TMD）を設立し，これまで韓国に外注していた居住区ブロックの製造を始め，2004 年には隣接地に常石集団（舟山）大型船体有限公司（THB）を設立し，船体ブロックの製造を開始した。これらのブロックは，本社工場で接合し，船として完成する。当初，鋼材や資機材は日本あるいは韓国からの輸入であったが，フィリピンとは異なり，徐々に中国内製品に切り替えをはかっていった。2004 年には，工場内輸送や船舶技術コンサルタント業務の常石（舟山）工程服務有限公司（単独現地法人：2019 年 6 月現在・従業員 19 名うち日本人 1 名）を設立し，2005 年には，人材確保面が大きいと思われるが，上海に設計業務の常石（上海）船舶設計有限公司を設立した。同じく 2005 年には，造船有限公司建造のすべての船尾構造品，軸系，パイプ一品管製作および艤装工事業務の常石（舟山）鉄工有限公司を常石鉄工子会社として設立し，現地での造船建造を本格化させた。そして，2009 年には，THI および常石集団（舟山）造船有限公司に新たに建造ドックが完成し，稼動を開始させた。中国においても，セブと同じく迎賓施設（秀嶺山荘）を設置し，そこでは船主や政府の要人などを歓待しているし，別に従業員のための社宅を整備している。2013

年には，従業員増加のために510部屋がある新社宅が完成した。

　技術修得に係わっては，2005年より構想を練っていたが，2006年に中国岱山件教育局からの提案を受け，同局とTMDならびにTHBが合同で，職業高校相当の岱山件職業技術学校常石集団分校を2007年に開設した。

　完全所有子会社（100％独資）のために，現在はないものの建造が全長約229mのカムサマックス（KAMSARMAX）[159]までと制限されるなどの中国政府の規制への対応もあったし，また元から住んでいた人の移転のための新たな住居建設，トンネル工事やインフラ整備のための寄付などの地域貢献も必要なものであった。同年，TMDとTHBは統合し，常石集団（舟山）造船有限公司（単独現地法人：2019年6月現在・従業員586名うち日本人4名）（TZS）となった。

　2017年8月には，中国の船主との関係強化を目的として，常石造船株式会社上海代表処を設置した。2017年5月に外資単独出資企業として初めて中国の造船所評価基準「船舶業界規範条件」適合企業リスト（ホワイトリスト）に認定され，さらなる展開のために，同処は，中国市場調査，中国船主への定期訪問，常石造船（親会社）などとの連絡活動を主な活動内容として業務にあたっている。

　中国においても，地域づくりに係わっている。教育支援では，既述した2007年の常石グループ内の常石分校開校だけでなく，学費や寮費も全額負担し，奨学金給付も実施している。また，2013年には，浙江国際海運職業技術学院に「常石学級」を設け，併せて奨学金制度も設けている。地域医療も支援している。秀山島内で適切な医療が受診できるように医療設備等を整えているし，2014年にはTZSの全従業員だけでなく，島民も健康診断を受けられるようにしている。従業員の増加は保育施設の不足をともなうが，地元保育園の園舎増設やその他の拡充整備を支援しているし，小学校についても同様に校舎の増設への支援を2014年に実施している。

南米・パラグアイとウルグアイ
パラグアイ

　常石グループと南米パラグアイとの関係は，移民事業から始まるが，それ

は，1955年，2代社長・秀夫（1916-1977）が39歳で広島県沼隈郡沼隈町の町長に就任したときが端緒である。当時の沼隈町の主な収入源は，イグサ（藺草），イグサ製品，漁業，機帆船などで，それぞれに今後の成長の点で課題をかかえ，農業も平均二反三畝（約700坪，0.23ヘクタール）の耕作でしかなかった。そうしたなかで，中国東北部（旧満州），朝鮮半島，台湾，千島，樺太はじめ海外からの引揚者また団塊の世代の誕生など，深刻な人口問題が見込まれ，過剰人口は困窮者続出につながるとの懸念を秀夫は強く持った。町内の次男，三男対策を含め，その解決策には，海外送り出し（移民）の外ないとしたのであった。

　海外送り出しについて，戦後の公文書や記録では，「移民」という言葉は使用されず，「移住」に置き換えられている。「移民」のイメージが「棄民」につながるからである。戦後の海外移民（移住）は，1951年から1962年の再興期と，1963年以降の低迷期に分けられ，それを分けたのが戦後の高度成長であった。

　再興期では，まだまだ引揚者も多く，過剰人口対策として，また送金による外貨獲得の手段として，海外移住は国策のひとつであった。1951年にブラジルが日本人の移住を許可し，1956年から1961年にかけては，パラグアイ，ブラジル，アルゼンチンと移住協定が締結された。この再興期に，広島は，沖縄，熊本，福岡，長崎，北海道，福島，高知とならんで，送り出しの多い道県であったが，広島の中心は沼隈町の集団移住であった。沼隈町の集団移住の事例は，鶴木眞（1988）によれば[160]，再興期の象徴的形態であり，高知県大正町の手本ともなり，高知県の他の町村にも影響を与え，集団移住は高知県の出移民の主力となった。集団移住は，政府の移住政策にも合致するものであったし，それには，戦前の「満州分村移民計画」[161]的な「町ぐるみ集団移住」の要素が含まれていたといえるが，大正町[162]は「コミュニティ型」で，沼隈町は，秀夫のリーダーシップにもとづいた，自作農をめざす「企業型」であったといわれる。集団移住といっても，その形態は町村によって，差異があったようだ。

　沼隈町からの集団移住の第一陣6家族36名の送り出しは1956年10月7日，移住先はパラグアイのフラム地区（1989年ラパス市制施行によりラパス〈La Paz〉移住地に名称変更）であった。集団移住にあたっては，1955年秋，町議

会で南米移住が議決されている。同年，町長に就任した秀夫自らの議員への説得があり，またその背景には1956年4月1日に移民船「あふりか丸」に移住監督助手として自ら乗り込み，2か月間ブラジルの移民先を視察したうえでの判断も入っている。視察の際にブラジルの土地購入も模索したが土地購入の法手続きが複雑で難しく，またウルグアイは価格で折り合いがつかず，ともに断念した。そして，外務省事務官のすすめる日本海外移住振興株式会社が造成を開始していたパラグアイ・フラム地区の原始林14,000ヘクタールのうち，1000ヘクタールほどを，町長自身，私財600万円を出し，個人名義で一括購入した。土地はのちに入植した人に適切な価格で譲り渡す予定であった。そこで「備後フラム地区開拓組合（備後開拓組合）」をつくり，5か年計画で移住するという構想を立てた[163]。ただ，入植地社会を早くつくるために，沼隈町民だけでなく他県民であっても沼隈町に住民登録を移せば，組合員になることができるようにした。「出稼ぎ型」ではなく「入植・定住型」の構想であった。

　1956年10月15日に第1次の6家族36名，11月2日に第2次の16家族133名の移住団を送り出した。第1次，第2次が相次いで現地入りしたのは，1956年年末から年明け1月だった。移住団は，1958年までの3年間行われ，70世帯416名（単身者75名，家族336名）を送り出した[164]。第1次には，製材機，発動機，オート三輪，荷車，トロ車，脱穀機，製粉機，豆腐製造機，ガラ紡機，医療器具，薬品，また娯楽用品などと多くの品々を秀夫個人で提供している。備後開拓組合（組合長・森大光）には，建設部，経理販売部，農業指導部，教育娯楽部，医療の5部門を設け，開墾作業を進めた。第5次が入植した1957年6月末までに学校の校舎も完成し，同校はパラグアイ政府の認可を得て，7月20日に6歳から15歳までの生徒102名で開校した。病院も同月に完成し，神原記念病院[165]とされた。医師（板木皓二）と看護婦2名も派遣した。医師は立命館の恩師の次男，移住団団長（開拓組合長）は友人の森大光（のちの神勝寺住職），体育娯楽指導者に遠縁，県の農業指導員，独身青年指導に町役場職員，また神原汽船社員数名もパラグアイ出張所員としてサポートのために送った。食糧配給も1957年12月まで行っていた[166]。ただ，当初の移住者入植地での生活は苛酷なものであったようで，海外移住振興株式会社[167]から聞いていた営農計画は，資金面，施設面で十分でなく，入植直後に予定の計

画は破綻した。当初，入植地の原始林に行く道もなく，移住者は，原始林のなかに張ったテントから各自でロッテ（配耕地）割された場所へ通う集団生活から始まった。時期が雨季に近く，耕地造成のための山焼きもできず，ようやく自給のための作物として稲，野菜，マンジョーカなどを栽培するほか，鶏，牛，豚などの家畜の飼育も始めた。そして現金収入のために1戸当たり1町歩（約1ヘクタール）の小麦を植えるものの天候不順で収穫が全然なく，2年目に1戸当たり3町歩（約3ヘクタール）のとうもろこし（マイス）を植えた。マイスは作りやすく，しかも二期作が可能な換金作物として期待がかけられたが，インフレもあり販売価格は安く，出荷する中核都市エンカルナシオン市への道も非常に悪路で，雨が降れば何日も通れない状況で，輸送費の回収もできないほどで営農は困難を極めた。資金も使いはたし，家財類も売り払った。これはモラン（1988）の言う，生産物の流通も難しく，収入もままならない，農外就労と自給農業[168]のありさまであった。そこに秀夫が第1次移住団の送り出し直後に病に倒れたことと町長辞職（1957年4月15日）が重なった。

　こうした入植者の状況をふまえ，町長退職後も秀夫は，神原汽船内に「神原移住研究会」を設置し，入植者への援助を続けた。1960年には必ずしも援助によるものではないが在パラグアイ広島県人会が創立され，1968年には，神原汽船の何千万円という資金援助によるラパス農業協同組合が設立された。また組合とは別に，それにさかのぼる1957年に神原汽船はエンカルナシオンに事務所を設立し，移住者をサポートする7，8名ともなる駐在員を送った[169]。

　当初計画は，永年作物による営農形態で，ポメロ（グレープフルーツ），ジェルバ（マテ茶），ツング（油桐）などを計画していた。ジェルバは，近隣のドイツ人移住地でもさかんに栽培され，加工工場も設立したが，1965年アルゼンチンがジェルバの輸入規制を行い，販売価格が原価割れする状況となり次々と伐採となった。ポメロは，当初「10町歩植えれば，1年に一度は飛行機で日本に遊びに帰れる」と言われるほど作づけ推進がなされた。1966年にアルゼンチン向け輸出が始まったが，1967年の収穫直前に柑橘類の潰瘍病が発見され，政府により強制的に伐採焼却された。こうした永年作物の失敗ののち，短期作物の棉，大豆，小麦などが作付けされ，大豆は2年間だが日本への輸出も実行された。その後，パラグアイ絹糸工場ISEPSA（イセプサ）がアル

ト・パラナ（現ピラポ）移住地に乾繭工場を設立し，養蚕が盛んになった。し
かし，1975 年頃から価格低迷，1983 年には撤退となった。1973 年に大豆価格
が国際的に高騰し「黄色いダイヤ」して，ようやく移住地経済は好調に向かっ
た。大豆の作付面積は急増し，大豆の裏作には小麦が導入され，大豆とともに
移住地の農業経済を支える柱となった。ラパス農協は，2003 年 12 月には移住
地内に製粉工場を建設した[170]。

　こうして秀夫が主導したパラグアイへの「町ぐるみ集団移住」は，幾多の苦
労・苦難はありながらも，今日には 3 世世代となるが，パラグアイ社会に根づ
いている。それは，広島県人家族のアクセント（広島弁）が 1 世の伝統アクセ
ント母語世代から 1・2 世の伝統アクセント保持世代へ，さらに 2・3 世の新ア
クセント獲得世代，3 世のアクセント型消失世代へと継承・変容しながらの根
づきであった[171]。

　常石グループは，1981 年「神原パラグアイ」を設立した。パラグアイの穀
物，綿花の輸出貢献のための河川輸送業務を，貨物船 2 隻，バージ 2 隻で行っ
た。しかし，その後の南米経済の緊迫，輸送貨物の激減のために，1990 年に
閉鎖となった。

　しかしながらその後，2008 年 6 月，眞人のプライベート・カンパニーで
ある Glocal Japan Inc. が，パラグアイの首都アスンシオンより南約 40km の
ビリュッタに農地約 26,000 ヘクタールを購入し，同年 10 月 Glocal South
America を設立し，牧畜と農業を開始した。また，常石グループでは 2008
年 10 月に河川輸送用バージの建造・修繕を行う ASTILLERO TSUNEISHI
PARAGUAY S.A. を設立し，2011 年に造船所建設に取り掛かり，2012 年か
らバージ船団の建造，中古船の修繕事業を開始した。その背景には，内陸
のパラグアイまたボリビアで生産される農産物や鉄鉱石の輸送効率化をはか
り，河川輸送能力を高めることがあった。事業内容は，河川輸送用のプッ
シャー／バージ建造と船舶の改造・修繕である。2014 年 6 月には，船舶艤装
品製造および工事，パイプ一品管製造および取付の常石鉄工系の TSUNEISHI
PARAGUAY IRON WORKS S.R.L.を設立し，生産体制が充実した。こうした
協力会社を含め，造船事業は 279 名規模となった。

　さらに，2013 年 5 月には，GL South America S.A.（29 名：2016 年 8 月末）

を設立し，農業，牧畜業を行い，同社は総面積 25,500 ヘクタール（うち 44.2%
はラムサール条約の帆自然保護区）に飼育牛は約 2,400 頭にのぼっている。加
えて，土木・建築業などのインフラ整備を行う KAMBARA CONSTRUCCION
Y DESARROLLO S.A.を，2014 年 6 月には，ツネイシ C バリューズ系の TCV
PARAGUAY S.A.(6 名：同）を設立し，自動車整備修理，各種リース，自動
車部品販売にあたっている。

　こうした展開は，パラグアイ経済の成長に沿っているし，また成長要因のひ
とつに大豆生産と国際市場への輸出があることも踏まえている。つまり，成長
に併せて，サイロ，道路，港湾，輸送船などの新たな需要が生まれた。また，
燃料価格の高騰は，陸路輸送から河川輸送への移行を促し，バージ船団の需要
も高まった。そこで，バージ船団の建造，中古船の修繕事業を開始し，河川輸
送事業，農業牧畜事業，中古自動車部品の取り扱い，農機具のリース事業など
と幅広い分野で事業展開を進めた。

　そのほか，2007 年 10 月，パラグアイ日系社会の農業基盤整備をはじめとし
た産業振興の推進のために「神原基金」を設け，また優秀な後継者育成のため
に日系パラグアイ人への奨学金給付および日系教育機関の運営助成金給付のた
めの「パラグアイ神原育英会」を創設した。移民・移住者へのサポートは続け
ている。

ウルグアイ

　集団移住検討の際には土地価格で折り合わなかったウルグアイへの国際展開
は，1975 年 5 月ごろ，秀夫が「アルゼンチン日本人移住者 100 万人受け入れ
用意」との新聞記事を目にとめたところから始まった。早速 6 月に眞人をトッ
プに市川洋右を含めアルゼンチンに派遣した。しかし，同地で商船三井支店長
らと会食中にイサベラ・ペロン大統領軟禁の臨時ニュースを聞き，直ちに転換
しウルグアイのモンテビデオに飛んだ。政治リスクへの反応の速さであった。
同地ではまず事務所の購入を試みた。5 万ドルで取得できた。パスポートで買
うことができ，登記も可能であった。秀夫は土地購入（農政調査の実施）と会
社設立をすぐに指示した。同年 8 月三男・総一郎を社長に「神原ウルグアイ株
式会社」を設立し，眞人は帰国した。その後，10 月にはウルグアイ・ロチャ

県に牧場23,000ヘクタール[172]の売り物が見つかった。牛5,000頭，農業機械も含めて，250万ドルだった。この契約書に秀夫がサインするとき，造船所用地の購入も急ぐように指示している。秀夫の海外進出の夢には，「農園，牧場，造船所，海運の4つの要素がセットになっている」[173]。その後，同地は，肥育牛6,500頭，年間約5,000トンのジャポニカ米をブラジルに輸出するまでになっている。また，ワイナリー「セロ・デ・トロ」を立ち上げ，2018年9月にはウルグアイの日本大使館で初出荷記念試飲会を行っている。さらに，秀夫が急いでいた造船所用地は，ウルグアイ川の河口近くヌエバ・パルミラの4万トンが横づけできる無税地帯の約80万坪の用地を現地の将軍が推奨した。ただ，電話や電力また関連産業もなかった。市川は反対意見を付けたが，秀夫は1976年6月購入した。ウルグアイでの造船業は，1982年3月にはラ・プラタ河口左岸のモンテビデオに造船所（船台2000トン）を竣工し，これまでにパラグアイ国営商船隊向けタンクバージ，ブケブス社（アルゼンチン）向け客船，漁船などを建造した。ウルグアイ・モンテビオとパラグアイ・アスンシオン間の海運については，1981年に設立された「神原パラグアイ」によって，貨物船2隻，バージ2隻で行っていた。

小括

　常石グループの国際展開について，主なものを中心に海運，造船，その他（財団）でまとめておこう。

　まず海運は，1973年7月ニューギニアへの定期貨客船の就航に始まる。横浜を出発してグアム経由で，ラバウル，ラエ，マダンに行き，再びグアムを経由して大阪に帰港するというルートであった。ただ，運悪くオイルショックとなり，1年半で中止となった。その後は，1994年に中国の主要港と日本の地方港を直行で結ぶコンテナサービスを開始した。いわゆる日中定期航路の開設である。2003年には現地法人の神原汽船（中国）船務を上海に設立し，2005年7月に大連と青島に支店開設，その後も厦門，天津，寧波，南京に連絡事務所を設け，中国各港と瀬戸内・九州，北陸・北海道の各港を結んでいる。2008年にはタイの海運会社RCLと協調契約を締結し，東南アジア，南アジア，中東へとサービスは広がっている。

　造船の国際展開は，1957年パラグアイ出張所開設が端緒であるが，実際には1969年に撤退したが1967年パプア・ニューギニアのラバウルに造船所を開設したことに始まる。また，1982年には神原ウルグアイ造船所を設立し，2002年まで稼働させた。

　1990年代になると，規制によって国内展開が制約を受ける一方で，造船需要の拡大が見込まれた。そこで，常石造船は1992年フィリピンに設計会社のTSUNEISHI TECHNICAL SERVICES（PHILS.）を設立し，1994年フィリピンに新造船工場のTSUNEISHI HEAVY INDUSTRIES（CEBU）（THI）をアボイティス・グループとの合弁で設立した。もうすぐ30周年を迎える。船台2基と建造ドック1基を持ち，3万トンから18万トン級のバラ積み船を中心に年間最大30隻の建造が可能だ。従業員は協力会社を含め7,500人近く（2021年12月時点），バランバンの町の人口は95,136人（2020年国勢調査）までになった。THIなどによる教育，医療などへ支援，また経済効果によって漁業や農業も拡大し，地域づくりに大きな貢献があった。

　中国へは，2014年に閉鎖したが，2001年設立の常石（鎮江）鋼装に始まる。2003年に新造船工場の常石集団（舟山）造船有限公司を完全所有子会社で設立した。上海に隣接する浙江省舟山群島に位置し，船台2基と建造ドック1基を備えている。3万トンから10万トンのバラ積み船が中心ではあるが，コンテナ運搬船やプロダクトタンカーなども建造し，造船分野の教育機関と連携し，人材育成にも力を入れている。従業員は協力会社を含めて4,000人弱であるが，地域の人口が増えるなど，地域づくりにも寄与している。

　パラグアイでは2008年に新造船工場ASTILLERO TSUNEISHI PARAGUAYを設立した。地域に合わせて，河川輸送のための平底バラ積みバージを主に建造しているが，浅喫水を可能にするプッシャーボートも建造している。穀物のトラック輸送から大量輸送が可能な河川輸送に寄与しているが，セブや舟山に比べると，歴史も浅く，造船業による地域づくりへの貢献はまだ始まったばかりといってもいい。パラグアイでは，移住者向けの貢献も忘れてはならない。

　財団・その他の国際展開は，フィリピンではTHI創設の1994年に財団を設立し地域への貢献活動を開始し，THI独自で地域支援を行ってきた。2010年にはグループ7社でTSUNEISHI FOUNDATION（CEBU）Inc.を設立した。

教育，医療，環境保全，災害支援など多様な形で地域づくりのサポートを行い，SDGsへの取り組みの一環と捉えることもできる。

　パラグアイでは，2007年パラグアイ神原基金と神原育英会を設立している。秀夫のパラグアイへの想いを受けて，常石グループ代表（眞人）は長らくパラグアイ移住地ラパス地区へのピアノや和太鼓などの寄贈を続けてきた。2004年パラグアイ共和国駐日大使・田岡功は，常石グループを訪問した際に「パラグアイ日系全体にとって価値あるもの，将来につながるもの」に対して，「教育の大切さ，日本語教育の成果」を伝えた。同じころに訪問したパラグアイ日本人会連合・小田俊春会長もパラグアイ日本人移住70周年記念事業への協力を依頼した。それらを受け，常石グループは1億円を拠出した。基金と育英会の基本スキームは次の通りである。1億円を現地の農協中央会に預け，その定期預金並みの利息を神原育英会の活動原資とし，中央会は傘下農協に10年長期で貸出し，日系農家は長期基盤整備資金に充てる。営農農家は通常年利25％の借入負担を軽減することができる[174]。

3. ディスカッション：地域づくりと社会情緒的資産

　創業地はもちろんのこと，パラグアイ，フィリピン・セブ，また中国・舟山においても，常石グループは地域づくりへの係わりをもっている。あらためて沼隈町を中心とした地域づくりなどをふまえながら，常石グループの地域づくりと社会情緒的資産との係わりについてディスカッションする。

(1) 地域づくりの背景と天心山神勝寺

　創業者・勝太郎の地域への想いは，仕事をしながらの学びによって育まれたといっていいだろう。大阪へ石炭を運び，わずかな時間を高木和一郎の「海事学館」，また今井豊造の「今井弘道学校」での学びにあてた。とくに今井の人格に啓蒙され学んだ「困難な問題にぶつかっても，解決の見通しをつけ，信念ある行動をとる」は，26歳のときの船舶相互救済会結成にもつながっている。

自分だけでなく，地域の仲間とともに発展していこうとする姿であった。

　それは「事業をするものは，一度は政治に係わって地元に恩返しすべきだ」との考えに連なり，36歳で千年村会議員になったが，その根幹には「人はまず教育を受けることが第一だ」との考えがあり，それが地域づくり，地域の発展の根幹であると思っていた。村全体の均等な教育実現への尽力，また私費を投じての港の整備また干拓構想などで経済活動を活性化させる動きもそれに連なっている。これは1954年4月設立の任意団体「神原育英会」，さらに1981年財団法人「神原育英会」（基金：1億円）へと発展し，勝太郎の想いは今日まで続いている。

　息子・秀夫にもこれは承継され，時代がそうしたのか，勝太郎の想い以上のスケールで展開されている。39歳で就任した町長時代のパラグアイ移住も地域づくり，地域の発展の延長線上にあるし，事業，とりわけ国際展開においても「農園，牧場，造船所，海運という4つの要素が必ずセットになっていた」といわれているように，造船所単体だけということではなく，必ず周りの地域をセットとして考える発想が根幹にあった。「50年後に食糧危機が来る」として南米に土地を買い，「日本の高度成長はそうすぐには来ないだろう」と地元の約300家族を南米パラグアイやウルグアイに移民させた。だが同時に「（町民たちを）移民させただけではいかん」と言って，味噌や醤油を作ったり，牧場をしたり，米を植えさせたりした。国内でも海運・造船だけでなく，1967年に養鶏業の天心山農園を設立したこともこうした流れだ。これには，10歳で父の師・今井豊造のもとへの寄宿，大学時代の友人，中国大陸への従軍の経験，28歳で瀬戸内海船舶社長就任などさまざまな関係と経験で得たことが背景に潜んでいると思われるが，単に言うだけでなく必ず背後でサポートする，いわば「解決に向けた信念ある行動」をもっていた。この点は父・勝太郎の想いと重なる部分が大きい。海運・造船をはじめとする事業はもちろんのこと，町長としてのダム建設による水道の設置，ブドウ園の開墾，また精神薄弱児のための施設・ゼノ少年牧場への私財を投入などはそうであろうし，そのための心の拠りどころとしての天心山神勝寺（神勝禅寺）[175]があるようだ。心を映す場としての存在である。

　日本の寺院を檀家寺，信者寺，観光寺に分類すると，一番多いのは檀家の葬

儀，法事などによる収入に依存する檀家寺である。ただ，浄土真宗本願寺派の場合で300万円未満が43％程度で，1,000万円以上の収入は20％に満たない[176]。しかしながら神勝寺には檀家はなく，檀家寺ではない。「神勝寺　禅と庭のミュージアム」といっても，いわゆる観光寺とも異なる。そのWebサイトは「見る。歩く。休む。瞑想する。ゆっくり禅を楽しむ体験」で始まり，神勝寺を「一碗の茶を喫し，墨跡と向き合い，命をつなぐための食を味わい，心身の垢を洗い流し，庭を散策し，…禅とはなにかを感じるための場」としているが，寺院の歴史にもとづく観光寺とは違う。常石グループの創業者・神原勝太郎を開基として寺号もその名に因り，本堂・無明院の正面の階段の延長線に常石造船本社があり，創業者はじめ物故者に常石グループを見守ってもらいたい，また先祖はじめ関係するすべての人びとへの感謝の念を忘れないようにしようという意思が，神勝寺建立の根底にはある。また他方で，神勝寺の周囲には，遊園地，瀬戸内体験型宿泊施設また運動施設，さらに「弥勒の里国際文化学院日本語学校」[177]などがあり，地域をはじめ多くの人びとが集う場にして，己を見つめ，ともに研鑽する場にしていく[178]，禅的にいえば「而今（にこん）」，今この瞬間を大切に生きるために，という一種の社会教育的意図も感じられる。ただ，プロテスタント，カトリックなどの宗教的誠実さ，規律づけ，寛大さといった価値観が直接的・直列的[179]に意思決定や行動に強く反映されたものではない。神原家は浄土真宗本願寺派の門徒であるが，2代・秀夫は禅的なものへの想いを強くし天心山神勝寺を臨済宗建仁寺派の特例地寺院として開山した。しかし懺悔堂があるなど必ずしも臨済宗一辺倒とはいえない。境内の建物なども，旧賀陽宮邸の門を移築した総門，慈光院書院を模した永照院，千利休の一畳台目（いちじょうだいめ）茶室を復元した一来亭，建長寺大徹堂を移築再建した国際禅道場，高野山不動堂を模した開山堂，臨済宗永源寺大本山永源寺から移築再建した含空院，同蔵六庵旧本堂を移築再建した多宝堂などと多様である。その意味では，神勝寺の建立は，さまざまな信仰ないし道徳にもとづいた価値観が並列的・混交的に反映された意思決定ないし行動の結果ともいえる。

　ファミリー企業に関して既述のようにベローネほか（2012）は，FIBERの5要素でまとめている。常石グループの支配と影響力については「創業家」の存在が大きい。創業家のアイデンティティあるいはファミリーへの帰属意識に

ついては「天心山神勝寺」が象徴的な役割を持っている。ファミリーの絆あるいはファミリーの情緒的愛着を深める存在として2代秀夫から3代眞人へ，さらに4代勝成へと，同寺の代表責任役員が承継されている。また，責任役員には，直系，また親族だけでなく，臨済宗建仁寺派管長またファミリー以外でツネイシHD社長経験者もその任を担っている。さらに，天心山神勝寺の施設の拡充ばかりでなく，寺院というよりはミュージアムとして社会的発信をアップデートさせることで社会的つながりを深めている。しっかりとした拘束力のある社会的関係を構築していくことにも連なっている。ファミリーがベースであるとしても，できればファミリーの外にもそれを拡げて，常石グループとして制度化することができればとの思いもあるだろう。

　こうしたSEWの視点で常石グループを捉えてみると，海運・造船を柱としてポートフォリオを組みながら営利事業を行い，他方で財団活動など公益的な事業にも取り組んでいる。財務的効用と非財務的効用の両立を目指している。こうしたトータルな事業活動をするうえでの母港として天心山神勝寺があるといえるだろう。「深い心理レベルに固定される」（Berrone *et al.* 2010）存在である。

　ファミリー企業の経営の特徴として，投資，人材育成，社会貢献における長期的視野があげられる（Miller *et al.* 2005）。それは，継続性（Continuity），コミュニティ（Community），コネクション（Connection），コマンド（Command）という4つのCの強みに置き換えられる。継続性とは，短期的利益追求ではなく長期的視点で投資を行うなど，夢の実現を目指しつつ企業の健全な存続にも力を注ぐことである。自社へのスチュアードシップがある。コミュニティは，ファミリーのまとまりともいえるし，その長期的な関係性の維持と継続のうえに成り立っている。そのためには若くして経営陣に加えるなど，金銭的ではなく厚遇によって忠誠心と主体性を導き出すことは有用だ。コネクションは，世間との良好な関係を築いたり，ステイクホルダーズとの互恵的な関係性をもったり，いわば良き隣人として，信用・信頼のうえで永続的な関係を志向することだ。コマンドは命令，指揮，支配などを意味するが，ファミリー企業の経営者の方が比較的制限が少なく行動の自由度が高いということを意味している。株主から独立性があるし，また変革への迅速な意思決定によ

る適応的行動も可能である。

　常石グループの歴史のなかで，つながり，縁を大切にしながら，その関係を長く築いてきたことがビジネスにプラスの作用をもたらした例をいくつも挙げることができる。また，秀夫に見られるように自由度の高いユニークな行動ないし意思決定はいうまでもないが，その意思決定は財務的効用のみでなく非財務的効用を含めたところで行われている。どれかに偏ることなくバランスの取れた4つのCによって変革への適応的行動をとりながら，永続性をもたらしている。財務的効用ばかりではなく，ときに非財務的効用を優先するなどと，その参照点依存性は財務的効用のみにあるのではなく，財務的効用と非財務的効用と合わせたトータルのなかにあるようだ。

(2) 国際展開と社会情緒的資産

　企業の国際展開といっても，貿易と直接投資では投資額だけでなく経営への影響においても大きな差があるが，国際展開の判断は，基本的には経済的合理性（財務的側面）に依拠することが多い。中堅・中小企業が多いファミリー企業は，一般的に財務資源における制約が高いし，また相対的にマネジメント能力において制約がある。しかも，それを補うための外部からの専門家の受容において，抵抗がある場合が多い。こうした点で，ファミリー企業は，国際展開に消極的だという先行研究（Graves and Thomas 2006, 2008 など）がある。他方で，ファミリー企業のもつ長期志向性や利他主義は，意図せぬ形で国際展開に働くという先行研究（Carr and Bateman 2009 など）もある。さらに，国際展開する場合は，受入国の制度環境にも左右されるが，グリーンフィールド投資で完全所有形態をとる場合が多いという研究（Yamanoi and Asaba 2018）もあるし，イタリアの例であるが進出先は心理的距離の近い方を選択するという研究（Baronchelli *et al.* 2016）もある。このようにファミリー企業の国際展開についての議論は混在している。となれば，その実態は個別に見ていくほかない。

　外国への子会社設立による代替効果によって，地域の雇用の喪失，経済効果の減少などが生ずれば，ファミリー企業への地域の評判に影響がある。地域と

の関係が相対的に少なくなれば，社会的つながりに影響が生じる。外国子会社の事業ウエイトが相対的に高まっていけば，その経営陣にも影響が及ぶと考えられる。国際展開によるこうした社会情緒的資産（SEW）の減少に対してファミリー企業はどのように対応しているのか，SEW を反比例的に高める動きをしているのか。こうした実態を確認することは興味深い。

(3) 常石グループと社会情緒的資産

常石グループの国際展開の背景：創業家の国際性

　常石グループの国際展開には，2代の秀夫の影響が大きい。

　秀夫の国際的視野は，軍隊で中国大陸を転戦しているときに固められた。戦争に勝ったら，中国山東省の連雲港を拠点に海運業を始め，周辺の大豆や麦，また朧海線沿線の石炭などを機帆船で上海に運び，船を大きくできれば日本に運ぶ。戦争に負けたら，ニューギニアに行き，開拓する。祖業の海運業をベースとしたこうした構想を兵役中に同期の仲間たちに語っていた。

　このような構想が生まれるまでには，父・勝太郎の経営を見ていた影響も強いと思われるが，10歳で父・勝太郎が師事していた今井豊造に預けられ過ごした大阪での生活，転校した故郷の尾道中学での生活，立命館大学予科および法学部のなかで縁を得た先生や友人の影響も大きいと考えられる。パラグアイ移住団の団長を引き受けてくれたのも，大学の同級・森大光であった。また，同郷の遠縁でもあり，子どものときに夏に海・山で一緒に遊んだ3歳下の宮澤喜一（元首相）などの影響もあるかもしれない。

　戦後，1953年夏にインドネシアでの造船所の話であったときも，秀夫は積極的に進め，協定書交換，登記も済ませていたが，賠償交渉のために経済断交，日本人の入国拒否となって幻と終わった。

　その後，沼隈町長となって1956年パラグアイへの集団移住に係わったが，軌道に乗せるためには時間を要し，その間に人員も含めてサポートを続け，2000年代にはパラグアイ日本人移住70周年記念事業のひとつとして2007年10月「神原基金」また「パラグアイ神原育英会」を創設し，パラグアイでの事業展開も含めて，移民・移住者へのサポートは続けている。秀夫の意思を長

男・眞人が承継している。

　眞人は，1964年神原汽船入社後の初仕事がソ連からの北洋材輸入業務だったが，その帰りは大シケでレーダーも故障した航海であった。また，高校2年のときの自社船の遭難に際して10数名の遺族に応対をするなどの経験をしている。海運の国際性とともに，その怖さを身に染みて知っている。

　1975年5月ごろ，アルゼンチンが日本人移住者を100万人受け入れとの新聞報道があると，秀夫は翌月には34歳の眞人をアルゼンチンに調査のために派遣した。しかし，政変を感じ，すぐにウルグアイへ移動した。事務所購入，土地購入，登記も容易であったために会社設立をすぐに秀夫は指示し，同年8月神原ウルグアイ株式会社を設立して，眞人は帰国した。父・秀夫の決断は早かった。

　神原汽船は1964年くらいからニューギニア木材の輸入を始めたが，秀夫は，山奥から海岸まで運ぶ曳き船また島々を結ぶ連絡船を建造する小造船所の建設を構想した。1966年3月に調査を始め，華僑有志（51％所有）との合弁事業で，1967年ニューギニア・シップビルディングを設立し，駐在5名でスタートさせた。従軍中の構想の実現に向けての一歩であった。しかし，新造船4隻，修理船21隻の実績を示したものの1969年末，約3年で撤退した。現地有力者との関係は構築できたものの，合弁事業また国連の信託統治下の事業の難しさを痛感した決断であった。

　ただ，思いは捨てきれず，パプア・ニューギニアの独立前の1973年100％出資でトロピカル・エンタープライズを設立し，造船所とホテルの計画に進めた。既述したように外資規制があり資本金30％を現地に譲渡するフェードアウト条件付きであった[180]。しかし，事業開始の準備がほぼ整った1973年10月オイルショックが起きた。加えて，政治リスクにおける移転面また事業活動面でのリスクはまだしも，土地所有制度および賃借権登記など所有権に対するリスクはまだ不透明であった[181]。そこで自治政府の了承も得て撤退した。秀夫の従軍中からの思いは二度の撤退となった。従軍も政治の結果であったが，国際展開も政治および制度の違いに翻弄された。

　秀夫は，人的ネットワークから，また新聞情報からと，国際展開への機会を探索していた。ビジネスとしては結果的にうまくいかなかったが，その国際展

開には基本的に農園，牧場，造船所，海運という4つの要素のいくつかが絡んでいた。造船所単体ではなかった。周りの地域を複合的に考える発想があった。

　一般的にひとつの事業の国際展開といえば，その事業のみを考え，そのサプライチェーンあるいはバリューチェーンも含めていかに効率的に運営させることができるかを深く検討する。しかし，秀夫の発想には国際展開のメリットあるいは相互の事業の補完性についての検討が全く抜きではないが，それを超えたそれぞれの地域への想いがあるように感じられる。自社に適したエコシステムを形成しようというのとも異なる。そこで事業する限りにおいてはその地域へ尽くすといったような愛着である。

　こうした創業家の国際性は，その後の眞人が中心に進めたフィリピン，中国，またパラグアイでの事業展開においても承継されているように思われる。

　常石グループの事例から次のことが導き出される。

　創業家の国際性は，貿易だけでなく直接投資（FDI）にマイナスの影響を与えにくい。また，その国際性が承継されれば，国際展開のあり方に影響を与えていく。

固い社会的つながりの構築：SEW的要素の海外子会社への複製的移転

　常石グループの業種的特性である造船業は，海岸部に隣接した広大な土地の確保が必要であるし，騒音問題などから中心部から離れている場所に設置されていることがほとんどだ。交通の便も悪い。しかも協力会社も含めて多くの人手がいるし，またその人たちに家族を含めて通勤圏内に住んでもらう必要も生じる。従業員の確保と定着のためにも，従業員宿舎の充実は不可欠である。衣食，教育などの社会インフラも大切であろう。また，内外の取引先などが宿泊するための迎賓館的役割をもった宿泊施設も必要となるし，さらに研修施設的役割の宿舎も求められるであろう。こうした特性に起因するものなのか，常石グループは，地域づくり，まちづくり的要素に国内でも海外でも係わっている。

　例えば，TSUNEISHI HEAVY INDUSTRIES（CEBU）（THI）のケースが分かりやすい。セブはマゼランが500年以上前に5隻の船（合計480トン）で

着いた場所だったが，このセブのバランバンに，既述のように1992年用地取得（TH）と船舶建造用図面部門（TTSP），1993年船舶解撤（のちに船体ブロック・船体構造部材製造）（K＆A）と順を追って進出し，1994年THIを設立した。「100年ここでやりますから」[182]と，電柱を立て，電線を引くところから始まった。約270名が派遣され造船所の開設の任に就いた。K&Aの従業員は2〜300人であったが，THIによって従業員は何千人単位となった。バランバンは町職員の給料が満足に払えない町だったが，町の経済も発展し，町全体の生活環境も大幅に改善した。

　町の市場取引をみると，それまでは1日に豚1匹，週に牛1頭だったが，20年後には毎日豚30〜100匹，牛2頭となっている。銀行も6行となり，ATMもいたるところにある。交通渋滞さえ起こるほどになっている。町予算も20年間で2千万ペソ（約1.33億円）から2.5億万ペソ（16.58億円）へと12倍以上にもなっている[183]。町予算が増えれば，水道・道路整備，遊園地，運動競技場，市場の拡張などとインフラ整備も行われる。THIの企業立地による経済効果として，町民の生活の質を高めることができた。

　THI自体として1994年TSUNEISHI FOUNDATION（CEBU）を設立し，地域に直接的な貢献をしている。主なものでも上水道施設整備支援のほか，2002年地域公設市場焼失の再建支援，2007公立病院入院棟建設支援などがある。さらに2009年THI単独でサンホセ・レコレスト大学（USJR）付属校バランバンキャンパス建設費用を全額支援している。そして，こうした機能を発展・拡充するために2010年6月THIほか7社の寄付によって，認可を経たTSUNEISHI FOUNDATION（CEBU）Inc.を設立し，教育，医療，環境を柱に地域づくりに寄与している。

　パラグアイでは2007年パラグアイ神原基金と神原育英会を設立した。この背景には1956年沼隈町からのパラグアイ集団移住があり，まず1981年神原パラグアイを設立し事業によって地域に貢献しようとしたものの1990年に閉鎖となった。そして，基金と育英会設立がきっかけになったと思われるくらいに，2008年以降にあらためて事業展開を加速化させた。また，眞人のプライベート・カンパニーであるGlocal Japan Inc.によって農地約26,000ヘクタールを購入し牧畜と農業の開始し，さらに同年常石グループで河川輸送用バージ

の建造・修繕，2011年造船所建設へと展開している。基金・育英会設立という非財務的意思決定が財務的効用を呼び起こし，両者の連動とでもいえる動きとなった。基金・育英会設立は3代の眞人の意思決定であったが，その過程で2代の秀夫の気持ちをあらためて想起し，財務と非財務の両方による「地に足の着いた友好関係」[184]を最終目標とし，単なるビジネスパートナーを越えて未来を共有する関係を構築していくことを明確にさせている。

　こうした動きは，創業者が大正期に続いて戦後も地元・常石小学校に校舎を寄付したり，1954年任意団体「神原育英会」を設立し，1981年財団法人「神原育英会」へと発展させた流れと同様である。時代と国また場所は異なるが「深く心理レベルに固定されている想い」の結実のひとつの現れであると見ることができる。また，これらは財団を通じての社会的つながりを増す動きでもある。

　造船業は地域でも中心部から離れているがゆえに，船主あるいは海運会社また船舶用機器会社などとの関係を深める宿泊施設等は重要である。造船は計画段階から実際の建造段階まで一般的には1から3年かかる。その間の打ち合わせまた進水式等の儀式などと顧客対応のためにホテルが必要となる。多くの造船企業で宿泊施設を併設しているところが多いが，通常のビジネスホテルタイプと迎賓的なホテルを分けることができる。常石グループであれば，常石ハーバーホテル[185]はビジネスホテルタイプであろうし，最も特別な人のためには進藤会館とか鈴木記念館が使用されるのであろうが，ベラビスタスパ&マリーナ尾道が迎賓的ホテルといえるであろう。そのほか瀬戸内クルーズ船「guntû」などと，派生的に観光また研修との組み合わせ型事業を展開している。

　さらに，船主会などとの関係でいえば，勝太郎また秀夫が機帆船海運組合などにおいて中心的な役割を果たしてきたことはすでに述べたが，そのほか例えば2013年11月の台風で被害にあったセブ北部メデリン市山間部の小学校2校の校舎修繕費用75,000ドルの支援とスクールバック676個の寄付をマルタの船主AOM社が行ったときに仲介したのはTSUNEISHI FOUNDATION（CEBU）Inc.であった。船主（会）などと財務的側面だけでなく非財務的側面を通じてもつながりを深めている。

　常石グループの事例から次のことが導き出される。

　ファミリー企業は，創業地において，また進出国において，SEW 的な固い社会的つながりに制約されつつも，他方でそれを高めていこうとする特性がみられる。また，SEW 的要素は，母国本社から海外子会社に複製的移転を行うことができる。

国際展開と組織変革：SEW 的影響

　創業者の曾孫である神原勝成は，1998 年 29 歳で常石造船社長[186]，2007 年にツネイシ HD（ホールディングス）社長に就き 2011 年末で退任した。丸 14 年常石グループを牽引してきた。1903 年創業して「100 年企業」につながったのは，「雇用を守る，地域とともに発展することを強く意識し」，「社員に感謝しながらマネジメントをしてきたことの結果」であると勝成は解釈している[187]。勝成の父・眞人は，トライアンドエラーでの失敗はありながらも，会社を 2 代の秀夫のときの 30 倍にした。これからさらに「100 年やっていこう」となると，会社の規模は祖父の代よりも大幅に拡大し，父の代以降でも中途採用者も増え海外子会社もあり，考慮すべき変数は増えている。とくに主力の造船業は，受注から利益の確定までには数年かかり，その間の予期しない外部環境の変化も含むと，安定的な経営をしていくために払うべき留意点は多い。

　国際展開した後では，眞人の代のように「社内のことを全部自分で把握できていた」時代とは異なるし，「従業員と酒を飲んでみろ，従業員の気持ちはすぐにわかるぞ」[188] というわけにはいかなくなる。オーナーが分かっていて実行するからいいではないかではなく，世間に明示することでフェアになる。しかも，言葉としてまとめていく過程も自社への愛着を高めていく時間となるだろうし，まとめることで，今後するべきアイデア，事柄も浮かんでくるであろう。明示すれば，結果として企業の意思を世の中に訴える力が強くなっていく。また，企業理念，価値観が企業文化にもなっていく。

　ツネイシ HD の企業理念「社員の幸せのために事業の安定と発展を追求する」，また価値観「地域・社会と共に歩む」は，世間（ステイクホルダーズ）への現在また将来への約束事であり，これまでに創業家が行ってきたこと，歩んできた道を明確にしたものである[189]。自社が進むべき道を明文化し，WEB サイトなどさまざまな機会をとらえて伝える。それがフェアな企業として社会

から認知されることにもつながる。もちろん，社内規定やルールの明文化も同様である。

　勝成は，こうした点のその必要性を認識し，社長になってビジョンやルールの明文化を進めようとした。まず明文化また開示による効率性を求めた。しかし，父・眞人は「然るべきポストの部長なり役員が，きちんと社員のことを見て，動機付けやケアをすれば，ルールなんていらない」[190]との考えであった。「ルールを作らせやー」，「世の中どうなるかわからん。お前がコミットしたら絶対にそれをやり抜かないといけないが，いいか」と社長就任から4〜5年ほど2002〜03年まで激論が続いた。母は「勝成，あんた，まだまだね。あなたのお爺さんとお父さんは，もっと激しかったよ」といい，経営が親から子へ承継されるときには，少なからず軋轢ないし喧嘩があるようだ[191]。親としては，子が経営者として本当に大丈夫なのかとの不安もあるだろうし，他方で子は子で親のやり方を見てきて，眞人であれば造船不況（第1次設備処理）対応はどうするのかとか，勝成であればレジャー部門の整理はどうするのかなどと問題点なり疑問を感じている点があっただろう。親子であるがゆえに，ときには感情的なぶつかり合いをしながら，双方が納得する形に仕上げていくにはやはりある程度の時間が必要なのだろう。この時間は，先代の言葉を跳ね返して経営者としての「覚悟を決める」ために必要なものでもあり，後継者育成の年月だったともいえる。秀夫と眞人，眞人と勝成それぞれ激論をし，本気で取り組まざるを得ない状況に追い込んでいき，それが企業改革へと進んだ。時間をかけ，お互いが辛抱して，覚悟が決まり，勝成の経営へと変わっていった。

　すべてのステイクホルダーズに対する約束事の明文化が行われ，それは対外的な宣言であり「フェアな経営」を明確にするものであった。続いて2007年1月組織変革が行われた。カンパニー制の導入である。経営管理本部と財務本部からなるツネイシHDを置くことでマネジメントの効率性を求めた。カンパニーは11社，造船事業のカンパニー6社[192]，海運事業のカンパニー2社[193]，グループ支援を主な事業とするサービス事業のカンパニー3社[194]の構成とした。HDの役員は取締役10名，監査役3名（うち2名社外）で，会長・伏見泰治，社長・勝成（常石造船カンパニー社長執行役員），森賢一（常石造船カンパニー副社長執行役員）と城暁男（神原汽船カンパニー社長執行役員）の4

名が代表取締役，眞人ほか4名は取締役であった。

　造船事業において，1990年代からのフィリピン・セブ，2000年代からの中国・舟山が順調に推移し，グループ内での海外事業のウエイトが相対的に高まっていった。他方で国策として支援のある韓国と中国の攻勢は急で，国際競争は激化していた。そうしたなか迅速な経営判断の必要性や効率的な事業運営の行使が求められてきた。その解決策としての組織変革であり，カンパニー制の採用であった。

　その後，2011年1月には本格的なHD制の導入に至った。連結経営を推進するグループ本社としての持株会社と，事業運営に責任を負う事業会社とに分割する新たな組織変革であった。既存会社の新設分割，吸収分割などを行い，HDのもとに当初，造船事業，海運事業，環境・エネルギー事業，サービス事業の4部門を置いた。造船事業には常石造船を中核としフィリピンのTHI，中国のTZSが含まれる[195]。海運事業は中核の神原汽船と神原ロジスティクス，環境・エネルギー事業はツネイシCバリューズとツネイシカムテックス，サービス事業には4社[196]という構成でスタートした。

　この刷新されたツネイシHDは，取締役13名（うち代表取締役2名），監査役1名からなり，神原姓としては代表取締社長の勝成のほか専務・宏達（眞人四男）と常務・秀忠（眞人従弟）と3名ほどが入り，社長が経営全般を，専務が経営企画部，財務部，グループ人事戦略室，サービス事業部，情報システム部，経理部そして新事業開発部を管掌，常務が総務部，秘書室，広報・CSR室，法務室を管掌した。他の常務取締役2名と取締役3名は各部等をそれぞれ担当し，加えて常石造船代表取締役社長と神原汽船代表取締役社長が取締役として入り，ほかに無任所の代表取締役会長と取締役という構成であった。勝成を中心として，弟と従弟で分担して全体を掌握し，常石造船と神原汽船の社長にはHDの取締役を兼務してもらうことで統括した。

　この組織変革で，常石造船代表取締役社長に，創業家以外で初めて川本隆夫（設計出身）が登用された。また，祖業の海運事業の神原汽船代表取締役社長には同カンパニーから続いて城暁男が選任された。両氏ともに眞人相談役からの信頼がきわめて高いものがあったと思われる。川本の後も，常石造船では今日まで2代続けて創業家以外から社長が登用されている。

　事業運営会社となった常石造船の 2011 年 1 月時点の取締役 17 名（うち 1 名社外取締役）構成をみると神原姓はなく，常務取締役が海外事業本部長，同じく常務取締役が常石工場長兼多度津・THI・TZS の 4 工場統括をし，取締役に海外子会社の THI 社長，TZS 董事（総経理），TZS の董事（工場長）の 3 名が入っているという構成であった。常石造船本社の海外事業本部長が海外子会社を統括し，工場も常石本社工場を基幹として運営していくという形であった。しかしながら，建造隻数において，2005 年度は THI12 隻，TZS5 隻，常石本社と多度津[197]で 27 隻とまだ 6 割強は国内での造船であったが，2014 年度になると，THI20 隻，TZS18 隻，多度津 8 隻，常石造船本社工場 9 隻と，国内建造隻数は 3 割となり，国内とセブと舟山の割合がほぼ 3 分割される形となった。さらに，2019 年の竣工量であるが，THI が 67 万総トン，TZS が 64 万総トン，常石造船本社工場が 51 万総トンと，グループ全体では 182 万総トン，その比率は国内 28％，セブ 37％，舟山島 35％となっている。その後，国内の比率はさらに減少し，2021 年にはおおまかにセブと舟山がそれぞれ国内の倍の竣工量となっている。

　このようになれば，本社工場とセブおよび舟山をいかに効率的に連動させるかが課題となってくる。そこで，常石造船の取締役・執行役員と，HD，セブの THI，舟山の TZS の取締役などを兼任している人材が多くなる。2022 年 1 月現在の常石造船の取締役は 8 名（うち 2 名は社外取締役）であるが，代表取締役社長は THI 取締役兼 TZS 董事，同副社長は THI 取締役会長兼 TZS 董事長と THI と TZS にしっかりと関与し，さらに取締役 1 名が TZS 董事と THI 取締役を兼ね，社外を除く他の取締役 3 名に HD 代表取締役社長の宏達，HD 取締役会長（常石造船取締役会長），HD 専務取締役（常石造船財務本部長）の 3 名が配置されている。3 か国での造船事業の連動化だけでなく，HD とも一体となった事業運営を進めていると見ることができる。

　2011 年に常石グループの屋台骨といってもいい造船事業において，創業家以外，いわばファミリー外の人材が登用されたことは大きな出来事である。しかしながら，企業が成長し，かつフィリピンおよび中国の事業比率がポートフォリオとして相対的に高まってくれば，常石グループの造船事業経営のあり方も変わってくる。創業家に係わる人材がフィリピンまた中国での事業経験を

積み重ね，それを反映させたうえで常石グループの造船事業を取りまとめることが必ずしもできるわけでもない。そうであれば，創業家の信任が非常に厚い人を登用することは必然となるだろう。

　2000年代になって財務系に銀行出身者を登用した流れと同じように，経営への創業家以外の登用をどのようにしていくかが課題になったと思われるが，それをHD化の段階的進展によって解決したように考えられる。造船，海運などそれぞれの事業運営においては，創業家などを問わず適切と思われる人材を登用し，責任を持ってもらう。ただし，各事業会社の重要な意思決定においてはHDが関与するという体制である。権限委譲をしながら最終的な関与は残しているという体制である。

　社会的な流れもあったと思われるが，「フェアな経営」の一環として社外取締役制度を導入したのが2014年1月であった。その時点の取締役は7名（社外1名）であった。取締役は2011年の13名からみれば，5名ほど少なくなっている。ただ，執行役員5名を置いた。代表取締役会長兼社長は創業家外の伏見泰治が2012年から続け，代表取締役副社長に宏達（眞人四男），常務取締役に秀忠（眞人従弟），取締役に末松弥奈子（眞人長子）が就いている。業務分担は伏見が経営全般を，宏達が海運事業管掌とともに人事戦略室と新事業開発を，秀忠が法務，総務，秘書室を，新任の末松弥奈子が広報・CSRと情報システムを，そして造船事業管掌と経営企画・財務・経理管掌として取締役をおいている。そして新たに社外取締役としてクリストファー・ラフルアー（Christopher LAFLEUR）が就いている。2012年に創業家以外で初めてHDの社長（会長兼任）になった伏見，そして造船の川本と財務の遠又はいずれも創業家から厚い信頼がある。また，社外のラフルアーは創業者・2代のときから長く縁のある宮澤喜一の娘婿である。やはり誰でもいいわけではなく，創業家との縁のある人材のなかから選任されている。

　2011年常石グループ中核の常石造船社長および神原汽船社長が，2012年HD社長が創業家以外から選任され，さらに2014年に社外取締役を導入したが，これらは一般的には創業家の経営への関与を下げるものであり，SEWを減少させるものだと考えられる。だが，それを信頼の厚い人材の登用によって最小限に抑えつつ，逆に世間とのズレの修正，合理的な意思決定のためな

どと，SEW をかえって高める動きとしてとらえることもできるかもしれない。
組織の見直しは，ファミリーのグループへの愛着や結束をかえって深めること
になっただろう。また，社会との固いつながりでいえば，財団などいわゆる
CSR 活動は合理性だけでははかれないところがあり，場合によれば感情的な
こともありうる。そこで，それらについて創業家に忖度せずフラットに意見し
てもらうことを望んだ節がある。

　そして，2014 年神原汽船代表取締役社長に宏達が就き，2016 年には HD の
代表取締役社長となった。伏見は HD の特別顧問となった。常石造船の社長
を除けば，創業家の人材が再び名目ともに骨格を押さえる配置となった。その
うえで，2019 年から HD 役員は取締役 7 名（うち社外 3 名），執行役員 5 名の
体制になった。取締役総数は変わらないが，社外取締役が 1 名増え，外部の視
点をさらに取り入れて経営へのチェック機能を高める動きとみることができ
る[198]。

　国際展開と組織変革の関係を SEW の影響をふまえながら，検討すると，常
石グループの場合，次のようにまとめられる。

　**国際展開にもとづく相対的な国内事業の比率低下は，組織変革への圧力を増
していく。それは，ファミリー企業における SEW，とくにファミリーの経営
への関与に影響を与える。そこで，その影響を最小限にしつつ，あるいはそれ
を逆手に取りつつ，ファミリーの会社への愛着を増す方策を取ろうとする。そ
のために組織変革の短期間でのアップデートもいとわない。**

国際展開による国内における SEW 的対応の変化

　企業の国際展開が基本的には経営における経済的合理性（財務的側面）に依
拠していることはすでに述べた。そうなると親会社本国での社会的つながりや
評判，あるいはファミリー内の愛着の拡散，希薄化など SEW を減少させる可
能性が高くなるだろう。そこで企業は，SEW の減少を反比例的に高める動き
や意思決定を行う傾向がみられるのではないだろうか。常石グループの 1990
年代半ば以降の動きをみていこう。

　国内においては，本格的に国際展開したのちに，財団などの設立やその活動
を通じて SEW の減少を反比例的に高めようとしているようだ。進出先では，

この地ににしっかりと根をおろすことを現地の町長あるいは市長に伝え，さらに1994年セブでは造船所の進出と同時に任意団体の財団を，2007年パラグアイでは基金と育英会を設立した。しかし日本では観光レジャー事業への進出は別として，1954年設立の任意団体を1981年に財団法人「神原育英会」としたくらいで大きな動きはなかった。財団等の設立が増えてきたのが2000年代以降である。フィリピン，中国へと展開したのちである。2010年に一般財団法人ツネイシみらい財団を設立し，2016年に神勝寺 禅と庭のミュージアムをオープンさせ，2017年に公益財団法人ツネイシ財団を設立した。2011年9月にはサッカー・スポーツ事業を通じて「福山」を元気にすることを理念とした特定非営利活動法人ツネイシ・スポーツアクトを設立している。それは2012年FCバイエルンツネイシサッカースクール[199]の開校，2013年国際試合規格に準拠したサッカーフィールド「ツネイシフィールド」の完成へとつながっている。

　そのほか非営利活動ではないが，2011年せとうちホールディングス（せとうちHD）を設立し水陸両用機の販売，整備，サービス事業に進出した。そして，本社敷地内の「オノミチフローティングポート」を拠点とする子会社せとうちSEAPLANESを2014年設立した。2015年には米国クエスト・エアクラフト社を完全買収し子会社化し，水陸両用機による瀬戸内の定期遊覧飛行を2016年から開始し，宮島，松江，関空などへのチャーター便事業も予定した。しかし，2019年クエスト・エアクラフト社はフランスのDaher社に売却し，2019年4月ツネイシHDがせとうちHDを吸収合併した。秀夫の構想した福山空港を想起させる航空事業への参画であった。しかしながら，Covid-19の影響もあり海と空から両輪による地元活性化の夢は実現しなかった。

　しななみ海道（本州四国連絡道路：尾道－今治）に併設されたサイクリングロードが全線開通したのは1999年であるが，サイクルツーリズムの場所として注目されたのは，2012年台湾ジャイアント社の創業者・劉金標が愛媛・広島の両県知事などとともにそのロードを走ってからである。2013年からサイクリストが増え，2014年からは国際サイクリング大会「サイクリングしまなみ」も始まった。こうした流れもあり，2014年TLB株式会社を設立しホテルサイクルのONOMICHI U2を完成させた。その後も「続けていける関係を大

切に」「地域の方たちが集う拠点に」と「LOG」や「せとうち湊のやど」を開設している。そのほか，2016年にせとうちクルーズを設立し，2017年にせとうちを漂泊する高級クルーズ船「guntû」を就航させたのも，瀬戸内の多島美をゆっくり楽しむ観光事業の振興のためであった。

このようにみてくると，国際展開を本格化させたのちに，若干のタイムラグを置きながら，日本において一般また公益の財団活動を活発化させるとともに，子どもたちのサッカー振興，さらに現時点では失敗ともみられる航空事業も含めて，地元備後，広く言えば瀬戸内の活性化に貢献する観光・ホテル事業などへと拡大している。

以上をみると，海外事業への経営の注力の結果なのか，経営全体を俯瞰的にみる余裕がなかったためなのか，1990年代前半から2007年のツネイシHD設立まで約10数年のタイムラグを置いてはいるが，常石グループは，国内での財団等の活動を活発化させた。CSR元年といわれる2003年ごろの国内的な一種のブームとの関係性についての検討はさらに必要であるが，常石グループの事例から次のようにいえる。

国際展開による国内のSEW減少に対して，ファミリー企業はそれを反比例的に高める動き・意思決定を行う傾向がみられる。

おわりに

1994年常石グループはTHIを設立した。ニューギニアとウルグアイでの，いわば挫折を経てフィリピン・セブで造船事業を始めた。同じ1994年IHI（石川島播磨重工業）は，石川島ブラジル造船所「イシブラス（Ishibras：Ishikawajima do Brasil-Estaleiros S.A.）」[200]から撤退した。1959年設立の同造船所は，日本の海外での造船事業の始まりであった。「大手」が撤退して「中手」が海外に進出した1994年は，日本の造船業にとって象徴的な年であったといえる。

本章において，既存研究をふまえて，「中手」造船企業が日本の造船業において中核になってきた歴史の一端を示した。また「中手」造船企業のなかで

は，概して国内中心で展開してきた今治造船に対して，国際展開してきた常石グループに着目した。いずれも地域企業といえるが，とくに常石グループは，創業地だけでなく，進出先の地域でも単に造船業を行うのでなく，その地域づくりにも参画する意思をもって事業運営を行ってきた。

こうした背景には何があるのか。ファミリー企業，とくにその SEW に特徴的な何かがみられるのか。どうして国際展開できたのか。また国際展開によるSEW への影響ないし変化にどのように対応してきたのか。つまり，ファミリーの支配と影響力の維持，アイデンティティあるいは帰属意識，社会的つながりないし拘束力のある社会的関係，ファミリーへの情緒的愛着，絆を取り戻す後継者の役割あるいは承継を通じたファミリー企業への絆の深まりなどの視点から検討を進めてきた。それにもとづけば，創業者の想いをファミリーに深い心理レベルに固定させる装置として神勝寺の存在があるが，それは地域づくりへの係わりを持たせるために有用であった。また，それは非財務的側面であるSEW の価値を高めることにもなった。

常石グループは，アントレプレナー的事業開拓を子会社設立によっても行っている。2010 年アルミ合金製小型船製造に特化したツネイシクラフト＆ファシリティーズを設立したが，その後，2011 年 3 月の東日本大震災を受けて，自社でできる復興支援は何かの問いかけのなかから生まれたひとつが，同年 7月の同社子会社としての株式会社ティーエフシー（TFC）の設立であった。現地企業と競合しない小型アルミ船での緊急避難艇の建造に着目した。TFCは造船技能者の育成研修を経て，2012 年岩手県山田町大沢に「TFC やまだ工場」を完成させ，2013 年からリサイクル可能なアルミ（軽合金）製船舶建造・修理，津波シェルターの建造を行っている。他方で，ツネイシクラフト＆ファシリティーズは，電気推進船，水素エンジン船，救命艇事業などを行って，環境問題また未来との調和の視点から SEW を高める方向としてのアントレプレナー的事業を創発している。

創業者，2 代，3 代と，代々強いリーダーシップで経営してきた。それによって，企業活動の国際展開また規模の拡大が行われた。創業家 4 代は，企業理念の明文化などによる約束事の順守，社員一人ひとりがこれまで以上に当事者意識を持つことを求めた。また，経営者としてそれを期待した。創業家がア

イデアを思いつくとしても，社員が形にしていく，また逆もある。そのように
して常石グループが係わるそれぞれの地域が自律・展開し，グループ全体も拡
大・発展していくことを期待しているようだ。

　ファミリー企業にもさまざまなタイプがある。多様性がある。本章では
SEW の視点からその一端を検討したに過ぎない。また，SEW の視点から，ど
のような多様性があるのか，多様性のあり方などは，今後さらに検討を進めて
いくこととする。

＊本章は，JSPS 科学研究費補助金基盤研究（C）（課題番号 22530418）「公開責任のない多国籍
　組織の国際展開に係わる研究」（2010-2012）（代表：筆者）および同基盤研究（C）（課題番号
　17K03942）「地域企業の変容・進化と国際展開に係わる研究：ルーティンとイノベーションの関
　与」（2017-2022）（同），また同基盤研究（B）（代表：岸本壽生）（課題番号 18H00883）「地方企業
　の国際ビジネスのパラダイムシフトに関する多角的研究」（2018-2020）の成果の一部である。

【謝辞】
　常石グループへは，2008 年 10 月 3 日の常石造船訪問に始まるが，とりわけ 2014 年 2 月 7 日・8 日
のフィリピン・セブの THI でのヒアリングによって大きな示唆を得ている。THI 訪問にあたっては，
当時の河野仁至代表取締役社長，岸田恭典取締役（管理部門），木下浩寿ゼネラルマネージャー（総
務）ほかのみなさまに，多くの時間を割いていただき，質問に丁寧に応答していただいた。また，
社内・工場見学だけでなく，地域貢献先の学校・病院などへも案内していただき，大きな示唆を得
た。さらに，現在，常石造船代表取締役副社長・THI 会長である河野仁至氏には事実の確認等のた
めに，2022 年 10 月 14 日に常石造船本社を訪問させていただき，あらためていろいろとお話をお聞
きするとともに，今回の草稿を読んでいただき，誤解等の修正をさせていただいた。心より感謝を申
し上げたい。なお，2014 年 2 月 7 日には，当時の三井造船子会社 DASH 社の新牧拓也社長，石井純
人事総務部長，木下忍プロダクトマネージャーにもヒアリングをさせていただいた。ここに記して関
係をいただいたみなさまお一人おひとりに感謝の意を表したい。

［注］
1　例えば，田中英式（2018）『地域産業集積の優位性　ネットワークのメカニズムとダイナミズム』
　白桃書房がある。本書では，岡山ジーンズ産業集積，今治タオル産業集積，岐阜婦人アパレル産業
　集積を対象に，集積内ネットワークとダイナミズムについて分析し，これらの唯一の活路は高付加
　価値市場の開拓であるが，その際に「特に重要となるのは，積極的に最終市場とリンクし，収集し
　た市場情報と，企業内，企業内を問わずこれまで国内に蓄積されてきた技術情報を結びつける商人
　的リンケージ企業の存在である」という含意を導き出している。
2　例えば，張楓（2021）『近現代日本の地方産業集積　木工から機械へ』日本経済評論社では，備後
　福山の下駄・家具・機械工業を事例に産業史的見地からそのメカニズムを実証的に明らかにしてい
　る。
3　海運事業の主なもの 15 社は，神原汽船，神原ロジスティクス，神原タグマリンサービス，山下
　回漕店，備後商船，神原マリン，神原汽船（中国）船務有限公司，上海神原国際貨運代理有限公
　司，常石（舟山）工程服務有限公司，KAMBARA KISEN SINGAPORE Pte. Ltd., Union Marine
　Management Services Pte. Ltd., KMNL LODESTAR SHIPPING B.V., Glocal Matitime Limited.,

CEBU ASIATIC SHIPPING & PORT SERVICES, Inc., CASPI SHIPPING & TRANSPORT SERVICES, Inc., 造船事業22社は常石造船, 常石鉄工, 常石商事, 常石エンジニアリング, ツネイシクラフト＆ファシリティーズ, ティエフシー, 三保造船所, 常石集団（舟山）造船有限公司, 常石（鉄工）有限公司, 常石（岱山）船舶服務有限公司, 常石（上海）船舶設計有限公司, 常石（上海）船舶設計有限公司 秀山分公司, TSUNEISHI HEAVY INDUSTRIES (CEBU) Inc., TSUNEISHI TECNICAL SERVICES (PHILS.), Inc., TSUNEISHI (CEBU) Inc., K&A METAL INDUSTRIS, Inc., ASIAN CRAFT (CEBU), Inc., TSUNEISHI ACCOMMODATION CEBU, Inc., ASTILLERO TSUNEISHI PARAGUAY S.A., TSUNEISHI PARAGUAY IRON WORKS S.R.L., GRT（CEBU）CORPORATIN, 全州貿易（上海）有限公司, さらにエネルギー事業はツネイシ C バリューズ, TSUNEISHI C VALUES PHILIPPINES, Inc., TCV PARAGUAY, ツネイシグリーンエナジーの4社, 環境事業はツネイシカムテックス, 東広商事, サニークリエーションプランニング, アースクリエイト, 双葉三共, ツネイシカムテックス陸運, TSUNEISHI KAMTECS (THAILAND) Co., Ltd., Cycle Trend Industries Sdn. Bhd の8社, ライフ＆リゾート（L & R）事業は8社, ツネイシL&R, TLB, ツネイシリゾート, せとうちクルーズ, 神石高原リゾート, GLO-CAL CEBU Inc., 岱山秀嶺貿易有限公司, 舟山秀山環亜経貿有権公司などで一般的にはみろくの里, ベラビスタ スパ＆マリーナ尾道, ONOMICHI U2, せとうち 湊のやどの名称で知られている。加えて, 農業事業5社は Glocal Enterprises Philippines Inc., GL South America S.A., 岱山常石農業発展有限公司, 天心山ファーム, TENSHINZAN (PHILIPPINES), Inc.である。

4　一部既述したが, Volatility（変移性〈単なる変動でなく, 車道の中央線が時間帯によって変わるような変移の意味合いが強いと思われる〉）, Uncertainty（不確実性）, Complexity（複雑性）, Ambiguity（曖昧性）の頭文字をつなぎ合わせた造語。90年代後半のアメリカの軍事用語が始まりといわれるが, リーマンショック, 3.11東日本大地震などの大きな自然災害, さらにパンデミック Covid-19などを象徴する形でよく使われる。

5　例えば, コンピュータ開発における政府施策がある。高額の研究開発資金を補助金として支出したもので, 情報産業振興諸法によって独禁法適用除外として, 参加, また成果の自由使用許容を主要国内メーカーのみに限定した研究プロジェクトである。これには, 1966〜1971年の高速コンピュータ開発計画（IBM に対抗しうる大型コンピュータ開発で, 日立, 富士通, 日本電気, 東芝, 三菱電機, 沖電気の国産メーカー6社, 電電公社〈現在のNTT〉, 東京大学が参加）, 1972〜1976年の新機軸コンピュータ開発プロジェクト, 1971〜1980年のパターン情報処理システムプロジェクトなどがある［参照：高石義一（1987）「我が国におけるコンピュータ産業の発展と産業政策」『産業学会研究年報』第3号, pp.33-35］。また, 半導体開発においても, 1976年に当時の通産省が主導して, 1984年までに予算総額700億円で, 富士通, 日立, NEC, 三菱電機, 東芝による超LSI技術研究組合を立ち上げ, 設立前の国内生産比率20%, 残りほとんど米国製の状況から64kDRM と 128 kROM の開発に成功し, 1980年代にその比率を逆転させ, 世界比率50%超までに成長させた事例もあげられる。参照：李承軒・植松康祐（2017）「日本と台湾の電子産業の発展過程の研究」『国際研究論叢』31（2）, p.156.

6　村上雅康（1986）「戦後日本における主要造船所の展開」『人文地理』第38巻第5号, pp.42-58.

7　計画造船は, 海運会社に船舶公団や復興金融金庫などを経由して長期低利の融資を行い, 造船会社に計画的に発注させることで, 船舶量の確保と安定的な新規発注をさせる政策で, 1947年の第1次以降1987年の第43次計画造船まで実施された。当初は造船業と海運業の再建, そして外洋航路再建に, また1950年代は定期貨物船, 60年代はタンカー, 鉄鉱石・石炭専用船, そしてLNG船などと時代とともに変わっていった。

8　計画造船の割合は, 1951年度の87.7%がピークで, 1949年度79.7%, 50年度65.5%, 52年度62.7%, 53年度46.3%, 54年度48.4%と推移し, 55年度24.3%, 59年度には, 9.4%となった。66

年度までの輸出船の割合は，55 年度 66.3％，56 年度 71.1％をピークに，以降 40％台前後の 60-62 年度を除き，60％前後で推移した。（村上雅康，同上論文，p.44 参照）

9　1955 年度 102 千総トン（全新建造量 757 千総トン），1956 年度 1,267 千総トン（同 1,781 千総トン），1957 年度 1,465 千総トン（同 2,356 千総トン），1958 年度 1,209 千総トン（同 2,070 千総トン），1959 年度 1,099 千総トン（同 1,905 千総トン）と推移した。

10　「主要造船所」とは，5,000 総トン以上の船舶を建造する能力を持つ造船所のうち，運輸省（当時）の指定した主力造船所をいい，1983 年当時では，55 のうち，主要造船所は 33 で，残りの 22 は中型造船所と言われた。

11　植松忠博（1979）「造船不況と地方都市―岡山県玉野市の事例―（Ｉ）」『岡山大学経済学会雑誌』第 11 巻第 3 号，p.131.

12　植松忠博（1979）前掲論文，pp.134-135 参照.

13　なお，1974 年度の主要造船所の竣工実績は 14,273 千総トン（うち中堅・中規模企業 1,445 千総トン），1980 年度は同 6,029 千総トン（同 2,304 千総トン）であった。

14　船台あるいはドックで同時に 1.5 隻以上の船舶の建造を禁止するという規制で，1979 年まで続いた。

15　西川琴平・具承桓（2021）「産業構造調整期における造船企業行動と成長パス―設備処理期に対する中手専業造船企業行動を中心に―」『京都マネジメント・レビュー』第 38 号，pp.161-192 ほか参照。

16　5,000 総トン以上の建造可能な船台またはドックを使用する船舶製造事業者数である。1962 年 4 月には 26 社（グループ 11，単独 10 社）に減少した。なお，「主要造船所」は，同じ意味あいではあるが，造船所ごとのカウントである。

17　西川琴平・具承桓（2021）前掲論文，p.169.
　　なお，共同設備処理は，例えば，次のように行われた。1 ドックしかなかった大島造船所は，単独だと廃棄のうえ閉鎖しかなかったし，大阪造船所とのグループ処理においてもどちらかを閉鎖せざるをえず，住友重工業を含めた処理も実現困難な状況であった。その際に，林兼造船が大阪造船所グループに入り，4 社での共同設備処理に活路を見出した。その結果，林兼長崎造船所が閉鎖となり，大島造船所はそのまま存続し，林兼長崎の従業員 300 人を受け入れることで，80 年 2 月に終結した。（大島造船所 https://jp.osy.co.jp/company-information/ 参照）　アクセス日：2022 年 4 月 15 日

18　神津信男（1990）「協調による発展」『日本造船学会誌』p.131.

19　『日経産業新聞』1987 年 5 月 30 日付.

20　『日本経済新聞』1988 年 4 月 1 日付. なお，8 グループは，次のとおりである。三菱・今治グループ（処理台数 4 基，処理率 21.6％），川崎重工業・日本鋼管グループ（同 2 基，同 22.9％），石川島播磨重工業グループ（同 1 基，同 25.9％），日立造船グループ（同 2 基，同 25.4％），住友重機械工業グループ（同 3 基，同 24.4％），三井造船グループ（同 2 基，同 26.2％），常石造船・尾道造船グループ（同 3 基，同 20.2％），新来島どっくグループ（同 2 基，同 23.0％）である。

21　1967 年 3 月 18 日のトリー・キャニオン号の座礁によって，12 万トン弱の油が流出し，英国南西部とフランス北部沿岸部に深刻な被害をもたらした。これによって，タンカー事故による油流出量の抑制策が検討され，1973 年海洋汚染防止条約（MARPOL）が締結された。その後もタンカー事故は続き，1999 年までに大きな事故だけでも 15 を数える。1999 年 12 月 12 日のエリカ号フランス北西部ブレスト沖での真っ二つの折損は，船齢の高いシングルハルタンカー（二重船殻化〈二重底に〉されていないタンカー）のフェーズアウト促進をはじめとする規制策強化につながった。

22　上小城信幸（2004）「日本造船業の構造変化～1989 年以降の好況期における「大手」の低迷と「中手」の台頭～」『一橋研究』第 29 巻 2 号，pp.7-20.

23 日本造船工業会『造船関係資料』2022 年 3 月参照.

24 三菱重工業の造船事業は，1884 年長崎造船所に始まる．1905 年神戸造船所の始まりの神戸三菱造船が発足し，14 年彦島造船所（下関造船所）の操業開始，17 年に 3 造船所を合併して三菱造船（初代）が設立され，34 年に三菱重工業と改称された．35 年に横浜船渠，44 年に広島造船所新設，さらに戦後の分社を経て，64 年に 5 造船所をもつ三菱重工業となった．しかし，80 年横浜での新造船撤退（修繕事業継続），86 年広島での造船部門の分離，2012 神戸での商船事業撤退（潜水艦・潜水機種事業継続），そして 18 年の造船と海洋鉄構の 2 社分社化となった．

25 石川島播磨重工業は，1853 年創設の石川島造船所を発祥とし，1893 年に東京石川島造船所に社名変更，1945 年石川島重工業に社名変更，1960 年播磨造船所との合併により石川島播磨重工業（IHI））となった．

26 川崎重工業の造船業の歴史は，1878 年に川崎正蔵が東京・築地に，松方正義などの援助を得て，川崎築地造船所を開設したことに始まる．その後，個人経営から株式会社への改組し，1896 年松方幸次郎を後継者として株式会社川崎造船所が設立され，1919 年に川崎汽船，1928 年に川崎車両，1937 年に川崎航空機工場などを分社化を経て，1939 年に川崎重工業と改称された．その後も統合，分社化を経ながら，今日に至っている．

27 1917 年旧三井物産株式会社造船部として岡山県日々町（現在の玉野市）に創業した．1937 年に旧三井物産から分離独立し，株式会社玉造船所設立，1942 年三井造船に改称した．1950 年代以降，事業領域を拡大し，総合重工業メーカーへの道を歩み，2018 年に持株会社体制に移行し，三井 E ＆ S ホールディングスとなった．

28 日立造船は，1881 年大阪鉄工所設立にはじまり，1943 年日立造船に改称した．

29 住友重機械工業の造船事業は，1897 年設立の浦賀船渠株式会社が発祥で，1962 年に岡山・玉島ディゼル工業との合併で浦賀重工業に社名変更，1969 年に住友機械工業との合併で住友重機械工業が設立され，1971 年，横須賀・浦賀造船所に加え，同・追浜造船所を開設した．

30 NKK の略史は次のとおりである．1912 年に日本鋼管設立，1916 年に横浜造船所（同年浅野造船所に改称）設立，1936 年に浅野造船所を鶴見製鉄造船と改称，1940 年に日本鋼管と鶴見製鉄造船が合併，そして 1988 年に社名を NKK に統一した．2002 年，NKK と川崎製鉄は経営統合し，JFE ホールディングスとなった．

31 麻生潤（2007）「造船大手企業の事業統合と建造設備」『同志社商学』第 58 巻第 6 号，p.239, pp.238-251.

32 なお，JMU は，2019 年 11 月の今治造船との資本業務提携に関する基本合意書締結を受けて，20 年 3 月末付で，資本金を 250 億円から 400 億円へと増資した．この増資分は，JFEHD と IHI が等分に引き受け，両社の出資比率は，45.93％から 49.42％へと上昇し，日立造船の出資比率が 8.15％から 1.16％へと低下していた．

33 川崎重工業「船舶海洋事業の構造改革」説明資料，2017 年 3 月 31 日．

34 川崎重工業プレスリリース，2012 年 4 月 3 日．

35 1988 年に米国 PACECO 社からクレーン商標・株式を買収した．

36 内波聖弥（2013）「グローバル競争下における造船業の立地調整と産業集積―愛媛県今治市を中心として―」『経済地理学年報』第 59 巻第 3 号，p.8（第 59 巻 p.276）.

37 西川琴平・具承桓（2021）前掲論文，p.185.

38 「今治造船～国内最大の船の百貨店～」 https://kotohei.work/imabari-shipbuilding/　アクセス日：2020 年 2 月 15 日

39 西川琴平・具承桓（2021）前掲論文，pp.181-184.

40 檜垣家のいずれの会社も当初は，木造船の建造・修理が主であり，鋼船建造は 1960 年代半ば以降で，檜垣造船においては，1967 年 11 月に第 1 号の 1,000 総トン建造船台が完成し，運輸省許可

造船工場となった。檜垣造船 Web サイト https://www.higaki.co.jp/ 参照　アクセス日：2022 年 2 月 20 日

41　渋沢社史データーベース https://shashi.shibusawa.or.jp/　今治造船 Web サイトほか参照．アクセス日：2022 年 2 月 20 日

42　海事クラスターは，いうまでもなく，ポーター（1998）以降に広まった産業クラスター（industrial clister, industrial district or regional cluster）の概念を背景としている。この概念そのものは，経済地理学の産業集積（industrial agglomeration）を発展させたものであり，その起源は Marchall（1910, 初版 1890）に見られるといわれる（Krugman 1991）。ポーターは，ある特定分野の製品・サービスの生産プロセスに関与する供給企業，関連企業，金融機関，研究機関，大学などからなる地理的に近接した集団と定義し，いわば組織間ネットワークとみなしている。「地理的近接」の距離・範囲は，ICT や交通網・手段の発達状況によって難しいが，「日帰り往復が可能でかつ 3 時間程度の会合を精神的，肉体的に無理なくおこなえる距離」（藤田誠〈2011〉「産業クラスター研究の動向と課題」『早稲田商学』429 号，pp.103-104）として，最大値 200 マイル（約 320Km）ともいわれている。なお，藤田（2011）では，経営学・組織論的視点を取り入れ，産業クラスターとネットワーク，知識移転，知識創造，組織能力などとの関連性・関係性について，先行研究を参照にして次のように述べている。ある行為主体がネットワーク内で持つ結合関係の多さを示す概念・指標であるネットワーク中心性（centrality）と地理的近接性の間の交互作用（interaction）の有無，ネットワーク内の役割や権限などが明確化されている程度が低いいわば非構造的（unstructured）である産業クラスターにおけるソーシャル・キャピタル（社会関係資本：social capital）の効果，知識移転や知識創造が促進するソーシャル・キャピタルの条件，形式知である知識と暗黙知・スキル・技能の総体が組織能力であるとしたときに産業クラスターの組織能力に及ぼす影響などの検討が研究課題である。補足しておくと，暗黙知は，「知識」の概念ではなく，スキル，ノウハウ，技能，コツなどの身体性を有する能力であるとしている。

43　今治市産業振興課海事都市推進室　https://www.city.imabari.ehime.jp/kaiji/

44　上野絵里子・本図宏子・松田琢磨（2015）「海事クラスターの歴史分析」『海事交通研究』，第 64 集，pp.33-42.

45　Maritime Forum of Norway（ノルウェー：1990 年設立），Dutch Maritime Network（オランダ：1997 年），Mritime London（英国：1999 年），The French Maritime Cluster（フランス：2006 年）などである。

46　佐藤誠（2003）は，ソーシャル・キャピタル（SC）の概念は，社会的絆の希薄化への危機感から社会的な集団の構成員相互の善意，友情，共感，社交などを比喩的に SC としたハニファン（Hanifan 1916）に始まり，個人の労働能力は両親の経済力や社会的背景，コミュニティなどによって規定されるといったラウリー（Loury 1977, 1987）を経て，社会的規範を守って協働した個人に直ちにではなく社会全体にもたらされるという意味で公共財といったコールマン（Coleman 1994, 1997）に連なり，コールマンを基本的に受け継ぎ，信頼，規範，ネットワークといった社会組織の特徴から SC を把握したパットナム（Putnam 1993, 2000）に至るという。

47　この鋼船販売方式は，「来島ドックの坪内寿夫による愛媛方式」とも呼ばれ，資金の乏しい一杯船主たちの機帆船から鋼船に切り替えるのを助け，他の地域では多くの同様の船主が廃業したが，今治地域では事業を継続発展させ成長するのに寄与した。参照：西岡久継（2021）「今治海事産業集積における船主の形成要因について」『松山大学論集』第 33 巻第 2 号，p.116.

48　西岡久継（2021）前掲論文，pp.113-132.

49　FIBER とは，Family control and influence, Identification of family members with the company, Binding social ties, Emotional attachment of family members, Renewal of family bonds to the company through dynastic succession の頭文字である。Berrone *et al.*（2012）

50　1877年の西南戦争の際の南風（西郷風）によって多くの和船（弁財船などの日本式帆船）が沈没し，明治政府は，1885年には大型和船の製造禁止をするなど，西洋式帆船への転換を推進した。なお，明治政府は，併せて蒸気船の運航を奨励し，外国航路船員養成の海員学校も1887年に香川県塩飽諸島粟島と山口県大島に，98年に広島県大崎上島東野に，1901年に愛媛県弓削に設立された。商船学校としては，政府の動きの前，1875年に東京に三菱商船学校が，1879年に函館商船学校が創設されている。

51　張楓「備後市域機械工業集積の100年—創業と技術蓄積，分業ネットワークに着目して—」調査報告『Discussion Paper Series』No. 2016-J-016，福山大学経済学部，p.23.および『神原秀夫伝』「神原秀夫伝」編集委員会，1983年，『神原勝太郎伝』神原汽船，1962年および『神原勝太郎伝（改訂版）』）神原勝太郎伝刊行会，2006年。

52　「経営者の輪」ツネイシHD株式会社代表取締役社長（当時）・神原勝成（対談相手：財部誠一）2008年11月12日広島県福山市ツネイシHD本社。https://www.takarabe-hrj.co.jp/ring/season2/035/p1.html　アクセス日：2021年7月5日

53　海運の統制は，1896（明治29）年の造船奨励法など定期船補助のみで，第1次大戦中でもほとんど存在しなかった。しかし，満州事変を機に自由主義経済に修正が加えられた。産業全般に強力な統制が必要だとし，1936（昭和11）年に航路統制法が制定された。また，重要物資の輸送，運賃備船料の低廉，企業経営の合理化の3点から海運統制が必要とされた。自治統制期（1937年7月ごろ〜1939年9月），官民協力期（1939年9月〜1940年9月），国家管理期（1940年9月〜1945年8月）と次第に統制を強め，海運の自由は全くなくなっていった。尾関将玄（1941）『戦時経済と海運国策』戦時経済国策大系第7巻，産業経済学会，pp.47-54.

54　沼隈町教育委員会（編）（2004）『沼隈町誌 民族編』沼隈町教育委員会，pp.324-325.

55　『神原秀夫伝』「神原秀夫伝」編集委員会，1983年，pp.332-336.

56　同上書，pp.339-344.

57　同上書，pp.348-353.

58　同上書，pp.353-355.

59　同上書，pp.393-395.

60　公団が建造費の70%を受け持つことによって内航，近海の各船主に船のスクラップ・アンド・ビルドを容易にする政策のために設立された。その機能は，現在，JRTT鉄道・運輸機構の船舶共有建造事業に引き継がれている。それは，JRTTが船価の70〜90%，船主が同30〜10%負担，竣工後その割合での共有登記，共有期間は7〜15年で，その間に船主は船舶使用料を支払い，共有満了時に船主に譲渡するスキームである。

61　『神原秀夫伝』「神原秀夫伝」編集委員会，1983年，pp.395-397.

62　同上書，p.457.

63　同上書，pp.468-471.

64　同上書，pp.472-477.

65　同上書，pp.478-481.

66　同上書，pp.479-480.

67　同上書，p.493.

68　渋沢社史データーベース　伊予銀行『伊予銀行五十年史』　https://shashi.shibusawa.or.jp/　アクセス日：2022年3月25日

69　『神原秀夫伝』「神原秀夫伝」編集委員会，1983年，pp.531-535.

70　なお，1970年大島造船買収によって生まれた波止浜造船大島分工場は1988年独立してハシゾウとなり，同年ハシゾウに波止浜工場に譲渡した。なお，2001年今治造船グループに入り，2018年西造船と合併して，あいえす造船となった。また，2000年6月常石造船と波止浜造船は合併し，

波止浜造船を常石造船多度津工場としたが，2013 年 2 月同工場を多度津造船として分社化したのちに今治造船に売却した。

71　西川琴平・具承桓（2021）前掲論文，pp.173-175.

72　「日本財団三十年の歩み」参照　https://nippon.zaodan.info/kinennkan/history30/2/2121.html　アクセス日：2022 年 3 月 25 日

73　13 社は常石グループと尾道グループそして栗之浦ドックである。常石グループは常石造船，波止浜造船，山西造船鉄工所，三重造船，笠戸造船，宇部船渠の 6 社，尾道グループは尾道造船，神田造船所，金輪船渠の狭義の尾道グループと南日本造船，臼杵鉄工所，東和造船の南日本グループから構成される。

74　西川琴平・具承桓（2021）pp.175-177.

75　津波シェルターについては，同グループの艤装工事などを行っている常石鉄工が 100 人から 300 人規模での避難可能な，また内部に食糧や救急用品など防災備品を備蓄できる，現地組立式で鋼製浮函型を，広島大学と 2011 年 2 月からの共同研究を行い，2012 年 1 月には実用化させている。（常石鉄工プレスリリース：2012 年 1 月 10 日）

76　『神原秀夫伝』「神原秀夫伝」編集委員会，pp.438-440.

77　自動車リサイクル法は，2002 年 7 月に制定され，2005 年 1 月 1 日から完全施行された。年間 350 万台ともいわれる廃車で，鉄など重量の約 80％はリサイクルされるものの，オゾン層の破壊や地球温暖化に係わるフロン類の回収処理，専門技術のいるエアバック類の適正処理，さらに不法投棄問題などは，再資源化への大きな課題として残っていた。それにともなって施行された。

78　Covid-19 の長引く影響で，2021 年 3 月末で閉業し，所有するツネイシ HD は，2020 年設立の神石高原学園（理事長：末松弥奈子：眞人長子）全寮制私立小学校・神石インターナショナルスクールに寄付した。児童向けの宿舎となった。（『中国新聞』2021 年 3 月 26 日付参照）

79　CSR（企業の社会的責任）については，日本では 1956 年の経済同友会の CSR 決議（「…経営者は，倫理的にも実際的にも単に自己の企業の利益のみを追うことは許されず，経済・社会との調和において，生産諸要素を最も有効に結合し，安価かつ良質な商品を生産し，サービスを提供する立場に立たなくてはならない。…」）に始まると言われている。その後，60 年代の公害問題による企業不信，企業悪の高まり，70 年代のオイルショックの際の売り惜しみなど企業対応への不信，80 年代後半のバブル，カネ余りを背景としたフィランソロピー，メセナなどの企業市民的動き，90 年代のバブル崩壊に起因する企業不祥事発生による企業倫理の高まり，2000 年代の社会責任投資（SRI），CSR 組織設置などの動き（2003 年「CSR 経営元年」）などへと連なり，その後の 2015 年が元年ともいわれる SDGs（持続的発展のための目標）に続いた。（川村雅彦［2009］「日本における CSR の系譜と現状」『特別レポート 2』ニッセイ基礎研究所 pp.24-30 ほかを参照）

80　『神原秀夫伝』「神原秀夫伝」編集委員会，1983 年，『神原勝太郎伝』神原汽船，1962 年，『神原勝太郎伝（改訂版）』神原勝太郎伝刊行会，2006 年および常石グループ各社等の WEB サイトなどに主に依拠している。

81　最初の船は「住吉丸」で，1905 年に「天寿丸」を購入したが座礁し，さらに改装した「住吉丸」も 1907 年に豊後姫島で座礁した。そこで，勝太郎の母方の広島県豊田軍木之江町の元吉家からの工面と「天寿丸」の売却で，同年「天社丸」を購入した。1912 年には「二号天社丸」を新建造し，1916 年に「天勢丸」を購入した。ちなみに，順調であったことを受けて「天社」はいまの常石のシンボルマークとなっている。参照：『神原勝太郎伝』神原汽船，1962 年および『神原秀夫伝』「神原秀夫伝」編集委員会，1983 年.

82　『神原勝太郎伝』神原汽船，1962 年，pp.94-96.

83　同上書，p.311-312.（同郷の神原寛一氏の談）

84　戦争の長期化とともに，物資統制が強化されたが，石炭運賃は早い時期に強化された。若松・阪

神間，トン当たり公定価格運賃は，3円50銭であった。需給が逼迫すると，ヤミ価格は7-10円にもなったが，勝太郎は断手として公定価格を守り続けたという。『神原秀夫伝』「神原秀夫伝」編集委員会，1983年，pp.119-120.

85　社長は勝太郎，取締役・船大工総括は藤井丞一，初代造船課長は神原瓚三郎であった。なお，藤井丞一の弟・福雄は秀夫の従妹（勝太郎の姪）安代の婿で，のちに常石造船の工場長となった。

86　売却後，瀬戸内海運送は，1943年10月三井系の西海汽船の傘下に入り，尾道に事務所を移した。

87　その後，秀夫は東京に出ると訪ねるというように私淑していた。1958年には，計画造船のために開発銀行への保証が必要であったが，秀夫が進藤にお願いしたら直ちに保証を得た。また，1959年には，三井船舶専務になっていた進藤の紹介で，三井系統の海運会社から3隻の小型鋼船の注文も受けている。さらに，進藤から話のあった三井物産が当時の新日本製鉄にクズ鉄を供給する仕事の下請けも引き受けた。120人の解撤部を神原汽船内につくり，A型戦標船や米軍リバティー型船の解体を行った。その古材やコンクリートは埋め立ての基礎となり，鉄サビは砂地を固め，後の修理ドックづくりや埋め立ての母体となった。『神原秀夫伝』「神原秀夫伝」編集委員会，1983年，pp.132-134およびpp.356-357.

88　『神原勝太郎伝』神原汽船，1962年，p.133.

89　同上書，p.133.

90　『神原秀夫伝』「神原秀夫伝」編集委員会，1983年，p.265.

91　『神原勝太郎伝』神原汽船，1962年，pp.143-150.

92　同上書，pp.195-196.

93　同上書，p.256.

94　『神原勝太郎伝』神原汽船，1962年，p.384.

95　姉・和枝は，1915年，北九州若松で回漕店経営の常石出身の神原福一の弟・五郎と結婚した。秀夫の義兄・五郎はのちに千年石油社長，また沼隈町町長も務めた。

96　『神原秀夫伝』「神原秀夫伝」編集委員会，1983年，p.75.

97　同上書，p.149.

98　同上書，pp.150-152.

99　同上書，pp.164-167.

100　GHQとの交渉は同局輸送課長補佐・朝田静一（のちの日本航空社長）があたった。同上書，pp.200-201.

101　同上書，pp.199-203.

102　同上書，pp.168-169.

103　同上書，pp.168-172.

104　同上書，pp.172-176.

105　同上書，pp.182-185.

106　同上書，pp.185-187.

107　同上書，pp.194-199.

108　こうした交遊をもった主だった人に次の人びとがいる。順不同で，小林久明（当時三菱鉱業若松支店現務課長代理，後に三菱鉱業セメント社長），田代圓造（当時三井船舶若松支店長，後に三井近海汽船社長），上原敏夫（当時三菱鉱業若松支店輸送課長代理，後に原海運専務），井上正雄（当時三菱海運若松出張所長，後に昭栄汽船社長），牧野信雄（当時三井船舶若松支店営業課長，後に富士汽船社長，ロイヤル・マリン会長）がいる。また，1953年，海運不況で資金繰りに苦しんだ時には，三井船舶本社近海課長代理だった牧野を訪ね，内航運賃三か月後支払いの前払いを頼んだ。同社資金課長が船通の溝口春一だったこともあり，先払いが可能となった。参照：同上書，pp.230-235.

109　同上書，pp.219-224.

110　同上書，pp.235-238. なお，長兄・勝太郎の末妹で，武田家に嫁いだ1901年生まれの5女ミキは，1922年から20数年教職にあり，戦後，勝太郎の応援もあって，現在の広島市可部に広島県可部女子専門学校を興した。現在の武田学園（広島文教大学ほか運営）である。学千は，1993年4月1日に同学園理事長となり，母・ミキは同年12月27日に92歳で逝去した。葬儀委員長は，勝太郎と喜一の父が50年来の友人で，秀夫と親友であり，家族ぐるみでつきあい，武田学園顧問でもあった宮澤喜一だった。

111　同上書，pp.243-248.

112　初の鋼船「揖保川丸」のためにヘッドハンティングし山下汽船から入社した甲種船長・浜田千代吉の談。浜田は，1万トン級の外航船の船長の夢を捨てきれず，のちに退社し，16万トンタンカー「日本丸」の船長になった。同上書，p.247.

113　同上書，pp.398-402.

114　同上書，pp.410-413.

115　同上書，pp.414-426.

116　同上書，p.460.

117　同上書，pp.457-462.

118　この翌年1971年11月岡田修一は急逝した。秀夫は，生前の恩義に感謝し，「そんなに」というくらいの香典を送っている。同上書，pp.457-462.

119　同上書，p.465.

120　同上書，p.470.

121　1971年5月29日，秀夫の三男・総一郎と若狭の長女・祐子は結婚し，両家は親戚となる。

122　1998年4月明石海峡大橋の供用開始で，同年8月末で同航路の運航が休止された。

123　『神原秀夫伝』「神原秀夫伝」編集委員会，1983年，p.537.

124　同上書，p.273.

125　同上書，pp.251-255.

126　同上書，p.270.

127　同上書，pp.269-299.

128　同上書，pp.188-193.

129　嶋崎尚子（2013）「石炭産業の収束過程における離職者支援」『日本労働研究雑誌』No.641，pp.4-14.

130　『神原秀夫伝』「神原秀夫伝」編集委員会，1983年，pp.363-368.

131　同上書，pp.369-373.

132　ゼノ修道士は孤児救済者として知られた修道士である。ゼノ修道士は「蟻の街（アリの街）」でよく知られているが，「蟻の街」は，1950年ごろ墨田区言問橋そばにあった鉄・銅・ガラスくずなどの仕切り場で労働者の生活共同体をつくろうと考えた小澤求や松居桃楼による「蟻の会」に始まり，子供たちに奉仕しマリアともいわれた北原玲子らの力を得て，ゼノ修道士は教会を建設した。

133　『神原秀夫伝』「神原秀夫伝」編集委員会，1983年，pp.373-378.

134　同上書，p.530.

135　同上書，p.531.

136　同上書，pp.383-388.

137　数寄者（すきしゃ・すきもの）は，中世以降において風流人の意であるが，「数寄」は，古くは和歌，室町時代には連歌を指し，桃山時代に茶の湯に変わり，「数寄屋」も茶室の別称となった。近代になると，茶の湯だけに詳しいだけではなく，美意識を持ち，作法も美しく，それらの道具の収集などを行った人を指している。益田孝，根津嘉一郎，松永安左エ門，小林一三，大原孫三郎，

松下幸之助などである。

138　『神原秀夫伝』「神原秀夫伝」編集委員会，1983 年，pp.391-392.

139　同上書，pp.503-505.

140　大谷大学『生活の中の仏教用語』「布施」：https://www.otani.ac.jp/yomu_page/b_yougo/

141　『神原秀夫伝』「神原秀夫伝」編集委員会，1983 年，pp.513-521.

142　同上書，p.396.

143　同上書，pp.427-428.

144　同上書，pp.473-475.

145　治は，宮澤喜一の仲人で，京大病院の第一外科教授で秀夫の主治医・本庄一夫の長女・暁子と1969 年 9 月 19 日に結婚した。

146　『神原秀夫伝』「神原秀夫伝」編集委員会，1983 年，pp.448-450.

147　同上書，p.471.

148　『日本海事新聞』2011 年 12 月 12 日付。なお，伏見泰治は 1950 年生れで，大蔵省主税局総務課長を経て，2002 年 1 月常石造船監査役，2004 年 4 月同代表取締役会長，2007 年ツネイシ HD 代表取締役会長となり，2012 年 62 歳のときにツネイシ HD の代表取締役会長兼社長に就いた。2015 年まで 4 年間社長を兼任した。なお，勝成は神勝寺の責任役員となっている。

149　眞人の長子・末松弥奈子は 2014 年 1 月ツネイシ HD 取締役・広報・CSR，情報システム担当に就任し，2015 年同代表取締役専務・広報，情報，人事戦略室，新事業開発担当であったが，2019 年 1 月 1 日付で退任し，学校法人神石高原学園ほかに専念し 2020 年 4 月日本初の全寮制小学校・神石インターナショナルスクールを開校した。なお，末松弥奈子は，大学院終了後，1993 年株式会社神原アドプランニングシステムズ設立（1999 年 10 月株式会社 KAPS に社名変更），2001 年ニュースリリースポータルサイトとオンライン広報サービス提供の株式会社ニューズ・ツー・ユーを設立（2002 年 KAPS と事業統合），また 2017 年株式会社ジャパンタイムズの全株式取得し，両社の代表取締役会長でもある。

150　同上書，pp.261-264.

151　市川はラバウルで広さ 3,000㎡ほどの土地付き高床式住居に住んでいたが，広島出身の作家・阿川弘之が「山本五十六」執筆のためにラバウルを訪れたとき，市川の家に滞在した。なお，市川の隣の家にチャンが住んでいた。2 隻の発注はそうした縁もあった。

152　『神原秀夫伝』「神原秀夫伝」編集委員会，pp.403-408.

153　同上書，pp.483-490.

154　フェードアウト条項（規則）は，カントリーリスク（country risk）における政治リスク（political risk）のひとつであるしのびよる収用（ないし国有化）（creeping expropriation; creeping nationalization）のなかに位置づけられる。受入国が直接投資の主体である外国籍の企業（投資家）の事業活動を段階的に変更させたり，あるいは強制ないし勧告によって事業から撤退（divestment）へと陥れることである。1917 年のロシア革命後の国有化，両大戦間のメキシコでの土地改革と外国石油資産の収用，第二次大戦後の多くの国でのアメリカ資産の収用，1960 年代に入っての外国人所有財産の購入による国有化（非社会主義国で約 30 か国）などと収用はあったが，1960 年代後半から 70 年代前半にかけて「しのびよる収用」が定着した。それは，バーマン（1971）が指摘したように，受入国政府が，現地法人の本国親会社が撤退の意思を表明するところまで圧力をかけて，その事業活動の営利性を侵食することであり，受入国政府のやり方も複雑多様である。その波は，60 年代前半の南米から 70 年代前半のアフリカへ，70 年代央のアジアへと波及していった。例えば，桜井雅夫（1980）「外国人財産に対する『しのびよる国有化』」『法學研究：法律・政治・社会』慶應義塾大学法学研究会，Vol.53，NO.1，pp.28-69 を参照されたい。

155　アボイティスは，今日ではフィリピンの巨大財閥の一角で，その歴史は，19 世紀後半，パウリ

ノ（パウリオ）・アボイティスによって，レイテ島でのアバカ（俗称マニラ麻。ただ，麻とは別の植物系の糸芭蕉で，芭蕉布に使用されているものと同じ素材）と雑貨ビジネスから始めたことにさかのぼる。その後，諸島間の海上輸送に乗り出した。第一次大戦後のアバカ価格急落による巨額負債を，次男のドン・ラモン・アボイティスによって乗り越え，成長と拡大のための基盤が確立された。1990～2000年代の電力の規制緩和によって，エネルギー事業が安定的な収益源となり，2021年利益の57％を占めている。第4世代となる今日ではセブを拠点として，金融・銀行（同23％），不動産（同9％），食品（同7％），交通・水関連・デジタル・工業団地関連などインフラ（同5％）レジャー・リゾートなどと多角化を進めている。2022年9月にはセブ国際空港の全株式の約33％を買収し，2024年までに完全所有を目指し，インフラ事業への投資を高めている（『日本経済新聞』2022年10月18日付）。

　　常石グループと親交のあったのは，1976年にアボイティス船舶会社社長に就任し，1991年から2009年にかけてアボイティス＆カンパニー（ACO）のCEO，1994年から2009年にはアボイティス・エクイティー・ベンチャー（AEV）のCEOを務め，祖父の名を継いだドン・ラモン・アボイティスと思われる。

　　なお，アボイティス家は，バスク系フィリピン人で，19世紀にフィリピンに移住したといわれる。ちなみに，日本にキリスト教を伝えたイエズス会のフランシスコ・ザビエルもバスク人である。

156　PEZAは，フィリピン貿易産業省（DTI）傘下で，1995年制定の特別経済区法に基づいて設立された機関。PEZAが定める工業団地内に設立し，PEZAが承認した事業を行う企業に対して，インセンティブ付与を認めている。とりわけ，製造業およびITサービス業，かつ売上の70％が海外売上の輸出型企業に対して，法人所得税の免除（操業開始後4年から最長8年間，法人所得税30％免除），現地購入品（通信・電力・水道代含む）の付加価値税（VAT）免除，資本財・原材料・補修材料の輸入関税，ならびに固定資産税を除く地方税が免税などのほか，駐在員へのPEZAビザ発行，また建設許可取得も地方自治体でなく輸出加工区（エコゾーン）のPEZA管理事務局申請で済むなどの優遇措置がある。

　　なお，詳細設計業務が中心のTTSPは，同じセブ島でもバランバンではなく，大卒などの人員確保の問題等からセブ中心市街地セブシティのITパーク（経済特区）に立地している。

　　また，三井E＆Sホールディングスの完全所有子会社DASH ENGINERING PHILIPPINES, Inc.（DASH）も同じく設計業務で1992年4月に同パークに10人規模で進出し，2014年2月には515人規模，2016年には600名超と発展している。（2014年2月7日：DASH社・新牧拓也社長，石井純人事総務部長，木下忍プロダクトマネージャーへのヒアリングおよび関連資料等にもとづく）

157　『日本海事新聞』1999年1月6日付。　非政府組織であるISO（国際標準化機構）の設立自体は1947年と古く，工業製品などモノの国際標準規格（International Standard）によって，国際貿易の発展に寄与することが目的であったが，その存在が一般的に知られるようになったのは，1987年のISO9001の制定に始まるといっていいだろう。企業の多国籍化，またグローバリゼーションの進展によって，海外子会社生産が増えたが，それらの取引を活発化しようとすると，その品質を保証する必要が生じた。また，国際的な信頼を高めることも大事だった。そこで品質マネジメントシステムを規格化したISOの認証を取得する企業が増えた。THIの認証取得もその流れのなかにあった。その後，ISOは，1996年のISO14001「環境マネジメントシステム」へ，さらに2010年のISO26000「社会的責任・ガイダンス文書」などへとマネジメントシステムの範囲を拡げている。

158　「フィリピンにおける造船事業20年の歩み」（フィリピン投資セミナー）ツネイシHD会長兼社長・伏見泰治（2015年3月30日）国際機関日本アセアンセンター資料参照

159　常石造船が2002年に開発したD/W82,000mtタイプバルクキャリアでKAMSARMAXとして商品登録を取得している。TESS（Tsuneishi Econimical Standard Ship）シリーズと並ぶ主力商品

となっている。呼称の KAMSARMAX は，ボーキサイトの主要積出港であるアフリカ・ギニアの Port Kamsar（カムサ港）に入港できる最大船長（229m 未満）であることに由来している。また，Panamax（パナマ運河を通過できる最大船長・水深）タイプよりも多く積載でき，荷役効率の向上を図っていることに特徴がある。（参照：西部造船会：https://www.jasnaoe.or.jp/）

160　鶴木眞（1988）「戦後社会史としての海外移住：広島県沼隈町の事例研究」『法學研究：法律・政治・社会：法学部政治学科開設 90 周年記念論文集』慶応義塾大学法学研究会，Vol.61, No.5, pp.193-214.

161　「分村移民」政策とは，各町村で適正規模農家（黒字農家）を確定して，その平均耕地で当該町村の耕作総面積を割るとその町村の適正農家戸数が算出でき，その戸数を超える農家がその町村の過剰農家戸数となり，その戸数を旧満州・内モンゴル地域に送り出すという農村経済更生と満蒙開拓事業を結合させた計画（政策）であった。

162　大正町の集団移住については，中山寛子（2016）「戦後日本からのパラグアイ移住にみる集団移住地社会形成：高知県幡多郡大正町の『町ぐるみ』移住と日本人意識」法政大学博士学位審査論文，pp.1-170.に詳しい。大正町は，戦前の満州分村移民，戦後のパラグアイ「町ぐるみ」移民と二度の集団移民を行った日本での唯一の町村であった。(p.3)

163　フラム移住地に係わる歴史を概略しておくと，次のようになる。

　フラム移住地（現在のラパス移住地）は，戦後，1953 年入植開始の日パ混合国際移住地チャベス移住地が 1955 年に満植となり，2 番目の移住地であった。戦前のラ・コルメナ移住地から数えると 3 番目の移住地である。パラグアイ初の日本海外移住振興株式会社の直轄移住地として設立された。1956 年に現地のフラム土地拓殖会社所有のうち 15,952㌶を，同社が購入価格 26,600 千円で分割購入して造成を開始したが，第一陣渡航時には本格的な造成は進んでおらず，初期の入植者の生活および開拓の苦労は並々ならぬものがあった。1960 年の満植までに 342 家族が入植し，2002 年 1 月現在の入植定着数は 197 家族。現在の移住地総面積は約 19,800㌶で，うち日系移住者（ラパス日本人会会員）の所有面積は 64%であった。

　フラム移住地は，富士地区，ラパス地区，サンタローサ地区で構成され，1971 年 11 月に 3 地区が統合し，フラム自治体が発足した。1988 年には念願の電化が実現し，1989 年の市制施行で現在のラパス市となった。

　ラパス地区は，フラム移住地の中央に位置している。1956 年 12 月 28 日，広島県沼隈町からの開拓組合による「町ぐるみ移住」を中心に始まった。1957 年末，政府の認可を得て，共同出荷や融資のためもあり，ラパス農業協同組合を設立したが，ラパス（「ラ・パス」）という名称は，初代組合長の森大光が「平和で豊かな移住地に」という祈りを込めて命名した。佐賀県および福岡県出身者の九州区と 1957 年に合併し，現在のラパス地区が形成された。1958 年 3 月には沼隈町自治体結成総会が開かれ，移住生活の窮状を訴え援護を求める嘆願書を国会に送付した。それが日本のラジオや新聞などで大々的に厳しい開拓生活が報道され，その後の農業移民の在り方が論議されることとなった。その後，1967 年 12 月にラパス町が発足したが，その後 1971 年にフラム自治体が発足したあとは発展的解消している。（https://www.rengoukai.org.py/ja/　パラグアイ日系・日本人会連合会　アクセス日：2021 年 12 月 4 日）

　なお，南部パラグアイの農産物流通とその社会等については，野口明広（2003）「研究ノート 商品の流通と開拓移住地社会―南部パラグアイの日本人移住地の事例から」『アジア経済』44.1, pp.63-92 に詳しい。

164　『神原秀夫伝』「神原秀夫伝」編集委員会，1983 年，pp.311-312 によれば，「第六次まで組織され，総数 450 名余りの人がパラグアイに渡った」となっている。また，「集団移住で海外に新しい町を」…は，…高知県幡多郡大正町を刺激し，…1957 年 6 月，沼隈町についで，フラム地区に集団移住したほどであった，とのことである。

165　神原記念病院は，その後，海外協会連合会フラム病院に，いまでは国際移住事業団の病院となっている。

166　鶴木眞（1988）pp.204-205, pp.208-209 および『神原秀夫伝』「神原秀夫伝」編集委員会，1983年，pp.309-317.

167　1963 年に海外移住事業団法にもとづいて，1954 年設立の財団法人日本海外協会連合会と 1955年設立の日本海外移住振興株式会社が統合し，海外移住事業団となった。その後，同事業団は，1962 年設立の海外技術協力事業団と統合され，また海外農業協力事業団の業務，海外貿易開発協会の業務の一部も引き継ぐ形で，1974 年発足の国際協力事業団に連なっていった。国際協力事業団は，2003 年に独立行政法人化し国際協力機構に，さらに 2008 年には国際協力銀行（海外経済協力部門）と統合し，国際協力機構となった。

168　野口明広（2003）（研究ノート）「商品の流通と開拓移住地社会—南部パラグアイの日本人移住地の事例から—」『アジア経済』第 44 巻第 1 号，日本貿易振興会アジア経済研究所，p.63（pp.63-92）.

169　鶴木眞（1988）p.205.

170　出所：https://www.rengoukai.org.py/ja/　パラグアイ日系・日本人会連合会　アクセス日：2021 年 12 月 4 日

171　中東靖恵（2019）「海を渡った広島方言：海外日系移民社会における方言の継承と変容」『岡山大学文学部紀要』72，pp.13-28.

172　『神原秀夫伝』「神原秀夫伝」編集委員会，1983 年，p.497.

173　同上書，p.498.

174　ディスカバー・ニッケイ『「神原基金」と「神原育成会」の成り立ちと今後』（2010 年 5 月 28日）　http://www.discovernikkei.org/ja/jurnal/2010/5/28/kannbara-kikin-to-ikueikai/

175　非上場のファミリー企業において，戦略的手直しを促すことに宗教的アイデンティティが一定の役割を果たす場合がある。しかし，常石グループにおいて，そうした点は感じられない。なお，宗教的アイデンティティとは，創業者やオーナー家族が信奉する宗教的価値観や信念を反映した集合的な存在意識である。その組織について何が中心で，何が異なり，何が持続的であるかという点で他社と差別化する。常石グループの場合は，宗教的アイデンティティがそのスピリチュアル・キャピタルを決定し，それが問題解決や資源配分といった戦略的な見直しに影響を与えてはいない。(参照：Abdelgawad, Sondos G., and Shaker A. Zahra, (2020) "Family firms' religious identity and strategic renewal" Journal of Business Ethics, 163.4, pp.775-787.)

176　小野瀬拡・山口浩（2020）「寺院経営における企業スポンサーの役割に関する一考察—神勝寺と常石グループの事例から—」Journal of Global Media Studies, Vol.26，p.2.

177　Covid-19 の長引く影響で 2022 年 3 月事実上閉校となっている（『中国新聞』2022 年 3 月 5 日付）.

178　小野瀬拡・山口浩（2020）pp.5-8.

179　山口勝業（2012）「宗教，道徳と経済活動：日本における歴史的起源」『行動経済学』（第 6 回大会プロシーディングス）第 5 巻，pp.180-184.

180　フェードアウトは，1970 年アンデス共同市場（ANCOM）の共通外資規制におけるフェードアウト規制などが例にあげられるが，受入国の「企業現地化・資本現地化」のひとつの方策として取り入れられた。1960 年代のナショナリズムの高まりなかで国有化ないし強制収用などの事態を防ぐための対応策として生まれた。参照：池本清（1987）「外資政策の理論的考察」『国民経済雑誌』第155 巻第 2 号，pp.17-30.

181　政治リスクは，移転面に対するリスク，事業活動面に対するリスク，所有権に対するリスクに分類される。移転面のリスクは，現地政府が為替管理，輸入制限，ビザ規制などによって資本，人

材など経営資源の移転に影響を及ぼすものである。事業活動へのリスクは，現地政府の税制，労働基準法，国産品優遇政策などの変更によって，事業活動に直接的に制約ないし影響が及ぶものである。所有権へのリスクとしては，強制収用，接収，差別待遇などがあげられる。　参照：江夏健一（1971）『国際貿易と多国籍企業』八千代出版，pp.76-78.

182　「経営者の輪」ツネイシ HD 株式会社代表取締役社長（当時）・神原勝成（対談相手：財部誠一）2008 年 11 月 12 日広島県福山市ツネイシ HD 本社。https://www.takarabe-hrj.co.jp/ring/season2/035/p1.html　アクセス日：2021 年 7 月 5 日

183　「THI celebrated its 20th anniversary Challenges and Changes」所収 セブ州第三地区州政府委員会委員・アレックス・S・ビンハイ氏「挨拶」　https://www.tsuneishi.co.jp/thi20thj/book.pdf.

184　「常石グループ南米事業の紹介と展望」　https://www.glocal-japan.com/southamerica/relation/

185　2021 年 12 月 31 日で一般宿泊向けのビジネスホテル事業は終了し，常石グループ向け福利厚生施設およびグループ関連関係者宿泊施設となっている。

186　1998 年 1 月 15 日に眞人の後を継いでいた弟・治が「もう 7 年も経ったから，誰かを社長にする」と発言し，発表の 3 日前に「どうせ勝成に継がせるつもりだから，お前，やってみな」と言われ，勝成も「父親のここが気にくわん」とか叔父の経営の「これが嫌だ」との思い，とくに父・会長と叔父・社長の二頭政治になっていて「これはまずい」と見ていて，「おお，俺にやらせ，やらせ！」と即答した。　参照：「経営者の輪」神原勝成（対談相手：財部誠一）2008 年 11 月 12 日 https://www.takarabe-hrj.co.jp/ring/season2/035/p1.html　アクセス日：2021 年 7 月 5 日　なお，父・眞人は，勝成と同じ 29 歳のときに神原汽船社長になっている。ただ常石造船社長は祖父の秀夫であった。

187　同上サイト

188　同上サイト

189　現在のツネイシ HD の価値観「地域・社会と共に歩む」には，「私たちは地域や社会の支援によって事業を継続していることを忘れず，『共に歩む』ことで必要とされる会社を目指します」との添え書きがある。こうした考え方は，地域に根ざして事業を担ってきた人びとから生まれている。参照：同上サイト

190　同上サイト

191　眞人は勝成と激論をするだけでなく，勝成の弟とも激論をしている。親としては激論を乗り越えてこそ一人前であると一種の帝王学のように考えていたのであろう。しかし他方で，自分の経験をふまえ，社長として躍りやすいように周りの環境を整えてくれる。親子ゆえの側面もある。　参照：同上サイト

192　造船事業の 6 カンパニーは，常石造船カンパニー，ツネイシリサーチアンドデベロップメントカンパニー，常石鉄工カンパニー，住広カンパニー，常石林業建設カンパニー，常石エンジニアリングカンパニーである。

193　海運事業は神原汽船カンパニーと常石ポートサービスカンパニーの 2 カンパニーである。

194　サービス事業は，常石エンタプライズカンパニー，グループサービスカンパニー，常石ビジネスサービスカンパニーの 3 カンパニーである。

195　造船事業は常石造船を中核とし，常石鉄工，常石商事，常石エンジニアリング，またフィリピンの THI，中国の TZS がある。

196　サービス事業は，ツネイシヒューマンサービス，ツネイシビジネスサービス，ツネイシ境ガ浜リゾート，ツネイシ人材センターの 4 社である。

197　2000 年以来，常石造船多度津工場であったが，2014 年末に今治造船に分社化したうえで全株式が譲渡され，いまでは今治造船グループの多度津造船となっている。

198　このとき新しく社外取締役になったのは財務省出身の小手川大助で，2020 年 4 月から大分県立

　　芸術文化短期大学の理事長兼学長の任にある。小手川の生家は大分臼杵の 1861 年創業のフンドー
　　キン醤油で、生家は弟・強二が継いでいる。なお、祖父の姉が作家の野上弥生子である。参照：大
　　東和武司（1986）「地域と企業 4　フンドーキン醤油」『九州経済統計月報』Vol.40 No.8, pp.14-17.
　　なお、2014 年 1 月から社外取締役の任にあったラフルアー氏は、2022 年末をもって退任した。
199　2022 年 4 月 1 日よりチーム名も FC ツネイシとなり、エンブレム、ロゴも変わり、同スクール
　　の名称も FC ツネイシサッカースクールへと変更となった。
200　1958 年 1 月石川島重工業社長・土光敏夫は現地政府当局との合弁造船所設立の議定書に調印
　　し、1959 年イシブラスがスタートした。資本金 26 億円の会社の 40 億円以上の投資であった。ペ
　　トロブラス向けのタンカー 3 隻の受注に始まり、1970 年代は商船管理庁 SUMANAN の商船建造
　　基金による第一次、第二次の計画造船と造船ブームがあったが、SUNAMAN の基金減少、また
　　1983 年の汚職問題も発生によって計画造船は終わり、さらにハイパーインフレも襲い、1994 年撤
　　退を余儀なくされた。その後、IHI は 2010 年 11 月営業拠点の現地法人をブラジル・リオデジャ
　　ネイロに設立し再進出の始まりとした。2013 年 IHI は日揮、ジャパンマリンユナイテッドと目的
　　会社を設立し、イシブラス以降実質的に消滅していたブラジルの造船海洋業を復活すべくアトラ
　　ンティコ・スル（Atlantico Sul）造船所に出資、技術支援等を行った。かつてイシブロスで学ん
　　だ人びと（「イシブレイロ」）がまだまだ重要な役割を果たしていたし、ブラジル沖合の海底油田
　　開発ペトロブラスの海洋構造物の供給見込みがあった。しかし、2014 年以降の原油価格の低下、
　　またペトロブロスの大型汚職も発覚し、業績回復が見込めないとし、2016 年 3 月持分 33％を現
　　地企業に売却して撤退した。(参照：園田義朗「ブラジル造船業を支えたイシブラス」『会報「ブ
　　ラジル特報」』2009 年 9 月号掲載（一般社団法人日本ブラジル中央協会 https://nipo-brasil.org/
　　archives/1034/ およびマレイア・フランコ・マリーニョ・イノウエ、米田清「イシブラスがブラジ
　　ルに残したもの—ブラジル日本合弁造船事業の結果検証—」http://www.ymf.or.jp）アクセス日：
　　2022 年 5 月 20 日

地域ファミリー企業と社会情緒的資産

　子どものときの風景が残っている。母校（広島県東広島市・河内小学校）の校歌は，テンポよく，「青い空です用倉の」で始まる。教室の窓からそよ風が入り，向こうには用倉山の新緑が見え，そのうえに澄んだ青い空が広がる。二番「しぶくにじです沼田川の」，三番「続く波です田園の」。校歌の調べと詩は，そういった風景をいつでも思い起こさせてくれる。

　文明化は，それぞれの地域の木立，河川，田畑，草花などといった自然の風景を変えていき，ひいては風景のいくつかを無くしていく。地域の文化のいくつかもそうだろう。われわれに残されたのは，その風景を叙した詩やことばなど。詩やことばを通じて，われわれは，再び，いま一度，その風景を思い起こし，何かを洗い流し，リフレッシュ（refresh）する。明日につなげるために。感傷的抒情的ではあるが，次の「新しさ」につなげるステップなのだろう。

　風景を眺めることは遠くを見ることである。遠くを見ることは，自然のなかに自分を感じることとなる。自然を社会に置き換えてもいいかもしれない。全体のなかのわたしを意識することであり，頭だけで考えていたことを身体全体で感じ，自らの立ち位置，場所を確かめることにもなる。部分だけをクローズアップして意思決定をするのではなく，ロングショットで，俯瞰化したうえでの決定にもつながる。合理性だけでなく，非合理性を加えたうえで判断することにもなるだろう。眺望はこうしたことを物語っているように思える。

　ところで，ファミリービジネス，同族企業に関する議論で注目されているもののひとつにSEW（Socio-emotional Wealth：社会情緒的資産）の概念がある。2007年頃から議論が深まってきたが，非財務的要素に着目して，ファミリービジネス，同族企業の特徴を明らかにしようとするものである。ベローネほか（2012）は，ファミリーの支配と影響力（F），ファミリーのアイデンティティ（I），社会的なつながり（B），ファミリーへの情緒的な愛着（E），ファミリーの絆を取り戻す後継者の役割（R），FIBERと呼ばれる多次元的な構成概念でSEWを説明している。ベローネほか（2012）は，ファミリー企業内の意思決定プロセスにおける行動を説明するといい，他方で，デビッキほか（2016）は，SEWは無形で心理的なものであるために，企業行動への影響は，ファミリーメンバーにとっての保存と獲得の重要性に大きく左右されるとし，SEWを意思決定のフレーム化につながる気質的な要素であり，備わっているものとして捉えている。

SEW の構成概念の妥当性についての検討はまだまだ継続中である。そのほか，例えば，財務的要素との関係，それらの補完性と代替性の観点からの議論は必要であろう。ただ，永続性の説明にはそれなりに妥当性をもっていると思われる。

　ファミリービジネス，同族企業であれば，創業者や後継者の思いとか考え方について，身近に接して，きわめて親しい対話によって，幾度となく，同じ場で時間を共有しているだろう。それは，残されたことばで外部の人間が紡いでいくよりも「再現」への有効性は高いだろう。ある意味，直接的な Re：（再び）を体感できる。

　「再び」に関連して，レクリエーション（recreation）というとなんとなく遊びという感じが強いが，re-creation であり，気（を）晴らし，次の創造，創作の前段階と捉えることができる。作家，詩人，俳人などであれば，ことばとことばを紡ぎ，あるいはこれまでのことばの取り合わせを工夫することで，「新しさ」を伝えようとするが，ファミリービジネス，同族企業の場合は，直接に，また間接的に伝えることは，後継者にとっては，「新しさ」であるだろう。シュルレアリスムのように意外な組み合わせの違和感とか居心地の悪さによって「新しさ」を求めようとした「デペイズマン：dèpaysement」，「オストラニェーニエ：ostranenie」（異化，非日常化）ではなく，日常生活のなかで，素直に率直に伝承されていくし，それが永続性につながっていく。

　永続的な企業はまた，身内のことだけでなく，地域のこと，社会のことを次第に意識し，考えていくようだ。それは，利他的，あるいは公益性，社会とのつながりを大切にしていく姿勢になってくる。いま一度，立ち止まって，遠くを眺め，そのファミリービジネス，同族企業が置かれている位置あるいは場所を考え，意思決定をし，行動しているといえる。SEW 的要素は，意思決定が迅速か遅いかではなく，地域ファミリー企業の意思決定のプロセスに含まれているのは間違いないだろう。

　虚実は皮膜の間（あわい）にありともいうが，実際を把握することは難しい。虚が実際なこともあるだろう。松尾芭蕉は旅をしたが，旅は刺激をもたらす。旅で，新しい実感をつかもうとしたのだろう。身体を移動させ，それぞれの場所の風景を感じ，多くの人びとに会う。頭のなかだけではなく，身体全体で実際をつかみ，ときに俯瞰しながら，ことばに変えて，表わしていく。創造と破壊を繰り返し，推敲し，ようやく一句がもたらされる。

　地域ファミリー企業でいえば，輸出以上に FDI（対外直接投資）の意思決定は悩むだろう。愛着ある場所から部分的とはいえ資産を切り離し，新たな地で，生産活動までにこぎつけ，採算につながるように定着させていくのであるから，旅以上の刺激，苦労だろう。一人ではなく，組織として，その地の人びとも組織

内に入れ，進めていくのであるからたいへんである。財務的要素のみで経営はできないし，非財務的要素が当然ながらかかわっていく。海外子会社がファミリーの SEW をいかに複製移転させて，組織の SEW にしていっているのかについては，興味深いところである。

Web コラム『世界経済評論 IMPACT』（2021.08.30.）初出（一部修正）

貿易と直接投資の若干のふりかえり

　われわれに自由意志があるかどうかについては，いろいろと議論があるようだが，行為の自由については，拘束されていない限り，成り立つであろう。われわれは，「自由」に生きたいとは思っている。ただ，自由は，無数で多種多様な欲望を実現することでもなく，逆にそれらの束縛からの解放でもない。それらはときに同時に内在し，矛盾を生み出している。これをふまえ，ヘーゲルは，「制限」を自覚しているなかで，それを乗り越えたときの実感が「自由」だという（苫野一徳 2016）。併せて，「自由」になりたいと願ってきたことが，絶えず命を奪い合ってきた人類の歴史につながっているともいう。

　貿易は，平和状態が保たれていなければ，成り立たない。沈黙貿易は，争いを避けるための知恵だった。貿易は，文化，言語，通貨，決済方法，法律，商慣習の相違を乗り越え，また物理的な距離を克服して行われる取引である。相違を埋めるために，国際的に通用するインコタームズなどの専門用語が普及してきた。リスクを乗り越えるために，海上保険はいうまでもなく，L/C，D/P，D/A などの決済方法を生み出してきた。そして，貿易は，国内取引に比べて，コスト増になる要因が多いが，それにもかかわらず貿易が行われることは，コストを上回る「利益」が得られる可能性を示している。

　貿易制度において，GATT から WTO へと積み上げられてきたが，機能しなくってきていることは事実である。それは，国家が私人に過度に介入しないことを国際的な規律として，モノの貿易からサービス貿易に，そして投資保護，知的財産保護へと規律の範囲を積み上げてきた，無差別と自由化が損なわれてきていることにほかならない。

　米中貿易戦争とまで言われる状況は，ますます激しさを増している。それぞれが，ある一線を「乗り越えた実感」，その感度を高めているのであれば，ヘーゲ

ルに従えば，どちらかがどちらかを奪うまで終わらないことになる。

　貿易（調達・販売範囲に連動）は，経済空間の広がりには関係しても，国家空間（国境）の拡張に同期化するものではない。しかし，国家空間の拡がりに間接的に連なることはある（大東和 2020b）。

　第二次大戦後がそれまでと大きく異なる点は，対外直接投資の増加，多国籍企業の存在であろう。その存在が，各国間の経済的結びつきを深め，同一産業内での国際間相互直接投資（生産拠点の相互移管・拡充）を進めてきた。企業内貿易が行われ，産業内貿易が増加した。

　入江猪太郎先生の「はじめに対外直接投資ありき」の視点で考えると，国家が乗り越えようとする「自由」と，私企業である多国籍企業が乗り越えようとする「自由」とは異なるであろう。

　ところで，中国は，「社会主義市場経済」を採用し，2001 年に WTO に加盟した。その後も経済力を急速に高めてきたことは周知の通りである。ただ，中国の多国籍企業は，国家資本主義のもとでの企業であり，私企業とはいえないと思われている。国家空間の拡張とまで言わないにしても，自国権益空間の拡張に連なっている。国家が乗り越えようとする「自由」と企業のそれとが同期化していると見られているようだ。

　2013 年以降，中国は，自国の議論や言説に含まれる概念，論理，価値観，イデオロギーによって生み出される影響力を国際社会に深めることに一段と力を入れているといわれる。ナラティブ制御である。このことは，西洋の普遍的価値に代わる価値基準を世界に浸透させることが最終目標であるとの見解につながるようだ（江藤名保子 2017）。この目標の実現は，さきの国際的な規律との齟齬を生みだろう。それは，国家間の価値観のずれを生み，少なくとも過渡期において，国際的な規律の喪失をもたらすだろう。つまり，貿易ができない平和ではない状況が生じかねないことさえも想起させる。

　世界の各国が相互に承認しあえる規律を生み出すことはできないのか。「利益」が国益，自国のみの利益ではなく，相互の，また広く国際社会の利益につながる知恵が，パンデミックがまだまだ進むなかで，強く求められている。

Web コラム『世界経済評論 IMPACT』（2020.08.31.）初出

リフレイン

　覚和歌子の詩「リフレイン」に次の一節がある。

　　くりかえし　咲くつぼみ　　くりかえし　実る枝
　　　　（略）
　　そのたびに　はじめまして　そのたびに　なつかしい

　1930 年代に国際的評価を得ていた数少ない日本の経済学者に柴田敬がいる。マルクスの資本主義分析とワルラスの一般均衡論との総合を試みた英文論文（1933）は，オスカー・ランゲが Review of Economic Studies（1935 年 6 月号）で言及し，国際的論争を起こし，ランゲの思想と理論に大きな影響を与え，1936 年のハーバード留学に際してはシュンペーターが万端の受け入れをするなど，国際的評価が高いものであった。

　柴田敬は，戦後いち早く，資源食いつぶしの文明に対して「壊禍の法則」を主張し，資源問題や環境問題の重要性を指摘した。遺稿「核戦争勃発の危険から人類を救う道」は，1983 年から 84 年末の原稿を公文園子がまとめ，『大道を行く──柴田敬追悼文集』1987 年に所収されている。当時の米ソの対立が経済学上の対立に由来し，その意味において自らの責任を意識してのゆえだった。つまり，それぞれ本人の意図とは違う側面はあるにしても，スミスは個の強調によって自愛主義に過ぎ，マルクスは生産的な労働の喜びということを忘れ，ケインズは需要拡大主義の伝播をもたらし，その結果，柴田のいう本源財である原油など天然資源，存続発展のための物的基礎の窮迫という真相のもとに人間の物的生産力の過剰という現象が生じ，ひいては対立に至り，われわれは大きな問題を引き起こしてきた。この真相と現象との間の乖離メカニズムを解明することが経済学の役目であるのに，その正反対のことをしてきたという。この論及を 1951 年以降続け，遺稿に至った。結論は「核兵器を兵器としては役に立たないものに変質させるハードウエアとソフトウエアの技術開発」しかないとの指摘だ。それは，戦後，自ら蓄電池の改善発明をもとに軽量蓄電池会社を起業し，さらに海流（潮流）発電の具体化など新技術開発構想を行った熱意に通じる。

　戦争は「過程」であり，平和は「状態」であるといったのは，中井久夫（2015）だ。両者は対象的概念でない。戦争は，無秩序性が高く自己収束性に乏しく，エントロピーは増大する。平和は，秩序性のためにエネルギーを費やし，負のエン

トロピー（ネゲントロピー）を注ぐ必要がある。しかし，秩序性が高すぎれば，戦争準備状態の秩序であり，「しなかやでゆらぎのある秩序」が望ましい。ネゲントロピーを作用させるためには，呼吸と同じく，無秩序（高いエントロピー）を排出しなければいけない。

　この排出方法が，戦争，侵略であってはならないし，スラム，差別などであってもならない。排出の智慧を学び，活かさなければならない。それに際して，柴田敬が指摘した経済哲学をふまえた経済学の有用性，働くことの喜び，他の人びとの手段として役に立つものをつくること，そのために心身の活動をする喜びや満足，という視点は大切であろう。他へのため社会へのためという意識が大きな視野でのイノベーションを生み，その技術開発が社会的包摂，社会的一体化につながるという意識である。こうした視座は，エリノア・オストロムの「コモンズ」，会社のあり方の問い直し，また権力の強制がない相互扶助の可能性を問うアナキズム的な生き方の模索などにも通じていると思われる。

　議論は「過程」で，対話は「状態」である（斎藤環 2016）。相互性があり，ポリフォニック（多声的）で，さまざまな意見を許容し，響き合う空間での対話（ダイアローグ）は，信頼構築のためにも，ネゲントロピーの作用のためにも，大切なのだろう。「いま」の対話の「くりかえし」が。

　冒頭の覚和歌子の詩は，次の言葉で閉じられている。

　　　　　何度でも　くりかえす
　　　　　このときは　たったいま
　　　　　このいまは　いちどだけ

　　　　　　　　　　　Web コラム『世界経済評論 IMPACT』（2021.05.09.）初出

（補足）
　柴田敬の「壊禍の法則」は，「近代的な生産技術が資源破壊的なものであった」とし，「経済に及ぼす資源破壊の打撃的作用」について論及している。石炭や原油など資源を採掘すれば，その場所にはそれらは存在しない。採掘にはさらなる技術革新が必要である。資源を利用して作られた設備は年々に腐食，摩損する。これは，いつ果てるともなく，ますます強化される。柴田敬はこれら天然資源を本源財といい，本源財の価格は上昇する。「壊禍の法則」を経済学の体系に織り込まないといけないという。こうした視点で，ケインズ派経済学，ポスト・ケインズ派経済学，現代的古典経済学，マルクス派経済学を批判している。スミスは，個を無視した当時の社会体制を是正する社会的要請に応えるがゆえに個を強調したが，それにとらわれすぎ，個を包む全体を危機におとしいれ，個も結局成り立ち得なくさせる欠陥を持っている。マルクスは，生産的労働の喜び（他の人びとの手段として役に立つものをつくるために心身の活動をする喜びや満足）を忘れ，生産的労働の外側（消費やレジャーの世界）にしか自由はないと結論し，生産的労働における賃金や人間性に反した労働環境や労働内容だけに傾斜しすぎたという（柴田敬 1978, pp.108-115）。

エピローグ

　Covid-19 は，2019 年 12 月より猛威をふるい，幾度かの変異を繰り返し，この 3 年近くで，世界で 650 万人を超える死者を出している。しかも，それまでの変異株から 2021 年秋に現れた「オミクロン型」に置き換わる過程で，それまでとは異なる動きになったのではとの見方があった。香港大の研究グループは複製効率が下がっているといい，米ハーバード大のグループは肺ではなく喉のような上気道を好むなど，ヒトの細胞に入り込むのにてこずるようになった様子が見られるといった。他方でまた米スクリプス研究所は「変わらない部分」もあるという。感染に使うトゲの幹で，これは「ヒトの細胞と融合するために欠かせない『装置』である」。この「変わらない部分」である「装置」を標的に予防ないし治療することは，新型コロナウイルスの対策の糸口となるであろうと指摘した[1]。

　こうした Covid-19 実態の時間的推移を「企業の存続」という視点に置き換えてみると，存続していくためには「変わらない部分」という「装置」が必要なようだ。事例に取り上げた地域企業に置き換えれば，松浦奈津子の「想い」，白鳳堂の「道具」，カイハラの「温故創新」，常石グループの「地域づくり（地域の人びと）」がそれにあたるだろう。それぞれに「現在」を懸命に生きているのであるが，それぞれに立ち位置ないし拠りどころとしての「装置」をしっかりと持っている。それは，「現在」から「過去」を踏まえ乗り越えながら「未来」に向かう動きであり[2]，時間の推移のなかで，社会との折り合いをつけながら，進んでいく姿である。企業における「変わらない部分」，「装置」をこの本書で浮かび上がらすことができていれば，それは小さな喜びである。また，このたびの Covid-19 がこのことを教えてくれたのであれば，ひとつのわざわいではあるが，われわれの視野を拡げ，見えないものの大切さを深くまた強く意識する契機を与えてくれたことになる。

事例 4 社の概要

　本書で取り上げた地域企業は，Archis（アーキス），白鳳堂，カイハラ，常石グループの 4 社である。あらためて各社の概要をまとめておこう。

Archis

　第 2 章の Archis（アーキス）松浦奈津子の創業には，生まれ育った地域，ふるさとへの「想い」がある。一般社団法人での古民家再生事業（2010 年創設），農業（コメ：田楽米）生産と販売事業（2014 年，2015 年企業組合「アグリアート」設立），日本酒（高級熟成酒・夢雀）事業（2015 年 Archis 創業，2016 年 8 月発売）へと展開し，「夢雀」は同年ドバイ，香港への販売開拓を行い，高価格帯（60 万円，20 万円）での貿易（輸出）および国内販売（初年度 8.8 万円）を可能にした。同社の理念は，「地域に眠っている隠れた産物や素材を発掘し，職人の加工技術を加えることにより，新しい価値の商品を開発」である。その後も，九州などの鶏肉，無農薬・減農薬野菜，雑穀を利用した保存料無添加のドックフード「ナチュラルミレットワン」の開発・販売，さらに，Archis ほか山口・防府の養殖スタートアップ企業 NISHIKI，水中ポンプなどの北九州のものづくり DX 商社ドーアテクノスと連携し，3 年がかりで養殖車海老を共同開発している。夢雀（堀江酒場）の酒粕を練り込んだエサを与えることで「吟醸海老」と命名し，また独自の超高速急速冷凍によって付加価値化している。いずれもネット通販が中心で，地域振興関連事業を安定的に進めるための収益の柱に育成しようとしている。さらには夢雀を飲み終えた後，ボトルの上部を雀に，下部を花瓶にアップサイクルして寄贈するサステナブルな取り組みなどを展開しているし，広く農産物の輸出構想もあたためている。

　それぞれの事業化には，その背景にたくみな物語化（ものがたり）が潜んでいる。「おんなたち」による古民家再生事業という補助金獲得手法と認知度アップ，「田楽」として田植えと刈り取りのイベント化による生産過程の省力化と知名度アップ化，また商業の基本である交換比率の差の活用した東京都内の百貨店での田楽米販売とブランド化，日本酒事業においては，清酒ではなく，伊勢神宮の神田由来の伊勢米による熟成酒というワインのような経年によるヴィンテージ化，

さらにドバイあるいは香港，フランスでの高評価を背景にした高価格化の定着といった具合である。2016年からの夢雀の輸出は，その後，米国，タイ，中国へと展開し，さらには英国，シンガポールへと進んでいる。もちろん，それぞれの過程に創業者・松浦奈津子が想いを具現化するという強い意志があるし，それを応援してくれる人びと，関係者がいて，それぞれで社会に訴えかけるメッセージ化がなされていることは言うまでもない。ただ，もちろん一直線に進んだわけでないだろう。なみ縫い（並縫い）は布の表と裏を等間隔に縫っていくが，企業の良いときと苦しいときは，不規則に現れたり隠れたりしながら経過していく。われわれは，その企業の良いときのみに着目して，その要因を探ろうとしがちであるが，企業の存続において，その背後に隠れている変わらざるモチベーションというべき「想い」に着目することも意味があると思われる。

白鳳堂

　第3章の白鳳堂は，江戸期からの毛筆（書筆）の産地，広島県熊野町に本社を置く。曾祖父の代から筆業にたずさわる家に生まれ，三男ということもあり家業の髙本製作所から1974年，34歳のときに夫婦で独立した。家業は順調であったが，輸入品の増加など，伝統的な毛筆業成長へのかげりが見えてきた時期であり，書筆の技術基盤をふまえた高品質の道具としての化粧筆の製造・販売への強い思いがあった。ハイエンドの毛筆による書筆と化粧筆を目指したもののしばらくは従来品の生産・販売で経営をしのぐしかなかった。1982年に，自社ブランドの化粧筆「Misako Beverly Hills」の開発に着手した。しかし，まだまだ化粧品の補完財としての化粧筆の位置づけであり，化粧筆市場はきわめて限定的で，メイクアップアーティスト向けの市場しか開拓できなかった。

　そこで海外市場参入へと方向転換し，1990年OEM（相手先ブランド生産）取引を探索した。1994年カナダA社が白鳳堂の品質を評価し，2か月で7〜8万本納品というトライアイル注文を経て，1995年OEM取引が始まった。この高評価を機に，海外の化粧品メーカーを中心にOEM取引が広がっていった。

　他方，国内はICT革命の黎明期で，1996年自社WEBサイトを開設し，イ

ンターネットを活用した自社ブランド販売を始めた。そこに，1975年熊野筆が「伝統的工芸品」に認定されていた効果が加わった。大量消費・使い捨て生活から伝統的なものへの回帰，手仕事，本物志向への変化が生まれていた。そうしたなかで，熊野筆の伝統的書筆の技術・技法を高級化粧筆へと発展させ，海外市場開拓に成功した企業として白鳳堂が取り上げられた。1990年代後半以降，テレビ，新聞などメディアでの露出も大きくなった。2003年には日本文化デザイン大賞も受賞した。これらの宣伝効果は大きく，自社ブランドの販売拡大に大きく寄与した。

　白鳳堂は，海外市場向けOEM取引から自社ブランド国内市場を成長させた。生産内訳は，化粧筆95％，和筆（書道筆，面相筆，日本画筆など）2％，画筆2％，工業用筆1％で，売上・利益の中心は化粧筆だが，技術・技能の継承のために和筆は重要な位置づけにある。また工業用など新規事業開拓も継続している。化粧筆の自社ブランドとOEMの比率が，2007年には30％と70％であったが，2019年にはそれぞれ50％へと推移している。

　白鳳堂は，一般顧客向けの「化粧筆市場」を創造した。つまり，それまでは化粧品あっての化粧筆であって「化粧品市場はあるが化粧筆市場はなかった」といえる。化粧筆は化粧品販売の付属品でしかなかった。そこで高級化粧品メーカーはOEMで高品質化粧筆を求めた。この市場特性をふまえれば，海外市場参入という国際的機会認識を活かした白鳳堂のOEM取引選択は有効であった。A社社長がメイクアップアーティスト出身というセレンディピティ的機会ではあったが，それを活かすのも経営者の力であり，海外高級化粧品メーカーとの取引を獲得した。この効果を最大限に活かし，自社ブランド販売の「国内化粧筆市場」構築にあたった。ネット活用，伝統工芸品認定による「本物」の裏づけも補完した。「国際的評価」，「ICT」，「日本由来の本物性」の複合作用によって，日本国内に「化粧筆市場」が生まれた。ただ，米国などに店舗はあるが，化粧品市場に付随しない一般顧客向け「化粧筆市場」が国際的となるかどうかはまだ不確定である。また，2010年代以降の新興国化粧品メーカーの台頭による国際競争激化のなかで，OEM取引への価格圧縮圧力の厳しさは増し，白鳳堂は，高品質を維持した素材開発の努力を続けている。乗り越えなければならない経営課題は次々と生まれる。

　国内に「化粧筆市場」を創った白鳳堂は，筆は「道具」[3]なりという。化粧筆はそれのみで存在するのではなく，化粧をする人が化粧筆を用いて自ら望むような化粧あるいは期待以上の化粧をもたらすことができてはじめて化粧筆が存在しているといえる，という考えである。「あなたの思いのままに」自己実現できる道具に化粧筆の役割を置き，そのために核となる「毛先」にこだわっている。白鳳堂はそれに徹しようとしている。

カイハラ

　第4章のカイハラは，絣織物の製造・販売の機屋として，1893年広島県福山市新市町に創業した。創業後，1894年日清戦争，1904年日露戦争，1914年第一次大戦の後の好況と不況の波にもまれながらの事業継続であったが，備後絣の成長とともに，技術を蓄積しながら，成長をしてきた。1921年創業者は長男に社長承継，しかし，第二次大戦による綿花輸入の制限，配給統制強化で絣製造は中断せざるをえなくなり，300社は13社になった。戦後，1947年12月綿糸配給の再開で，カイハラは織機34台（最盛期は300台）で再スタートした。新市町は，交通の便が悪く，輸送コストがかさむ立地劣位があった。そのために「良いもの」（3代社長）を高価格で販売する必要に迫られた。創業以来，原糸の吟味，不純物除去を徹底したうえで，染色にこだわった。1954年液中自動藍染機を自社開発した。60年代になると工業化の進展による農家の減少，また洋装化の波には抗えず，需要は次第に減少していった。

　活路を洋服向けの輸出に求めた。約2.4倍幅広の36インチ（約90cm）織機を自社開発し，1956年に広幅絣を完成させた。しかし，輸出需要はなかった。次に，さらに広幅の48インチ（122cm）織機を1961年自社開発した。中東向け絣入りサロンだ。これは「最高級品」（4代社長）として好評だったが，政治リスクに直面した。1968年L/C（信用状）はストップし，在庫は約1年分に及んだ。1969年ふたたびL/Cがストップし，ついに輸出は中止に至った。「もういよいよか」（4代社長）という経営危機に直面した。

　洋服からサロンへの国際的機会認識はデニムへと展開した。デニム素材のジーンズは，欧米はもちろん，日本でも新しい服装文化として定着の兆しがあった。1970年国内向けの染色の仕事を得た。だが，絣と同じブルー系染色

といっても染色方法は異なる。ロープ染色による連続染色機を 1970 年自社製作した。国内市場はまだ黎明期であったので，1972 年香港，1973 年には米国のジーンズブランドへと，4 代社長（当時は専務）は海外市場にも営業をして回った。そのなかで，いろいろな作用があり，リーバイスとの取引が始まった。要求は厳しかったが，高い品質的評価を得て，トップブランドのあのリーバイスと取引しているということで，内外で一気に取引先が拡大した。1976年にはデニム向け国内染色シェアの 75％を占めた。1978 年には染色から織布に業務を拡大し，新工場で高性能の革新的な織布製造を開始した。1980 年には染色，織布から整理加工に拡げ，新工場で最終仕上げまでを行った。1991年紡績の新工場と竣工させた。紡績単独で考えれば競争劣位であるが，デニム生地づくりの全工程の担うことで競争優位へと転換させた。縫製先であるジーンズメーカーからの安定的需要が確保されていたことも背景にあったが，紡績から染色，織布，整理加工までの一貫生産体制を国内で初めて完成させた。

　カイハラは，本社工場，周辺 3 工場と，広島県内を離れることなく，中間財のデニム生地メーカーとして成長した。年間 800〜1,000 種類のデニム生地の試作品をつくり取引先に提案したり，定番商品の安価量産ではなく「高品質の新しい生地を作り続け，画期的な製品につなげ，付加価値をつけていく」ことに常に挑むことで，専業メーカーを主として安定的需要を得て，輸出による安定的供給を続けてきた。ハイエンド・デニム生地の国内シェア約 50％，世界約 30 か国への輸出となった。しかし，デニム市場の中心が専業メーカーからファストファッションへと移行するなかで，ファストファッション間の競争激化への対応を求められることとなった。それが 2014 年のタイへの生産拠点設置であり，ユニクロの世界戦略構想に随伴・伴走することになった。

　カイハラは，初代，2 代（創業者長男）と日清・日露戦争などの波を受けながらも事業を拡大させてきた。第二次大戦は家業の存続の危機となる荒波であったが，3 代（2 代の長女・婿）が立ち向かった。「着る人の立場で，本当に良い製品を」との思いで，社員一丸となって，洋装化対応の広幅絣，コニイ絣製造，イスラム教徒向け高級サロン生産を実現させ，苦境を乗り切った。しかし，ポンド下落にともなって，1969 年サロン輸出は止まり，収益は 3 分の 1になった。ここで，3 代は方向転換し，絣で培った技術を応用したデニム生地

（染色）に参入した。しかし，応用といっても絣染めとデニム染めは異なる。そこで，絣の「液中絞り」の技術を援用してデニム糸の「ロープ染色機」に挑戦した。1970年その成功によって，国内の生地メーカーや紡績会社からの受注は約30万本分にもなった。1973年リーバイスからの発注を受け，その評価が世界から注目されることになった。リーバイスへの供給は，染色から織布・整理加工へ，1991年には紡績を含む一貫生産体制を確立させた。「良質のデニム生地を作るため」であり，工程間連携による品質保証と安定操業のためであった。これを機に1990年社長は4代（3代義弟・2代長男）に，3代は会長となった。60歳代から40歳代への交代であった。90年代は，デニム市場でのファストファッションの台頭が著しくなり，そのウェイトが次第に大きくなっていった。その過程のなかで，2003年5代（3代長男），2014年6代（3代次男）へと世代交代しながら，機能性素材など新素材開発なども含め，事業を進めていった。2014年にはタイに生産子会社を設立した。新しい機械の開発，最新鋭機器の導入などの一方で，ヴィンテージ向けへの旧式シャトル織機の活用など，新旧の技術の融合をはかりながら，着る人の求めに応じて対応してきた。「温故創新」古きを訪ねて新しきを創る。創業からの「品質への責任」への思いを強くしながら，絣からの「伝統」とそれぞれの時代にあった「革新」という精神を受け継ぎながらカイハラの歴史は紡がれてきた。

常石グループ

　第5章の常石グループでは，社会情緒的資産（SEW）の視点をふまえながら，企業の発展，海外子会社の設立，また受入国の含めた地域づくりへの関与について検討した。

　常石グループの祖業・海運業は1903年神原勝太郎が創業した。北九州から大阪へのブラックダイヤ（石炭）輸送によって財を成し，1913年に造船業に進出し，新造帆船も手がけるようになった。1917年に塩浜造船所を開設し，造船業も本格化させた。1931年には発動機付きの機帆船に転換し，1936年3月に個人経営の海運業を法人化し，瀬戸内海運送株式会社を設立した。

　常石造船の誕生は，1942年輸送船（戦時標準船）建造の国策で塩浜造船所と周辺造船所とが統合したことによってであった。鋼船竣工は1958年であっ

たが，1950年から他社への派遣はもちろん自社での鋼船改造を重ねて学習・経験を積み，船大工の棟梁を鋼船建造のための人材へと時間をかけて育てていった。1959年には総トン数700トン船台も完成させ，新建造の鋼船化と大型化に向けての一歩を踏み出した。

　国内では造船不況にともなう1980年3月完了の第1次設備処理と88年3月完了の第2次設備処理への対応の結果として，「大手」に代わって「中手」が台頭したが，今治造船と並んで常石グループはその一角であった。常石グループの特徴は，国際展開による成長にあった。1967年のパプアニューギニア・ラバウルへの造船所開設，1982年神原ウルグアイ造船所設立など早くから国際展開をしていたが，本格的な進出は1990年代のフィリピン・セブへの合弁による造船企業設立（THI）による。2000年代には，中国・舟山に完全所有の造船企業（TZS）を開設した。セブと舟山はそれぞれ順調に成長をし，2019年には，竣工量でTHIが67万総トン，TZSが64万総トン，常石造船本社工場が51万総トンと，その比率はセブ37％，舟山島35％，国内28％となった。日本本社と，フィリピン，中国がうまくポートフォリオ（リスク分散）を組む形に推移している。

　セブと舟山がそれぞれ順調に推移してきた背景には，常石グループの思想ともいっていいほどのそれぞれの地での「地域づくり」への係わりがある。創業者にもその思いがあったが，2代の国際性が加わって，さらに展開した。2代の従軍体験，1955年からの町長時代のパラグアイ集団移住政策，またラバウルやウルグアイでの成功とはいえない経験も関係しているだろう。それらがセブと舟山を成功に導いてきている糧になっている。

　SEW（社会情緒的資産）の視点から見れば，国際展開は，ファミリーの承継や経営に影響を与え，また雇用をはじめとしてその地域への貢献を減少させる可能性が高い。国際展開に対してネガティブの傾向が強いと言われている。しかし，常石グループの場合は，それを超えて，進出先の地域へ地域づくりの視点でSEWの複製的移転を行っている。また，HD（ホールディングス）制への組織変革を通じて，社会的変化ないし社会的要請を受け入れながら，ファミリーの承継や経営への関与への影響を最小限に留めようとしている。さらに，祖業の海運また造船事業に加え，多角化を進めることで，ファミリーのア

ントレプレナー的事業経験と承継，本社地域での評判，また固い社会的つなが
りなど，SEW の減少を逆に高めようとする行動がみられる。

　さらにいえば，「地域づくり」ないし「地域の人びと」への思いないし理念
が，装置として機能している。理念の背景のひとつとして，2 代が開山した
「天心山神勝寺」があるが，それは創業家の心の拠りどころであり，SEW を維
持ないしファミリーを立ち戻らせるための装置といっていいだろう。

共通の特徴

　事例で取り上げた企業にはそれぞれに興味深い特徴を見いだせる。地域への
「想い」が創業へのモチベーションであったり，製品に「道具」としての本質
的評価を求めたり，生地に「品質への責任」とともに「温故創新」いわば時代
への変化対応力を見せたり，「地域づくり（地域の人びと）」に内部化といって
いいほどのこだわりを持ったり，それぞれに背景，構想あるいは哲学がある。
ただ，それらに共通しているのは，自分たちだけで成り立っているとの自立的
意識よりも，他からの支配を受けることではなく自らの規律に従って正しく行
動するという自律的意識が強さだ。謙虚さといってもいいし，美意識といって
いいかもしれない。利他的行動ないし他者への共感にも通じる意識である。

　利他的行動や共感の根拠については，リゾラッティ（2008）[4]ほかによるミ
ラーニューロンの発見がある。それは脳科学の最新の成果のひとつといわれ，
他者の行動を見ると，自分も同じ行動をしているようにニューロン[5]が活動す
るというメカニズムである。小佐野重利（2022）[6]は，美術鑑賞の際にもそれ
が動員されているし，画家たちもその効果を狙って描いているという。美意識
は，作品を受容するわれわれの脳内のメカニズムによって育まれている。そう
であれば，スポーツで上手な人を模倣して練習することで効果が生まれるよう
に，たくさんの美しいものへの経験を経て美しいものを美しいものとして，利
他的な行動ないし共感であれば利他的行動が素晴らしいものであると他人事で
はなく自分事として，また社会の悲嘆や途惑いなどであればそれを自らの内面
のものとして，受容するように脳内のメカニズムを鍛えれば育まれるだろう。
組織として，それを積み上げていくことができれば，その企業の SEW となる

だろう。SEW は当初はそれぞれの企業の創業者ないしファミリーにあるかも
しれないが，企業の歴史とともに，その企業にとっての SEW になっていくと
もいえるだろう。

今後の研究課題

　事例の地域企業は，自らの構想において，それを鍛えるための「変わらない
部分」の「装置」をそれぞれに備えている。それは，利他的な行動，共感，美
意識など，その企業の変わらない部分を，組織内に受容させていくための装置
であるともいえる。装置が組織内に内包化・内部化されていけば，その企業の
SEW は，単にそのファミリーのみにあるのではなく，その組織に存在するこ
ととなる。「地域」のもたらす SEW を組織内に拡げて，財務的効用とのバラ
ンスを取ろうとする。地域企業は，経済合理性と非財務的効用の両立をはかる
ことによって，それぞれの存続につなげているともいえる。
　ただ，この点については，以下の視点とともに，今後さらに検討を深める必
要がある。

SEW と CSR また SDGs

　SEW と CSR（Corporate Social Responsibility：企業の社会的責任）ないし
SDGs との関係でいえば，企業内の一部門として CSR などの所管担当を置き
業務としてそれを遂行・浸透させていくのではなく，SEW は自然の流れのな
かで組織全体として CSR ないし SDGs 的な要素を内部化していく動きである。
組織編成を分割して担当をあてがうのではなく，組織全体にその要素を内包し
ようとしている。ただ，この関係については今後さらに検討すべき課題のひと
つであろう。この議論を進めていけば，高尾・王（2012）などが行った経営理
念浸透のメカニズムの検討にも示唆を与えることになるかもしれない。

地域と立地：OLI パラダイムの示唆

　「地域」を立地の側面でとらえるという視点も今後さらに検討すべき課題の
ひとつであろう。

　国際ビジネスの脈略において立地といえば，ダニングの OLI（Ownership-Location-Internalization）パ ラ ダ イ ム な い し 折 衷 パ ラ ダ イ ム（Eclectic Paradigm）が思い起こされる。「なぜ国際的に拡がった生産の現象がみられるのか」という国レベルの国際生産について，ダニング（1973）は米国企業の英国への対外直接投資（FDI）の現状を述べることによって，その理論的検討の必要性を提示した。そしてダニング（1977）は，ハイマー（1960）に依拠しながら FDI のコストを克服するためには優位性が必要であり，所有優位性（O），内部化志向（I），立地優位性（L）という 3 つの条件がそろえば，FDI が正当化できるとした。受入国企業よりもネット（net：純あるいは正味）で所有優位性があること（O），その所有優位性を自らで活用すること＝子会社設立（I），受入国の要素投入を併用することでネットの所有優位性をさらに有益に活用すること（L）という 3 つの条件である。

　いささか長くなるが，ダニングの OLI パラダイムの概念化がどのように変化・修正されてきたのか，その歴史的プロセスを確認しておこう。

　ダニングは，「なぜ」国際生産プロセスが行われるのかの鍵は所有優位性にあると考えていた。併せて，国（マクロ）レベルでの説明に力点があったので，「どこで」に係わる立地優位性の必要性を認識していた。しかし，国際ビジネス（IB）環境の変化またそれにともなう IB 研究の進展とともに，ダニングは IB 現象や理論を OLI パラダイムの「大きなテント」のもとに収めようと努め，所有優位性の修正，ヴァージョンアップを重ねた。それは，内部化理論への対応[7]，提携など IB の新形態の取り込み[8]，戦略理論の認識[9]，そして制度論の統合に至る 5 段階にまとめられる（Eden and Dai 2010）。

　所有優位性は，その企業が固有に持っている規模，独占力，資源能力と活用，信用力などによってもたらされ，加えて多国籍化による財務集中化など非生産間接費の規模の経済性，さらに多国籍性で得られる機会や異なる市場の活用能力など多国籍化の拡がりのなかで蓄積される管理と活用を学ぶことで増加していくメリットという 3 つの形態から生み出されると当初説明された（ダニング 1981）。所有優位性は，企業がレントを得ることができるブランドや商標などの所有権を生む。それは，企業が創出する場合もあれば，他社から買収などで得る場合もあるだろう。

　詳細は注記したが，ダニングは，Oa（asset）とOt（transactional）の2種類に分けることで，内部化理論からの批判に応えようとした。それはOの活用への焦点であったが，さらに資源ベース（Barney 1991）や進化論（Kogut and Zander 1993）を取り込むとなると，O asset の管理へとシフトする必要があった。また，管理の意思決定者となると，経営者ないしマネジメント・チームの能力の議論となる（Prahalad and Doz 1987 ほか）。そうした認識をしたうえで，OLI パラダイムを拡張するために，ダニング（2000）では，Oの活用が中心で静的な資源追求型FDIと市場追求型FDI，動的な効率追求型FDIの3つの峻別に加えて，4つ目として動的である知識探索と関連深い戦略資産追求型FDIをFDIの動機に加えた。

　Oの優位性は関係資産へと拡大された（Dunning 2002）。戦略論における社会関係資本の成果の取り込みである。Oの優位性は，有形資産と無形資産に峻別され，無形資産はさらに知的資産と関係資産に，関係資産は私的資産と社会資産へと細分化された。関係資産は他の行為者の関係資産と共同して使用される。関係資産は内部または外部で生成することができ，文脈に固有的である可能性が大きい。関係資産は，希少性があるし，独特であるし，不完全ながら模倣可能であったりする。多国籍企業は，国内企業よりも関係資産を概して多く保有しているし，外国にある関係資産へのアクセスや活用によって，自らの所有優位性を高めることができる。つまり，社会関係資本は，企業の活動の場所に影響を与える。それは，資源や能力を所有ないしアクセスするコストと利益のバランスが組織のあり方にも影響を及ぼすと見ることもできる。

　所有優位性は，ラグマンなどがいうような non-location bound で移動可能性を持っているが，主として自国のCSA（Country Specific Advantages：国家特殊的優位）とも呼ばれる立地優位性（L）に由来し，場所固有の資源，とりわけ自国の要素資源，制度，政府の政策に依存しているとダニングは認識していた。ただ起源は場所固有の資源と結びついているとしても，使用についてはその場所に限定されない。そこで，所有権に係わる資源獲得能力を保有している企業は，固有の場所から離れて，それをできれば最大限に活用できる場所に最小限の移転コストで展開しようとする。逆にいえば，OLI パラダイムは，貿易の水準とパターンも説明することができるので，企業は固有の優位性を創

造し活用するＬのメリットが自国に大きければ，外国の子会社から市場にサービスを提供するよりも自国から輸出を行う。

　ダニングはさらに，ノースの研究をベースにしながら制度論もOLIに取り込もうとした。フォーマルおよびインフォーマルなインセンティブ構造と執行メカニズムからなる「制度的所有権の優位性（Oi）」という概念を導入した。OaとOtにOiを加えることで，ＯをOa＋Ot＋Oiの三位一体として捉えた（Dunning and Lundan 2008）。「制度的所有優位性（Oi）には，意思決定を導く企業固有の規範や価値観，そして自国の制度環境（Ｌ属性）の刷り込みが含まれる」が定義であった（Cantwell, Dunning, and Lundan 2010）。

　国際展開に係わって，「なぜ，どこで，どのように」を明らかにするには，ティンバーゲンの法則（Tinbergen 1952）が示唆するように，3つの道具で3つのターゲットを一致させるOLIパラダイムは，簡単できれいである。

　ただ，ダニングは，大きなテントのなかにすべてを取り込んで網羅的に説明しようとした。そうなると，カテゴリー，サブカテゴリー，さらにサブパラダイムなどと，拡張していく。また，人によってOLIパラダイムの異なるヴァージョンを用い，その前提で議論が行われると，混乱が増幅する。

　また，ラグマン（2010）が指摘したように，Oiの導入については，ＯとＬの利点を混同する可能性がある。加えて，ダニングは，Ｏに文化的・法的環境などの自国の制度的要因や労働力，天然資源などの有形資産も含まれるとしている。Ｌの優位性に含まれる制度的，有形的な資産をもＯの優位性として定義している。ＯにＬの要素をも包含していった側面だ。こうした点を踏まえれば，あらためて，Ｌとは，Ｏとは，両者の峻別について検討するおく必要があるだろう。

　こうした議論は，地域企業の「地域」という立地的要素が，地域企業の所有優位性にどのように関与しているのか，あるいは立地的要素そのもの，また立地的要素によってもたらされる要因に関する議論にもつながっていく。

　加えていえば，所有優位性における資産，有形資産と無形資産，さらに無形資産における知的資産と関係資産，また関係資産における私的資産と社会資産などの関係性などについて，それぞれを丹念に検討することも地域企業の実態を明らかにしていくのに有用であろう。これはまた，所有優位性にすべてを落

とし込んでいくことについても，あるいはまた立地優位性の議論にもつながる
し，「地域」についての定義を明確にすることにもなるであろう。

　地域企業について，国際ビジネスへの係わりを交えながらそれぞれの実態に
接近したが，以上のようなダニングのOLIパラダイム研究の経路を振り返る
ことだけを絡めても，今後へのさまざまな研究課題が浮かび上がってくる。

　「地域企業のポートレイト」，ポートレイトの切り口は多様であろうが，焦点
はきっちりとそれぞれの地域企業に合ったのだろうか。理論が光であるなら，
影はあるとしても，光をうまく活用できたのだろうか。多くの懸念は残るが，
それらは次への課題として，ひとまずフェードアウトすることとする。

［注］

1　『日本経済新聞』2022年3月13日付「隣のウイルス⑤　最強コロナの弱気な一面」参照

2　「現在・過去・未来」は，渡辺真知子の1977年のシングル「迷い道」の出だしの一節であるが，
2019年ノーベル賞を受賞した吉野彰が影響を受けた曲という。過去・現在・未来ではなく，現在
から過去を少し振り返り未来を見たら，電池が便利になる研究材料としてリチウムイオン電池が見
つかったという。
　　2021年11月20日，川邉信雄早稲田大学名誉教授と唐沢龍也関東学院大学経営学部准教授との
対話のなかでも，同じ脈略で「現在・過去・未来」の話題で盛り上がった。

3　白鳳堂の「筆ハ道具ナリ」には，栄久庵憲司が「具えは道を得て道具となる」といったような
日本的な精神・背景が含まれている。道に通じるような思想性である。モノの本質を考え，その
本質の評価のための道具である。参照：田中一雄（2017）「パネルディスカッション　デザインの
哲学〜豊かさを再考する　哲学なき時代のデザインを考える」『デザイン学研究特集号』Vol.24-2
No.94, pp.28-31.）
　　道具は西欧哲学の流れのなかでも用いられているので，それについて補足しておこう。プラグマ
ティズムにおいて，デューイは問題解決の探究プロセスにおける知識は道具であるという。また，
異なる意味合いで，科学哲学の議論で科学と科学でないものとの峻別において道具主義が語られる
場合がある。目的合理性が行き過ぎると，デューイにおいては「知識の教育の否定」（三宅信一「J.
デューイの『教育の自由』論について」『北海道学藝大学紀要』第一部，8（1増補），1957年，
pp.16-25）につながる可能性があるし，また世の中の観察不可能なものの探究などにおいては
ヴェーバーのいう「価値自由」が損なわれる可能性がある。科学，科学となると，科学でないもの
が排除され，全体性ないし綜合的にみることの欠落にもつながる。

4　Rizzolatti, Giacomo and Maddalena Fabbri Destro（2008）"Mirror neurons", Scholarpedia, 3（1），
2055.

5　ニューロン（neuron）とは，脳を構成している神経細胞のことで，隣の細胞から信号を受け取
り，さらに隣の細胞にその信号を伝達する役割をもっている。

6　小佐野重利（2022）『絵画は眼でなく脳で見る－神経科学による実験美術史』みすず書房.

7　内部化理論のバックレー（1981, 1983），ラグマン（1981），カソン（1987）などは，多国籍企業
の存在を説明するのに国際中間財市場における市場の不完全性が必要かつ十分なものであると批判
した。そこで，ダニング（1983）は，構造的な市場の失敗と認知的な市場の失敗に峻別した。構造
的な市場の失敗は参入障壁，高い取引コスト，相互依存的な活動の経済性を市場が十分に取り込め

ないなどに起因し，認知的な市場の失敗は製品情報が容易に入手できないとか，入手にコストがかかりすぎるなどの場合である。そのうえで，ダニング（1988a）は，所有優位性を，ある種の所得創出資産の独占的所有と使用の「Oa（asset）」と，国境を越えた個別の付加価値活動の調整能力，環境・為替リスクの低減能力の「Ot（transactional）」の2種類に分け，それらが企業の固有の優位性であるとした。さらに，OとIを区別するために，多国籍企業の市場内部化の能力と意欲という概念を用いて，市場内部化の能力を企業に与えるのがOに係わり，市場内部化の意欲や動機を企業に与えるのがIに係わるとした。国際生産の実現のためには能力と動機の両方が必要であるというのであった。

8　80年代前半から90年代にかけて，東アジアなど新興・途上国からの多国籍企業が台頭した。加えて，社会主義国の市場経済化が進み，規制緩和，貿易・投資障壁の低減も進んだ。また，ICT革命の進展のなかでインターネットの活用も始まった。こうしたなかで，合弁（JV），委託・受託生産，研究開発提携などの国際提携が活用された。階層型の完全所有形態とは異なる新形態の市場参入であった。ダニング（1995）は，FDIの動機として獲得と活用をあげ，企業は内部で生成された資産だけでなく，継続的な協力関係が得られる他の企業の資産探索によっても所有優位性は得られるとした。提携企業のイノベーションや価格，また品質を探し出し，それを利用するなど，自社の所有優位構築に影響を与える能力もOに含まれるとした。そして，ダニング（2003）は，折衷パラダイムが次の3つによって構成されるという。第1のOは，所得を生み出す一連の資産への特権的な所有またはアクセス（Oa）と，これらの資産を国を超えて調整することによる利点（Ot）である。第2のIは，これらの資産の生成ないし使用のために市場を内部化するが最善の利益であると認識する程度のことである。第3のLは，これらの付加価値活動をどの程度国境外に置くことを選択するかになってくる。

9　ダニングは，FDIの動機として，市場追求（輸入代替），資源追求（供給指向），効率追求（合理化投資）をあげていたが，ダニング（1991）で第4として戦略的資産追求型FDIが追加された。知識ベースの戦略的提携を包含することで「大きなテント」のなかに戦略的資産を取り込もうとした。国際生産の基本的なタイプとして，天然資源の追求，市場の追求，効率の追求，戦略資産または能力の追求の4つが挙げられることとなり（ダニング1993），OLIパラダイムはさらに拡大した。なお，資源追求型FDIと市場追求型FDIはOの活用が中心で静的であり，効率追求型FDIと戦略資産追求型FDIは動的で，第4は知識探索と関連しているという。

置き傘

> ひとつぶの砂に　ひとつの世界を見
> 一輪の野の花に　ひとつの天国を見
> てのひらに無限をのせ
> ひとときのうちに永遠を感じる
>
> 「無心のまえぶれ」より
> ウィリアム・ブレイク
> 小泉尭史 訳

　本書は，地域企業４社の事例をできるだけ丹念に追うことで，地域企業研究また国際ビジネス研究の理論構築につながる，ほんの一端の貢献ができればとの思いによって生まれた。その際に，歴史の流れのなかで企業の存続過程また存続要因を検討することに重きをおいた。企業が存続してきたということは，その企業が生きてきたことである。なにがしかの，いわゆる企業優位性ないし所有優位性を波はあるにしても持ち続けてきたとしてもいい。その企業の存続につながる構成要素を析出して，歴史という時空のなかで，それら諸要素の関係性，関連性をつまびらかにできればと考えた。さまざまなデータ群をもとに（といっても，まだまだその一部に過ぎないが），折々の，いわば過去の瞬間を捉え，それらを混成させ考察し，構成要素を抽出しようと試みた。デジタル画像の加工ソフト技術のなかにレイヤー機能というのがあるそうだ。企業の積み重ねられた歴史，その写像ないし記憶をレイヤー機能のように重ね合わせてひとつにしてその企業が何者なのかを表出したいと考えた。

　サブタイトルに遠景近景を入れている。これは，遠景から近景を，また逆に近景から遠景を見ていく，その両方の視点の大切さを意味している。拡散的な思考と集約的な思考の両方が必要だといってもいい。

　近景から遠景へとまなざしを動かしていく。夕方の海辺，近くの砂浜に打ち寄せる波，引く波，少し先の白波，沖を通るフェリー，沈む夕日，浮かぶ雲，

まだ残る青空，そして次第に輝きを増して浮かび上がってくる星。黄昏どきのまどろみは，近くの人の顔さえも見わけをつきにくくしていく。それは，俯瞰していくことでわかることがあると同時に，他方で自然また世の中すべてがわかっていたかのごとき思いに疑問符を投げかけたりする。不安を生んだり，理解の足りなさを思い知らされたりする。

　明け方のかたわれ時，遠景から近景へのまなざしを動かせていけば，近くの人の顔も，指先さえも次第にはっきりとしていく。形や色も鮮明になっていく。これは，不確かであったことを納得に導き，腑に落としていく。希望や確信を生んでいく。

　そうした両方に目を向ける日々を積み重ねていくことが，時間がかかったとしても，「わかる」ということにつながる。わかっていくためのひとつの方途であるような気がする。「わかる」ことの奥深さについて示唆を与えてもらったのは，中学時代の恩師のひとりの「わかるということは難しい」との言葉であった。確か中二のときに聞いた何気ないひとことであったが，この言葉はその後の折々で自戒となっている。

地域企業への接近

　「生命現象はデータ処理と異質」との興味深い論稿がある（西垣通 2022）。世界のありようは時間の経過とともに無秩序になっていくというのがエントロピーの増大則（熱力学第2法則）であるが，物理学者のシュレディンガーは，生物は秩序を創りだすので，この法則は成立せず，「生物は負のエントロピーを食べている」といった。その後，分子生物学で塩基配列が解読されてできるたんぱく質が生物の本質であるとなり，データ配列の逐次情報処理と生命現象が結びついた。しかし，通信工学での「エントロピー」は「平均情報量」のことであり，熱力学におけるエントロピーと通信工学でのエントロピーは概念的に異質だそうだ。

　しかしその峻別もなく，人工知能（AI）機能を持つロボット研究が進んだ。ロボットの中核はコンピュータで，多細胞生物の人間には心の働きがあるはずであるが，人間の本質がデータの情報処理となっている。米本昌平（2020）は，地球誕生後，多種多様な分子が相互作用し，熱力学第2法則に抗する安定

した分子系が誕生し，それが生命である（メソネイチャー仮説）という。そうであれば，メソネイチャー（中間レベルの自然）の分析が必要になる。つまり，真空中で小球が自由に飛び交う天体的な熱力学第２法則の状況ではなく，水溶液中で多種多様な分子が激しく熱運動しながら相互作用している細胞内，いわば時間とともにエントロピーが減少しても不思議ではない細胞内を研究する必要がある。西垣通（2022）は，このメソネイチャーの分析無しでは生命現象の解明はできないという。

　企業を見るにあたっても，「水溶液中で多種多様な分子が激しく熱運動しながら相互作用している」という視点は妥当なように思える。グローバルレベルの大企業だけもなく，また概して零細な個人企業だけでもなく，中間的な企業を含め，さまざまな企業がそれぞれの外部環境のなかで相互作用を経て，利益を保ちながら，存続につなげるべく行動している。自己完結的な因果関係的ありさまだけでは，そうした結果にはならない。現実には成長ばかりでなく淘汰もある。多種多様な分子との関係に目を向ける必要がある。単なるデータ処理的ではなく，経営者の心の働きを捉えながら丹念に個々の企業に接近することで，その相互作用が，また本質が解明できるのではないだろうか。心の働きを捉えるのであれば，中間的な企業，とりわけ地域との相互作用が多いと思われる地域企業を対象とした考察が相対的に容易であると思われる。

　加えていえば，水溶液も時間の流れのなかでその構成は微妙に変化しているではないか。ノンフィクション作家の佐野眞一は「歴史の等高線」といったが，折々の背景となる時代の意味の違いを踏まえることも，多種多様な分子（地域企業）が激しく熱運動しながら相互作用している姿を浮かびあがらせるためには求められるだろう。

　ただ，こうした接近については，ドリーシュの目的論的説明の議論などにも遡り，今後さらなる綜合的な検討が必要であることはいうまでもない。

地域企業 4 社の根柢

　存続過程また存続要因についての何らかの示唆を地域企業 4 社から導きだそうとしてきたが，本書は地域企業それぞれからの示唆のずれを楽しんでもらうこともできる。いわば，各地域企業の汲めども尽きぬ生きざまといった豊潤な

背景にもとづくものであり，それぞれの地域企業のしっかりとした信念に裏打ちされた泉とでもいえるかもしれない。地域企業は多様であり，それぞれの美意識を楽しんでもらうことができるともいえる。

　日本画に「たらし込み」という表現技法があるそうだ。これを意図的に使い始めたのは，俵屋宗達であるといわれている。水墨画家・大竹卓民は，たらし込みを絵画表現に巧みに使いこなした宗達は墨絵の歴史に新たな可能性を見つけたという。たらし込みは，墨汁を紙にあて，それが半渇きしたところに異なる淡さの墨汁なり水滴を筆先からたらす技法である。たらす量，選択した位置などによって，できあがる墨模様のありようは偶発的に変わる。ほどよい按排が必要になる。宗達はこれを巧みに使いこなし，偶然，「たまさか」を手なずけていった。最初は，ほんのいらずら心からであったかもしれないが，それを熟達の域までにさせたのは好奇心と創意工夫の積み重ねがあったからだろう。

　地域企業4社においても，こうした「たまさか」を手なずけて，自分のものにしていく術・技を，しなやかに，あるいはしたたかにもっているように思われる。宗達は，量感あふれる筋骨の牛がもつ躍動感を強調するために「たらし込み」技法で毛並みを描いたり，葉や土の質感を自然にそこはかとなく描くためにその技法を使った。その背後には，対象に向き合って，息づかいやあわれさ，また自然のことわりなどを含んだ真実を伝えたいという強い制作意欲があったであろう。事例4社においても，それぞれの事業を展開していくなかで，何としても成功させるのだ，存続させるのだという強い事業意欲，熱意を持っていた。それは，信念が確固たるものになっていく過程をともない，裏打ちされていった。偶発的なことも加わりながら，熱意に，遊び心を含んだ強い好奇心と創意工夫を重ね，事業の深耕また展開をさせていった。

　また，自社のみでの完結型の意識ではなく，対象（あるいはまた他者，社会）との関係性を捉えたなかで事業を発展させようとしている。その根柢には対象への理解を深めようとする気持ちがある。理解は敬意になる。敬意によって，自らの思いが生きる。自らのアイデンティティも守ることにもなる。敬意を持つがゆえに，アイデンティティが守られているといってもいい。それによって，対象（あるいは他者，社会）としっかりとつながっていく。単なる打算ないし経済的合理性ではなく，非経済的効用が相互に高まっていくことにも

なる。

　時間軸を凝縮させて，このたびの地域企業4社の事例をキーワード的にあらためてまとめるとすれば，つぎのようになるだろう。「伝統の評価と克服（伝統をふまえた理念の構築）」，「絶えざる内省と逸脱的再構築（あくなき学びと革新）」，「国際性と機会を逃さない行動（視野の広さと行動）」，「ネットワーク（社会関係）を大切にする（縁，出会いを活かす態度と行動）」，「他者（社会）への敬意（謙虚さあるがゆえの確固たるアイデンティティ）」。

　こうした考え方や熱意をもって自社の能力を育みながら企業経営また事業を進めても，他者による追い風があればいいが，思いがけない逆風，向かい風はつきものである。そうした際に，視点をほんの少し変えることも必要なようだ。向かい風は飛行機の離陸の際に揚力を得やすい。見る人の感性次第で花の美しさも変わる。道端のさりげない草花にも感激したい。心持ちで仏像などの表情も変わる。視点を変えるだけで，企業も，その歴史も生まれ変わる。

　「伝統の評価と克服」を換言すれば，伝統や古いもののなかに未来を発見できるかどうか。あるいは，古いもののなかに未来を見いだすことができるかどうかであろう。「絶えざる内省と逸脱的再構築」はイノベーションと係わっている。イノベーションにはもちろん技術の壁を越える側面があるが，顧客や社会の壁を越える側面がある。突き詰めて内省することは大切であるが，抑制からはなれたとき，脱抑制，自由になるときに創造が起こり，イノベーションにつながることがある。イノベーションを「国際性と機会を逃さない行動」また「ネットワーク（社会関係）を大切にする」という点と絡めれば，成果をともなうイノベーションのためには，技術の視点と技術以外の側面を思慮深くバランスとり，融合させて，顧客また社会のニーズをより良く満たすことが大切となる。しかし，ただ社会に合わせ，無条件に受け入れるということではない。社会がひとつの方向ないし体系になっているときに，何か不安定な「気配」，何がしかの摩擦や違和感をもった瞬間に，発火点的に創造が生まれることが多々ある。それは，さまざまな細部に真新しい感性をまとわせ，その具現化に立ち向かい，極限的な製品なりサービスにしていくためのステップであろう。「他者（社会）への敬意」は，茶の湯の四規「和敬清寂」と通じるところがある。和やかな心，敬い合う心，清らかな心，動じない心が四規であるが，それ

は，自分さえよければということではなく，自分と向き合い，相手の身になって考えることのようだ。また，四規は茶の湯の精神を表しているのであるが，企業でいえば，社是，経営理念などとなるだろう。それは，その企業のアイデンティティ，つまり何者なのか，どうありたいのかを示している。自らを問うのであれば，他者（社会）との関係を問わなければならないだろう。堅牢なアイデンティティになっていくためには，他者（社会）への敬意，謙虚さあるがゆえであろうし，あわせて企業内へのその浸透も求められる。

研究遍歴

　研究生活を大学院博士前期課程からとするならば，まもなく半世紀になろうとする。この間のひとつのまとめである本書は，本来なら昨年度中に刊行すべきであったが，本年度になってしまった。出版助成を申請し受理いただいた関東学院大学経済経営学会は，経済学部改組にともなう 2017 年経営学部発足，また 2023 年度からの経営学部の関内キャンパス移転もあり，2022 年度から関東学院大学経済学会と関東学院大学経営学会とに分かれた。本書は経営学会からの刊行となった。幸いにもというと申し訳ないし，忸怩たる思いであるが，関東学院大学経営学会出版助成第 1 号となった。経済経営学会また経営学会の誠にあたたかいご配慮に心からの感謝と御礼をまず申し上げたい。

　これまで研究生活を過ごすことができたのも，また本書をまとめることができたのも，たいへん多くのみなさまのおかげによるものである。

　思い起こせば，小学校は小学校で，中高は中高で，また大学から現在に至るまでと，そのときそのときに良い先生に恵まれた。すべての先生方の名前をあげることはできないが，このことは誠にありがたく，深く感謝したい。

　愛媛大学では森本憲夫先生に出会った。1 年次の専門科目から履修し，世界経済学が専門であったが，経済哲学，また俳句，絵画と多才な先生であった。法文学部法学科経済学専攻は各ゼミ 1～2 名ほどであった。先生が非常勤の関係で神戸・岡本の奥さま森本（河井）冨美恵先生宅に毎週末移動されていたこともあり，3 年次からは留守番的に止宿することになった。先生が松山におられるときには，先生につくっていただいた朝食の場がゼミ室に変わった。サークル活動などかなり自由な生活をしたが，ある意味で書生的な学部生活であっ

た。さらに，大学院時代も岡本の先生宅に止宿することとなった。

　大学院は，世界経済学の生島廣治郎先生のおられた近畿大学大学院に進んだ。学部先輩・薬師寺洋之先生（元近畿大学）の適切なアドバイスはありがたかった。同大学院には神戸大学を定年された入江猪太郎先生がおられた。森本先生が事前に紹介してくださっていたようで，入江先生はたいへん良くしてくださった。入江先生を中心にした多国籍企業研究会が 1972 年に創設され，当時は創世期の活発な議論・活動の時期であった。毎週火曜の大学院の講義の後は，近くの喫茶店で，当時近畿大学の江夏健一先生（早稲田大学名誉教授），また院生先輩の有澤孝義先生（元近畿大学）とともにコーヒーを飲み話し，その後，神戸・御影の入江先生のご自宅まで江夏先生が送られる車に，前に先生方，後ろにわたくしという形で同乗させていただいた。先生方の中身が濃く深いお話を毎週１時間半程度拝聴できるという誠にありがたい時間と空間を占有させてもらった。

　ただ，修士論文では経済空間の一展開としてキール学派世界経済学の変貌についてまとめ，その流れで博士後期課程１年次の 1977 年８月から翌３月まで当時の西ドイツ・キール大学世界経済研究所に留学することとなった。初めての海外生活であった。前年大阪でお会いしていた当時の所長ギーリッシュ教授には宿舎（Haus Welt-Club），図書館などいろいろとご配慮をいただいた。大学では立地論などの講義に参加した。大学また宿舎で，第１章の事例としてとりあげたドイツの友人，さらにアルジェリア，ユーゴスラビア，イラン，アフガニスタン，ソマリアなどから来ていた多くの友人を得た。だが，その後の政治情勢の大きな変化で，多くの人とは音信不通となった。

　キールでは研究所以外の生活も楽しんだ。大学から合唱を始めていたが，大学院でも日曜日に神戸中央合唱団で歌っていた。キール市立歌劇場には神戸中央の中村健さんの先輩・齋藤純一郎さんが指揮者としておられ，奥さま千恵子さんは同歌劇場アマチュア合唱団に入っておられた。その縁で週一の合唱に参加することになった。混声で，年配から学生までと幅広い方と知り合いができたし，キールの姉妹都市フランス・ブレストへの１週間のバスでの演奏旅行，この共同生活などは素顔のドイツ人を知る良い機会ともなった。帰国後には幾人か訪日してくれ，親交を深めた。

　ドイツの思い出が長くなったが，研究に戻ろう。世界経済学研究を進捗させることの難しさを感じながら帰国し，国際経済学的視点で国際構造変動論また戦後西ドイツの貿易構造と産業構造の転換に係わる研究を進め，1982 年大分工業大学（日本文理大学）の商経学部創設にともない国際経済学担当として赴任した。同大学では，「小・開放・新興国への直接投資」，「シンガポールの発展と国際金融市場」などシンガポールに着目した研究と「国際化と地域経済の自立」などの研究を進めていたが，1986 年 5 月に転機が生まれた。入江先生，江夏先生が日本貿易学会全国大会（下関市大）の際にラグマンほかの『インターナショナルビジネス－企業と環境』（1987）の翻訳に誘ってくださったのだ。同書では「貿易障壁」を担当したが，中島潤先生（当時・神戸市外国語大学）に細やかなご指導をいただいた。懐深い先生方によって，その後も，「日本企業の国際化の現状」（『国際経営論』1988），アンケ・ホーグフェルト『英和多国籍企業辞典』（1989）で執筆者・翻訳者のひとりに加えていただき，さらに論文「多国籍銀行と折衷理論」（1989）などと，多国籍企業研究へと舵を切り，1990 年久留米大学商学部の多国籍企業論担当としての転任となった。同学部の多国籍企業論は，安室憲一先生（兵庫県立大学名誉教授）が久留米大学在任当時に新規開設された科目であった。そのおかげがなければ専任公募はなかった。1990 年多国籍企業研究会に入会させていただき，西部部会長だった中島先生に当初年数回というような発表の機会を与えていただき，鍛えていただいた。しばらくは，ポートフォリオ関連の報告・発表，デュフェイ／ギディ「国際金融市場のイノベーション」（ベーカーほか『国際ビジネス・クラシックス』1990）翻訳など，金融国際化などの議論に注力していたが，次第に「外国（産）系最終消費財と九州市場」（1995）などと地域企業関連に関心が拡がった。

　1995 年 8 月から 1996 年 9 月には，久留米大学のおかげで，英国レディング大学での在外研究の機会を得た。ジェフリー・ジョーンズ教授（現・ハーバード・ビジネス・スクール）が受け入れ教授で，1995 年 2 月ファクシミリでお願いしたら，すぐに受け入れる旨の返信があった。インターネット前夜の思い出である。渡英した秋には E メールも利用できるようになり，帰国後の日本でも一般的になっていった。

　レディングは，いま思えばジョーンズ先生を中心とする経営史グループの活動が最盛期であったように思われる。マティアス・キッピング先生（現・カナダ・ヨーク大学）が講師として着任した直後であったし，コーリー先生など重鎮もおられた。院生，またノルウェー，ハンガリーからなどの訪問教員も多くいた。毎週水曜の学部のセミナーとともに，研究会も多数開催されていた。また，月輪番制でインターナショナル・パーティが開催され，我が家でもジャパニーズ・イブニングを担当し，茶席を設け，寿司などで 15 人余りのおもてなしをした。マーク・カソン教授には自宅に招いていただくなどご厚誼いただき，2016 年ベルリンでの独英経営史合同コンファレンスで娘さんキャサリン（英・マンチェスター大学）と同じセッションだったことは思いがけない喜びであった。ジョン・ダニング先生，マイラ・ウィルキンズ先生，アラン・ラグマン先生，ピーター・バックレー先生などとも研究会ほかでお話しする機会を得た。1996 年 3 月米国コロンバスでのビジネス・ヒストリー・コンファレス（BHC）にジョーンズ先生，キッピング先生と同じ便で渡米し参加したことや，レディング大学で 1995 年に準備会合があり帰国直前の 1996 年 8 月スウェーデン・ヨーテボリ大学で創設大会が開催された欧州経営史学会（EBHA）の参加者 210 名以上のひとりであったことなども思い出深い。なお，EBHA の初代事務局長はジョーンズ先生，キッピング先生は初代ニーズレター編集者として EBHA 創設の中心的な役割を果たした。ありがたいことに，両先生とはいまも親しくさせてもらっている。

　海外での日本人研究者との出会いは，思いのほか影響を受けるし，その後の交流の大きなきっかけになる。当時暁星国際大学の澤野雅彦先生（北海学園大学名誉教授）ご一家には子どもたちの年代も近くたいへんお世話になった。帰国後も親交させていただいている。また，同時期にレディングに滞在だった田中美生先生（神戸学院大学名誉教授）ご一家，今尾雅弘先生（三重大学名誉教授），少し後にご家族で来られた研究仲間の藤澤武史先生（関西学院大学），伊田昌弘先生（阪南大学），安藤研一先生（静岡大学），またサセックスに来られた旧知の藤沢憲治先生（日本文理大学名誉教授）ご夫妻にも御地でいろいろとご高配をいただいた。1995 年 11 月 イタリア・ミラノ EAMSA（Euro-Asia Management Studies Association）では，安保哲夫先生（東京大学名誉教授），

板垣博先生（武蔵大学名誉教授）と，ベルガモ行きは雨で中止となったが，安保先生お気に入りのお店で親しく歓談させていただいたことが思い起こされる。同じく 11 月にはソウルで開催された AIB（Academy of International Business）年次大会に参加した。同大会では，江夏先生はじめ日本からも多くの先生方が参加されていたが，村山元英先生（千葉大学名誉教授）と親しく話したのはこのときが最初だった。その後，国際経営学・理論研究会（国際経営文化学会）に誘っていただき多くを学んだ。

　レディングでの学びとご縁は大きなものがあったが，帰国後はウィルキンズ先生が名づけたフリー・スタンディング・カンパニーの議論を検討するとともに，渡英前に発表していた「九州ベース企業と多国籍化の方向」についての議論を進め，「九州地域における対内直接投資」などを経て，単著『国際マネジメント』（1999）へとつなげていった。

　2000 年に広島市立大学国際学部に赴任した。中島潤先生の後任として多国籍企業論と貿易論の講義を担当することとなった。国際学部は，哲学，文学，語学，政治，経済など人文・社会科学全般にわたる幅広い科目構成からなっており，そのなかでの多国籍企業論で，それまでの日本文理大学商経学部，久留米大学商学部とは一味違う色合いがあった。

　日本文理大学商経学部は商学科と経済学科の 2 学科から構成され，経済学科に所属した。学生ともども 1 年生の創設初年度から数年は，まだまだ慣れない講義をしながら，占部都美学部長（神戸大学名誉教授）のもとで，学部・学科運営体制，教務・学生，学部内学会創設，學會誌刊行，学生研究会連合創設などの制度づくりに，当時若手の小川和憲（宮崎大学名誉教授），国友豊（元広島文化学園大学），市川芳郎（日本文理大学名誉教授），黒野（菅田）宏則（元広島県立大学）などの先生方と一緒にいい学部にしようと尽力した。職員の方々もご一緒していただいた。学生研究サークル（オイコノミア）も立ち上げた。そのときの学生が今年還暦を迎えた。同大学では，工学部の甲斐章人先生との出会いも忘れてはならない。経営工学ご専門の甲斐先生には現場（工場）に，また大分県商工会連合会などの調査研究にとご一緒させていただき，現場にもとづく研究の大切さを学んだ。また，藤沢憲治先生にも九州経済調査協会でご一緒に調査研究をするなど，当時同協会におられた野間重光先生とともに

現場視点での多くのことを教えていただいた。ドイツ語の大久保渡先生にもご厚誼いただいた。さらに，年2回集中講義で来られていた国際金融論の布目真生先生（元高知大学・拓殖大学）のご研究はのちのフリー・スタンディング・カンパニー研究の道標となったし，それ以外にも多くのご教示をいただいた。加護野忠男先生（神戸大学名誉教授）を囲んでの1983年阿蘇の談論も有意義なひとときであった。大分という地が最初の勤め先であったことは幸いであった。当時県の人口が125万人ほどで，「経済」を捉え，理解するのにわかりやすい規模であった。また，平松守彦知事の一村一品運動が1980年から始まった時期であったし，1970年の中谷健太郎（亀の井別荘），溝口薫平（玉の湯），志手康二（夢想園）らの「由布院の自然を守る会」が本多静六の「日本のバーデン・バーデンを目指すべきだ」（1924）に感化され発展し，「緑・静けさ・空間」を重視した農山村風景，また「癒やし」を提供する温泉地によるまちづくり，地域おこしの動きが進展しているときであった。地域の内発的ないし自律的発展の実際にふれることができた。

　久留米大学商学部は1990年赴任当時経済学科と商学科から構成されていたが，1994年経済学科が改組し経済学部となった。商学部商学科は，商学系，経営学系，会計系の3つの学系から科目構成され，詳しくは「商学部カリキュラム50年の進化」（2000）にまとめたが，ビジネスまた諸組織を理解していくうえでバランスのとれた構成であった。経済学的視点から多国籍企業組織の視点へと重心が移行していた時期の赴任だったので，この3つの学系にもとづく商学部では大きな学びを得た。赴任当時の学部長・植田高司先生をはじめ多くの諸先生から示唆を受けた。職員の方にもお世話になった。とりわけ会計学についての石内孔治先生，由井敏範先生，高梠真一先生からの学びは大きかった。貿易商務論の大塚朝夫先生，アダム・スミス研究の西義彦先生にも多くを教えていただいた。また，ほぼ同年代の谷口豊，福永文美夫，兼村栄哲（駒澤大学），伊藤祐，真部和義などの各先生との研究会で『企業システムの探究』（2001）をまとめたことも楽しい時間であった。さらに，久留米では九州の先生方からも多くを教わった。角松正雄先生（熊本学園大学名誉教授・元学長）は久留米在住ということもあり，ときどきお宅にお邪魔したり，食事をご一緒させていただきながら，たいへん多くのことを教わった。井沢良智先生（九州

産業大学名誉教授）にも部会をはじめいろいろとご教示を受けた。

　広島市立大学は 1994 年に創設され，赴任の 2000 年に博士後期課程が設置され，まだまだ揺籃期であった。国際学部は，国際文化・国際政治・国際経済の 3 系列の科目群で開設されたが，しばらくして見直しの議論が始まり，2007 年度から国際政治・平和，公共政策・NPO，多文化共生，国際ビジネス，言語・コミュニケーションの 5 つのプログラムに構成を改編した。系列ごとの必修単位数などのしばりを止めて，学生の自主性にもとづき履修できる多様で柔軟なカリキュラム編成となった。学際性の涵養をはかった。こうした変化は，個人的にも経営学ベースのみではなく他分野の知見をふまえた検討・考察の必要性を示唆してくれることとなった。一人ひとりのお名前は挙げることはできないが，国際学部時代のすべての先生また職員の方に感謝を申し上げたい。ただ，赴任後も非常勤で来られていた中島潤先生，学長だった藤本黎時先生，いまでもお会いする坂井秀吉先生，オマール・ファルーク先生，二村英夫先生（帝京大学），曾根幹子先生，研究会・学会仲間の高橋広雅先生，城多努先生，金谷信子先生，李在鎬先生，李玲先生，ヌルハイザル・アザム先生，高久賢也先生，他大学に移られたが同じく潮﨑智美先生（九州大学），野崎亜紀子先生（京都薬科大学），鳥澤円先生（関東学院大学），猪口純路先生（小樽商科大学），王英燕先生（慶応義塾大学）のお名前は記させていただく。

　2017 年関東学院大学経営学部に赴任し，国際経営論を担当させていただいた。同学部は同年経済学部経営学科から改組し発足した。1884 年創立の横浜バプテスト神学校の流れをくむチャペルでの辞令交付式は新鮮であったし，キリスト教の精神にもとづく慈しみと敬虔，寛容と慈愛の姿勢がいろいろなところで感じられ，おだやかで和やかな 5 年間を過ごさせていただいた。経営学部の社会連携のプラットフォーム，K-biz などの試みはビジネスの理論と実践を融合するために有用なことであり，2021 年度 K-biz ベイシックⅡで 1 年次ゼミ生が特別賞を受賞し，喜んでいた姿はいまでも目に焼き付いている。関東学院大学の経営学部また経済学部のすべての先生，職員のみなさまに感謝申し上げたい。やはりすべての方々のお名前をあげることはできないが，学部長・辻聖二先生，学長・小山巌也先生，副学長・江頭幸代先生，経済経営研究所長および図書館長・四宮正親先生，前学科長・渡辺竜介先生，大学院経済学研究科

委員長・名武なつ紀先生，学長補佐・唐沢龍也先生，いまでもプロジェクトを
ご一緒させていただいている福田敦先生，山北晴雄先生，岩崎達也先生，才原
清一郎先生，また高橋公夫先生，池内守厚先生，中原功一朗先生，細田実先
生，荒川一彦先生，天野恵美子先生，佐藤志乃先生，赤尾充哉先生（東洋学園
大学），真保智行先生，水谷文宣先生，松下将章先生はじめみなさまから多く
の学びを得た。さらに黒田尚弘課長，田中早苗さん，桐木健斗さんはじめ学部
庶務課のみなさまにもたいへんお世話になった。記して感謝を申し上げたい。

　学会関係では，最初に入ったのは経済地理学会であったが，最初の報告は国
際経済学会関西支部（岡山大学）であった。池本清先生（神戸大学名誉教授）
などからの厳しいコメントはその後の糧になった。その後，同学会のほか日本
貿易学会，多国籍企業研究会（2007年多国籍企業学会），さらには国際ビジネ
ス研究学会が主な研究活動の場となった。それぞれで多くの先生方に学んだ
が，多国籍企業研究会時代の合宿型の東西合同研究会は，その研究に大きな示
唆を与えてくれる場であったし，気の置けない仲間になる機会でもあった。横
浜でばったり会って研究の話が広がった柴健次先生（関西大学）などもそのひ
とりである。いまは時代が許さないところもあるが，国際経済学会，日本貿易
学会，国際ビジネス研究学会の全国大会後の親しい先生方との泊まり込みでの
学びは，学会での報告以上に得るものが大きかった。

　国際ビジネス研究学会と多国籍企業学会の両方に参加している会員は多い
が，関西はとくにその傾向が強い。安室先生，榎本悟先生（岡山大学名誉教
授），田端昌平先生（神戸国際大学），藤澤先生，伊田先生，梅野巨利先生（大
阪商業大学），星野裕志先生（九州大学），山口隆英先生（兵庫県立大学），古
沢昌之先生（近畿大学），四宮由紀子先生（近畿大学），馬場一先生（関西大
学），山内昌斗先生（専修大学）などの諸先生とは長い交流である。関東では，
諸上茂登先生（明治大学名誉教授），大石芳裕先生（同）と長く親しくさせて
いただいている。広島・山口では，米田邦彦先生（広島修道大学），有村貞則
先生（山口大学），平野実先生（県立広島大学）などにお世話になっている。

　関東学院大学に転任してからとくに関東の先生方とお会いする機会が多く
なった。ご教示いただいたすべての先生をあげることはできないが，国際ビジ
ネス研究学会と多国籍企業学会などでは，川邉信雄先生（早稲田大学名誉教

授），白木三秀先生（同），新宅純二郎先生（東京大学），坂野友昭先生（早稲田大学），長谷川信次先生（同），岩田智先生（北海道大学），浅川和宏先生（慶応義塾大学），また臼井哲也先生（学習院大学），安田賢憲先生（創価大学）をはじめとする先生方である。

　また，高井透先生（日本大学）を中心とした国際ビジネス研究フォーラム（IBRF）にも参加の機会が増えた。高井先生，桑名義晴先生（桜美林大学名誉教授）から教えられたことは数多いし，小林麻理先生（早稲田大学），菅原秀幸先生（北海学園大学），池上重輔先生（早稲田大学），米澤聡士先生（日本大学），齋藤泰浩先生（桜美林大学），高橋意智郎先生（日本大学），佐藤幸志先生（拓殖大学）などからも示唆を得てきた。さらにIBRFのメンバーを主にしながら，Covid-19の蔓延のなかで，2020年春先からオンライン研究会がいくつか立ち上がった。土井一生先生（九州産業大学），岸本寿生先生（富山大学），竹之内秀行先生（上智大学），今井雅和先生（専修大学），山本崇雄先生（神奈川大学），竹之内玲子先生（成城大学），清水さゆり先生（高崎経済大学），またアザム先生，潮﨑先生，城多先生によって重なり合う研究会群に参加させてもらっている。このことで，本書を完成させることができたといっても過言ではない。

　今日に至るまで，森本先生，入江先生，そして中島先生，江夏先生からの深く広い学恩のなかでの研究生活であった。その学恩にほんのわずかでも報いる形に本書がなっていれば幸いである。

　本書の刊行にあたり，文眞堂・前野隆代表取締役社長にはたいへんお世話になった。ここに心からの感謝の意を表したい。前野社長には大学院時代の1976年の近畿大学か1978年の久留米大学での日本貿易学会全国大会で初めてお会いしたのではないかと思う。ただ，ゆっくりお話したのは，1988年の熊本商科大学（現・熊本学園大学）での同全国大会のあとに阿蘇あたりの温泉に何人かの先生方とご一緒したときではないだろうか。営業部長の前野弘太氏には，Covid-19のたいへんななかにも係わらず，編集でも丁寧な作業をしていただき，ようやく出版にたどりつくことができた。厚く御礼を申し上げたい。

　これまでに学んだのは諸先生方だけではない。お会いしお話を伺った経営者の方々，ビジネスパーソンの皆様，またそのほかの多くの方々から教わった。

感謝したい。さらに，年の差を感じなくなった日本文理大学での初めてのゼミ生・学生から久留米大学，広島市立大学，関東学院大学のゼミ生・学生・院生，また非常勤先の学生・院生まで多くの人に接してきたが，その一人ひとりから学んだことは多い。とくに，修士・博士の学位を取得した院生は百十数名ほどになるが，彼ら彼女らの研究過程を伴走させてもらうことで学ぶことは多かった。心から感謝したい。さらに，ありがたいことに，いまでもそれぞれの大学の卒業生たちとは連絡がとれ，ときに誘ってくれ，広島，大分，福岡，東京・横浜，また上海，バンコク，ハノイなどで会ったりしている。こうしたことが教師冥利に尽きるということなのだろう。

　それは研究・教育にそれなりに時間を割いた反映であるかもしれないが，他方で家族との時間の相対的な少なさを表しているのかもしれない。その意味では，家族に苦労や我慢を強いてきたところがあるだろう。ここにあらためて日ごろから心身ともに支えてくれている家族に心から感謝したい。さらに，育んでくれた両親，いろいろサポートしてくれている弟家族，また中高時代にお世話になった叔父家族にも感謝ともに御礼を述べたい。

　「あとがき」とすべきところだったかもしれないが，「置き傘」とした。置き傘は，中島先生が『神戸外大論叢』（中島潤教授記念号）（1995）に寄せられた論稿のタイトルである。置き傘は，いうまでもなく突然の雨に備えて学校などの玄関傘立てに置かれている傘である。世の中さまざまなことがある。雨のあとには虹が出る。雨が降らなければ虹は見えない。見方を変えれば考え方も変わる。行動すれば違う世界になる。未来が変わる。オペラ「ファルスタッフ」のフィナーレのような寛やかな笑いに包まれたい。本書がほんの少しでもお役に立ては幸いである。

2022 年 12 月

大東和　武司

引用・参考文献

日本語

浅羽茂「日本のファミリービジネス研究」『一橋ビジネスレビュー』第 63 巻第 2 号，2015 年，pp.20-30.

麻生潤「造船大手企業の事業統合と建造設備」『同志社商学』第 58 巻第 6 号，2007 年，pp.238-251.

アンケ・ホーグフェルト，中島潤・江夏健一監訳『英和多国籍企業辞典』中央経済社，1989 年.

安藤研一「コロナ禍における在欧多国籍企業」『経済系』関東学院大学経済経営学会研究論集（大東和武司教授退職記念号），284 号，2021 年，pp.34-56.

碇川豊『希望の大槌 逆境から発想する町』明石書店，2013 年.

池本清「外資政策の理論的考察」『国民経済雑誌』第 155 巻第 2 号，1987 年，pp.17-30.

石川和男「地域文化の影響による事業承継の現状と課題」『専修商学論集』104，2017 年，pp.1-12.

市嶋聡之「スイスにおける連邦制と少数派統合に関する研究：カントンの自治を中心に」『金沢大学大学院人間社会環境研究科博士論文要旨』金沢大学，2006 年，pp.85-91.

伊東光晴「柴田敬 一途な人」（『大道を行く—柴田敬追悼文集』日本経済評論社，非売品，1987 年，pp.62-64 所収）.

猪口純路「カイハラ：技術革新で地場産業の進化を牽引する」大東和武司・金泰旭・内田純一編著『グローバル環境における地域企業の経営』文眞堂，2008 年，第 3 章，pp.81-113.

猪口純路・小宮一高「産業集積における事業システムの多様性—児島ジーンズ集積の事例から」『香川大学経済学部研究年報』47，2007 年，pp.91-116.

入山章栄・山野井順一「世界の同族企業研究の潮流」『組織科学』Vol.48 No.1，2014 年，pp.25-37.

イン，ロバート K.，近藤公彦訳『ケース・スタディの方法 第 2 版』千倉書房，1996 年.

上野絵里子・本図宏子・松田琢磨「海事クラスターの歴史分析」『海事交通研究』，第 64 集，2015 年，pp.33-42.

植松忠博「造船不況と地方都市—岡山県玉野市の事例—（Ⅰ）」『岡山大学経済学会雑誌』第 11 巻第 3 号，1979 年，pp.127-156.

内波聖弥「グローバル競争下における造船業の立地調整と産業集積—愛媛県今治市を中心として—」『経済地理学年報』第 59 巻第 3 号，2013 年，pp.1-22（pp.269-290）.

栄久庵憲司『道具論』鹿島出版会，2000 年.

江崎保男『自然を捉えなおす』中公新書，2012 年.

江藤名保子「普遍的価値をめぐる中国の葛藤」『アジ研ワールド・トレンド』日本貿易振興機構アジア経済研究所，266 巻，2017 年，pp.26-33.

江夏健一「国際化経済の分析視角」『貿易と関税』Vol.18 No.10，1970 年.

江夏健一『国際貿易と多国籍企業』八千代出版，1971 年.

江夏健一・桑名義晴「日本における国際ビジネス研究の系譜と展望」アラン・M・ラグマン，江夏健一・太田正孝・桑名義晴監訳『ラグマン教授の国際ビジネス必読文献 50 撰』所収，中央経済社，2010 年，pp.185-199.

太田浩「大学国際化の動向及び日本の現状と課題：東アジアとの比較から」『メディア教育研究』第 8 巻第 1 号，2011 年，S1 – S12.

大東和武司「地域と企業 4 フンドーキン醤油」『九州経済統計月報』Vol.40 No.8，1986 年，pp.14-17.

大東和武司「小・開放・新興国への直接投資」『日本文理大学紀要』第 15 巻第 1 号，1987 年，pp.127-134.

大東和武司「シンガポールの発展と国際金融市場」『日本文理大学商経学会誌』第 5 巻第 1・2 号合併号，1987 年，pp.239-257.

大東和武司「国際化と地域経済の自立」『日本文理大学商経学会誌』第 6 巻第 2 号，1988 年，pp.125-147.

大東和武司「日本企業の国際化の現状」車戸實編『国際経営論』八千代出版，pp.300-320.

大東和武司「多国籍銀行と折衷理論」『日本貿易学会年報』第 26 号，1989 年，pp.64-69.

大東和武司「外国（産）系最終消費財と九州市場」『日本貿易学会年報』第 32 号，1995 年，pp.116-119.

大東和武司「九州ベース企業と多国籍化の方向」『産業経済研究』第 36 巻第 1 号，1995 年，pp.1-62.

大東和武司「フリー・スタンディング・カンパニィは多国籍企業か」『久留米大学商学研究』久留米大学商学会，創刊号，1996 年，pp.137-173.

大東和武司「フリー・スタンディング・カンパニィ」『世界経済評論』Vol.41, No.1, 1997, pp.55-63.

大東和武司「九州地域における対内直接投資」『日本貿易学会年報』第 35 号，1998 年，pp.155-159.

大東和武司『国際マネジメント』泉文堂，1999 年.

大東和武司「商学部カリキュラム 50 年の進化」『久留米大学商学研究』久留米大学商学会，第 5 巻第 2 号，2000 年，pp.119-215.

大東和武司「地域企業の革新：ルーティンと創造」『世界経済評論』Vol.58　No.2，2014 年，pp.22-26.

大東和武司「地域企業の革新―ルーチンと伝統の翻訳―」『国際ビジネス研究』国際ビジネス研究学会，第 7 巻第 1 号，2015 年，pp.3-13.

大東和武司「地域企業のひとつの進化プロセス」広島市立大学国際学部国際ビジネス研究フォーラム編『国際ビジネスの現実と地平』文眞堂，2020 年 a, pp.217-244.

大東和武司「フリースタンディング・カンパニィ―その経済空間と国家空間とのかかりへの試み―」『戦略研究 26』戦略研究学会，2020 年 b, pp.15-47.

大東和武司「伝統産業にかかわる地域企業の変容過程：絣からデニムへ：カイハラ（KAIHARA）の事例」（『経済系』関東学院大学経済経営学会研究論集（高橋公夫教授退職記念号），282 号，2021 年，pp.72-93.

大東和武司・金泰旭・内田純一編著『グローバル環境における地域企業の経営』文眞堂，2008 年.

岡潔『春風夏雨』角川ソフィア文庫，2014 年.

尾形純男・島田虔次編注訳『三浦梅園自然哲学論集』岩波文庫，1998 年.

岡本太郎『日本の伝統』光文社知恵の森文庫，2005 年.

小川晴久『三浦梅園の世界 空間論と自然哲学』花伝社，1989 年.

奥村昭博「ファミリービジネスの理論 昨日、今日、そしてこれから」『一橋ビジネスレビュー』第 63 巻第 2 号，2015 年，pp.6-19.

尾崎雅彦・中西穂高「地域経済活性化要因の研究」経済産業研究所ポリシー・ディスカッション・ペーパー，2011 年.

長田弘『なつかしい時間』岩波新書，2013 年.

小佐野重利『絵画は眼でなく脳で見る―神経科学による実験美術史』みすず書房，2022 年.

尾関将玄『戦時経済と海運国策』戦時経済国大系第 7 巻，産業経済学会，1941 年.

小野瀬拡・山口浩「寺院経営における企業スポンサーの役割に関する一考察―神勝寺と常石グループの事例から―」*Journal of Global Media Studies*, Vol.26, 2020 年，pp.1-21.

ガイア・ヴァンス『進化を超える進化』文芸春秋，2022 年.

カイハラ株式会社『温故創新―積み重ねてきた技術の歩み，110 年を礎に―』2001 年，p.15.

覚和歌子「リフレイン」(『覚和香子の詩による混成合唱曲集「等圧線」』作曲：信長貴富，音楽之友社，2012 年，「終曲 4」として所収).

加護野忠男「創造的組織の條件」『組織科学』Vol.19 No.1，1985 年，pp.11-19.

加島祥造『老子と暮らす』知恵の森文庫，光文社，2006 年.

上小城信幸「日本造船業の構造変化～1989 年以降の好況期における「大手」の低迷と「中手」の台頭～」『一橋研究』第 29 巻 2 号，2004 年，pp.7-20.

神谷宜泰「事業継承を契機とした経営革新の理論的分析：中小企業特有の課題と組織変革プロセスの視点から」博士論文（名古屋市立大学），2018 年.

加茂直樹「グローバリゼーションについて」『彦根論叢』（山下一道助教授追悼号）366 号，2002 年，pp.113-128.

軽部大「見過された分析視角：E. T. Penrose から『資源・能力アプローチ』へ」『一橋論叢』129 巻第 5 号，2003 年，pp.555-574.

軽部大『関与と越境　日本企業再生の論理』有斐閣，2017 年.

川崎重工業「船舶海洋事業の構造改革」説明資料，2017 年 3 月 31 日.

川崎重工業プレスリリース，2012 年 4 月 3 日.

川島哲郎「経済地域について―経済地理学の方法論的反省との関係において―」『経済地理学年報』経済地理学会，1956 年，pp.1-17.

川田順造『文化の三角測量』人文書院，2008 年.

川村雅彦「日本における CSR の系譜と現状」『特別レポート 2』ニッセイ基礎研究所，2009 年，pp.24-30.

『神原勝太郎伝』神原汽船，1962 年.

『神原勝太郎伝（改訂版)）』神原勝太郎伝刊行会，2006 年.

『神原秀夫伝』「神原秀夫伝」編集委員会，1983 年.

ギア，グェン・チ「資源制約への対応：ブリコラージュ理論の再検討と修正」『組織科学』Vol.53 No.1，2019 年，pp.37-52.

城多努・潮﨑智美・大東和武司「白鳳堂：伝統工芸を現代に活かして世界に発信する」大東和武司・金泰旭・内田純一編著『グローバル環境における地域企業の経営』文眞堂，2008 年，第 4 章，pp.114-142.

橘川武郎「地域経済活性化への経営史学の貢献」『経営史学』42 巻 4 号，経営史学会，2008 年，pp.58-67.

熊谷守一『蒼蠅』求龍堂，1976 年.

クルツナリック，ローマン，松本紹圭訳『グット・アンセスター　わたしたちは「よき祖先」になれるか』あすなろ書房，2021 年.

久留米大学商学部企業システム研究会『企業システムの探究―制度・組織・市場―』同文舘出版，2001 年.

桑原哲也・玉崎猛・石原進「備後地域の企業経営：1902，1937，1973，2011 年を通じての鳥瞰と論点」『福山大学経済学論集』37 巻 1 号，2013 年，pp.1-45.

経済協力開発機構（OECD）編著，寺尾仁訳『創造的地域づくりと文化　経済成長と社会的結束のための文化活動』明石書店，2014 年.

神津信男「協調による発展」『日本造船学会誌』1990 年，p.131.

国土交通省「第 1 回国際海上輸送部会・第 8 回海事イノベーション部会合同会議」資料，2020 年 7 月 2 日.

小嶋宏一郎「インドネシアの『多様性のなかの統一』」『日本貿易会月報オンライン』2017 年 11 月号.

粉川哲夫『国際化のゆらぎのなかで』岩波書店，1991 年.

近藤信一・浜屋敏・大平剛史「中小企業の国際化の新モデル構築　岩手県中小企業に対する実態調査からの考察」第 57 回産業学会全国研究会（相模女子大学）2019 年 6 月 8 日，報告ドラフト・ペーパー.

近藤信一・大平剛史・浜屋敏「中小企業の国際化の新モデル構築—岩手県中小企業に対する実態調査からの考察—」『機械経済研究』No.50，2019 年 12 月，pp.1-25.

近藤康男『チウネン孤立国の研究』『近藤康男著作集』第 1 巻所収，農山漁村文化協会，1974 年（初版刊行は 1929 年）.

桜井雅夫「外国人財産に対する『しのびよる国有化』」『法學研究：法律・政治・社会』慶應義塾大学法学研究会，Vol.53，No.1，1980 年，pp.28-69.

佐藤彰男「テレワークの時空論」『大手前大学人文科学論集』第 5 号，2004 年，pp.91-103.

佐藤誠「社会資本とソーシャル・キャピタル」『立命館国際研究』第 16 巻第 1 号，2003 年，pp.1-30.

斎藤環「平和のためにできることは—対話である」『『平和』について考えよう』別冊 NHK100 分 de 名著，2016 年，pp.42-44.

サイド，マシュー『多様性の科学』ディスカヴァー・トゥエンティワン，2021 年.

三枝博音『日本哲学全書』第一書房，1936 年.

三枝博音『三浦梅園の哲学』第一書房，1941 年.

三枝博音編『三浦梅園集』岩波文庫，1953 年.

ジェトロ『世界貿易投資報告』2016 年 8 月.

塩次喜次明「地域中核企業論の可能性」『經營學論集』第 65 巻，日本経営学会，1995 年，pp.281-286.

『事業構想』事業構想大学，2015 年 5 月号.

下見隆雄『礼記』（中国古典新書）明徳出版社，1973 年.

四宮正親「伝統と革新：カイハラ株式会社のケース（日本企業のものづくりを考える）『関東学院大学経済経営研究所年報』36，2014 年，pp.140-147.

柴田敬『転換期の経済学　現代経済学批判』日本経済評論社，1978 年.

澁谷覚「マーケティング研究におけるケース・スタディの方法論」嶋口充輝監修『マーケティング科学の方法論』第 6 章，白桃書房，2009 年，pp.111-139.

嶋﨑尚子「石炭産業の収束過程における離職者支援」『日本労働研究雑誌』No.641，2013 年，pp.4-14.

嶋田美奈「ファミリービジネスの社内企業にアントレプレナー的オリエンテーションが及ぼす影響」『日本経営学会誌』第 32 号，2013 年，pp.105-117.

清水馨「中堅企業の社長インタビュー（21）」『千葉大学経済研究』第 25 巻第 4 号，2011 年，pp.276-283.

シャルル・ジード「国際貿易の問題点—その協同組合論的展開」（江夏健一『国際貿易と多国籍企業』八千代出版，1973 年，pp.145-217 所収）.

女性に関するビジョン研究会「新しい農山漁村の女性：農山漁村の女性に関する中長期ビジョン懇談会報告書」農林水産省農蚕園芸局婦人・生活課，創造書房，1992 年.

末廣弘「第 4 章　タイのファミリービジネスの経営的臨界点—存続、発展、淘汰、生き残りの論理—」『ファミリービジネスの経営と革新：アジアとラテンアメリカ』日本貿易振興機構アジア研究所，2004 年，pp.138-180.

関根照彦「スイスのカントンにおける直接民主制（1）」『東洋法学』29.1，1986 年，pp.29-52.

世利洋介「スイスにおける連邦政府とカントンの間の新たな協働・財源形態：NFA 改革にみる政府水準間の垂直的連携」『経済社会研究』58.3-4，2018 年，pp.1-32.

外杤保大介「企業城下町中核企業の事例再構築と地方自治体・下請企業の対応―神奈川県南足柄市を事例として―」『経済地理学年報』第 58 巻，経済地理学会，2012 年，pp.1-16.

『大道を行く―柴田敬追悼文集』日本経済評論社，発行人：鹿島郁子・長坂淳子，非売品，1987 年.

高井透『グローバル事業の創造』千倉書房，2007 年.

高井透・神田良「長期存続企業から学ぶ新規事業創造」『商学研究』第 33 号，2017 年，pp.59-91.

高石義一「我が国におけるコンピュータ産業の発展と産業政策」『産業学会研究年報』第 3 号，1987年，pp.24-79.

高尾義明・王英燕『経営理念の浸透 アイデンティティ・プロセスからの実証分析』有斐閣，2012 年.

高橋徳行「起業態度と起業活動」『VENTURE REVIEW』N.21, March, 2013 年，pp.3-10.

高橋徳行・磯辺剛彦・本庄裕司・安田武彦・鈴木正明「起業活動に影響を与える要因の国際比較分析」RIETI Discussion Paper Series 13-J-015, 2013 年.

田口正治『三浦梅園』（日本歴史学会編集『人物叢書』新装版，吉川弘文館，1989 年所収）（同書旧版第一版は 1967 年刊行）.

竹内洋『大衆の幻像』中央公論新社，2014 年.

田中英式『地域産業集積の優位性 ネットワークのメカニズムとダイナミズム』白桃書房，2018 年.

田中一雄「パネルディスカッション　デザインの哲学～豊かさを再考する　哲学なき時代のデザインを考える」『デザイン学研究特集号』Vol.24-2 No.94, 2017 年，pp.28-31.

谷川多佳子「ライプニッツ：力・表象・生命」『人文 12 号』，2013 年，pp.41-60.

谷山太郎・高橋健太「海外顧客の獲得を通じたサプライヤーの成長―カイハラ株式会社をケースに―」『赤門マネジメント・レビュー』13 巻 3 号，2014 年 3 月，pp.109-136.

中小企業庁『中小企業白書』（2011 年版・2017 年版）.

「たらし込みのリアル（上）『たまさか』を手なずける」『日本経済新聞』，2022 年 11 月 27 日付.

張楓「備後市域機械工業集積の 100 年―創業と技術蓄積，分業ネットワークに着目して―」調査報告『Discussion Paper Series』No. 2016-J-016, 福山大学経済学部，p.239.

張楓『近現代日本の地方産業集積 木工から機械へ』日本経済評論社，2021 年.

堤研二「地域科学，新経済地理学と日本の経済地理学に関する試論的考察：ERSA50 周年と日本の経済地理学」『待兼山論叢』日本学篇，45, 2011, pp.1-25.

鶴木眞「戦後社会史としての海外移住：広島県沼隈町の事例研究」『法學研究：法律・政治・社会：法学部政治学科開設 90 周年記念論文集』慶応義塾大学法学研究会，Vol.61, No.5, 1998 年，pp.193-214.

ティーメ，ハンス，吉田道也訳「神聖ローマ帝国における首長と構成メンバー：連邦主義の問題によせて」『法政研究』（九州大学法政学会），1971 年，pp. 1-32.

土井一生・高井透・嶋正「伝統技術とグローバル市場創造：地域企業の持続的成長プロセス」『商経論叢』第 62 巻第 4 号，2022 年，pp.69-84.

土橋貴「『平等の政治哲学史』のプレリュード：終末論から救済史観へ」『中央学院大学法学論叢』9.1, 1995 年，pp.23-73.

中井久夫『戦争と平和 ある観察』人文書院，2015 年.

中島潤「内部化理論考」アラン・M・ラグマン，江夏健一・中島潤・有澤孝義・藤沢武史訳『多国籍企業の内部化理論』所収，ミネルヴァ書房，1983 年.

中島潤「経営資源の国際移転―内部化理論との関連で―」『研究年報』（神戸市外国語大学）第 22 号，pp.1-24.

中島潤『日系多国籍企業 ミレニアムへの軌跡』中央経済社，2000 年.

長沢伸也・得能魔利子・石塚千賀子『究極のブランド 美意識と経営を融合する』中央公論新社，2022 年.

長島俊男「“多様性の利益”と経営診断」『日本経営診断学会年報』18，1986 年，pp.21-34.

中東靖恵「海を渡った広島方言：海外日系移民社会における方言の継承と変容」『岡山大学文学部紀要』72, 2019 年，pp.13-28.

仲正昌樹『いまこそハイエクに学べ』春秋社，2011 年.

中村桂子『生きる 17 歳の生命誌』藤原書店，2020 年.

中山寛子「戦後日本からのパラグアイ移住にみる集団移住地社会形成：高知県幡多郡大正町の『町ぐるみ』移住と日本人意識」法政大学博士学位審査論文，2016 年，pp.1-170.

成田聖子「安芸熊野における製筆業」『新地理』20 巻（1972-1973）2 号，1972 年，pp.24-34.

西岡久継「今治海事産業集積における船主の形成要因について」『松山大学論集』第 33 巻第 2 号，2021 年，pp.113-132.

西川琴平・具承桓「産業構造調整期における造船企業行動と成長パス―設備処理期に対する中手専業造船企業行を中心に―」『京都マネジメント・レビュー』第 38 号，2021 年，pp.161-192.

西垣通「生命現象はデータ処理と異質」『毎日新聞』2022 年 10 月 6 日付.

西田安慶「わが国筆産地の生成と発展―マーケティングの視点から―」『東海学園大学紀要』第 1 号，1996 年，pp.125-140.

日本造船工業会『造船関係資料』2022 年 3 月.

沼上幹「個別事例研究の妥当性について」『ビジネスレビュー』42 巻 3 号，1995 年，pp.55-70.

沼隈町教育委員会編『沼隈町誌 民族編』沼隈町教育委員会，2004 年.

ヌルハイザル アザム アリフ，岸本寿生「地域企業の変容過程―戦後の街の片隅から世界の食卓へ：オタフクソースの事例―」『経済系』関東学院大学経済経営学会研究論集（大東和武司教授退職記念号），284 号，2021 年，pp.57-77.

野口明広「研究ノート 商品の流通と開拓移住地社会―南部パラグアイの日本人移住地の事例から」『アジア経済』44.1, 2003 年，pp.63-92.

野間重光『グローバル時代の地域戦略』ミネルヴァ書房，2000 年.

ハイエク，気賀健三・古賀勝次郎訳『自由の条件 I』ハイエク全集 1－5，春秋社，2007 年.

ハイエク，気賀健三・古賀勝次郎訳『自由の条件 II』ハイエク全集 1－6，春秋社，2007 年.

長谷川信次『多国籍企業の内部化理論と戦略提携』同文舘出版，1998 年.

服部英二「文化の多様性に関する世界宣言と未来世代の権利―コミュニティとの関連において―」『総合人間学』第 10 号，2016 年，pp.86-92.

波多野誼余夫「適応的熟達化の理論をめざして」『教育心理学年報』Vol.40, 2001 年，pp.45-47.

ハンス・ドリーシュ，米本昌平訳『生気論の歴史と理論』書籍工房早山，2007 年.

一橋大学イノベーション研究センター編『イノベーション・マネジメント入門』日本経済新聞社，2001 年.

平田オリザ「『対話』の言葉を作る」『本』講談社，2012 年 2 月，pp.42-49.

平野秀秋『移動人間論』紀伊国屋書店，1980 年.

広島市立大学国際学部国際ビジネス研究フォーラム編『国際ビジネスの現実と地平』文眞堂，2020 年.

ピオリ＆セーブル，山之内靖ほか訳『第二の産業分水嶺（THE SECOND INDUSTRIAL DIVIDE)』筑摩書房，1993 年.

福岡伸一「フォー・レター・ワード」（生物と無生物のあいだ 3）『本』講談社，2006 年 5 月，pp.12-19.

藤田誠「産業クラスター研究の動向と課題」『早稲田商学』429 号，2011 年，pp.101-124.

藤田昌久「グローバル化の下での多様性の促進―アジアの視点から―」京都大学経済研究所附属先端政策分析研究センター編，松尾剛彦・石川城太・藤田昌久・溝端佐登久・服部崇『文明と国際経

済の地平』東洋経済新報社，2020 年，pp.113-153.

藤本隆宏「生産システムの進化論」『赤門マネジメント・レビュー』1 巻 5 号，2002 年，pp.405-444.

ブッシュ，ジャルヴァース・R, ロバート・J・マーシャク，中村和彦訳『対話型組織開発　その理論
　　的系譜と実践』英治出版，2018 年.

ベーカー／ライアンズ／ハワード編，中島潤・首藤信彦・安室憲一・鈴木典比古・江夏健一監訳，
　　AIB JAPAN 訳『国際ビジネス・クラシックス』文眞堂，1990 年.

毎日新聞社『エコノミスト』2019 年 4 月 16 日号.

松浦奈津子「ヴィンテージ日本酒「夢雀」のサステナブルなデザイン開発とライフスタイルの創造～
　　過疎の町から伝統文化を世界に発信～」『日経研月報』2022 年 3 月号，pp.41-48.

松岡正剛『擬 MODOKI「世」あるいは別様の可能性』春秋社，2017 年.

マッカン，フィリップ，黒田達朗・徳永澄憲・中村良平訳『都市・地域の経済学』日本評論社，2008
　　年.

松田毅「ライプニッツの生物哲学：『進化する自然機械』」『神戸大学文学部紀要』44, 2017 年，pp.1-
　　48.

間宮陽介「グローバリゼーションと公共空間の創設」山口定・神野直彦編『2025 年　日本の構想』岩
　　波書店，2000 年.

ミシェル・アルベール，小池はるひ訳，久永宏之監修『資本主義対資本主義』改訂新版，竹内書店新
　　社，2011 年.

水野勇『海事偉人伝』協同企画社図書部・日刊海事通信社，1985 年.

水野忠尚『プレデール立地論と地政学』（早稲田大学エウプラクシス叢書 011）早稲田大学出版部，
　　2018 年.

三宅信一「J. デューイの『教育の自由』論について」『北海道学藝大學紀要』第一部，8（1 増補），
　　1957 年，pp.16-25.

村上雅康「戦後日本における主要造船所の展開」『人文地理』第 38 巻第 5 号，1986 年，pp.42-58.

本図宏子「愛媛県海事クラスターにおける集積効果とその発展について」『海事交通研究』第 65 集，
　　2016 年，pp.3-12.

森本憲夫『キール学派世界経済学の展開』（世界経済問題研究叢書第二輯）近畿大学世界経済研究所，
　　1963 年.

森本憲夫『世界経済学認識論』中央経済社，1965 年.

森本憲夫『経済空間の形成』大明堂，1971 年.

薬師寺洋之『世界経済の立地＝貿易理論』晃洋書房，2008 年.

矢田俊文「戦後日本の経済地理学の潮流―経済地理学会 50 周年に寄せて―」『経済地理学年報』第
　　49 巻第 5 号，経済地理学会，2003 年，pp.1-20.

矢野暢『国際化の意味―いま「国家」を超えて―』NHK ブックス 509, 日本放送出版協会，1986 年.

矢作弘『縮小都市の挑戦』岩波新書，2014 年.

山岡徹「組織変革と組織変化―変革と変化をつなぐ『矛盾』の主導的役割について―」『横浜経営研
　　究』第 27 巻第 2 号，2006 年，pp.13-34.

山口勝業「宗教，道徳と経済活動：日本における歴史的起源」『行動経済学』（第 6 回大会プロシー
　　ディングス）第 5 巻，2012 年，pp.180-184.

『山口経済レポート』（旬刊）2022 年 9 月 28 日号，p.3.

山田幸三『伝統産地の経営学』有斐閣，2013 年.

山田幸三「ファミリービジネスの企業家活動と地域の不文律」『日本ベンチャー学会誌』第 32 号，
　　2018 年，pp.3-13.

横澤公道「経営レクチャーシリーズ　第 1 回研究戦略としてのケース・スタディ―ケース・スタディ

とは何か―」『横浜経営研究』第 40 巻第 1 号，2019a，pp.83-97.

横澤公道「経営レクチャーシリーズ　第 2 回研究戦略としてのケース・スタディ―実地調査前に理論は必要か―」『横浜経営研究』第 40 巻第 2 号，2019b，pp.93-109.

横澤公道「経営レクチャーシリーズ　第 3 回研究戦略としてのケース・スタディ―ケース・スタディプロトコルとはどのようなものか―」『横浜経営研究』第 40 巻第 3・4 号，2020a，pp.144-163.

横澤公道「経営レクチャーシリーズ　第 4 回研究戦略としてのケース・スタディ―ケースをどのように選ぶか　Yin（1984）の場合―」『横浜経営研究』第 41 号第 1 号，2020b，pp.81-93.

横澤公道「経営レクチャーシリーズ　第 5 回研究戦略としてのケース・スタディ―ケースをどのように選ぶか Glaser and Strauss（1967）の場合―」『横浜経営研究』第 40 巻第 2 号，2021a，pp.49-57.

横澤公道「経営レクチャーシリーズ　第 6 回研究戦略としてのケース・スタディ―どのデータをいつ収集するか―」『横浜経営研究』第 41 巻第 2 号，2021b，pp.73-81.

横澤公道・辺成祐・向井悠一朗「ケース・スタディ方法論：どのアプローチを選ぶか―経営学輪講 Glaser and Strauss（1967），Yin（1984），Eisenhardt（1989a）の比較分析―」『赤門マネジメント・レビュー』12 巻 1 号，2013 年 1 月，pp.41-68.

横山輝雄「ダーウィンの思想的影響―「ダーウィン革命」の三段階」『学術の動向』2010 年 10 月，pp.42-47.

吉野直人「組織ルーティン研究の批判的検討：組織ルーティンの遂行的変化とマネジメントの可能性」『Current Management Issues』神戸大学大学院経営学研究科，201011a，2010 年，pp.1-20.

吉本隆明『真贋』講談社文庫，2011 年.

米倉誠一郎『創発的破壊　未来をつくるイノベーション』ミシマ社，2011 年.

米本昌平『バイオエピステモロジー序説』書籍工房早山，2020 年.

ラグマン／ルクロウ／ブース，中島潤・安室憲一・江夏健一監訳，多国籍企業研究会訳『インターナショナルビジネス―企業と環境』（上・下）マグロウヒルブック社，1987 年.

李承軒・植松康祐「日本と台湾の電子産業の発展過程の研究」『国際研究論叢』31（2），2017 年，pp.151-169.

鷲崎芳雄「我が郷土が全国に王座を誇る熊野筆の實地調査に就て」廣島縣立廣島商業學校實業調査部『広島縣産業誌―郷土の商工経営と特産業の現勢―』1937 年，pp.49-62.

欧米系文献

Abdelgawad, Sondos G., and Shaker A. Zahra, "Family firms' religious identity and strategic renewal"*Journal of Business Ethics*, 163.4, 2020, pp.775-787.

Abernathy, William J., and Kim B. Clark, "Innovation: Mapping the winds of creative destruction" Research policy, 14.1, 1985, pp.3-22.

Adomako, Samuel, Joseph Amankwah-Amoah, and Irene Chu, "Entrepreneurs' passion, home country's institutional voids and small firm internationalization" *Research in International Business and Finance*, 53, 2020, 101178, pp.1-25.

Baker, Ted, and Reed E. Nelson, "Creating something from nothing: Resource construction through entrepreneurial bricolage,"*Administrative science quarterly*, 50.3, 2005, pp.329-366.

Banalieva, Elitsa R., and Kimberly A. Eddleston, "Home-region focus and performance of family firms: The role of family vs non-family leaders" *Journal of International Business Studies*, 42.8, 2011, pp.1060-1072.

Barney, J., "Firm resources and sustained competitive advantage"*Journal of Management*, 17, 1991, pp.99-120.

Baronchelli, G., Bettinelli, C., Del Bosco, B., and Loane, S., "The impact of family involvement on the investments of Italian small-medium enterprises in psychically distant countries" *International Business Review*, 25 (4), 2016, pp.960–970.

Behrman, J. N., *U.S.international business and government*, New York, McGraw-Hill, 1971.

Berrone, P., Cruz, C., Gomez-Mejia, L., and Larraza-Kintana, M., "Socioemotional wealth and corporate responses to institutional pressures: Do family-controlled firms pollute less?" *Administrative Science Quarterly*, 55, 2010, pp.82–113.

Berrone, P., C. Cruz, and L. R. Gomez-Mejia, "Socioemotional Wealth in Family Firms." *Family Business Review*, 25 (3), 2012, pp.258–279.

Bhaskar, R., *The possibility of naturalism: A philosophical critique of the contemporary human sciences*, (3rd ed.), 1998, London: Routledge.

Brannen, M. Y., and Doz, Y., "From a distance and detached to up close and personal: Bridging strategic and crosscultural perspectives in international management research and practice", *Scandinavian Journal of Management*, 26 (3), 2010, pp.236–247.

Brigham, K. H. and Payne, G. T., "Socioemotional Wealth (SEW): Questions on Construct Validity", *Family Business Review*, Vol. 32 (4), 2019, pp.326–329.

Buckley, P. J., "A critical review of theories of the multinational enterprise", *Aussenwirtschaft*, 36, 1981, pp.70–78.

Buckley, P. J., "New theories of international business: Some unresolved issues", In *The growth of international business*, ed. M. C. Casson, pp.34–50, 1983, London: Allen Unwin.

Buckley, P. J., and M. C. Casson, *The economic theory of the multinational enterprise*, 1985, London: Macmillan.

Bushe, G. R. and Marchak, R. J., "Revisioning Organization Development: Diagnostic and Dialogic Premises and Patterns of Practice" *The Journal of Applied Behavioral Science*, Vol.45, No.3, 2009, pp.348–368.

Bushe, G. R. and Marshak, R. J., "The Dialogic Mindset in Organization Development" *Research in Organizational Change and Development*, No.22, 2014, pp.55–97.

Carr, Chris, and Suzanne Bateman, "International strategy configurations of the world's top family firms" *Management International Review*, 49.6, 2009, pp.733–758.

Cantwell, J., J. H. Dunning, and S. Lundan. "An evolutionary approach to understanding international business activity: The co-evolution of MNEs and the institutional environment" *Journal of International Business Studies* 41. 4, 2010, pp.567–586.

Cappelli, P., and Sherer, P. D., "The missing role of context in OB: The need for a meso-level approach", In B. M. Staw (Ed.), *Research in organizational behavior*, Vol.13, 1991, pp.55–110, Stanford: JAI Press.

Casson, M. C., *The firm and the market*, 1987, Oxford: Basil Blackwell.

Casson, M. C., *Economics of International Business: A New Research Agenda*, Edward Elgar Pub. （M. カソン，江夏健一・桑名義晴・大東和武司監訳『国際ビジネス・エコノミクス』文眞堂，2005 年）

Chrisman, J. J., Chua, J. H., and Sharma, P., "Trends and directions in the development of a strategic management theory of the family firm" *Entrepreneurship Theory and Practice*, 29, 2005, pp.555–575.

Coleman, James, *Foundations of Social Theory*, The Belknap Press of Harvard University Press, 1994.

Coleman, James, "Social Capital in the Creation of Human Capital", in Halsey, A. H. *et al* eds., *Education: culture, economy and society*, 1997.

Cruz, C., Gomez-Mejia, L. R., and Becerra, M., "Perceptions of benevolence and the design of agency contracts: CEO-TMT relationships in family firms" *Academy of Management Journal*, 53, 2010, pp.69-89.

Cyert, Richard M., and James G. March, *A Behavioral Theory of the Firm*, Englewood Cliffs, 1963 （R. M. サイアート／J. G. マーチ，松田武彦・井上恒夫訳『企業の行動理論』ダイヤモンド社，1967年）.

Debicki, B. J., Kellermanns, F. W., Chrisman, J. J., Pearson, A. W., and Spencer, B. A., "Development of a socioemotional wealth importance (SEWi) scale for family firm research", *Journal of Family Business Strategy*, Vol.7, 2016, pp.47-57.

Dunning, J. H., "The determinants of international production", *Oxford Economic Papers*, 25 (November), 1973, pp.289-325.

Dunning, J. H., "Trade, location of economic activity and the MNE: A search for an eclectic approach", 1979, In *The International Allocation of Economic Activity*, ed. B. Ohlin, P. O. Hesselborn, and P. M. Wijkman. London: Macmillan.

Dunning, J. H., *International production and the multinational enterprise*, 1981, London: George Allen & Unwin.

Dunning, J. H., *Explaining international production*, 1988a, London: Unwin Hyman.

Dunning, J. H., "The eclectic paradigm of international production: A restatement and some possible extensions" *Journal of International Business Studies*, 19 (1), 1988b, pp.1-31.

Dunning, J. H., "The eclectic paradigm of international production: A personal perspective", In *The nature of the transnational firm*, ed. C. N. Pitelis and R. Sugden, 1991, London and New York: Routledge.

Dunning, J. H., *Multinational enterprises and the global economy*, 1993, Wokingham, UK: Addison-Wesley Publishing Company.

Dunning, J. H., "Reappraising the eclectic paradigm in an age of alliance capitalism", *Journal of International Business Studies*, 26, 1995, pp.461-491.

Dunning, J. H., "The eclectic paradigm as an envelope for economic and business theories of MNE activity" *International Business Review*, 9, 2000, pp.163-190.

Dunning, J. H., "Relational assets, networks and international business activity", 2002, In *Cooperative strategies and alliances*, ed. F. Contractor and P. Lorange, pp.569-593. Amsterdam and Oxford: Elsevier Science.

Dunning, J. H., "The eclectic (OLI) paradigm of international production: Past, present and future", 2003, In *International business and the eclectic paradigm: Developing the OLI framework*, ed. J. Cantwell and R. Narula. London: Routledge.

Dunning, J. H., and S. Lundan, "Institutions and the OLI paradigm of the multinational enterprise"*Asia Pacific Journal of Management*, 25, 2008a, pp.573-593.

Dunning, J. H., and S. Lundan, *Multinational enterprises and the global economy*, 2nd ed., 2008b, Cheltenham, UK: Edward Elgar.

Dunning, J. H., and A. M. Rugman, "The influence of Hymer's dissertation on the theory of foreign direct investment. American Economic Review 75 (2), 1985, pp.228-232.

Eden, Lorraine and Li Dai, "Rethinking the O in Dunning's OLI/Eclectic Paradigm" *MULTINATIONAL BUSINESS REVIEW*, Vol.18 No.1, 2010, PP.13-34.

Eisenhardt, K. M., "Building theories from case study research", *Academy of Management Review*, 14 (4), 1989a, pp.532–550.

Eisenhardt, K. M., "Making fast strategic decisions in high-velocity environments", *Academy of Management Journal*, 32 (3), 1989b, pp.543–576.

Gedajlovic, Eric, and Michael Carney, "Markets, hierarchies, and families: Toward a transaction cost theory of the family firm," *Entrepreneurship Theory and Practice*, 34.6, 2010, pp.1145–1172.

Giddens, Anthony, *The Constitution of Society: Outline of the Theory of Structuration*, University of California Press, 1984.（アンソニー・ギデンズ，門田健一訳『社会の構成』勁草書房，2015年.）

Glaser, B. G., and Strauss, A. L., *The discovery of grounded theory: Strategies for qualitative research*, 1967, Mill Valley CA: Sociology Press.

Gomez-Mejia, L. R., C. Cruz, P. Berrone, and J. De Castro, "The Bind That Ties: Socioemotional Wealth Preservation in Family Firms," *The Academy of Management Annals* 5 (1), 2011, pp.653–707.

Gomez-Mejia, L. R., Haynes, K., Nuñez-Nickel, M., Jacobson, K. J. L., and Moyano-Fuentes, J., "Socioemotional wealth and business risks in family-controlled firms: Evidence from Spanish olive oil mills", *Administrative Science Quarterly*, 52, 2007, pp.106–137.

Gomez-Mejia, L. R., Tochman Campbell, J., Martin, G., Hoskisson, R. E., Makri, M., and Sirmon, D. G., "Socioemotional wealth as a mixed gamble: Revisiting family firm R&D investments with the behaviorial agency model" *Entrepreneurship: Theory and Practice*, 38 (6), 2014, pp.1351–1374.

Granovetter, S. Mark, "The Strength of Weak Ties" *American Journal of Sociology*, Vol.78, No.6, 1973, pp.1360–1380.

Granovetter, Mark, "The Strength of Weak Ties: A Network Theory Revisited" Sociological Theory, Vol.1, 1983, pp.201–233.

Graves, Chris, and Jill Thomas, "Internationalization of Australian family businesses: A managerial capabilities perspective" *Family business review*, 19.3, 2006, pp.207–224.

Graves, Chris, and Jill Thomas, "Determinants of the internationalization pathways of family firms: An examination of family influence" *Family Business Review*, 21.2, 2008, pp.151–167.

Habbershon, Timothy G., and Mary L. Williams, "A resource‐based framework for assessing the strategic advantages of family firms" *Family business review* 12.1, 1999, pp.1–25.

Hanifan, L. J., "The Rural School Community Center", *The Annals of the American Academy of Political and Social Science*, vol.67, 1916.

Hennart, Jean-François, Antonio Majocchi, and Emanuele Forlani, "The myth of the stay-at-home family firm: How family-managed SMEs can overcome their internationalization limitations" *Journal of International Business Studies*, 50.5, 2019, pp.758–782.

Herstatt, Cornelius, Christoph Stockstrom, Hugo Tschirky and Akio Nagahira, *Management of Technology and Innovation in Japan*, Springer, 2005.（コルネリウス・ヘルシュタット／ヒューゴ・チルキー／長平彰夫／クリストフ・シュトゥックシュトルム，長平彰夫監訳，松井憲一・名取隆・高橋修訳『日本企業のイノベーション・マネジメント』同友館，2013年）

Isard, W., *Location and Space-economy A General Theory Relating to Industrial Location, Market Areas, Land Use, Trade, and Urban Structure*, The M.I.T. Press and Wiley, 1956.（アイザード，W.，木内信蔵監訳，細野昭雄・岡部敬・加藤諦三・糠谷真平訳（1964）『立地と空間経済―工業立地、市場地域、土地利用、貿易および都市構造に関する一般理論―』，朝倉書店，1964年）

Jones, C. D., Makri, M., and Gomez-Mejia, L. R., "Affiliate directors and perceived risk bearing in publicly traded, family controlled firms: The case of diversification" *Entrepreneurship Theory and Practice*, 32, 2008, pp.1007-1026.

Jones, Geoffrey, *Multinationals and global capitalism: From the nineteenth to the twenty first century*, Oxford University Press, 2005.（ジェフリー・ジョーンズ，安室憲一・梅野巨利訳『国際経営講義―多国籍企業とグローバル資本主義』有斐閣，2007 年）

Jones, Geoffrey, "B Corps: Can it Remake Capitalism in Japan?"『経済系』関東学院大学経済経営学会研究論集（大東和武司教授退職記念号），284 号，2021 年，pp.1-12.

Kipping, Matthias, "Consultants and the Globalization of Work Organization and Practices –Contribution to the volume honouring the career of Professor OHTOWA Takeshi– "『経済系』関東学院大学経済経営学会研究論集（大東和武司教授退職記念号），284 号，2021 年，pp.13-33.

Knight, J., *Higher Education in Turmoil*, Rotterdam: Sense Publishers, 2008.

Kogut, B., and U. Zander, "Knowledge of the firm and the evolutionary theory of the multinational enterprise", Journal of International Business Studies, 24 (4), 1993, pp.625-645.

Kontinen, Tanja, and Arto Ojala, "Internationalization pathways among family-owned SMEs" *International Marketing Review*, 29.5, 2012, pp.496-518.

Kraus, S., Mensching, H., Calabrò, A., Cheng, C. F., and Filser, M., "Family firm internationalization: A configurational approach", *Journal of Business Research*, 69 (11), 2016, pp.5473-5478.

Krugman, P., *Geography and Trade*, MIT Press, 1991.（P・クルーグマン，北村行伸・高橋亘・妹尾美起訳『脱「国境」の経済学』東洋経済新報社，1994 年）

Larsson, R., and Löwendahl, B., "The qualitative side of management research," *Paper presented at the Annual Meeting of the Academy of Management*, 1996, Cincinnati, OH.

Lewin, Kurt, *Field theory in social science; selected theoretical papers*, D. Cartwright (ed.) New York: Harper & Row, 1951.

Loury, Glenn, "A Dynamic Theory of Racial Income Differences", in Phyllis Wallace and Annette LaMond eds., *Women, Minorities, and Employment Discrimination*, Lexington: Lexington Books, 1977.

Loury, Glenn, "Why Should We Care about Group Inequality?", *Social Philosophy and Policy*, vol.5, Issue 1, 1987.

Marshall, A., *Principles of economics*, Macmillan, 1910 (1890).

Mehrabian, Albert, *Silent Messages: Implicit Communication of Emotions and Attitudes*, Wadsworth Publishing Company, 1972.（A. マレービアン，西田司・津田幸男・岡村輝夫・山口常夫訳，『非言語コミュニケーション』聖文社，1986）

Miles, M. B., Huberman, A. M., and Saldana, J., *Qualitative Data Analysis: A methods sourcebook* (3rd ed.), 2013, SAGE Publications.

Miller, Danny and Isabelle Le Breton-Miller, *Managing For The Long Run: Lessons in Competitive Advantage From Great Family Businesses*, Harvard Business Review Press, 2005.（ダニー・ミラー／イザベル・ル・ブレトン・ミラー，斉藤裕一訳『同族企業はなぜ強いか？』ランダムハウス講談社，2005 年）

Miller, Danny, and Isabelle Le Breton-Miller, "Family governance and firm performance: Agency, stewardship, and capabilities" *Family business review* 19.1, 2006, pp.73-87.

Moran, Emilio F. "Social reproduction in agricultural frontiers." *Production and Autonomy: Anthropological Studies and Critiques of Development*, No.5, 1988, pp.191-212. University Press of America, Lanham, Maryland.

Naldi, L., C. Cennamo, G. Corbetta, and L. Gomez-Mejia, "Preserving Socioemotional Wealth in Family Firms: Asset or Liability? The Moderating Role of Business Context."

Entrepreneurship: Theory and Practice, 37 (6), 2013, pp.1341–1360.

Narula, Rajneesh, "Innovation systems and 'Inertia'in R&D location: Norwegian firms and the role of systemic lock-in" *Research policy*, 31.5, 2002, pp.795–816.

Narula, Rajneesh, *Multinational investment and economic structure: Globalisation and competitiveness*, Routledge, 2002.

Nelson, Richard R., and Sidney G. Winter, "Toward an evolutionary theory of economic capabilities" *American Economic Review*, 63.2, 1973, pp.440–449.

Nelson, R. and S. G. Winter, *An Evolutional Theory of Economic Change*, Harvard University Press, 1982.（リチャード・R・ネルソン／シドニー・G・ウインター，後藤晃・角南篤・田中辰雄訳『経済変動の進化理論』慶應義塾大学，2007 年）

OHTOWA, Takeshi, INOGUCHI, Junji, KITA, Tsutomu, SHIOSAKI, Tomomi, "Innovation and Tradition in a Japanese Denim Maker", European Business History Association, Wirtschaft Universität Wien, Draft Paper for Proceedings, 24-26 Aug., 2017.

OHTOWA, Takeshi, Kazuo DOI, Tomomi SHIOSAKI, Tsutomu KITA, "Sustainable Transformability Possible Among Traditional Companies: A Case of Japanese Traditional Brush Maker", The 2019 annual meeting of the Business History Conference in Cartagena, Colombia, Draft Paper for Proceedings, 14-16 March 2019.

Penrose, E. T., *The theory of the growth of the firm*, 1st eds., 1959, 2nd eds., 1980, Oxford, UK: Basil Blackwell, 3rd eds., 1995, 4th eds., 2009, Oxford, UK: Oxford University Press.（初版：E. T. ペンローズ，末松玄六訳『会社成長の理論』ダイヤモンド社，1962 年，第 2 版：同，1980 年，第 3 版：エディス・ペンローズ，日高千景訳『企業成長の理論』ダイヤモンド社，2010 年）

Pettigrew, Andrew M., "Longitudinal field research on change: Theory and practice" *Organization science*, Vol.1 No.3, 1990, pp.267–292.

Pfeffer, Jeffrey, and Gerald R. Salancik, T*he external control of organizations: A resource dependence perspective*, Stanford University Press, 2003.

Piekkari, R., Welch, C., and Paavilainen, E., "The case study as disciplinary convention: Evidence from international business journals", Organizational Research Methods, 12 (3), 2009, pp.567–589.

Porter, M. E., *On competition*, Harvard Business School Press, 1998.（マイケル・E・ポーター，竹内弘高訳『競争戦略論 II』ダイヤモンド社，1999 年）

Prahalad, C. K., and Y. Doz., *The multinational mission: Balancing Local Demand and Global vision*, 1987, New York: Free Press.

Putnam, Robert, *Making Democracy Work: Civic Traditions in Modern Italy*, Princeton University Press, 1993.（ロバート・D・パットナム，河田潤一訳『哲学する民主主義―伝統と改革の市民的構造』NTT 出版，2001 年）.

Putnam, Robert, *Bowling Alone: The Collapse and Revival of American Community*, New York: Simon and Schuster, 2000.

Ragin, C. C., *Fuzzy-set social science*, 2000, Chicago, IL: University of Chicago Press.

Ragin, C. C., "Reflection of casing and case-oriented research", In D. Byrne and C. C. Ragin (Eds), *The Sage handbook of case-based methods*, 2009, pp.522–534. London: Sage.

Rajeesh, Narula, "The implication of growing cross-border interdependence for systems of innovation", Working Paper at MERIT.

Reynolds, P., and S. B. White, *The entre-preneurial process*, New London, Conn.: Quorum Books, 1997.

Rihoux, B., and Ragin, C. C. (Eds), *Configurational comparative methods*, 2009, Thousand Oaks, CA:

Sage.

Rizzolatti, Giacomo and Maddalena Fabbri Destro, "Mirror neurons", *Scholarpedia*, 2008, 3 (1), 2055.

Robinson, R, *INTERNATIONAL OF BUSINESS An introduction*, Holt, Rinehart and Winston 1984.（リチャード・D・ロビンソン，入江猪太郎監訳，多国籍企業研究会訳『基本国際経営戦略論』文眞堂，1985 年，『基本国際経営論』改題，1988 年）

Root, F. R., *Foreign Market Entry Strategies*, AMACOM, 1982.（桑名義晴訳，中村元一監訳『海外市場戦略』ホルトサウンダース社，1984 年）

Root, Franklin R., "A Conceptual Approach to International Business", in Baker, James C., John K. Ryans, Jr and Donald G. Howard, *International Business Classics*, Lexington Books, 1988（初出：*the Journal of Business Administration*, 1969）（ルート著，藤澤武史訳「国際経営の概念的アプローチ」ベーカー／ライアンズ／ハワード編，中島潤・首藤信彦・安室憲一・鈴木典比古・江夏健一監訳，AIB JAPAN 訳『国際ビジネス・クラシックス』文眞堂，1990）

Rugman, Alan M., *Inside the multinationals: The economics of internal markets*, 1981, New York: Columbia University Press.（アラン・M・ラグマン，江夏健一・中島潤・有澤孝義・藤沢武史訳『多国籍企業の内部化理論』ミネルヴァ書房，1983 年）

Rugman, Alan M., "Reconciling internalization theory and the eclectic paradigm" *Multinational Business Review*, 18.2, 2010, pp.1–12.

Rugman, Alan M., *Rugman Reviews International Business*, Palgrave Macmillan, 2009.（アラン・M・ラグマン，江夏健一・太田正孝・桑名義晴監訳『ラグマン教授の国際ビジネス必読文献 50 撰』中央経済社，2010 年）

Sayer, A., *Method in social science: A realist approach*, (2nd ed.),1992, London: Routledge.

Sayer, A., *Realism and social science*, 2000, London: Sage.

Schein, Edgar H., *The Corporate Culture Survival Guide*, CA:Jossey-Bass, 1999.

Schein, Edgar H., *The Corporate Culture Survival Guide*, (J-B Warren Bennis Series) (Revised), CA: Jossey-Bass, 2009.（E. H. シャイン，尾川丈一監訳，松本美央訳，『企業文化 ダイバーシティと文化の仕組み』白桃書房，2016 年）

Schein, E. H., Sharmiladevi, J. C., "UNDERSTANDING DUNNING'S OLI PARADIGM", *Indian Journal of Commerce and Management Studies*, Vol. VIII Issue 3, 2017, pp.47–52.

Schumpeter, J. A., *The Theory of Economic Development*, 1912, tenth printing 2004, Transaction Publishers, New Brunswick, New Jersey.

Shane, Scott Andrew, *A general theory of entrepreneurship: The individual-opportunity nexus*, Edward Elgar Publishing, 2003.

Stake, R. E., *The art of case study research*, 1995, Thousand Oaks, CA: Sage.

Tinbergen, J., *On the theory of economic policy*, 1952, Amsterdam: North Holland.

Verbeke, A., "The evolutionary view of the MNE and the future of Internalization theory", *Journal of International Business Studies*, 34, 2003, pp.498–504.

von Thunen, J. H., *Der isolierte Staat in Beziehung auf Landwirtschaft und NationalÖkonomie. Untersuchungen über den Einfluss, den die Getreidepreise, der Reichtum des Bodens und die Abgaben auf den Ackerbauausüben*, Perthes, Hamburg, 1826.

von Thunen, J. H., *Der isolierte Staat in Beziehung auf Landwirtschaft und Nationalökonomie*, hrag. von Waentig, H., 5. Auflage, Scientia Verlag, Aalen, 1990.

Welch, C., Piekkari, R., Plakoyiannaki, E., and Paavilainen-Mäntymäki, E. "Theorising from case studies: Towards a pluralist future for international business research", *Journal of International Business Studies*, 42 (5), 2011, pp.740–762.

Winter, Sidney G., and Richard R. Nelson, "An evolutionary theory of economic change" University of Illinois at Urbana-Champaign's Academy for Entrepreneurial Leadership Historical Research Reference in Entrepreneurship, 1982.

Yamanoi, Junichi, and Shigeru Asaba, "The impact of family ownership on establishment and ownership modes in foreign direct investment: The moderating role of corruption in host countries" *Global Strategy Journal*, 8.1, 2018, pp.106-135.

Yin, R. K., *Case study research: Design and methods*, 1984, Sage Publications.

Yin, R. K., *Case study research*, (4th ed.) Thousand Oaks, CA: Sage, 2009.

Yin, R. K., *Case study research and applications: Design and methods*, 2018, Sage publications.

Zahra, Shaker A., "Entrepreneurial risk taking in family firms: The wellspring of the regenerative capability", *Family Business Review*, 31.2, 2018, pp.216-226.

新聞

『朝日新聞』

『中国新聞』

『日本海事新聞』

『日経産業新聞』

『日本経済新聞』

『毎日新聞』

『読売新聞』

WEB サイト

「イギリスで新たに生まれた酒蔵『堂島酒醸造所』の挑戦—SAKE の市場活性化に必要な戦略」（SAKETIMES 編集部）2018 年 10 月 31 日：https://jp.sake-times.com

磯山友幸「9 万円から毎年値上がりする日本酒」2019 年 7 月 15 日：https://wedge.ismedia.jp

今治市産業振興課海事都市推進室：https://www.city.imabari.ehime.jp/kaiji/

今治造船：https://www.imazo.co.jp/

「今治造船〜国内最大の船の百貨店〜」：https://kotohei.work/imabari-shipbuilding/

岩国高校広瀬分校 WEB サイト：www.iwakuni-hh.ysn21.jp/index.html/

大島造船所：https://jp.osy.co.jp/company-information/

大谷大学『生活の中の仏教用語』「布施」：https://www.otani.ac.jp/yomu_page/b_yougo/

大塚善樹「食糧問題と環境」：http://www.comm.tcu.ac.jp/otsukalab/fe/fe12.html

大東和武司「異化のエネルギーを活用する経営姿勢」『世界経済評論 IMPACT』2013 年 10 月 14 日配信：http://harp.lib.hiroshima-u.ac.jp/hiroshima-cu/metadata/12162

全海外子女教育協議会　International Target20212021：http://www.zenkaiken.jp/httpd/html/kenkyu/kaigai/kokusaisei.html

カイハラ株式会社 Web サイト：http://www.kaihara-denim.com/

株式会社いろどり WEB サイト：https://www.irodori.co.jp/own/index.asp

グローカル・ジャパン「常石グループ南米事業の紹介と展望」：https://www.glocal-japan.com/southamerica/relation/

経済産業省「新型コロナ禍に影響された化粧品出荷，2021 年の状況は？」：https://www.meti.go.jp/statistics/

『語源英和辞典』：https://giogen-ejd.info

末松（神原）弥奈子ブログ（minako's blog）：https://minakokambara.com/

「経営者の輪」ツネイシホールディングス株式会社代表取締役社長（当時）・神原勝成（対談相手：財部誠一）2008 年 11 月 12 日：https://www.takarabe-hrj.co.jp/ring/season2/035/p1.html

渋沢社史データーベース：https://shashi.shibusawa.or.jp/

西部造船会：https://www.jasnaoe.or.jp/

『繊維ニュース』「ひと／カイハラ社長に就いた貝原護氏／"護る"だけに専念しない」：http://www.sen-i-news.co.jp/seninews/

園田義朗「ブラジル造船業を支えたイシブラス」『会報「ブラジル特報」』2009 年 9 月号（一般社団法人日本ブラジル中央協会）：https://nipo-brasil.org/archives/1034/

常石鉄工プレスリリース：2012 年 1 月 10 日ほか

ディスカバー・ニッケイ『「神原喜金」と「神原育成会」の成り立ちと今後』：http://www.discovernikkei.org/ja/jurnal/2010/5/28/kannbara-kikin-to-ikueikai/

土師野幸徳「"コロリ"対策も「手洗い」「換気」が重要だった：幕末から明治にかけてのコレラ大流行と予防法」：https://www.nippon.com/ja/japan-topics/g00854/

トランスユーロ株式会社（transeuro academy）https://www.trans-euro.jp/

日本財団「日本財団三十年の歩み」：https://nippon.zaodan.info/kinennkan/history30/2/2121.html

農林水産省「農業就業人口及び基幹的農業従事者数」：http://www.maff.go.jp/j/tokei/sihyo/data/08.htmlhttp://www.maff.go.jp/j/wpaper/w_maff/h26/h26_h/trend/part1/chap0/c0_1_01.html

パラグアイ日系・日本人会連合会：https://www.rengoukai.org.py/ja/

檜垣造船：https://www.higaki.co.jp/

『ブリタニカ国際大百科事典』：https://kotobank.jp/word/%E5%9C%B0%E5%9F%9F-95581

マレイア・フランコ・マリーニョ・イノウエ・米田清「イシブラスがブラジルに残したもの—ブラジル日本合弁造船事業の結果検証—」：http://www.ymf.or.jp

「MUJAKU WORLD」：https://mujaku.world/ja/

「MUJI キャラバン」：https://www.muji.net/lab/blog/caravan/yamaguchi/020006.html

「THI celebrated its 20th anniversary Challenges and Changes」：https://www.tsuneishi.co.jp/thi20thj/book.pdf.

索　引

著者紹介

大東和 武司（おおとうわ たけし）

広島県に生まれる。愛媛大学法文学部法学科卒業（法学士）。近畿大学大学院商学研究科商学専攻修士課程修了（商学修士）。同大学院商学研究科博士後期課程単位修得満期退学。日本文理大学商経学部専任講師・助教授，久留米大学商学部助教授・教授，広島市立大学国際学部教授（学部長・大学院研究科長），関東学院大学経営学部教授，国際ビジネス研究学会副会長，多国籍企業学会理事，日本貿易学会理事などを歴任。
1996 年貿易奨励会奨励賞受賞（「九州ベース企業と多国籍化の方向」）。
現在　関東学院大学経済経営研究所客員研究員。広島市立大学名誉教授。広島大学大学院客員教授。国際ビジネス研究学会理事。多国籍企業学会名誉会員。
主な業績：『国際マネジメント』（単著）泉文堂，1999 年，カソン『国際ビジネス・エコノミクス』（共監訳）文眞堂，2005 年，『グローバル環境における地域企業の経営』（共編著）文眞堂，2008 年，『サービス産業の国際展開』（共編著）中央経済社，2008 年，『多国籍企業と新興国市場』（共著）文眞堂，2012 年，『国際ビジネスの現実と地平：地域からの眺望』（共著）文眞堂，2020 年ほか論文・書籍多数。

地域企業のポートレイト
遠景近景の国際ビジネス

2023 年 3 月 10 日　第 1 版第 1 刷発行　　　　　　　　検印省略

著　者　大東和　武　司

発行者　前　野　　隆

発行所　株式会社　文　眞　堂
東京都新宿区早稲田鶴巻町 533
電　話 03（3202）8480
ＦＡＸ 03（3203）2638
https://www.bunshin-do.co.jp
郵便番号(162-0041)振替00120-2-96437

製作・モリモト印刷

©2023

定価はカバー裏に表示してあります
ISBN978-4-8309-5216-6 C3034